国家社会科学基金项目"宋代土地地权流转制度研究"

（批准号：17BZS045）资助

宋代土地地权流转制度研究

SONGDAI TUDI DIQUAN
LIUZHUAN ZHIDU YANJIU

姜密 著

人民出版社

目　　录

前　　言

　　土地是人类赖以生存的基础,是人类最基本的生产和生活资料。土地问题是历代统治者格外重视的问题之一。如果说商品经济促进了宋代社会经济的快速发展,那么土地制度变迁则是宋代社会发展的原动力。因之,土地制度变迁成为了治史者攀缘的一根藤,循之以寻历史发展之根源。

　　自从党的十八届三中全会明确了农村土地制度改革的方向和任务之后,我国农村土地制度改革进入到了一个新阶段,土地流转系列问题也成为专家们近年来热议的焦点。纵观古今农村土地流转问题,与当今土地问题最为相似的当属宋代。随着商品经济发展,宋代在"不抑兼并"的政策之下,大量的国有土地私有化,土地流转的数量和范围不断增加,随之也出现了诸多社会问题。因此,深入研究当今以及宋代的土地流转问题无疑具有一定的理论和现实意义。

　　回顾宋史研究,唐宋变革、土地制度、商品经济、法律发展、民间纠纷等问题都是学者们关注的焦点,业已取得了丰硕的研究成果。本书一方面立足于"唐宋变革"研究唐宋土地制度的变迁;另一方面,也试图走出"唐宋变革",探讨宋代本身的特色。说起"唐宋变革论",自从日本学者内藤湖南在1910年提出之后,国内外学者纷纷著书立说,从各个侧面进行讨论,其学术成果不胜枚举。近年来,随着认识的不断深入,一些专家趋于总结"唐宋变革"的研究成果,并发出不同的声音。2010年李华瑞先生曾有过一次总结(《"唐宋变革"论的由来与发展》,《河北学刊》2010年第5、6期),2018年李成燕先生再次述评(《揭过还是继续?——"唐宋变革"论的演变与现状述评》,《理论与史学》2018年),近期,众多专家纷纷对"唐宋变革论"再思考,并呼吁走出"唐宋变革论"(张邦炜、包伟民、李华瑞、楼劲、杨继平、陆扬、张扬、成一农等)。

　　借着前辈的这些指引,不管是不是要走出"唐宋变革论",作为研究,不能囿于某个框范,多角度综合研究才能更接近历史真相。

在此,仅就与本书相关的主要研究成果梳理如下①:

一、宋代地权流转的前提——地主土地所有制的加剧

早在 20 世纪五六十年代,土地问题就已受到广泛关注,当时土地问题曾作为"五朵金花"之一,学者们纷纷着重墨研究,胡如雷《中国封建社会经济形态研究》(生活·读书·新知三联书店 1979 年版)作为讨论和研究的总结,阐明唐中叶以后地主土地所有制占绝对优势。80 年代研究走向实证化(尤其是对宋代的研究),比较有代表性的通论性论著主要有赵冈、陈钟毅《中国土地制度史》(新星出版社 2006 年版),该书对中国土地所有权制度、租佃制度、土地经营方式等几个专题进行了研讨,以纵贯历史为视角,力图澄清以西方经济史观来研究中国土地问题的错误观念。林甘泉《中国封建土地制度史》(中国社会科学出版社 1990 年版)指出了大土地私有制的形成过程及其特点。赵俪生《中国土地制度史》(兰州大学出版社 1996 年版)指出了宋代土地关系的特点是官田私田化和官租私租化。李埏《中国古代土地国有制史》(云南人民出版社 1997 年版)指出:官田私有化是整个中国古代土地制度发展的规律。宋代国有土地完全衰落,土地政策发生了质的变化。漆侠《宋代经济史》(上海人民出版社 1997 年版)是关于宋代经济史研究颇为深入的重要著作。书中强调宋代地主土地所有制占了绝对支配地位。上述研究基本都认可:土地大多集中于地主手中。

2020 年《中国社会科学》专门组织六位史学专家(臧知非、周国林、耿元骊、李华瑞、赵思渊、刘志伟)以"唯物史观视阈下的中国古代土地制度变迁"为题,发表了系列文章,集中讨论从战国直至明清时期关于土地制度变迁中的主要问题。这是继 20 世纪五六十年代"五朵金花"中的"中国封建土地所有制形式问题"大讨论之后,又一次比较集中地探讨中国古代社会的土地制度问题,"深入剖析研究历史上的土地制度,是理解历史、认识历史、阐释历史的

---

① 本书研究综述不全面之处敬请参阅:耿元骊:《十年来唐宋土地制度史研究综述》,《中国史研究动态》2008 年第 1 期;姜密:《2008—2020 年宋代土地制度史研究综述》,《中国史研究动态》2021 年第 3 期。

基础,更是理解、认识、阐释文化血脉、文明基因、制度体系,增强文化自信的基础。"①正是因为土地制度作为社会的最基础性问题及其所具有的"牵一发而动全身"的特点,一直以来备受学者们的关注,相关研究从未中断,且历久弥新。

相关研究论文颇丰。程溯洛《南宋的官田和农民》(《历史教学》1953年第2期)较早研究了官私田地相互转化问题。杨志玖《北宋的土地兼并问题》(《历史教学》1953年第2期)分析了北宋时期大地主土地所有制下的土地兼并。杨国宜《北宋土地占有形态及其影响》(《历史教学》1958年第3期)、《南宋大土地所有制的发展》(《史学月刊》1959年第9期)也论证了宋代土地高度集中于大地主手中。李景林《对北宋土地占有情况的初步探索》(《历史教学》1955年第4期)针对杨先生的观点,从户籍制度入手提出自己的看法。张邦炜《论宋代的官田》(《西北师大学报(社科版)》1962年第4期)认为中唐以后,庶族地主土地所有制兴起,国家土地所有制发生了相应的变化。赵俪生《试论两宋土地关系的特点》(《吉林师范大学学报》1979年第1期)和《两宋土地经济中的几个主流现象》(《文史哲》1983年第4期)认为官田私田化是财产私有制进一步深化的反映。葛金芳《唐宋之际土地所有制关系中的国家干预问题》(《中国社会经济史研究》1986年第3期)指出国家在唐宋土地所有制变化和发展中的重要作用。张景贤《宋代官田的衰落》(《河北大学学报(哲社版)》1982年第3期)指出宋代大土地所有制迅猛发展,其中一个重要特征即国有土地急剧衰落。姜锡东《试论宋代的官僚地主土地所有制》(《中国经济史研究》1994年第3期)明确指出宋代地主土地所有制独占鳌头,并分析了其特点和影响。此外,葛金芳《关于北宋官田私田化政策的若干问题》(《历史研究》1982年第3期)和《试论"不抑兼并"》(《武汉师范学院院报》1984年第2期)、丁泽良《宋代土地问题》(《史学集刊》1981年复刊号)等都论述了官田私有化问题。董家骏《试论宋代的诉讼法与土地所有制形式的关系》(《宋史研究论文集》,上海古籍出版社1982年版)从诉讼法关系角度论证了土地私有权在宋代已得到法律的认可和保护,说明土地私有权进一步深化。周春生《试论宋代江南水利田的开发和地主所有制的特点》(《中国农史》1995

---

①　《中国社会科学》2020年第1期。

年第 3 期)认为江南水利田大部分为地主所有。魏天安《宋代户籍条贯考》(《中国经济史研究》1988 年第 3 期)和《宋代的户绝继承法》(《中州学刊》2005 年第 5 期)专门对宋代户绝田产法律制度进行了考察,包括户绝田产的检估法、出卖法、承典法、继承法等,指出其中对户绝田产所有权的明确规定,是土地私有制发展的重要标志。由此可以认为,北宋大土地所有制得到了进一步发展,且官田私有化已是大势所趋。

二、宋代地权流转的原因

宋代土地形式多种多样,有官田、荒田、户绝田、逃田、籍没田、屯营田、圩田、学田、义田、衮田、墓田、赐田、塾田、祭田、圭田等,所属情况也比较复杂,流转情况就更为复杂了。学者们或是单独探讨其一,或是探讨其中的相互转化。程溯洛《南宋的官田和农民》(《历史教学》1953 年第 2 期)较早研究了官田的来源、佃农的地位和官私田地相互转化问题。白文固《宋元明时期若干公共土地所有制关系的探讨》(《青海社会科学》1986 年第 2 期)探讨了公共土地所有制,包括学田、义田、寺田、圭田、祭田等。邢铁《宋代的义庄》(《历史教学》1987 年第 5 期)和《宋代的衮田和墓田》(《中国社会经济史研究》1993 年第 4 期),徐黎丽《略论两宋的赐田》(《内蒙古民族师院学报》1995 年第 2 期)等文,分别对义田、衮田、墓田、赐田等土地形式进行专题研究。或者追述其来源,魏天安《宋代官庄制度考实》(《河南大学学报(哲社版)》1990 年第 4 期)对宋代官田数量和来源进行了梳理。曾琼碧《宋代官田的来源及官私土地的相互转化》(《中山大学学报》1993 年第 1 期)指出:宋代官田来源有继承前代官田、逃田、荒田、没收田、户绝田、收买或掠夺民田,及圩田和湖田等转为官田。姜密《宋代"系官田产"释义》(《厦门大学学报(哲社版)》2003 年第 4 期)对"系官田产"的类型和来源做了详细探讨。张京凯《以敷国用:宋代户绝田流转与规制问题研究》(《新疆大学学报(哲学·人文社科版)》2018 年第 1 期)、《宋代户绝田流转及其对财税法制的影响》(《中国政法大学学报》2018 年第 6 期)探讨了户绝田的来源及其多元化的流转情况,并通过户绝田的流转观察其对宋代财税法制的影响。任崇岳《南宋末年"买公田"述论》(《河南大学学报(哲社版)》1990 年第 4 期)论述了公田法的实施过程。[日]寺地遵《南宋末期公田法的背景》(《史学研究》第 231 号)通过对公田法实施背景的考察,指出公田法的实施目的在于保卫都城,但却牺牲了浙西农民的利益。至于对屯营田的研究,数量众多,不再枚举。

实际上,在各种田产的分类研究中或多或少都涉及官私田产的相互转化问题。这里需要指出的是:在"普天之下,莫非王土"的专制体制下,不管是官田转私田,还是私田转为公田,都不是绝对的土地产权。我们这里所谓的地主土地所有制(从官田转为私田)也是一定形式上的,但是它是一种总的趋势。

从现有研究看,影响宋代地权流转的因素主要反映在三个方面:一是政策推动;二是商品经济发展,土地买卖频繁;三是国家对利益的追逐。

(一)土地政策的推动是宋代地权流转的外在动力和前提条件。首先,多数学者认为宋代实行"不抑兼并""田制不立"政策。如:漆侠《宋代经济史》(上海人民出版社1987年版)、唐兆梅《析北宋的"不抑兼并"》(《中国史研究》1988年第1期)、马兴东《宋代"不立田制"问题试析》(《史学月刊》1990年第6期)、薛政超《也谈宋代的"田制不立"与"不抑兼并"——与〈宋代"田制不立"、"不抑兼并"说驳议〉一文商榷》(《中国农史》2009年第2期)、徐明明《宋代土地政策研究》(《赤峰学院学报(汉文哲学社会科学版)》第35卷第8期,2014年8月)等。其次,对这种政策持肯定看法,如:张其凡《宋初经济政策刍议》(《华南师范大学学报(社科版)》1989年第4期)认为它有利于生产力的发展;王辉《北宋"不抑兼并"、"田制不立"政策新论》(《江西社会科学》2010年第7期)认为它促进了契约租佃关系的发展;林文勋、谷更有《唐宋乡村社会力量与基层控制》(云南大学出版社2005年版)认为它适应了土地所有制关系的发展,具有重要的进步意义。再次,对"不抑兼并"政策持否定看法。柴荣《透视宋代的土地兼并问题》(《西南民族学院学报(哲社版)》总24卷第1期,2003年1月)认为"不抑兼并"政策是宋代土地兼并兴盛的根本原因;郭丽冰《略论宋代国家的土地管理》(《广东教育学院学报》2005年第2期)认为加剧了土地兼并、贫富分化和社会的动荡;蔡绍荣《也析北宋的"不抑兼并"》(《学术月刊》1993年第12期)认为其是讨好大地主的反动政策,应予与否定。当然也有学者对"不抑兼并"持中肯的态度,刘复生《从土地制度的变化看宋代社会》(《西华大学学报(哲社版)》2004年第1期)认为它"造成了贫富分化,社会的不稳定,但也使劳动者有更多的自由,促进了契约租佃制的发展"。同时,有学者对"不抑兼并"存有异议,杨际平《宋代"田制不立"、"不抑兼并"说驳议》(《中国社会经济史研究》2006 年第 2 期)认为宋代不仅有田制,而且抑兼并。游彪《宋代"禁寺、观毋市田"新解》(《中国经济史研究》2002 年第 4 期)认为两宋始终贯彻抑制兼并政策。有学者对"田制不立"也有不同的解释。耿元骊《宋代"田制不立"新探》(《求是学刊》2009 年第 7 期)将"田制"和"限田"、"田制不立"和"限田不行"等同起来。指出"田制不立"是"限田"不立,是"均役",不是田制。耿元骊《"土地兼并"与唐宋间地权的流变》(《辽宁大学学报(哲社版)》2008 年第 7 期)认为唐宋土地所有权转移流动性相对较差,似不存在大土地所有制的膨胀问题。张呈忠《宋代"田制不立"本义新考》(《社会科学论坛》2015 年第 1 期)认为在当时语境下,"田制不立"不是一种政策,而是指赋役不均的现象。

另外,也有学者从产权的角度论证宋代的土地政策,郑学檬《中国古代经济重心南移和唐宋江南经济研究》(岳麓书社 2003 年版)指出土地产权是唐宋变迁的主要因素。柴荣《透视宋代土地所有权》(《岳麓法学评论》2003 年第 1 期)认为户等是研究宋代私有地权的基础,无约束的土地私有必然导致地权的集中。姜密《宋代"系官田产"研究》(中国社会科学出版社 2006 年版)指出官田产权变化推动了宋代社会经济发展。不管是哪一种认识和理解,宋代土地政策无疑为土地地权流转提供了不可或缺的推动力和前提条件。

(二)商品经济发展,土地买卖频繁,是宋代地权流转的内在动力和客观条件。梁太济《两宋的土地买卖》(《宋史研究会论文集》,上海古籍出版社1982 年版)认为宋代土地买卖盛行超过以往任何朝代。蒋兆成《宋代官田的演变》(《杭州大学学报(哲社版)》1981 年第 3 期)指出官田私有化是生产力提高的结果,是商品经济和封建土地私有制发展的必然结果。任崇岳《南宋末年"买公田"述论》(《河南大学学报(哲社版)》1990 年第 4 期)论述了公田法的实施过程。杨际平《中晚唐五代北宋地权的集中与分散》(《中国社会经济史研究》2005 年第 3 期)认为地权更多的是分散,原因是土地买卖、析产及政府扶植。石瑞丽《试论宋代官田的招标投标范围》(《兰州学刊》2010 年第 2期)、郭东旭《实封投状法:宋代国有资产流转中的竞争机制》(《中国经济史研究》2009 年第 3 期)探讨了宋代"实封投状"法的适用范围、运行程序和保障措施,郭文对这种竞争机制予以肯定。当然也有不同的声音,如:魏天安《宋代官田鬻卖名目与所谓"私有化"》(2004 年宋史年会论文)和《宋代官田鬻卖规模考实》(《史学月刊》2005 年第 1 期)则认为官田私田化是不成立的,官田扩展远大于所卖。周龙华《从两则土地税税额材料看宋代的土地买卖》(《贵州社会科学》1992 年第 1 期)认为宋代土地所有权转移速度不可能很快。

(三)国家对利益的追逐是促使宋代地权流转的主观条件。魏天安《宋代官田租课考实》(《中国农史》1999 年第 3 期)认为官田租课总体低于私田,促使其不断私田化。陈明光《宋朝逃田产权制度与地方政府管理职能变迁》(《文史哲》2005 年第 1 期)指出政府财政收入影响逃田产权制度变迁。张金岭《试论晚宋时期对官田的经营》(《社会科学研究》2001 年第 3 期)指出晚宋官田经营都效益不佳,因此以卖官田等方式来缓解财政危机。姜密《宋代地方政府与国有土地产权制度变革》(《河北学刊》2008 年第 5 期)论证了宋代国有土地产权制度变革中地方政府所起的重要作用。姜密《试论宋代"系官田产"的产权变动与"亲邻关系"》(《河北师范大学学报(哲社版)》2008 年第 1 期)和《唐宋国有土地政策的变化及其量化分析》(《河北科技大学学报(社科版)》2010 年第 3 期)指出"利益最大化"促使政策变迁、地权转移。石瑞丽《试述宋代官田的招标投标范围》(《兰州学刊》2010 年第 2 期)认为卖官田顺应了土地私有化趋势,增加了官府的财政收入,有利于社会稳定。

三、宋代地权流转的法律规制

郭东旭《宋代买卖契约制度的发展》(《河北大学学报》1997 年第 3 期)认为宋代买卖契约从订立到过税离业都达到了一定程度的规范化。郑定、柴荣《两宋土地交易中的若干法律问题》(《江海学刊》2002 年第 6 期)从立法和司法实践的角度论述了宋代土地交易形式及法律形式要件、实质要件及争讼问题。莫家齐《南宋土地交易法规论略》(《法学季刊》1987 年第 4 期)、刘春萍《南宋田宅交易法初探》(《求是学刊》1994 年第 6 期),分别对不动产交易法律规范进行了分析研究。吕志兴《宋代法制特点研究》(四川大学出版社 2001 年版)分析了不动产典卖的概念、特征、立法规制及法定程序。赵晓耕《两宋法律中的田宅细故》(《法学研究》2001 年第 1 期)认为在田宅、钱债等财产方面,传统伦理导向与重视财产的立法、司法实践相背离,并指出两宋法律对私人权利和私人行为的认可。戴建国《宋代的田宅交易投税凭由和官印田宅契书》(《中国史研究》2001 年第 3 期)论证了宋代不动产所有权交易凭证及田宅转移的形式。陈明光、毛雷《唐宋以来的牙人与田宅典当买卖》(《中国史研究》2000 年第 4 期)论述了唐宋以来牙人在田宅典当买卖中的作用。高楠《宋代民间财产纠纷与诉讼问题研究》(云南大学出版社 2009 年版)以民间财产为中心,分析了纠纷多样化的原因、纠纷类型以及司法救济方式等,指出宋代诉讼相关法律融实体法与程序法为一体。刘云《论南宋土地制度与乡村社会》(《赣州师范学院学报(哲社版)》2012 年第 2 期)专门探讨了南宋田土交易时的法定文书。吕志兴《宋代法制特点研究》(四川大学出版社 2001 年版)中对不动产典卖的概念、特征、立法规制及法定程序进行分析,也涉及典权人的优先权问题。杨卉青《宋代契约法律制度研究》(人民出版社 2015 年版)书中对宋代契约的种类和各类契约适用范围进行了全面系统的总结和探讨,并分析了宋代契约的法律规范及时代特色。陆红《简析宋朝土地交易中的物权公示》(《南京农业大学学报(社科版)》2008 年第 2 期)探讨了土地交易中的法律规定和法律程序,指出宋朝土地交易公示具有独特安全价值和秩序价值。唐焱《浅谈宋代土地制度对小农家庭财产的影响》(《商业文化(学术版)》2007 年第 4 期)论述政府以法制手段维护现存土地制度。[日]寺田浩明《田面田底惯例的法律性》(杨一凡总主编:《中国法制史考证》丙编第 4 卷(中国社会科学出版社 2003 年版))也从法制角度对宋代田产转化进行了研究。研究表明,宋代日益重视地权流转中的法律规制问题。

四、宋代土地所有权流转和使用权流转

(一) 所有权流转。郦家驹《两宋时期土地所有权的转移》(《中国史研究》1988 年第 4 期)指出:宋代文献中出现大量关于断骨、卖绝、典卖、典当、倚当、抵当、质举、抵典等类的记载,正是宋代土地买卖盛行的具体表现,是土地所有权转移的一个明显特征。姜锡东《宋代买卖契约初探》(《中日宋史研究会中方论文选编》,河北大学出版社 1991 年版)、马珺《论中国封建契约的发展与完善》(《西安联合大学学报》2001 年第 3 期)、熊燕军《从租佃制形式看宋代租佃契约的订立》(《湖北大学学报》2003 年第 3 期)等对宋代的契约发

展与其反映的经济关系进行了分析。

（二）佃权转移。漆侠《宋代学田制中封建租佃关系的发展》（《社会科学战线》1979 年第 3 期）认为学田多被地主豪绅租占，实行定额转租。张邦炜《北宋租佃关系的发展及其影响》（《甘肃师范大学学报》1980 年第 3、4 期）认为私家佃农负担了国家赋税。杨康荪《宋代官田包佃述论》（《历史研究》1985 年第 5 期）和《宋代官田包佃成因简析》（《中州学刊》1988 年第 3 期）认为私人包佃官田在宋代大发展，自由请射和商品经济发展是包佃存在的原因。曾琼碧《宋代租佃官田的"二地主"》（《中国史研究》1987 年第 2 期）指出"诡名冒佃"得到国家认可，租佃官田方式有管佃、包佃等。葛金芳发表系列论文：《宋代官田包佃特征辩证》（《史学月刊》1988 年第 5 期）、《宋代官田包佃作用评议》（《江汉论坛》1989 年第 7 期）、《宋代官田包佃性质探微》（《学术月刊》1988 年第 9 期）等，说明官田包佃形态发展是与土地私有化潮流相应，租佃关系普遍化，体现国家下放土地管理责任的意图。［日］高桥芳郎《宋代官田的"立价交佃"和"一田两主制"》（刘俊文主编：《日本中青年学者论中国史》，上海古籍出版社 1995 年版）认为租佃关系具有物权色彩，官田承佃者享有事实上的所有权。柴荣《透视宋代土地租佃制度——对宋代土地经营过程中有关法律问题的思考》（《内蒙古大学学报》2003 年第 3 期）分析了宋代佃权转移的几种形式：刬佃、永佃、包佃等，并指明宋代租佃关系是一种契约关系。杨瑞璟《宋代土地买卖多样化及其所反映的关系》（《学术探索》2014 年第 8 期）论证了除买卖之外，由借贷抵押所引起的土地所有权转移，以及佃权转移所引发的"永佃权"及"二地主"等复杂情况。戴建国《从佃户到田面主：宋代土地产权形态的演变》（《中国社会科学》2017 年第 3 期）指出了永佃权和田底、田面权首先产生在宋代官田经营方式中，并论证了宋代官田租佃关系下的产权形态及其变化。姜密《宋代"系官田产"产权的无偿转化和佃权转移》（《河北学刊》2015 年第 6 期）指出佃权转移是产权转移的一种形式，"刬佃"大大促进了佃权转移。

五、制度变迁理论指导下的宋代土地问题研究

日本学者内藤湖南于 1910 年首倡"唐宋变革论"；中国学者侯外庐于 1956 年提出"法典化"标准，主张唐代的均田制和两税法是中国封建社会由前

期向后期转变的标志;胡如雷于 1960 年提出从唐中叶到宋代发生了由量变到局部质变的变化,这些均是颇具影响的宏论。同时,众多学者从文化、政治、阶级、经济、法制等不同层面,对唐宋之际中国社会变迁进行专题研究,见人见智,各具特色。

除以马克思主义理论作为指导之外,自 20 世纪 90 年代以来一些学者以新制度经济学理论为指导研究中国古代史,将新制度经济学与史学、法学结合起来,不失理论方法上的突破,也为"唐宋变革"带来新的视角。作为中国古代社会最重要的土地制度的变化,可以说它牵动着整个社会、经济的走向,那么,中国古代之制度变迁是否符合今天西方学者所提出的"新制度经济学"的相关理论,对此,一些国内学者作了大胆的尝试。王棣《宋代经济史稿》(长春出版社 2001 年版)即是用制度变迁理论作为指导阐发在宋代经济发展过程中,制度因素所起的作用。谢元鲁《对唐宋社会经济制度变迁的再思考》(《中国经济史研究》2005 年第 2 期)指出土地等产权制度变化,使得社会交易成本逐渐降低,从而促进社会发展。厦门大学陈明光先生在 2002 年曾组织各方面的专家专门讨论过"唐宋社会制度变迁"问题。陈先生指出:"唐宋变革之际,制度变迁值得深入研究。"并先后撰文《论唐五代逃田产权制度变迁》(《厦门大学学报(哲社版)》2004 年第 4 期)、《宋朝逃田产权制度变迁与地方政府职责演变》(《文史哲》2006 年第 5 期)。耿元骊《唐宋土地制度与政策演变研究》(商务印书馆 2012 年版)和《帝制时代中国土地制度研究》(经济科学出版社 2012 年版),探究唐宋国家对土地管理、地权占有、经营方式等情况,思考并实证制度变迁中的唐宋社会经济状况及其影响;并借助新制度经济学理论分析中国土地制度发展演进规律,在一定程度上为当代中国土地制度走向提供鉴识基础。林文勋《商品经济:唐宋社会变革的根本力量》(《文史哲》2005 年第 1 期)从商品经济方面研究了唐宋制度变迁原因,指出"商品经济是唐宋社会变革的根本力量"。总之,学者们在讨论"唐宋变革"时,纷纷关注了制度因素。

六、民间土地流转问题

随着商品经济发展,土地作为商品融入其中,民间土地交易频繁。柳立言《宋代同居制度下是所谓"共财"》(《"中央研究院"历史语言研究所集刊》,

1994 年)以详细史料对宋代直系家庭和旁系家庭的共财问题进行探讨,指出宋代实行家庭共财的同时,准许个人私财合法存在。李锡厚《宋代私有田宅的亲邻权利》(《中国社会科学研究生院学报》1999 年第 1 期)认为宗族关系是宋代田宅所有权确认的前提和基础。吕志兴《中国古代不动产优先购买权制度研究》(《现代法学》2000 年第 2 期)剖析了不动产的权利转移在中国古代宗族制度背景下的优先权问题;指出亲、邻优先权制度形成于宋元时期,适应中国古代国情。高楠《宋代的私有田宅纠纷——以亲邻法为中心》(《安徽史学》2004 年第 5 期)通过对亲邻间田宅纠纷的研究揭示了宋代社会私人财产关系的特点,并透视宋代人际关系变化。高楠《宋代民间财产纠纷与诉讼问题研究》(云南大学出版社 2009 年版)对民间财产纠纷多样化的成因、类型及相应司法救济方式和具体法律规定进行了细致的分析,融实体法与程序法为一体。岳纯之《论宋代民间不动产买卖的原因与程序》(《烟台大学学报(哲社版)》2008 年第 7 期)分析宋代民间不动产买卖原因及程序的日趋简单化。戴建国《宋代的民田典卖与"一田两主制"》(《历史研究》2011 年第 6 期)分析了宋代土地所有权和使用权分离情况下的"一田两主制",指出典卖方式及其典卖机制的成熟促进了土地和商品经济的流通。赵晓耕《两宋法律中的田宅细故》(《法学研究》2001 年第 1 期)阐述了在田宅、钱债等财产问题上传统伦理导向与宋代重视财产的立法、司法实践相背离及两宋法律对私人权利、私人行为的认可。

七、土地纠纷问题

宋代土地流转频繁,围绕着土地利益纠纷层出不穷,契约制度随之不断完善。高楠《宋代民间财产纠纷与诉讼问题研究》(云南大学出版社 2009 年版)阐述了宋代民间财产纠纷与诉讼由发生到解决的全过程,其中包括纠纷的执行、纠纷中所反映的民间法观念及民间和官府调解情况。

诉讼文书。随着土地私有制深化及土地权利的分离,宋代契约文书广泛应用于百姓日常生活中。"干照"作为田宅诉讼中各类契约文书的通称,其反映的是宋代司法结构变化与司法传统转型。(陈景良《释"干照"》,《河南财经政法大学学报》2012 年第 6 期)

司法惯例。宋代司法的土地诉讼在国家律令法没有明确规定的情况下,也会援引惯例和习俗,兼顾多方利益,保障土地私有。(毕巍明《试论宋代的田土诉讼》,《2013 年第七届法律文化全国博士论坛论文集》,南京大学法学院)

亲邻诉讼和调解。宋代商品经济条件下,亲邻间引发大量私有田宅诉讼,政府通过立法不断缩小亲邻主体范围,以适应私有田宅快速流转及交易秩序稳定。(张本顺《变革与转型:宋代田宅交易中"亲邻法"的诉讼成因、时代特色及意义论析》,《兰州学刊》2014 年第 4 期)南宋法官在处理亲属间财产争讼的司法实践中,形成了官方单独调解、官批民调、官民同调等三种特色的调解优先模式。具有调解主体灵活、程序完备及融情理法于一体的特色。(张本顺《南宋亲属间财产诉讼的调解模式初探》,《天府新论》2013 年第 1 期)

综上所述,对于宋代土地流转问题,学者们确实进行了广泛的研究,无论是土地流转的前提、原因、流转的方式、流转中的法律规制还是民间的土地流转等方面都取得了相当多的研究成果,并以新制度经济学理论作指导,开拓了新的研究视角和方向。

具体而言,近年来的研究成果显示,关于宋代土地制度史的研究重点已经不再过多关注土地所有制问题、土地类型和土地分配等基本问题,而是转向了更能体现时代发展特色、体现商品经济发展的一系列问题,比如私有化加剧下的土地性质及其产权流转问题、如何解读宋代土地政策的问题、政府职能转变的问题、土地监管问题、土地经营中利益分配和利益最大化的问题、土地交易中的程序及交易合法性问题、土地流转的方式和方向问题、两宋时期的土地纠纷及其解决问题、土地规制和法制保障问题等,这些问题无疑更具体、更贴近社会现实,更有助于还原宋代社会原貌。在这个意义上,我们说,近年来对宋代土地制度史相关问题的研究不断走向深入。

目前的研究成果反映出宋代土地制度史的如下研究特点:第一,关于理论基础,尽管有学者借鉴了新制度经济学(抑或产权经济学)的相关理论作为指导,但其实在更广阔的思路上来讲,研究的理论基础基本上并没有完全脱离马克思的政治经济学(经济基础决定上层建筑)这一大框架。第二,讨论的焦点明显转移。以往围绕着土地所有制形式展开讨论,近年来更多的是以土地产权为核心,关注与之相关的土地政策、土地所有权(或产权)流转、交易法制化、经营效益最大化等问题。第三,关于唐宋变革的研究,认识更深入,对有些问题的理解更明朗,比如:关于"不抑兼并"的土地政策、土地交易、土地经营和管理、土地流转和法制保障等等。第四,研究增添了时代特色。将大数据和数学模型运用于宋代土地制度史的研究中,研究方法呈现多样化。第五,富民和富民社会等新的视角、新的主题的介入,将有助于加深对宋代土地制度史的理解。

鉴于往昔,思考未来。关于宋代土地制度史的研究尚有值得深入挖掘的广阔空间。其一,理论方法有待突破。一方面,需要深入理解新制度经济学的核心思想及其局限性,进一步思考植入宋代土地制度史研究中的必要性。另一方面,厘清法学领域中的"产权"与经济学中的"产权"的区别和联系,将二者联结起来用以指导宋代土地产权问题的研究,更准确地把握宋代土地问题中的权利和权力问题。其二,全面关注宋代法制,进一步明晰法制变迁问题。宋代的法律文件包括《宋刑统》《天圣令》《天盛律令》《庆元条法事类》等综合性的法律、各部门的法律(如吏部的《吏部敕》、户部的《户部条册》)、各级地方的法律(如《两浙福建路勅令格式》、《明州敕》)以及专门的法律、法规(如《农田敕》《农田水利约束》)等等,其中关于土地问题的若干规定,尚未做深入、细致的比较研究,比如:南宋和北宋的法制比较、北宋和西夏的法制比较等,从法制本身突出宋代土地制度的变化及其影响的课题有待加强。其三,关于土地纠纷的研究,需要挖掘更多、更新的资料。以往研究中,选取的实例大多是以《名公书判清明集》为主,它的区域性、时间性特点,限制了我们对宋代土地纠纷全貌的了解。其四,充分利用考古发掘的新史料。近些年出土了"徽州文书""徐渭礼文书""黑水城文书"等资料,有待从中挖掘有关土地、赋税等信息,作为珍贵的第一手史料投入研究。其五,关于"唐宋变革"的讨论,李华瑞和李成燕两位先生分别做过全面的总结和述评,借此,值得再思考的是,作为封建社会最基本问题的土地制度,其在唐宋变革中发挥的原动力的作用,还有待突出表达。其六,一些专题期待进一步研究,如:以云南大学林文勋先生为核心开拓的"富民"和"富民社会"的专题,为宋代经济史研究打开了一个视野,取得了丰硕成果,但有一些问题仍需深入、细致的论证,比如关于富民的分布及区域特征、富民社会的动向、宋史中的"保富论"的争论等。其七,开阔思路、树立全局观,整体把握宋代发展史。在前辈高屋建瓴的引导下,将宋代土地制度史的研究置于整个封建土地制度发展史中,找准宋代的位置,突出宋代在整个土地制度变迁中的作用。

上述研究是本题研究的宝贵基础,笔者不才,不敢妄言推动研究的深入,其中有舛讹乖谬之处,以此就教方家,望不吝赐教。

第一章 宋代土地地权流转的政策分析

宋代政府以法制为保障,奉行"不抑兼并"的土地政策。"不抑兼并"不等于放任,任何"兼并"行为必须以合法为前提。政府不再着力控制土地所有权,目的在于"均平赋役",并最终实现"均贫富"的目标,进而促进宋代社会的整体发展。

第一节 对"不抑兼并"政策的含义重新解释

针对宋代"不抑兼并"的土地政策,学界争论①至今,归结起来反映在如下

① 唐兆梅:《析北宋的"不抑兼并"》(《中国史研究》1988 年第 1 期)、蔡绍荣:《也析北宋的"不抑兼并"——兼与唐兆梅先生商榷》(《学术月刊》1993 年第 12 期)、张其凡:《宋初经济政策刍议》(《华南师范大学学报(社科版)》1989 年第 4 期)、刘复生:《从土地制度的变化看宋代社会》(《西华大学学报(哲社版)》2004 年第 1 期)、郑辉:《宋朝"不抑兼并"的土地政策》(《中国市场》2010 年第 24 期)、漆侠:《宋代经济史》(上海人民出版社 1987 年版)、马兴东:《宋代"不立田制"问题试析》(《史学月刊》1990 年第 6 期)、薛政超:《也谈宋代的"田制不立"与"不抑兼并"——与〈宋代"田制不立","不抑兼并"说驳议〉一文商榷》(《中国农史》2009 年第 2 期)、徐明明:《宋代土地政策研究》(《赤峰学院学报(汉文哲学社会科学版)》2014 年第 8 期)、熊燕军:《从公平优先到效率优先:"不抑兼并"与唐宋变革》(《学术探索》2006 年第 6 期)、漆侠:《宋代经济史》(上海人民出版社 1987 年版)、葛金芳:《试论"不抑兼并"——北宋土地政策研究之二》(《武汉师范学院学报(哲社版)》1984 年第 2 期)、杨际平:《宋代"田制不立"、"不抑兼并"说驳议》(《中国社会经济史研究》2006 年第 2 期)、杨际平:《唐宋土地制度的承继与变化》(《文史哲》2005 年第 1 期)、杨际平:《〈宋代"田制不立"、"不抑兼并"说〉再商榷——兼答薛政超同志》(《中国农史》2010 年第 2 期)、游彪:《宋代"禁寺、观毋市田"新解》(《中国经济史研究》2002 年第 4 期)、耿元骊:《宋代"田制不立"新探》(《求是学刊》2009 年第 4 期)、耿元骊:《唐宋土地制度与政策演变论纲》(《东北师大学报(哲社版)》2009 年第 5 期)、周宝珠、陈振主编:《简明宋史》(人民出版社 1985 年版,第 150 页)、郭丽冰:《宋代的土地政策及其影响》(《辽宁师范大学学报

三个方面:第一,大多数学者认为宋代施行了"不抑兼并"的土地政策;第二,部分学者强调了两宋期间始终"抑制兼并"的政策。杨际平先生先后发表两篇文章①用大量史实说明宋代实际上采取了很多"抑兼并"的措施。游彪先生也撰文②专门考察寺、观买田的行为,证实两宋始终贯彻了抑制兼并的政策;第三,关于对"不抑兼并"政策的评价问题,有否定、肯定和持中三种意见。持"否定"观点的学者认为:"不抑兼并"政策是宋代土地兼并兴盛的根本原因③;"不抑兼并"的土地政策加剧了土地兼并、贫富分化和社会的动荡④;还有学者认为,"不抑兼并"并不是一项顺应历史潮流的进步政策,而是放纵兼并、牺牲农民利益的反动政策;它严重损害了小农经济发展势头,不利于生产力的发展。⑤ 持"肯定"观点的学者认为,宋初采取的"不抑兼并"政策是有利于生产力发展的,因此不应苛责之⑥;"不抑兼并"政策促进了封建契约租佃关系的发展⑦;"不抑兼并"政策对农业乃至整个社会经济起到了巨大的促进作用⑧;另外,林文勋先生和谷更有先生从产权制度发展变化的角度,充分肯定了"不抑兼并"政策在适应当时土地所有制关系的变革中所具有的重要进步意义。⑨ 对"不抑兼并"政策的评价持有较中肯态度的学者认为:"不抑兼并"政策造成了贫富分化、带来了社会的不稳定,同时也给劳动者带来了更多的自

(社会科学版)》2008 年第 5 期)、柴荣:《透视宋代的土地兼并问题》(《西南民族学院学报(哲社版)》2003 年第 1 期)、王辉:《北宋"不抑兼并""田制不立"政策新论》(《江西社会科学》2010 年第 7 期)、林文勋、谷更有:《唐宋乡村社会力量与基层控制》(云南大学出版社 2005 年版)、李华瑞:《宋代的土地政策与抑制"兼并"》(载于《中国社会科学》2020 年第 1 期),等等。

① 杨际平:《唐宋土地制度的承继与变化》(《文史哲》2005 年第 1 期)和《〈宋代"田制不立"、"不抑兼并"说〉再商榷——兼答薛政超同志》(《中国农史》2010 年第 2 期)。

② 游彪:《宋代"禁寺、观毋市田"新解》(《中国经济史研究》2002 年第 4 期)。

③ 柴荣:《透视宋代的土地兼并问题》(《西南民族学院学报(哲社版)》2003 年第 1 期)。

④ 郭丽冰:《宋代的土地政策及其影响》(《辽宁师范大学学报(社会科学版)》2008 年第 5 期)、徐明明:《宋代土地政策研究》(《赤峰学院学报(汉文哲学社会科学版)》2014 年第 8 期)。

⑤ 蔡绍荣:《也析北宋的"不抑兼并"——兼与唐兆梅先生商榷》,《学术月刊》1993 年第 12 期。

⑥ 张其凡:《宋初经济政策刍议》,《华南师范大学学报(社科版)》1989 年第 4 期。

⑦ 王辉:《北宋"不抑兼并""田制不立"政策新论》,《江西社会科学》2010 年第 7 期。

⑧ 郑辉:《宋朝"不抑兼并"的土地政策》,《中国市场》2010 年第 24 期。

⑨ 林文勋、谷更有:《唐宋乡村社会力量与基层控制》,云南大学出版社 2005 年版,第 19 页。

由,从而促进了契约租佃制的发展。①

　　总之,在对宋代"不抑兼并"土地政策的讨论中,多数学者认为宋代不再施行以前那种国家分配土地的"田制"了,而是奉行"不立田制""不抑兼并"的政策,这种政策加剧了土地兼并。本课题虽然赞成这种观点,但是更想借此表达的是,两宋时期推行的"不抑兼并"政策,并没有预示着可以任意兼并土地,所谓的"兼并"必须以不影响赋役征收为前提,否则,政府就会予以抑制。一些反对"不抑兼并"说的学者正是从这个角度阐明了官府"抑制兼并"的种种作为。

　　比如,以杨际平先生和游彪先生为代表的学者反对"不抑兼并"说,杨先生强调,宋代"抑制兼并"的思想才是主流思想,文中列举出诸多具体的抑制措施说明了政府抑制兼并的事实②;游先生结合史实对"禁寺、观毋市田"的法令进行了详细分析,并得出结论:"在影响到国家赋役征收的情况下,抑或危及封建统治时,宋朝还是采取种种措施以抑制兼并势力的。"③这也正契合了本文的观点:宋代政府以"不抑兼并"作为土地政策的大方向,在这一政策引导下,可以适当兼并,但并不能任意兼并。如果兼并行为影响到国家的赋役征纳,政府就会采取种种举施予以抑制。正像游先生在文中所表达的那样,之所以宋代明令禁止寺观买民田,正是因为允许寺院自由买卖土地的话,势必严重影响到政府的赋税收入、加重百姓的赋役负担,最终会加剧政府与百姓之间的矛盾而危及统治者的统治。实际上,事实正是如此。宋代法律禁止官人、百姓将田宅施与或卖易给寺观,违反者,钱物及所涉田宅没入官。④ 至于宋代为什么禁止"将田宅舍施及卖易与寺观",《续资治通鉴长编》卷二二七"熙宁四年十月壬子"条的记载或许可以回答这个问题:"是日颁募役法:……凡坊郭户及未成丁、单丁、女户、寺观、品官之家,有产业物力者,旧无役,今当使出钱以助募人应役,凡此所为条目也,皆委管勾官与监司、州县论定。……方今州县

---

　　① 刘复生:《从土地制度的变化看宋代社会》,《西华大学学报(哲社版)》2004 年第 1 期。

　　② 杨际平:《宋代"田制不立"、"不抑兼并"说驳议》,《中国社会经济史研究》2006 年第 2 期。

　　③ 游彪:《宋代"禁寺、观毋市田"新解》,《中国经济史研究》2002 年第 4 期。

　　④ 《天圣令》中规定:"诸官人、百姓,并不得将田宅舍施及卖易与寺观。违者,钱物及田宅并没官。"(转引自天一阁博物馆、中国社会科学院历史研究所:《天一阁藏明钞本天圣令校正》,中华书局 2006 年版,第 27 页)

差役,尤为民事之难,而今之条约务在除去宿弊,使民乐从。……若官户、女户、寺观、未成丁减半,募三等以上税户代役……"①其中提到的"坊郭户、未成丁、单丁、女户、寺观、品官之家"均属于特殊人群,熙宁年间实行"免役法"之前都享有"免役"特权,实行"免疫法""务在除去宿弊",之后也不过是"减半"征纳,这就不难理解为什么有些人愿意将田产隐寄于寺观的做法了。当大量田产登记在寺观名下,寺观又享有减免赋役的特权,可想而知,其势必会影响国家的赋役征纳。因此,才有了"禁止寺观毋市田"、禁止人们将田宅"施及卖易与寺观"的相关规定。

由此可见,宋朝政府一方面奉行"不抑兼并"的政策;另一方面,又在防范和抑制过度"兼并"行为,以保障赋役不失。纵观整个两宋时期,基本上贯穿了这一主导思想。

一、因影响赋役而"限田"

"占有土地"是中国人历来的理想,只要有能力,必"广置良田"。宋代"不抑兼并"的土地政策,正迎合并满足了"有力之人"占有土地的欲望。"富者有赀可以买田,贵者有力可以占田"②,因之造就了宋代两大"兼并"主力,一个是贵者,一个是富者,二者均属于大地主阶层,"大地主阶层是由官户、形势户(或者说某些'吏户')以及占田400亩以上的一等户至无比户组成的。另外,大商人、高利贷者转化而来的大地主和占田400亩以上的寺院,也属于大地主阶层。这个阶层,占总人口不过千分之三、四到千分之五、六,但占有的土地则是垦田面积的百分之四五十"③。宋朝政府奉行的"不抑兼并"的土地政策首先使这些人有机会占有大量的土地。

其中大地主中的官户在宋代属于特权阶层,他们享有诸多特权,其中最重要的一个特权就是:按官品等级可以获得国家分配的土地,而且不承担徭役。除此之外,他们凭借权势更容易获得额外的土地(或通过邀功受赏、或肆意侵

---

① (宋)李焘:《续资治通鉴长编》卷二二七,熙宁四年(1071)十月壬子,文渊阁四库全书第317册,第733页。

② (元)马端临:《文献通考》卷二《田赋考二·历代田赋之制》,中华书局1986年版,第43页。

③ 漆侠:《中国经济通史·宋代经济卷(上)》,经济日报出版社1999年版,第566页。

占等形式)。这些特权阶层占有大量土地的同时,却又以各种名头不纳赋税、不服徭役。他们占有的田产越多,则国家失去的就越多。为此,宋朝政府曾多次实行"限田"。

至于有关限田的具体情况暂且不论。本节重在阐明宋代"限田"的原因及对限外占田的处置措施,以此考察"限田"的目的,进而更好地理解"不抑兼并"政策的内涵。为方便起见,我们将两宋时期的"限田法"划分为三个阶段:

第一个阶段:从宋初到仁宗乾兴即位之初(1022)。宋初,百废待兴,流移人户增多,"形势豪强""诸般恶悼,影占门户,田土稍多,便作佃户名目……天下田畴半为形势所占"①,导致赋役不均;再加上当时的诡名寄产情况严重,"伪为券售田于形势之家,假佃户之名,以避徭役"②,致使"差役赋敛之未均"的问题异常突出,于是在仁宗即位之初便发布"限田令"来整治。至于如何"限",根据《宋史》卷一七三《食货志·农田》的记载:"公卿以下毋过三十顷,牙前将吏应复役者毋过十五顷,止一州之内,过是者论如违制律,以田赏告者。"③其中包括三方面的内容:规定官员占田最高额;对违反规定者的处罚;给予告发者的奖赏。对于这次限田,张景贤先生认为其目的重在"均徭役"而不是"均田税"。④ 实际上二者并不矛盾,因为倘若那些"形势之家"不占有大量土地的话,那么,这些土地就可能被他人占有并缴纳赋税,所以,限制官员占田数额本身形同于均赋税。"赋税"与"差役"二者密不可分,"均赋税"的同时也在"均徭役",所谓"差役赋敛之未均"⑤,才有了这次限田。早在大中祥符六年(1013)即仁宗"限田"之前,真宗就曾说过:"今天下豪富之家田多租

① "自开国以来,天下承平六十余载,然而民间无蓄积,仓廪未陈腐。稍或饥歉,立致流移。盖差役赋敛之未均,形势豪强所侵扰也。……诸般恶悼,影占门户,田土稍多,便作佃户名目。若不禁止,则天下田 畴半为形势所占。"[《宋会要辑稿》食货一之一九,中华书局1957年版(下同)]

② "命官、形势占田无限,皆得复役,衙前将吏得免里正、户长;而应役之户,困于繁数,伪为券售田于形势之家,假佃户之名,以避徭役。"[(元)脱脱等:《宋史》卷一七七《食货志上五·役法上》,中华书局1985年版(下同),第4296页]

③ 《宋史》卷一七三《食货上一·农田》,第4163页。

④ 张景贤:《宋代的限田政策》,《河北大学学报》1981年第3期。

⑤ 《宋会要辑稿》食货一之一九。

少,贫弱之家地薄赋重,须渐次改定。"①明确指出过赋税不均的问题,继而仁宗即位之初"始诏三司定夺臣僚庄田顷亩之数,以抑兼并。"②很明显就是因为赋税不均才出台了"抑兼并"的"限田法"。

这次限田仅规定了品官占田数量,以及对占田过限者的处罚(按"违制律"论处),具体怎么罚,并未明确规定。倒是对告发者的奖励相对明确些:"形势敢挟他户田者,听人告,予所挟田三之一"③、"过是者论如违制律,以田赏告者"④,鼓励人们告发。至于限田的结果:"任事者终以限田不便,未几即废。"⑤第一次"限田"举措因触及特权阶层的利益,最终以失败而结束。这次"限田"虽然没有达到统治者的初衷,但是它暴露了一个问题,即:统治者既要实行"不抑兼并"的土地政策,又要解决"赋役不均"的现实问题,二者有时会产生矛盾。统治者要突破二者间的掣肘之势,需要不断采取措施,来达到二者间的相对平衡。

第二个阶段:从北宋末、南宋初直到孝宗乾道四年(1168)。北宋末期,战争疾患异常严重,尤其是徽宗政和年间,战事造成的财政困窘更是雪上加霜,统治岌岌可危。统治者为增加财政收入,不仅出售各类官田,也大肆掠买民田。大地主借机疯狂兼并土地,从而掀起了宋代第一次土地兼并高潮。而品官利用权势成为兼并大军中的重要组成部分,其占田数量和规模相当可观,其中占田不乏百顷、千顷者。比如:比部员外郎郑平在真定占田七百余顷。⑥ 陈舜俞曾感慨:"今公卿大臣之占田,或千顷而不知止。"⑦面对这种情况,政府与其限而不能止,不如干脆承认其占田,只要按其所占田亩数依法缴纳赋税、不影响国家收入即可。于是,做出如下规定:"政和令格:品官之家,乡村田产得

---

① (宋)章如愚:《群书考索》卷六五《地理门·田制类》,文渊阁四库全书第936册,第864页,台北商务印书馆1986年版(下同)。

② (宋)章如愚:《群书考索》卷六五《地理门·田制类》,文渊阁四库全书第936册,第864页。

③ 《宋史》卷一七三《食货上五·役法》,第4296页。

④ 《宋史》卷一七三《食货上一·农田》,第4163页。

⑤ 《宋史》卷一七三《食货上一·农田》,第4163页。

⑥ "比部员外郎郑平占籍真定,有田七百余顷。"(《宋史》卷三〇二《吕景初传》,第10022页)

⑦ (宋)陈舜俞:《都官集》卷二《策·厚生一》,文渊阁四库全书第1096册,第416页。

免差科,一品一百顷,二品九十顷,下至八品二十顷,九品十顷,其格外数悉同编户。"①要求品官之家的"限外占田"一同纳税。之后,分别于绍兴十七年(1147)、绍兴二十九年(1159)重申"政和令格",直到孝宗乾道四年(1168)对品官占田都强调了"格外数悉同编户",要求品官依章纳税、交钱募役。高宗绍兴元年(1131)十二月十四日权户部侍郎柳约曾言:"授田有限,着于令甲,比来有司漫不功省,占仕籍者统名官户,凡有科敷,例各减免,悉与编户不同。由是权幸相高,广占陇亩,无复旧制。愿推明祖宗限田之制,咤时救弊,重行裁定。"②品官之家享受着田多"科敷"少、"差役并免"的特权,而这些差役又往往落在"物力低小贫下之民"③的身上,显失公平,为解决这种弊端,政府要求"应品官之家,各据合得顷亩之数,许与减免数外,悉与编户一同科敷"。④ 也就是让这些人将限外所占之田,"悉与编户一同科敷"。实际上并不是限制他们占田,只是要求其限外占田部分和编户一样照常纳税即可。"应品官之家所置田产,依条格合得顷亩已过数者,免追改,将格外之数袤同编户,募人充役。"⑤有人说这是"以抑豪势无厌之欲"⑥,即用征税的办法试图抑制其兼并之欲。恰恰相反,这种"限田"的办法等同于默认其占田,除了加剧其"无厌之欲"外,根本无益于问题的解决。

与第一个阶段相比,这一时期的"限田法"最突出的特点就是占田更"无限"了。因为名义上是"限田",其实不仅限内田数增加了,对限外占田"免追改",明确不予追究。只要将限外占田部分"科敷""折钱纳役",并不限制占田。这哪里是"限田"?大有鼓励占田的意味。

无论如何,"限田"本身说明统治者意识到了问题的存在,至于成效如何是另外一回事。既然"限"了,要求其"格外数悉同编户",那么,到底哪些方面"悉同编户","令格"中并没有明确说明。我们从绍兴十七年(1147)的臣僚上书中略窥一二:"今若自一品至九品皆得如数占田,则是官吏更无科配,所

---

① 《宋会要辑稿》食货六之一。
② 《宋会要辑稿》食货六之一。
③ "官户田多,差役并免,其所差役,无非物力低小贫下之民。"(《宋会要辑稿》食货六之一)
④ 《宋会要辑稿》食货六之一。
⑤ 《宋会要辑稿》食货六之一。
⑥ 《宋会要辑稿》食货六之一。

有军须,悉归编户,岂不重困民力哉! 望诏大臣,重功审订,凡是官户,除依条免差役外,所有其它科配,并权同编户一例均敷,庶几,上下均平,民受实惠。"①从臣僚的言语中得知"限田"之前,品官之家至少在科配"军须"方面,享有免科特权,"所有军须,悉归编户"。所以,有些人(当然是富商、大农之家)为逃避"科配",便想方设法冒充官户,以享其特权,"规免科须",导致"今日官户不可胜计"②。于是在绍兴十七年战事紧张的情况下,宋朝政府才下令所有官户"除依条免差役外,所有其它科配,不以限田多少,并同编户一例均敷科配"。③ 言外之意,取消官户的包括"军须"在内的"科配"特权,这就与限田多少没有关系了。也就是说,政府此时关注的不是官户占田多少的问题,而是"科配"的问题。

另外,"限田法"中关于"子婿"占田的问题,规定得较为笼统,直到绍兴二十九年(1159)才有了比较明确的规定:"用父祖生前曾任官若赠官立户名者,各减见存官品格之半"④,乾道四年(1168)又重申:"一品官父祖元格许置田一百顷,死亡之后,子孙用父祖生前曾任官立户,减半计置田五十顷,若子孙分析不以户数多寡,欲计不许过元格减半五十顷之数,其余格外所置数目并同编户。"⑤然而"减半"占田额根本满足不了众官户子孙的占田欲望,"其所置田亩委是太多"⑥,所以,针对这些人占田过多情况,孝宗乾道四年又特别规定:不论官户子孙析分多少户,其占田总数不能超过父祖生前"元格减半"之数⑦。这就大大减少了多"子婿"户总的占田数量。可法律规定与实际情况毕竟是两码事,更何况法律明确说明:"依条格合得顷亩已过数者,免追改",那么对子婿们的占田限制就显得若有若无了,其结果必定是:既无法制止其兼并的脚步,也不能从根本上解决政府面临的差役之弊。正如乾道六年(1170)九月二

① 《宋会要辑稿》食货六之一。
② "今日官户不可胜计,而又富商、大农之家,多以金帛窜名军中,侥幸补官。及假名冒户、规免科须者,比比皆是。"(《宋会要辑稿》食货六之一)
③ 《宋会要辑稿》食货六之一。
④ 《宋会要辑稿》食货六之一。
⑤ 《宋会要辑稿》食货六之六。
⑥ "承荫子婿许置田亩数目,虽比父祖生前品格减半,若析户数众,其所置田亩委是太多。"(《宋会要辑稿》食货六之六)
⑦ "若子婿分析,不以户数多寡,欲共计不许过元格减半五十顷之数。"(《宋会要辑稿》食货六之六)

十一日中书门下省一针见血地指出："差役之弊,大抵田亩皆归官户,虽申严限田之法,而所立官品有崇卑,所限田亩亦有多寡。品官田多,往往假名寄产,卒逃出限之数。"①官户一边兼并,一边逃避赋役。看来对其越是宽宥越是助长贪婪之性啊!难怪连孝宗都意识到:"(官户)顷亩太宽,自然差不到。"②由此可见,官户无尽兼并土地的同时设法逃避赋役,成了终宋的为政之患。这种积弊恐怕用有名无实的"限田"举措无法解决。

　　第三个阶段:孝宗乾道八年(1172)至宁宗庆元四年(1198)。在这一时期,宋代政府不断用减少品官占田数量的办法,来解决"赋役不均"的问题,③乾道八年将品官占田数量减少了一半(如:一品官从 100 顷减到 50 顷),淳熙七年(1180)又减少三分(一品官从 50 顷减到 35 顷),庆元四年又将品官占田数恢复到乾道八年的数目(50 顷),并将其以法律的形式固定下来。《庆元条法事类》卷四八《赋役门二·科敷》中有专门的《田格》规定:"品官之家,乡村田产免差科,一品五十顷;二品四十五顷;三品四十顷;四品三十五顷;五品三十顷;六品二十五顷;七品二十顷;八品十顷;九品五顷。"④《赋役令》中重申:"诸品官之家乡村田产免差科,其落外数,并同编户。"⑤《随敕申明》中也进一步说明:"官户除依格合得顷亩免差科外,其他科配不以限田多少,并同编户一例均敷。"⑥这样就把前期的令、格统一、固定下来,要求官户无论占田多少,限外占田依法缴纳赋役。

　　上述三个阶段的"限田"情况显示:宋代统治者奉行的所谓"限田法",表面上似乎是在限制品官占田数量,实则重在解决"赋役不均"问题,尤其是直

---

① 《宋会要辑稿》食货六之七。

② 《宋会要辑稿》食货六之七。

③ "孝宗淳熙七年……上曰:'(官户)顷亩太宽,自然差不到。'于是有旨:官户顷亩数多,编民差役频并,令台谏给舍同户部长贰详议以闻。"(《宋会要辑稿》食货六之七)

④ (宋)谢深甫编撰:《庆元条法事类》卷四八《赋役门二·科敷·格·田格》,载杨一凡、田涛:《中国珍稀法律典籍续编》第 1 册,黑龙江人民出版社 2002 年版,第 668 页。

⑤ (宋)谢深甫编撰:《庆元条法事类》卷四八《赋役门二·科敷·令·赋役令》,载杨一凡、田涛:《中国珍稀法律典籍续编》第 1 册,黑龙江人民出版社 2002 年版,第 667 页。

⑥ "绍兴二年二月十四日敕:应官户除依格合得顷亩免差役外,其他科配不以限田多少,并同编户,一例均数敷,候将来却依旧制行。"(《庆元条法事类》卷四八《赋役门二·科敷·申明·随敕申明》,杨一凡、田涛:《中国珍稀法律典籍续编》第 1 册,黑龙江人民出版社 2002 年版,第 668 页)

言官户"不以限田多少"、对限外占田"免追改"等内容,非常清楚地表达了统治者"不抑兼并"的思想,并且反复强调"格外数悉同编户",要求品官及其子娉享受着国家惠恩、特权的同时,只就其限外占田依法纳税服役而已。这样的"限田法"连同南宋末期各种形式的"实封投状"卖田法,相互交错,遂将宋代的土地兼并推向高峰。到淳祐六年(1246)"豪强兼并之患,至今日而极"①。

南宋理宗时人孙梦观曾对宋代的"限田法"有过一些批判性的评价,他说:"朝廷固尝随品官以定顷亩之限,出于所限者,仍同编户充役。今固未尝导而问之。呜呼!此富者所以日益富,而贫者所以日益贫也!为今之计,莫若申明国朝成法,应有官之家所置田产不许过于所限之数,廉者欲足此数固莫能及,贫者既得此数夫又何求? 正不必立为限外充役之说,以纵其兼并之欲也。"②他一针见血地指出了宋代政府的这种"限田法"不但不能限制官员占田,反而使富者日益富、贫者日益贫,这哪里是限田呢? 所谓的"限外充役"也不过是欲盖弥彰,实则"纵其兼并之欲"而已。孙梦观的评价是批判性的,他切中时弊地说出了宋代"限田"的弊端和实质:所谓的"限田"其实不是限制占田,也限制不了占田;不是在"抑制兼并",反而助长了兼并之欲。

由上可知,从北宋到南宋,政府一直没有改变"不抑兼并"的土地政策,为解决"兼并"带来的"赋役不均"问题,采取一次次的"限田"举措,力图去除"兼并之弊",然而都收效甚微。究其原因,实在"限田"不在"限",则兼并不止;兼并不止,又逃役不停,则赋役不能均。所以,终其两宋,"赋役不均"问题都是悬而未决的顽疾。"限田"不能解决,"括田"也未必能解决。

二、为均定赋役而"括田"

"括田"(或称检田)和"限田"一样,同为均赋役而生。括田,即核查田土和赋役实况。两宋时期,宋朝政府多次进行"括田",或全域或局部。宋朝"括田"大概出于几种情况:

第一种是针对"诡名挟户"和"诡名挟佃"等严重影响赋役的情况而进行的"括田"。宋代是以资产为宗定户等,以户等高下确定征纳标准,可是本来

---

① 《宋史》卷一七三《食货上一·农田》,第4179页。
② (宋)孙梦观:《雪窗集》卷二《故事·董仲舒乞限民名田》,文渊阁四库全书第1181册,第97—98页。

官户以其资产列为上等,却享有免役特权;资产少者位列下等户,自然征纳也少,所以宋代大部分赋役实际上是由中上等户来承担。这些人往往因为负担过重,便设法用"诡名挟户"或"诡名挟佃"的办法来规避赋役。

"诡名挟户",就是那些有资产者为了降低户等,将一户析分为多户,目的就是为了逃避赋役。有的一户析分为三、二十户①、有的一户析分为四五十户②,更有甚者一户析分为五、七十户③,这种析户在南宋司空见惯,俨然成为了一种"风俗","今之风俗有相尚立诡名挟户者,每一正户率有十余小户,积习既久,不以为怪。"④像两浙地区,"多以田产诡立户名。"⑤ 江南之民之所以热衷于"诡名",时人林季仲在《论役法伏》中道出了个中缘由:"征求之频,追呼之扰,以身则鞭棰而无全肤,以家则破荡而无余产,思所以脱此而不可得。"⑥差役如此征求、追扰,情非得已必奔走避役。怎么逃避?"时则有老母在堂抑令出嫁者,兄弟服阙不敢同居者,指己生之子为他人之子者,寄本户之产为他户之产者。或尽室逃移,或全户典卖,或强逼子弟出为僧道,或毁伤肢体规为废疾。习俗至此,何止可为恸哭而已哉!"⑦嫁母、别兄、弃子、寄产、逃移、卖业、出家、自残等种种行径,只为降等析户、逃避赋役。

"诡名挟佃",是以佃户名义将田产"诡名"于具有免役特权的官户或形势户,以此来逃避赋役。据《宋史·食货志》记载:"命官、形势占田无限,皆得复役,衙前将吏得免里正、户长;而应役之户,困于繁数,伪为券售田于形势之家,假佃户之名,以避徭役。"⑧里正、户长正是属于中上等户,承担着繁重的赋役负担,他们"困于繁数",才假造"契券"、冒充佃户"诡名"于形势之家。除了

① 绍兴十五年(1145)二月十日王铁言:"比来有力之家,规避差役科率,多将田产分作诡名挟户。至有一家不下析为三、二十户者。"(《宋会要辑稿》食货六之四二)
② "至有一户析为四五十者,中产下农实受其弊。"[(宋)杨万里:《诚斋集》卷一二五《朝议大夫直徽猷阁江东运判徐公(徐朗)墓志铭》,文渊阁四库全书第1161册,第621页]
③ 孝宗乾道九年(1173)七月四日臣僚言:"大姓猾民避免赋役,与人吏乡司通同作弊,将一家之析为诡名女户五、七十户。"(《宋会要辑稿》食货六五至一○一)
④ (宋)陈襄:《州县提纲》卷四《关并诡户》,文渊阁四库全书第602册,第648页。
⑤ (宋)李焘:《续资治通鉴长编》卷二四六,"熙宁六年(1073)八月"条,中华书局1986年版,第5990页。
⑥ (宋)林季仲:《竹轩杂著》卷三《论役法伏》,文渊阁四库全书第1140册,第336页。
⑦ (宋)林季仲:《竹轩杂著》卷三《论役法伏》,文渊阁四库全书第1140册,第336页。
⑧ 《宋史》卷一七七《食货志上五·役法上》,第4296页。

里正、户长之外，其他只要是稍有田产的人户，或是典卖、或是以佃户的名义"诡名"与形势之家，①全都是一个目的，那就是规避税役，以至于"阴为民户影占田产，规避税役，习以成风，略无忌惮。"②

而作为庇护者的形势户趁机以"诡名挟佃"的方式冒占官田③，"若不禁止，则天下田畴半为形势所占。"④享有免役特权的形势户占有大量田产，势必严重影响到政府的赋役征纳，宋代政府为此明令禁止"诡名寄产"，一经发现，"诡名"者和"受寄"一并处罚。《名公书判清明集》卷五《受人隐寄财产自辄出卖》中记载的就是因为"隐寄田产"而发生纠纷的诉讼案，案中：吕千五的父亲为逃避乡司差役，假立典契，将田产"诡名"寄于詹德兴户下。而詹德兴却"视他人之物为己有"，私自将田产卖掉，遂起纠纷。⑤ 根据案中所引法律，"在法：诸诈匿减免等第或科配者，以违制论。注：谓以财产隐寄，或假借户名，及立诡名挟户之类。""在法：即知情受寄，诈匿财产者，杖一百。"⑥隐寄者吕千五和受寄者詹德兴均应受到法律惩处。"詹德兴受吕千五户之寄产，自应科罪，官司既知其伪，而遂以与之，是海盗也，此詹德兴之必不可以得业。……上件田酌以人情，参以法意，吕、詹二家俱不当有。……两家虚伪契簿，并与毁抹附案。詹德兴卖过钱，追充本县及丞厅起造，牒县丞拘监。"⑦最后，法官翁浩堂在判词里说道："西安税赋陷失，科配不行，邑号难为者，皆因乡民变寄田产所致。"⑧说明"诡名寄产"确实影响了科配。

不管是通过"诡名挟佃"将田产影避于形势户，还是通过"诡名挟户"析户分产来减低户等，其结果都将导致"税赋陷失，科配不行"，所以，为均平赋役，

---

① "典卖与形势之家，以避徭役"，"更有诸般恶幸，影占门户，田土稍多，便作佃户名目。"（《宋会要辑稿》食货一之二〇）

② 《宋会要辑稿》食货十之一三。

③ "荒地以见佃为主，勿究冒佃之因，……诡名挟佃，皆合并改正。"[（宋）李焘：《续资治通鉴长编》卷二三七，"神宗熙宁五年（1072）八月"条，中华书局 2004 年版（下同），第 5783 页]

④ 《宋会要辑稿》食货一之二〇。

⑤ 《名公书判清明集》卷五《户婚门·争业下·受人隐寄财产自辄出卖》（翁浩堂），中华书局 1987 年版（下同），第 136—137 页。

⑥ 《名公书判清明集》卷五《户婚门·争业下·受人隐寄财产自辄出卖》，第 137 页。

⑦ 《名公书判清明集》卷五《户婚门·争业下·受人隐寄财产自辄出卖》，第 137 页。

⑧ 《名公书判清明集》卷五《户婚门·争业下·受人隐寄财产自辄出卖》，第 137 页。

核查田产,势在必行。这也成了统治者的为政之要,"凡诡名挟户,进丁退老,分烟析生……必以时覆实,所以革欺弊也。"①

第二种是因贫富占田不均、赋役不均、产税失衡而进行的"括田"。宋代"不抑兼并"政策引发土地兼并,使土地占有极不均衡。对于统治者来说,他们允许适当的"兼并",却不愿意看到由"兼并"带来的赋役、贫富的严重失衡,因为这不仅仅是影响财政收入的问题,更重要的是造成社会动荡甚至危及其统治安危的问题。"黠姓大家,质剂为奸。占田絫百,赋无一二。贫者以苦瘠之亩,荷数倍之输。岁既不给,卒以贸易假名,称报逃徙。故天下逃徙之田,不称其赋者多矣。"②贫富不均、赋役不均、逃移增多、赋役陷失,几者息息相关。"富者跨州轶县,所占者莫非膏腴,而赋调反轻,贫者所存无几,又且瘠薄,而赋调反重。"③严重的"赋役不均"不可避免地加重贫富分化和社会矛盾,统治者也深知"今州县城廓之内,则兼并之家侵削贫民,田亩之间,则豪滑之吏隐漏租赋,虚上逃帐,此其弊事"④。再加上富者有产无税,贫民产去税存⑤等种种弊端,都堪称统治隐患,也系"天下之公患也"⑥,因此,统治者的为政之要、为政之急就是要解决"兼并之家占据阡陌,而其租税终不入官"⑦的"田税失衡""赋役不均"的问题,而这第一步便是核查土地和赋税实况,即"括田"。

如果说"限田"的目的除了"均赋税"还要"均徭役"的话,那么,"括田"的目的则更突出了"均赋税"的特点。下面就几次"括田"的概况摘录如下:

① (宋)李心传:《建炎以来系年要录》卷一一八,"绍兴八年(1138)三月"条,中华书局2013年版,第2208页。

② (宋)陈舜俞:《都官集》卷二《策·厚生二》,文渊阁四库全书第1096册,第417页。

③ 《宋会要辑稿》食货七〇之一一六。

④ (宋)李焘:《续资治通鉴长编》卷三四,"太宗淳化四年(993)二月"条,中华书局1979年版,第746页。

⑤ "富民买田而不收税额,谓之有产无税;贫民卖田而不推税,谓之产去税存。"[(元)方回:《续古今考》卷二〇《附论叶水心说口分世业》,文渊阁四库全书第853册,第390页]

⑥ "地愈广而赋愈轻,此天下之公患也。"[(宋)李新:《跨鳌集》卷二一《上杨提举书》,文渊阁四库全书第1124册,第574页]

⑦ (宋)李心传:《建炎以来系年要录》卷一六二,绍兴二十一年(1151)九月。中华书局2013年版,第2644页。

表1-1　宋代的几次主要"括田"

名称	时间	地点	括田者	原因	结果	材料来源
均畿内田税	真宗咸平三年(1000)	开封府	陈靖	版图变化,田税转移	豪强反对,一月而止	《续资治通鉴长编》卷四七、《宋大诏令集》卷一八三《均开封府界税诏》
千步方田法	仁宗景祐年间	洺州肥乡县	郭谘、孙琳	赋税不均	除去无地之租者四百家,正无租之地者百家,收赋八十万	《宋史》卷三六三《郭谘传》
千步方田法	仁宗庆历四年(1044)	蔡州上蔡	郭谘	田赋轻不等	首括上蔡县,得田二万六千九百三十余顷,均其赋于民	《宋史》卷一七四《食货志上》、《续资治通鉴长编》卷一四四
方田均税法	神宗熙宁五年(1072)	京东、河北、河东、陕西	王安石	田产隐漏,田赋不均	清查出隐漏税田占全国税田的50%	《宋史》卷一七四《食货志上》、漆侠《宋代经济史》(上)
方田法	徽宗崇宁三年(1104)、政和二年(1112)	京西、河北	蔡京	赋税不均	因方量不实作罢	《续资治通鉴长编拾补》卷二九、《文献通考》卷四《田赋考》
公田法	徽宗宣和年间	汝州、京东、京西、淮西北	杨戬	经界不正,赋税不均,财政匮乏	掠夺民田,致使破产者比比皆是	《宋史》卷四六八《杨戬传》
经界法	高宗绍兴十二年(1142)	从两浙至全国	李椿年	有田者无税,有税者无田	查出大量隐漏土地,终因地方官僚反对而废止	《宋史》卷一七三《食货志》、《宋会要辑稿》食货六之三六
经界法	光宗绍熙年间	漳州、泉州、汀州	朱熹	赋役不均	田亩增加,隐税减少	《文献通考》卷五《田赋考》、朱熹《朱文公集》卷一九《条奏经状》
经界法	宁宗嘉定年间	婺州	知婺州赵兴夫、赵师岩、魏豹文等	隐田、析户、赋役不均	查实逃田、诡名寄产、隐税等	《宋史》卷一七三《食货志》、《宋会要辑稿》食货七〇之一三三
经界法	理宗淳祐年间	信州、常州、饶州、嘉兴府	谢方叔	豪强兼并,版籍不实	自实后,宽其限期,行以不扰而已	王圻《续文献通考》卷一《田赋考》、陈邦瞻《宋史纪事本末》卷九八《公田之置》

名称	时间	地点	括田者	原因	结果	材料来源
公田法	理宗景定四年(1263)	全国	贾似道	军需、土地兼并严重	回买、掠夺民田得公田三百五十余万亩,鬻田者被其害,佃田者被其扰	《宋史》卷四五《理宗本纪五》、《宋史》卷一七三《食货志上一》
推排法	度宗咸淳年间	全国诸路	诸路漕帅	豪强大量兼并土地	赋税稍增,最终因吏缘为奸,无疾而终	王圻《续文献通考》卷一《田赋考》

从上表中可以看出,宋代几次"括田"的直接原因多是因为土地兼并,赋税不均。其中最有成效的一次是熙宁五年至元丰八年王安石主持下的"括田",清丈出了百分之五十的隐漏税田①,括田成效相当显著。尽管如此,改革毕竟触及到诸多大地主阶层的切身利益,即使是像王安石这样大张旗鼓地改革者,最后因遭到重重阻挠,也是以失败收场。其他几次"括田"之艰难就更可想而知了。上自权贵力阻,下至吏缘为奸,本来是"均赋平民"的方田之法,最终难以实现初衷。"有司推行怠惰,监司督察不严,贿赂公行,高下失实,下户受弊,有害法度。"②终因推行中的种种弊端,偃旗息鼓。

几次的"括田"结果或收效甚微或以失败落幕。尽管如此,我们仍能看出,前后几次"括田"均重在核实田产,以图赋税均平。其中并没有采取有力措施将查出的隐漏的土地收归国有,充其量令其纳赋税而已,就此,再一次印证了宋代"不抑兼并"政策的实质,在它引导下的历次"括田"核实土地并不是"抑制兼并",而在于试图收缴隐漏部分田产的赋税。

总之,宋代采取"不抑兼并"的土地政策,只是意味着统治阶层改变了原来的管理方式、经营方式,不再授田与民,也不再强调土地的产权归属,但其剥削阶级固有的追求利益的本质并没有改变;宋代政府实行的"限田""括田"等举措,以及用行政、法制手段发布的占田禁令或者采取的其他"抑制兼并"的

---

① "开始于熙宁五年的方田均税法是用来清丈隐田的,到元丰八年废止之日,共清丈了开封界、河北等五路之田248434900亩,而在此以前,即元丰五年登录的垦田为118874203亩,清丈出了129560697亩的隐田。"(漆侠:《中国经济通史·宋代经济卷》(上),经济日报出版社1999年版,第65页)

② 《宋会要辑稿》食货四之十。

种种措施等,究其实质,重点均不在于抑制兼并本身,而在于解决"赋役不均"的问题。也就是说,"不抑兼并"政策实施的一个重要前提是不影响赋役的征纳,离开了这个前提谈"不抑兼并",未免有失偏颇。

第二节 "田制不立"并不等于宋代
没有土地法律、法规

学界除了讨论"不抑兼并"的土地政策外,同样关注了"田制不立"的政策。综合起来看,学者们对"田制不立"土地政策的讨论焦点大致反映在三个方面:第一,宋代没有了前朝那种类似井田制、均田制的"田制",但并不等于没有了土地制度①。持此观点的学者不在少数,只是表达略有不同,比如:"不立田制"不等于没有土地制度,更不等于没有土地政策②;宋代并非没有田制,只是没有了以往那样的均田制、屯田制、占田制③;宋初实行了"田制不立""不抑兼并"的经济政策④,以后八九百年的时间里没有全国性的田制⑤。这些观点实际上都默认以前那种相对完备的田制或土地制度没有了。第二,宋代没有了"井田制",但是"各种土地政策、土地法规,乃至对土地的规划、利用等"方面的"田制"是存在的⑥。以上两种观点中,大体上前者承认了"田制不立"政策的存在,后者则予以否认。第三,否认"田制"作为一种"制度"的特殊含义。强调在宋人理解中,"田制"即"限田";宋人所谓的"田制不立"就是限

① 唐兆梅:《析北宋的"不抑兼并"》,《中国史研究》1988年第1期。
② 刘复生:《从土地制度的变化看宋代社会》,《西华大学学报(哲社版)》2004年第1期。
③ 蔡绍荣:《也析北宋的"不抑兼并"—兼与唐兆梅先生商榷》,《学术月刊》1993年第12期;郑辉:《宋朝"不抑兼并"的土地政策》,《中国市场》2010年第24期。
④ 张其凡:《宋初经济政策刍议》,《华南师范大学学报(社科版)》1989年第4期;马兴东:《宋代"不立田制"问题试析》(《史学月刊》1990年第6期)、薛政超:《也谈宋代的"田制不立"与"不抑兼并"——与〈宋代"田制不立"、"不抑兼并"说驳议〉一文商榷》(《中国农史》2009年第2期)、徐明明:《宋代土地政策研究》,《赤峰学院学报(汉文哲学社会科学版)》2014年第8期。
⑤ 熊燕军:《从公平优先到效率优先:"不抑兼并"与唐宋变革》,《学术探索》2006年第6期。
⑥ 杨际平:《宋代"田制不立"、"不抑兼并"说驳议》,《中国社会经济史研究》2006年第2期;杨际平:《唐宋土地制度的承继与变化》,《文史哲》2005年第1期;杨际平:《〈宋代"田制不立"、"不抑兼并"说〉再商榷——兼答薛政超同志》,《中国农史》2010年第2期。

田"不行"。① 第四,否认"田制不立"是一种土地政策。认为在当时语境下的"田制"指的是赋役制度,"田制不立"就是赋役不均。②

结合学者们的研究,本文认为:宋代没有了以往那样的均田制、屯田制、占田制等田制,但是调整土地关系的法律、法规一直存在。

与前代相比,宋代确实出现了看似"放任"的土地经营策略。不再"还授"土地,这也顺应了经济发展的时代特征。历史上各朝代都有各自的特殊情况,也会有不同的制度,西周"井田制",汉代"限田制",北魏、隋唐"均田制",每个时代有不同的问题和需求,就像历史永远不会停留一样,制度也不可能停留在某一个定型的支点上。历史发展至宋代,士族已渐行渐远,田界早已历经几番变易,统治者面对的是久经沙场的沧海桑田,怀揣着对和平的向往,实行"文治",普施天下。作为封建社会最重要也是最基本的制度——土地制度自然备受重视,而它的前提是统治者心中"普天之下,莫非王土;率土之滨,莫非王臣"(《诗经·小雅·谷风之什·北山》)的王道政治。太祖曾感叹:"富室连我阡陌,为国守财尔,缓急盗贼窃发,边境扰动,兼并之财,乐于输纳,皆我之物"③,只要善待群臣,保证输纳不缺,自会乐享太平。宋代统治者清醒地认识到:要想乐享太平,必须保证社会安稳,避免动荡。这无疑是战乱之后的经验总结。一百多年武人强势于天下,瞬息改变了统治者的治国之道。宋初为削弱武官权力,诱导其放弃兵权,置田享乐④。他们不仅给武将指明了"出路",也为其提供了"享乐资本",随之实行"田制不立""不抑兼并"的土地政策,整个宋代经济自此翻开新的一页。

每个中国人自古以获取土地为最大满足,宋代"买田置地"更是成了朝臣堂而皇之的事情。⑤ 这也是统治者想方设法从最基本的土地制度入手,保证

---

① 耿元骊:《宋代"田制不立"新探》,《求是学刊》2009 年第 4 期。

② 张呈忠:《宋代"田制不立"本义新考》,《社会科学论坛》2015 年第 1 期。

③ (宋)王明清:《挥麈余话》卷一《祖宗兵制名〈枢廷备检〉》,《宋元笔记小说大观》第 4 册,上海古籍出版社 2001 年版,第 3810 页。

④ "人生如白驹之过隙,所谓好富贵者,不过欲多积金银,厚自娱乐,使子孙无贫乏耳。汝曹何不释去兵权,择便好田宅市之,为子孙立永久之业,……群臣之间,两无猜嫌,上下相安,不亦善乎?"[(宋)司马光:《涑水记闻》卷一《杯酒释兵权》,文渊阁四库全书第 1036 册,第 323 页]

⑤ 真宗时韩亿言:"土田,衣食之源,不可弃。"(宋)苏舜钦:《苏学士集》卷一六《韩公行状》,文渊阁四库全书第 1092 册,第 120 页。神宗曾巩言:"买田南山下,禾黍忽已秋。……此乐巨非幸,人生复何求?"[(宋)曾巩:《元丰类稿》卷二《古诗·舍弟南源刘稻》,文渊阁四库全书第 1098 册,第 361 页]

社会和谐的最初声音。那么,如何做呢? 一方面,让有资力的人获得、经营土地;另一方面,采取措施避免因土地过度集中而发生贫富分化加剧,保持社会稳定。至此,上层注重的已不是"田制"立与不立的问题,而是如何管理和经营土地的问题;不是"兼并"问题,而是如何让兼并的土地活起来,并增加收益,从而促进宋代经济更快地向前发展的问题。为此,宋代政府更多地借助于法制手段来实现。

一、"逃田法"

1.宋初的主要土地问题

唐末五代战乱之后,百废待兴,宋代政府面临的首要问题就是处置大量逃绝、荒闲田问题。至道二年(996)太常博士、直史馆陈靖上书建议用"计户定征,量田输税"①的办法来解决因闲旷田土过多而影响的赋税问题。后来他又提出了"赐耕者室庐、牛犁、种食,不足则给以库钱"②的办法,同时建议以劝课情况作为考核地方官业绩的标准等等。到太宗至道二年(996)七月,面对京畿周围广袤土地、耕垦者仅十分之二三、"赋额岁减"③的情况,陈靖的建议貌似恢复"井田制",又因其"多改旧法,又大费资用"④而遭到质疑。除了陈靖

---

① 至道二年(996)太常博士、直史馆陈靖上书言:"如授以闲旷之田,广募游惰,诱之耕垦,未计赋租,许令别置版图,便宜从事;酌民力丰寡、农亩肥硗,均配督课,令其不倦。其逃民归业,丁口授田,烦碎之事,并取大司农裁决。……候至三五年间,生计成立,即计户定征,量田输税。若民力不足,官借籴钱,或以市糇粮,或以营耕具。凡此给受,委于司农,比及秋成,乃令偿直,依时价折纳,以其成数关白户部。"(《宋史》卷一七三《食货上一·农田》,第4160页)

② "两京东西千里,检责荒地及逃民产籍之,募耕作,赐耕者室庐、牛犁、种食,不足则给以库钱。别其课为十分,责州县劝课,给印纸书之。分殿最为三等:凡县管垦田,一岁一得课三分,二岁六分,三岁九分,为下最;一岁四分,二岁七分,三岁至十分,为中最;一岁五分,未及三岁盈十分者,为上最。其最者,令佐免选或超资;殿者,即增选降资。每州通以诸县田为十分,视殿最行赏罚。"(《宋史》卷二四六《陈靖传》,第12692页)

③ "按天下土田,除江淮、湖湘、两浙、陇蜀、河东诸路地里夐远,虽加劝督,未遽获利。今京畿周环二十三州,幅员数千里,地之垦者十才二三,税之入者又十无五六。复有匿里舍而称逃亡,弃耕农而事游惰,赋额岁减,国用不充。"(《宋史》卷一七三《食货上一·农田》,第4159—4160页)

④ 《宋史》卷一七三《食货上一·农田》,第4161页。

之外,后来的李觏献"富国"策①、苏洵提出"田制"论②,他们相继建议恢复井田制,最后却都不了了之。看来复古之路不可行。就连太宗都觉得"井田之制不可卒复"③,只能想别的办法。于是一些州县遂采取"抑勒"邻人的耕种之法,可是"抑勒"不免"害民",朝廷被迫叫停。④这些建议和尝试无疑反映了宋初君臣一直在全力解决逃荒田问题。

另外,这一时期屯营田"入不敷出"的状况也是亟待解决的问题。天圣四年(1026)九月针对襄、唐两州营田,诏令屯田员外郎刘汗杰与转运使一同商讨对策,汗杰直接指出:除去吏兵薪俸和官牛等杂费外,二州"得不偿失"⑤,建议实行招无田产者承佃的办法。⑥实际上是要废除官营改租佃的方式。之后,要么是因为"抑勒"之害,要么是"所入亦不偿费"⑦,各地纷罢营田。

从史料反映的情况看,宋初政府最为棘手的莫过于上述两大问题,即土地的经营和收入的问题。采取的对策大多是"召人承佃",并辅之以法令、制度,用法律手段维护租佃经营。

2."逃田法"

北宋多次发布诏令处理田土问题,包括"逃田法"和"户绝法"。我们将零散的"逃田"资料整理、简摘如下,以窥"逃田法"概况:

---

① (宋)李觏:《盱江集》卷六《国用第四》,文渊阁四库全书第 1095 册,第 74 页。

② (宋)苏洵:《嘉祐集》卷五《衡论下·田制》,文渊阁四库全书第 1104 册,第 876—878 页。

③ (宋)罗从彦:《豫章文集》卷三《集录·尊尧录二·太宗》,文渊阁四库全书第 1135 册,第 662 页。

④ "将远年瘠薄无人请佃逃田,抑勒近邻人户分种,或令送纳租课。""致贫户输纳不前,州县追扰","编敕指挥,不得将逃户田土抑勒亲邻佃莳,盖恐害民。"[(宋)李焘:《续资治通鉴长编》卷一四二,仁宗庆历三年(1043)七月"韩琦言",中华书局 1985 年版,第 3402 页]

⑤ "诏遣屯田员外郎刘汗杰与转运同定利害,而汗杰言:'二务自复至今,襄州得谷三十三万余石,为缗钱九万余;唐州得谷六万余石,为缗钱二万余。而所给吏兵俸廪、官牛杂费,襄州十三万余缗;唐州四万余缗,得不偿失。'故废之。"[(宋)李焘:《续资治通鉴长编》卷一〇四,仁宗天圣四年,中华书局 1985 年版,第 2423 页]

⑥ "招无田产人户请射为永业,每顷输税五分。"(《宋会要辑稿》食货二之二)

⑦ (元)马端临:《文献通考》卷七《田赋考七·屯田》,中华书局 2011 年版,第 166 页。

表 1-2　北宋"逃田法"的演变

时间	地区	逃户归业期限	优免措施	请射逃田权利	资料来源
淳化元年(990)八月	江淮、两浙			许五年满日,纳七分租税	《宋会要辑稿》食货六九之三六
淳化四年(993)三月	淮南、两浙等地	限半年复业	五年外输十分之七	许乡里承佃,充为永业	《宋会要辑稿》食货六九之三六至三七
至道元年(995)六月	诸州		蠲三岁租,三年外输出三分之一		《续资治通鉴长编》卷三八
咸平三年(999)二月	两京、诸路		俟及五年,官中依前敕于十分内定税二分	无田税者	《宋会要辑稿》食货一之一七
咸平五年(1002)八月	河北	实曾流移,今来归业			《宋会要辑稿》食货六一之五六
景德元年(1004)	诸州			不许有田输税户弃业分房请占	《宋会要辑稿》兵二一之二四
大中祥符六年(1013)	江西		依例纳夏秋租课,永不起税	从"旧业田有三分方给一分"更为"不问户下有无田业"	《宋会要辑稿》食货一之二一
天圣三年(1025)九月	诸州			先许中等已下户请射,如有余方许豪势请佃	《宋会要辑稿》食货一之二一
天圣七年(1029)十一月	诸州	十年见荒闲者,听百日复业	与免赋役;后五年,与减旧税十分之八	限满不至,他人请佃者,亦如之	《长编》卷一〇八
明道二年(1033)三月		特展半年(即一年),许流人归业	免两科差徭赋税		《宋会要辑稿》食货六九之四〇
庆历五年(1045)三月	诸州	灾伤逃移,限一年令归业;不因灾伤逃移,限半年	(因灾伤)免三科催科及支移、折变;(不因灾伤)免一科支移、折变		《宋会要辑稿》食货六九之四〇

续表

时间	地区	逃户归业期限	优免措施	请射逃田权利	资料来源
皇祐五年（1053）闰七月	广南经蛮寇处	延期一年,已占佃者仍夺还之		贫者官贷以种粮,占佃	《续资治通鉴长编》卷一七五
治平四年（1067）九月	诸路	三十年至百年		逃田三十年者除其税十四,四十年以上十五,五十年以上六分,百年以上七分;佃及十年输五分,二十年输七分,著为令	《宋史》卷一七三《食货志上一》;《宋会要辑稿》食货一之二六

上表主要反映了两方面内容:一是针对逃户的"逃田法"内容(包括归业期限和优免措施);二是针对请射逃田的佃户的"请佃法"内容(包括请佃资格和优免措施)。(表中之所以未涉及南宋概貌,源于南宋偏安江南,财政紧缺异常突出,随着"公田法"的施行,包括"逃田"在内的"系官田产"多被"鬻卖"甚至是"实封投状"式地拍卖,具体情况将作专文探讨)

北宋逃田众多,仁宗时"国家户七百三十余万,而垦田二百一十五万余顷,其间逃废之田,不下三十余万,是田畴不辟,而游手者多也。"①虽然"民之常性,安土重迁,离去旧国,盖非获已"②,种种原因导致逃离,政府依然以法立限召唤其复业,限期半年到三十年、五十年均可复业,并享受不同的优免政策。政府将此汇入"编敕""令三司依此施行"③,到南宋亦编入《赋役令》④,其中

---

① 《宋史》卷三一七《钱惟演传附彦远传》,第 10346 页。
② 《宋会要辑稿》食货六九之三七。
③ 《宋会要辑稿》食货一之二六:"治平四年(1067)九月二日神宗已即位未改元,东南东路转运司言:三司奏池州多逃户,年深元额税重,人户不敢请射,欲乞其逃田如三十年以上于元税额上减放四分,四十年以上减放七分,如此候十年,其田已成次第,即依编敕,十分内减三分,立为永额,其三年以下(疑为上),十年以上(疑为下)者,自依编敕,令三司依此施行。"
④ (宋)谢深甫编撰:《庆元条法事类》卷四八《赋役门二·支移折变·令·赋役令》载:"诸因灾伤而逃亡归业者,免两料催科;不因灾伤非避赋役者,免两料支移、折变(归业日有元种苗稼者,不免)。限外归者,若因灾伤满三年,免三料催科,每加一年,又免一料,至七料止。满五年,仍减税额一分,每加二年,又减一分,至三分一;不因灾伤满四年,非避赋役者,免两料催科,避役者,免一料,每加二年各人免一料,至五料止,满七年,仍各减税额一分,满十年各减二分。"(杨一凡、田涛:《中国珍稀法律典籍续编》第 1 册,黑龙江人民出版社 2002 年版,第 658—659 页)

都有具体规定涉及对归业逃户分别给予不同程度的蠲免。

在逃户未归业期间的逃田也不能荒废。熙宁七年(1074)、宣和三年(1121)先后强调依"逃田法"处置荒闲田。"流民所弃田,权召人佃,依逃田法以年分渐输纳。"①徽宗宣和三年三月二十三日诏曰:"两浙江东被贼州县渐已收复,逃移及被劫未复业人户地土屋业,官权行拘籍,如及一年未归业,即依逃田法权行召人租佃承赁。"②这里的"逃田法"即为针对佃户的"请佃法"。宋人梁克家《淳熙三山志》卷一一《版籍类二·官庄田》载政和元年臣僚言:"天下系官田产,在常平司,有出卖法,如折纳、抵当户绝之类是也;在转运司,有请佃法,如天荒、逃田、省庄之类是也。"可知,两宋时的"系官田产"分成两部分,分别由常平司和转运司负责。转运司依"逃田法"(包括请佃法)管理、经营诸州逃田。

至于北宋的"户绝田",除了部分允许亲邻依法承佃外,户绝田多以出卖为主,奉行"出卖法"。此不赘述。

由上可知,政府在"不抑兼并"政策下,更多地关注了逃绝、荒闲等"系官田产"的处置问题,制定了"逃田法""请佃法""户绝法""出卖法",以法管理和经营。目的在于保障田地不荒、赋税不缺。

二、"限田法"

与"不抑兼并"政策相应,政府大量售卖"系官田产",结果"富者有赀可以买田,贵者有力可以占田"③,土地集中程度日趋严重。虽然《宋刑统》中对官员占田有一定限制,但《宋刑统》内容多承袭唐制,现实已今非昔比,仅靠它已不能调整新的土地关系,也不能阻止"天下田畴半为形势所占"④的趋势,因此以敕、令形式出现的"限田法"应运而生。

至于"限田"的必要性,我们先来看几个数字:唐开元年间户数890多万,

---

① (宋)李焘:《续资治通鉴长编》卷二五五,神宗熙宁七年八月,中华书局1986年版,第6244页。

② 《宋会要辑稿》食货六九之四三。

③ (元)马端临:《文献通考》卷二《田赋考二·历代田赋之制》,中华书局1986年版,第43页。

④ 《宋会要辑稿》食货一之一九至二〇。

垦田1430多万顷,历经300多年至宋皇祐年间,户数730多万,垦田仅215万余顷①,相比盛唐户口和垦田数都有减少。户口减少,概源于浮客增加之故,②而垦田数相差未免过于悬殊,即使是经过元丰五年(1082)"方田"之后,也还是不到250万顷③,与开元垦田数差距之大,着实令人生疑。那么多田土到哪去了呢?根据《文献通考·田赋考·历代田赋之制》中记载的垦田数,其中宋代田数最多的是天禧五年(1021),为524、758、432亩,又根据漆侠先生的推算,"宋代垦田在七亿——七亿五千亩之间"④,与唐代相比依然差太多,况且随着历史的进步,生产力不断发展,田亩数哪有不增反而减少的道理?唯一的解释就是各地隐漏、被侵占的田地一定不少。

关于侵占官田的情况,有多种形式。官方将耕地转为畜牧用地的不少⑤;被势家大户非法侵占者亦不少,"自开国以来,天下承平六十余载……诸般恶悸,影占门户,田土稍多,便作佃户名目。若不禁止,则天下田畴半为形势所占。"⑥公卿大臣占田动辄逾千顷⑦,占膏腴之地,与民争利⑧。究其原因,与"不抑兼并"政策不无关系,"三代井田之法废,而兼并之徒兴。"⑨"田制

---

① "唐开元户八百九十余万,而垦田一千四百三十余万顷。今国家户七百三十余万,而垦田二百一十五万余顷,其间逃废之田,不下三十余万,是田畴不辟,而游手者多也。"(《宋史》卷三一七《钱惟演传附彦远传》,第10346页)

② (宋)李觏:《盱江文集》卷二八《寄上孙安抚书》载:"今之浮客,佃人之田,居人之地者,盖多于主户矣。"(《盱江文集》卷二八《寄上孙安抚书》,文渊阁四库全书第1095册,第244页)

③ "天下之田已方而见于籍者,至是二百四十八万四千三百四十有九顷。"(《宋史》卷一七四《食货上二·方田》,第4200页)

④ 漆侠:《宋代经济史(上)》,上海人民出版社1987年版,第60页。

⑤ "顷岁于郓、同州置二马监,各侵占民田数千顷。"[(宋)包拯:《包孝肃奏议集》卷一《天章阁对策》,文渊阁四库全书第427册,第84页]太常博士、馆陶王沿上疏言:"牧监刍地,占民田数百千顷,是河北之地虽有十之七,而得租赋之实者四分而已。"(李焘:《续资治通鉴长编》卷一〇四,仁宗天圣四年(1026)八月,中华书局1985年版,第2416页)

⑥ 《宋会要辑稿》食货一之一九。

⑦ 北宋陈舜俞直言:"今公卿大臣之占田,或千顷而不知止。"[(宋)陈舜俞:《都官集》卷二《策·厚生》]

⑧ 徽宗政和元年(1111)四月五日诏:"士大夫与民争利,多占膏腴之地。"(《宋会要辑稿》食货一之三一)

⑨ (宋)李焘:《续资治通鉴长编》卷三七二,哲宗元祐元年(1086)四月,文渊阁四库全书第320册,第366页。

不立,圳亩转易,丁口隐漏,兼并冒伪"①。大量土地或被侵占、或沦为私有,自然影响了在籍垦田数量,也势必影响到赋役征收。因此"限田"势在必行。

"限田法"始于仁宗即位之初。"命官、形势占田无限,皆得复役,衙前将吏得免里正、户长;而应役之户,困于繁数,伪为券售田于形势之家,假佃户之名,以避徭役。乾兴初,始立限田法,形势敢挟他户田者听人告,予所挟田三之一。"②从仁宗开始,两宋期间多次发布诏、敕,以法律手段调整和打击占田过限以及"诡名挟佃"者,谓之"限田法"。

表1-3 宋代针对品官的"限田法"

时间	品官限田	逾限占田	资料来源
太祖建隆四年(963)	准品及老小寡妻受田各有等级	诸占田过限者,一亩笞十,十亩加一等;过杖六十,二十亩加一等,罪止徒一年	《宋刑统》卷一三《占盗侵夺公私田》
仁宗乾兴初(1022)	公卿以下毋过三十顷,衙前将吏应复役者毋过十五顷,止于一州之内;听数外置墓田五顷	过是者论如违制律,以田赏告者	《宋史》卷一七三《食货志·农田》、《玉海》卷一七六《至道开公田·三品田·劝农使》
徽宗政和年间	一品一百顷,二品九十顷,下至八品二十顷,九品十顷	其格外数悉同编户	《宋会要辑稿》食货六之一
高宗绍兴元年(1131)	应品官之家各据合得顷亩之数,许与减免	数外悉与编户一同科敷。诏坐条行下	《宋会要辑稿》食货六之一
绍兴二十九年(1159)	品官之家所置田产依条格合得顷亩;(官户)用父祖生前曾任官若赠官立户名者,各减见存官品格之半	已过数者免追,改将格外之数衮同编户,募人充役	《宋会要辑稿》食货六之二

---

① 《宋史》卷一七四《食货上二·赋税》,第4206页。
② 《宋史》卷一七七《食货上五·役法上》,第4296页。

时间	品官限田	逾限占田	资料来源
孝宗乾道四年（1168）	（一品）子娣用父祖生前曾任官，或增官立户，减半计置田五十顷；若子娣分析，不以户数多寡，欲共计不许过元格减半五十顷之数。其余品从	其余格外所置数目，并同编户	《宋会要辑稿》食货六之二
乾道八年（1172）	品官之家照应元立限田条限减半与免差役，荫人许生前曾任官品格；子娣减半置田	其余数目及别县田产并封赠官子娣，并同编户差役	《宋会要辑稿》食货六之二，《庆元条法事类》卷四八《赋役门·科敷》（随敕申明）
淳熙七年（1180）	一品至九品合得限田顷亩，以十分为率，令再减三分，其余七分与免差役〔谓如一品元合得五十顷，以十分为率，再减三分外，合得三十五顷，与免差役之类〕；子娣减半	（格外）并同编户差役	《宋会要辑稿》食货六之二
宁宗庆元四年（1198）	一品五十顷，二品四十五顷，三品四十顷，四品三十五顷，五品三十顷，六品二十五顷，七品二十顷，八品十顷，九品五顷	格外数，并同编户	《庆元条法事类》卷四八《赋役门·科敷》

　　表中只列举了一部分较明确的"限田法"规定，根据《宋会要辑稿·食货》记载，宋代君臣多次讨论限田事宜，不仅涉及官员在任、离任和死后，还兼及墓田和子娣占田问题。

　　依表中内容可将两宋"限田法"分三阶段：第一阶段是宋初至仁宗时期，规定较为模糊，品官占田数量相对较少（公卿以下毋过 30 顷），过限以违制论；第二阶段是北宋末、南宋初至孝宗乾道四年（1168），按品级占田从 100 顷到 10 顷不等，并强调子娣"减半置田"，"其格外数悉同编户"；第三阶段是乾道八年（1172）到宁宗庆元四年（1198），大幅减少品官占田数，一品官从 100顷减到乾道八年的 50 顷，淳熙七年又议减到 35 顷，庆元四年恢复到 50 顷，"格外之数悉同编户"。可以看出，北宋末、南宋初，品官的法定占田数是最高的,其中的缘由,有三个方面的考量:一是战乱频仍,荒闲田土较多,与其荒芜,不如给予官员;二是宋末政府财政紧缺,此时卖田最多,对土地兼并的态度最放任;三是在危亡之际,用更多的田产笼络官员。到南宋乾道以后,因为官员占田过多,导致严重的"赋役不均",政府再度减少了官员的可占田数。在这里,我想说的是:不管其占田数目如何变化,宋政府自始至终试图用制度去约束"占田";用法治去处置违规兼并,从这个角度来看,宋代还真有点"法制社会"的意味。

于此,当官员过限占田时,"限田法"也就成了官府裁断的重要依据。《名公书判清明集》中依"限田法"裁断的案件共有六件:卷三《白关难凭》①、卷三《须凭簿开析产钱分晓》②、卷三《归并黄知府三位子户》③、卷三《限田外合同编户差役》④、卷三《乞用限田免役》和《限田论官品》⑤。说明"限田法"在实际生活中是确实实行了的。

"限田法"作为宋代土地制度的重要组成部分,它是政府有意控制官户占田数量、防止过度兼并、保障赋役征收的重要手段。

三、"括田法"(也称"检田法")

如果说"限田"在于控制官户占田的话,"括田"则重在摸清天下之"民田",二者相辅相成、目的一致,都是为解决赋役不均问题,从而保障国家收

---

① 《名公书判清明集》卷三《赋役门·限田·白关难凭》[中华书局1987年版(下同)第87页]载:"应官户免税,并要于分书前该载某官占限田之数,今是几代,合得若干,子孙以至曾、玄各要开析。如分书不曾该载,并不理为官户。"

② 《名公书判清明集》卷三《赋役门·限田·须凭簿开析产钱分晓》(第86页)载:"应官户子孙,不于砧基簿分明声说,并不理役。"

③ 《名公书判清明集》卷三《赋役门·限田·归并黄知府三位子户》(第84页)载:"黄知府任朝奉大夫,系从六品,合得限田二十五顷,死后半之,计一十二顷半。"

④ 《名公书判清明集》卷三《赋役门·限田·限田外合同编户差役》(第91页)载:"准法:权六曹侍郎系四品,合占限田三十五顷,死后半之,计一十七顷半。"

⑤ 《名公书判清明集》卷三《赋役门·限田·乞用限田免役》(第83页)和《赋役门·限田·限田论官品》(第88页)载:"品官限田,照应原立限田格条减半,与免差役,其死亡之后,承荫人许用生前曾任官品格减半置田。如子孙分析,不以户数多寡,通计不许过减半之数。谓如生前曾任一品官,许置田五十顷。死亡之后,子孙义居,合减半置田二十五顷。如诸孙分析,不户数多寡,通计共不得过所减半二十五顷之数,仍于分书并砧基簿内,分明该说父祖官品和本户合限田数目,今来析作几户,每户各有限田若干。"

益。比较典型的几次"括田"有:景祐年间大理寺丞郭谘的"千步方田法"①、熙宁五年(1072)的"方田法"②、熙宁五年王安石的"方田均税法"③、宣和元年(1119)蔡京的"方田法"④、绍兴十二年(1142)李椿年的"经界法"⑤、绍熙时朱熹的"经界法"⑥等。当然其间也有看似适应商品经济、实则违背客观规律的敛财举措:政和年间杨戬的"公田法"⑦和理宗时贾似道的"公田法"⑧。不管是"限田法""括田法"还是"公田法",都是两宋统治集团在经济发展过程中采取的解决土地和财政问题的法制手段,背后隐含着统治阶级对最基本的生产资料——土地的重视。

四、各种调整土地关系的法律、法规

除上述"逃田法""限田法""括田法"之外,更值得关注的一点是,两宋时期,无论是律、敕、令、格、式,还是综合性的《条法事类》,也不管是全国性的法律还是地方法规或部门条例,都将调整土地关系作为法律、法规的重要内容。

1.《宋刑统》

卷一二《户婚律》"户绝资产""卖口分及永业田",卷一三《户婚律》"占盗侵夺公私田""典卖指当论竞物业""婚田入务""部内田畴荒芜""课农桑",卷二六《杂律》"侵巷卫阡陌""占固山野之利"等均有相关规定,此不赘述。

2.《农田敕》

据王应麟《玉海》卷一七八《景德农田敕》记载:《农田敕》撰于景德元年

---

① (宋)欧阳修:《欧阳修全集·奏议集》卷七《论方田均税札子》,中国书店1986年版,第822页。

② (元)马端临:《文献通考》卷四《田赋考四》。

③ (宋)李焘:《续资治通鉴长编》卷二三七,熙宁五年(1072)八月,中华书局1986年版,第5783页。

④ 《宋会要辑稿》食货四之一四。

⑤ (元)马端临:《文献通考》卷五《田赋考五》。

⑥ (宋)朱熹:《晦庵集》卷一九《奏状·条奏经界状》,文渊阁四库全书第1143册,第381页。

⑦ (元)马端临:《文献通考》卷七《田赋考七·官田》,中华书局2011年版,第179页。

⑧ 《宋史》卷一七三《食货志上一》,第4196页。

（1004），景德三年（1006）颁行。① 大中祥符年间，《景德农田敕》和新修的《祥符敕》兼行。② 天圣四年（1026）到七年（1029）重新修订《祥符敕》，"损百有余条"，之后成《天圣附令敕》，与《景德农田敕》一起合成新的《天圣农田敕》，于明道元年（1032）颁行。③

关于《农田敕》的内容，在马端临的《文献通考》卷一二《职役考一·历代乡党版籍职役》中提到部分内容："乾兴元年（1022）十二月时仁宗已即位未改元。……三司言：准《农田敕》：应乡村有庄田物力者，多苟免差徭，虚报逃移，与形势户同情启幸，却于名下作客户，隐庇差徭，全种自己田产。今与一月自首放罪，限满不首，许人告论，依法断遣支赏。又准敕：应以田产，虚立契典，卖于形势豪强户下隐庇差役者，与限百日，经官首罪，改正户名。限满不首，被人告发者，命官使臣除名，公人百姓决配。……又按《农田敕》：买置及析居、归业、佃逃户未并入本户者，各共户帖供输，今并须割入一户下。今后如有违犯者科罪，告人给赏。"此《农田敕》主要是处罚"虚报逃移""隐庇差徭"者，及对置产、析居、归业、承佃者并户等作出规定。重在解决"影避"田产问题，打击那些影响赋役征收的违法行为。

关于《农田敕》的实施，景德元年（1004）编成后，于第二年试用，"民以为便"，第三年才正式颁行天下。仁宗即位之初实行"限田法"时又反复提到《农田敕》，想必当时是与"限田法"相辅而行。《农田敕》中禁止有物力者"诡名"于形势户，这里与"限田法"的内容（"限田法"限定了官户占田最高数额）相结合，目的均是整饬过度兼并及赋役不实的情况。与此同时，为突出农事的重要性及加强对农田管理，天禧四年（1020）"改诸路提点刑狱为劝农使、副，兼

---

① "景德元年，诏三司使丁谓取户税条目及臣民所陈农田利害编为书。谓乃与副使、判官崔端、张若谷、乐黄目、王曾参议删定，成《农田敕》五卷。二年十月庚辰上之。令雕印颁行，民以为便。三年正月庚戌，诏颁《农田敕》于天下。"[（宋）王应麟：《玉海》卷一七八《景德农田敕》，文渊阁四库全书第947册，第588—589页]

② 《宋史》卷一九九《刑法一》（第4962页）载："大中祥符间，又增三十卷，千三百七十四条。又有《农田敕》五卷，与《敕》兼行。"

③ （宋）王应麟：《玉海》卷六六《天圣附令敕》（文渊阁四库全书第944册，第724—725页）第载：天圣四年（1026）"有司乃取咸平仪制，及制度约束之在轶者五百余条，悉附令后，号曰附令敕。七年令成颁之。是岁编敕成，合《农田敕》为一书，视《祥符敕》损百有余条。诏下诸路阅视，言其未便者。又诏须一年无改易，然后镂板。明道元年，乃颁焉。"

提点刑狱公事",使三大"监司官"即转运使、提点刑狱、提举常平都兼具了与农田相关的职责,足见宋代对有关农田事项的重视程度。劝农使的职责是"所至取州县民版籍,视其等第税科,有不如式者惩之。劝恤耕垦,招集逃亡,检括陷税,凡隶农田事并令管勾",并"各赐《农田敕》一部,常使遵守。"①他们遵照《农田敕》"管勾"农田事,可谓依法行政。三司使张方平当年在《论京师储军事》中说:"府界税赋,准皇祐五年(1053)敕敕。应开封府诸县,两税太重,特于元额上减落三分,永为定式。……今后畿县灾伤,差官分检,令并依《农田敕》式样施行。"②试想:如果《农田敕》没有施行过,断不会反复颁行,更不可能说照其"式样"施行了。《农田敕》在维护当时的土地管理秩序、保证赋役征纳方面发挥着重要作用。

3.《天圣田令》

天圣七年(1029)修定的《天圣令》③包括三部分内容:"唐令""宋令""不行唐令"。根据戴建国先生所辑七条宋在行《田令》④,从内容上看,《天圣田令》不再规定官员和民众占田数量,矫正了《宋刑统》中已经过时的"永业""口分"田数的限制。

除了第一条(亩步数)、第二条(植树)、第四条(水流侵田)、第七条(佃种交业分期)之外,第三条:"诸官人、百姓,并不得将田宅舍施及卖易与寺观。违者,钱物及田宅并没官。"这实际上是防止寺观兼并做出的规定。因宋代僧道之人有诸多免役特权,即使后来实行"免役法",他们也只是减半交纳⑤。所以,有些人为避税役而"诡名寄产"于寺观;也有一些信教者将大量田产捐给寺观。这样一来,寺观田产日益增多,寺观田产越多,国家征收的赋役就越少,故禁之。

第五条:"诸竞田判得,已耕种者,后虽改判,苗入种人;耕而未种者,酬其

---

① 《宋会要辑稿》职官四二之二。

② (宋)张方平:《乐全集》卷二三《论京师军储事》,文渊阁四库全书第 1104 册,第 233 页。

③ "凡取唐令为本,先举见行者,因其旧文参以新制定之。其今不行者,亦随存焉。"(《宋会要辑稿》刑法一之四)

④ 转自戴建国:《唐〈开元二十五年令·田令〉研究》,《历史研究》2000 年第 2 期。

⑤ (宋)李焘:《续资治通鉴长编》卷二二七,"熙宁四年(1071)十月壬子朔"条载:"是日,颁募役法。……若官户、女户、寺观、未成丁减半,募三等以上税户代役。"(文渊阁四库全书第 317 册,第 733 页)

功力。未经断决,强耕种者,苗从地判。"对有争议的田土,规定"苗入种人",保护了"见佃者"的利益;同时"苗从地判"也保证了"地主"对土地的所有权。借此表明了政府的一种基本倾向,即对"现有"和"已占有"土地的认可。它是"不抑兼并"政策下土地买卖盛行的反映,也是法律对现实的一种顺应。

第六条关于职田的规定①,大体承袭了真宗咸平年间的"职田诏"内容,其后庆历三年(1043)②和熙宁六年(1073)"定职田"③的数额有所下降。职田数不断下降和"限田法"中品官占田数逐步减少相呼应,重在平衡占田不均,防止过度兼并。

4.《庆元条法事类·田令》

《庆元条法事类》编于宁宗嘉泰二年(1202),共 80 卷,现存 38 卷。《庆元令》共 50 卷,编于庆元四年(1198),现存残卷。杨际平先生从现存残本中,辑出 15 条《田令》④,内容涉及:应纳官田宅佃赁和买卖、职田废并和课利充封桩钱物、水侵田和官占田的减免和退复、诸监司劝课农桑、水冲田的均给、陂塘请佃和请买、归明人的给授和田产买卖以及雨水储积妨碍道路和雨雪异常等诸问题。

或许是残卷的原因,关于田土问题,《庆元田令》中仅就纳官田宅和归明人田产买卖作了简单规定,⑤这些规定除了迎合南宋早已成"风俗"的土地买卖外,并无新意。只是有一点值得一提:与《天圣田令》相比,《庆元田令》似乎更强调官员的作用,前者条款中基本没有涉及对官员的要求;而在后者 15 条《田令》里,提到监司、提刑司、常平司、转运司多达九次,四次提到令、佐,两次

---

① 戴建国:《唐〈开元二十五年令·田令〉研究》(《历史研究》2000 年第 2 期,第 37 页)载《天圣田令》录文,其中第 6 条:"诸职田,三京及大藩镇四十项,藩镇三十五项,防、团州三十项,上、中州二十项,下州、军、监十五项,边远小郡户少者一十项,上、中、下县十顷至七顷,为三等给之。给外有剩者,均授。州县兵马监临之官及上佐录事、司理参军、判司等,其给剩田之数,在州不得过幕职,在县不得过薄、尉。"

② 《宋大诏令集》卷一七八《定职田诏》,中华书局 1962 年版,第 642 页。

③ 《宋史》卷一七二《职官十二·职田》,第 4147 页。

④ 杨际平:《宋代"田制不立"、"不抑兼并"说驳议》,《中国社会经济史研究》2006 年第 2 期。

⑤ (宋)谢深甫编撰:《庆元条法事类》卷三二《财用门·理欠·田令》载:"诸欠及均备官物应纳官田宅入官者,估价折立租课,召人认税佃赁,限十年内听以所收子利细填欠数,足日给还元产(注:如愿以别钱赎者亦听)。限满,依没官财产法。其应卖而无人承买者,亦听赎。官有增修,计价贴纳。"卷七八《蛮夷门·归明恩赐》载:"诸归明人官给田宅不得典卖。已死而子孙典卖者,听。"(杨一凡、田涛:《中国珍稀法律典籍续编》第 1 册,黑龙江人民出版社 2002 年版,第518 页)

提到尚书户部，这么频繁地在法律里强调官员亲检、管勾、监督等职责，再结合南宋"豪强兼并之患，至今日而极"的状况，可以想象南宋统治者的统治之术已到了强弩之末，上自中央尚书户部，下至令、佐齐动员，越是这样越说明官员不能正常发挥其应有职责。从侧面印证着"不抑兼并"政策带来的巨大社会问题，所以，以法督吏也可能是他们能抓住的最后一根稻草。

5.《农田水利约束》(即《农田水利条约》)

《宋史》卷一四《神宗一》载：熙宁二年(1069)十一月"颁《农田水利约束》"。《宋史》卷九五《河渠志五》又载：熙宁二年十一月"制置三司条例司具《农田利害条约》，诏颁诸路。"①其内容主要是与陂塘、圩埠、堤堰、沟洫等农田水利的兴修和治理有关，也属于土地法中的重要组成部分。

6.其他一些部门法和地方法规

宋代各职能部门通常都有专门的约束法规或条例，如吏部的《吏部敕》②、户部的《户部条册》③等；其他部分也是一样，《续资治通鉴长编》卷三四四"元丰七年三月乙巳"载："天下土俗不同，事各有异，故除敕令格式外，有一路一州一县一司一务敕式，又别立省、曹、寺、监、库、务等敕，凡若干条。"至于诸路州县也各有地方法规，如《两浙福建路敕令格式》④《明州

---

① 《宋史》卷九五《河渠五》(第2367页)载：熙宁二年十一月"制置三司条例司具《农田利害条约》，诏颁诸路：'凡有能知土地所宜种植之法，及修复陂湖河港，或元无陂塘、圩埠、堤堰、沟洫而可以创修，或水利可及众而为人所擅有，或田去河港不远，为地界所隔，可以均济流通者；县有废田旷土，可纠合兴修，大川沟渎浅塞荒秽，合行浚导，及陂塘堰埭可以取水灌溉，若废坏可兴治者：各述所见，编为图籍，上之有司。其土田迫大川，数经水害，或地势汙下，雨潦所钟，要在修筑圩埠、堤防之类，以障水涝，或疏导沟洫、畎浍，以泄积水。县不能办，州为遣官，事关数州，具奏取旨。民修水利，许贷常平钱谷给用。'初，条例司奏遣刘彝等八人行天下，相视农田水利，又下诸路转运司各条上利害，又诏诸路各置相度农田水利官。至是，以《条约》颁焉。"
② 《宋会要辑稿》刑法一之三六"格令"：绍兴三年(1133)九月二十七日"尚书右仆射，同中书门下平章事朱胜非等上《吏部敕》五册，《令》四十一册，《格》三十二册，《式》八册，《申明》一十七册……。诏自绍兴四年(1134)正月一日颁行，仍以《绍兴重修尚书吏部敕令格式并通用敕令格式》为名。"
③ 《宋会要辑稿》刑法一之三六"格令"：绍兴四年四月二四日："敕令看详'章杰抄录条册内，户部一司计一百九册，共一百八十卷，今将目录勒逐部当行人契勘已有未有条令名件开坐在前，乞将户部一司降付本部参照见行条令遵守照使。如有相妨窒碍者，即从本部看详施行。'诏'章杰抄录到条册，事干六曹，分送逐部看详以闻。'"
④ 《宋史》卷二〇四《艺文三》(第5143页)："《两浙福建路敕令格式》一部，宣和初，卷亡。"

敕》①等。虽然我们看不到这些法规的具体条文,但是作为部门法或地方行政
法规,一定少不了调整土地关系的内容。

从以上这些处理土地问题的主要法律文件看,宋代统治者比以往任何朝
代都重视发挥法律的作用,用法律手段调整和解决现实问题。各种法令、法规
在强化对土地的经营管理和保证经济快速发展中起着不可替代的作用。

总之,宋代政府一方面采取"田制不立""不抑兼并"的土地政策,另一方
面也通过详备的法律制度,诸如"逃田法""户绝法""请佃法""限田法""括田
法"以及《天圣田令》《庆元田令》《农田敕》和《农田水利条约》等专门法和地
方性法规,结合《宋刑统》这一根本法,实现"以法行政"。尽管"不抑兼并"带
来了种种政治、经济和社会问题,但哪个朝代、哪个时代没有问题呢? 从大的
方向上说,"'不抑兼并'无疑适应了当时土地所有制关系的变革,具有重要的
进步意义,值得充分肯定。"②

将"田制不立""不抑兼并"理解为宋代没有了"田制"、完全放任兼并,显
然不切实际。更确切地说,宋代是没有了像前代那样的"授田法",不再授田
并不等于放弃对土地的管理,也不等于没有了土地法律制度,相反,宋代政府
更注意用法制手段将"兼并"控制在一定的范围之内。从整体上看,宋代的土
地政策意味着政府换了一种不同于前朝的经营、管理土地的方式,它顺应和促
进了宋代经济尤其是商品经济的发展。

第三节 "不抑兼并"的土地政策与合法的土地买卖

宋太祖一句"兼并之财,乐于输纳,皆我之物"③,拉开"不抑兼并"的序

---

① (宋)曾巩:《元丰类稿》卷一九《广德湖记》(文渊阁四库全书第1098册,第532页):"宋
兴淳化二年(991),民始与州县疆吏盗湖为田,久不能正。至道二年(996),知州事丘崇元躬按治
之,而湖始复。转运使言其事,诏禁民敢田者,至其后遂著之于一州敕。"(注:广德湖位于明州
鄞县)

② 林文勋、谷更有:《唐宋乡村社会力量与基层控制》,云南大学出版社2005年版,第37—
39页。

③ (宋)王明清:《挥麈余话》卷一《祖宗兵制名〈枢廷备检〉》,《宋元笔记小说大观》第4
册,上海古籍出版社2001年版,第3810页。

幕,天下财富不管在谁手里,最终都是"为国守财",这无异于一种"大智若愚"的态度。统治者的关注点不在于"兼并"本身,而在于"乐于输纳"、在于"兼并之家占据阡陌,而其租税终不入官"①、在于由兼并带来的社会动荡。对于统治者来说,任何人或事,一旦危及到他们的统治秩序,则是他们不能容忍的;反之,他们则会顺历史潮流而行。宋代政府奉行的"不抑兼并"政策即是如此,对"兼并"行为采取了有限认可的态度,既将其限定在可控范围之内,又推动经济的向前发展。正是以这种政策为指导,宋代的土地流转更自由、更频繁,大小地主纷纷兼并土地,从而营造了一个"富民社会"②。表面上看"不抑兼并"政策,似乎意味着"放任"兼并、意味着让"兼并之徒""公然号为田主"③。而实际上是不是这样? 宋代政府是不是实行了一种"放任兼并"的土地政策? 他们对兼并、对土地买卖持何种态度? 只有搞清楚了这些问题,才能由"表"及"里"把握宋代土地政策的实质,从而正确认识土地政策的大方向,也才能进一步揭示"不抑兼并"政策的内涵。

"不抑兼并"作为宋朝的土地政策,其最突出的特点就是在它的引导下掀起了土地买卖的热潮,不管公田私地均可交易。

一、"不抑兼并"始终是宋代土地政策的大方向

自古"井田"制下,田土公私分明、有序无争的状态一直为古人津津乐道。自秦朝商鞅变法"废井田、开阡陌",土地得以卖买,才有了土地兼并,"富者田连阡陌,贫者亡立锥之地。"④于是,历朝历代仁人纷纷剑指导致"经界不正"的土地买卖。宋人王禹偁曾指出:"汉废古井田,用秦阡陌,是本已去矣。"⑤批判其破坏了本末之序。同时,自秦代以后,统治者重建各种土地制度,期望去

---

① (宋)李心传:《建炎以来系年要录》卷一六二,绍兴二十一年(1151)九月,中华书局2013年版,第2644页。

② 林文勋:《中国古代"富民社会"的形成及其历史地位》,《中国经济史研究》2006年第2期。

③ (清)顾炎武:《日知录》卷一○《苏松二府田赋之重》,见《日知录集释(上)》,浙江古籍出版社2013年版,第616页。

④ (汉)班固:《汉书》卷二四上《食货第四上》,中华书局1962年版,第1137页。

⑤ (宋)王禹偁:《小畜集》卷一八《答黄宗旦第二书》,《四部丛刊初编集部》第133册,《王黄州小畜集》第18卷第8页,上海书店出版社1989年影印本。

除"开阡陌"带来的疾患。西汉的"自田"、王莽的"王田"、北魏至隋唐的"均田",大都在试图矫正其弊,其间不无成绩。可是唐代中后期的乱世再一次中断了人们恢复有序田制的努力,"均田制"遭到破坏,土地兼并不可遏制,"富者兼地数万亩,贫者无容足之居。"①制度破坏之后再恢复,何其艰难! 可是,仍可见陆贽、杜佑、李翱、白居易等权臣大佬积极努力,奢望设计新"田制"以图改观失序的社会,其中不乏恢复"井田制"的梦想,一直到宋朝的宋太宗、陈靖、李觏、苏洵、张载等君臣纷纷溢美"井田","天下之士争言复井田"②,可是历史终究不能重演。

自宋初以来,社会经济的发展与前朝不可同日而语,与其恢复旧制,不如创新改制。宋代统治阶层内部在保留复古的余音中,更图改制,打破一向"抑制兼并"的思路和模式,顺势而为,旗帜鲜明地奉行"不抑兼并"政策。一开始,最高统治者从私利出发,为实现"群臣之间,两无猜嫌,上下相安"的政治目的,要权臣"释去兵权,择便好田宅市之,为子孙立永久之业"③,遂在各路设置转运使,声明"不抑兼并",④自此拉开"不抑兼并"政策的序幕。"不抑兼并"政策并非"无奈"之举,而是一种"顺应",它顺应了唐末五代以来的经济发展,尤其顺应了商品经济发展的大趋势。

"不抑兼并"政策初步实施大概始于乾德四年(966),当时宋太祖下诏公开晓谕任民垦辟荒田⑤。仁宗即位之初,为解决"赋役不均"的问题,对官户实行"限田",同时明确指出时下"田制不立",⑥意即不再制定以前那种相对完备的国家分配土地的制度,也就是类似"均田制"式的土地制度不复存在,自此宋代土地政策逐渐明朗,"不抑兼并""田制不立"相互交错、并行不悖,于是

---

① (唐)陆贽:《陆宣公集》卷二二《均节赋税恤百姓第六》,浙江古籍出版社1988年版,第260页。
② (宋)苏洵:《嘉祐集》卷五《衡论下·田制》,四部丛刊初编第156册,第8页,上海书店影印本,1989年。
③ (宋)司马光:《涑水纪闻》卷一《杯酒释兵权》,中华书局1989年版,第11—12页。
④ "置转运使于逐路,专一飞挽刍粮,饷军为职,不务科敛,不抑兼并。"[(宋)王明清:《挥麈余话》卷一《祖宗兵制名〈枢廷备检〉》,中华书局1961年版,第283页]
⑤ "所在长吏谕民,有能广植桑枣、垦辟荒田者,止输旧租;县令佐能招徕劝课,致户口增羡、野无旷土者,议赏。"(《宋史》卷一七三《食货上一·农田》,第4163页)
⑥ "(仁宗)即位之初,……上书者言赋役未均,田制不立,因诏限田。"(《宋史》卷一七三《食货上一·农田》,第4163页)

乎土地买卖、土地兼并之风迭起。值得注意的是,宋朝政府一方面在"不抑兼并"政策的框架内,用行政手段为土地买卖大开方便之门;另一方面又用法制手段控制和引导兼并、买卖行为,尽可能地保持其有序发展。

　　宋代政府所用的法制手段,最主要的部分就是制定相对完备的法律、法规。在宋代法律中,《宋刑统》的内容多源于《唐律疏议》,其中相关土地制度的规定有些已经不能适应宋代的实际状况;当代之《敕》《令》能更方便、快捷地作用于实践,具有明显的现实性、针对性特点。如:景德三年(1006)颁行的《农田敕》中强调了对"虚报逃移""苟免差徭"和"隐庇差役""虚立契典"者的处罚,①其中并没有明确禁止多占田产;虽然限定了官户占田数额,可是对限外占田并没有具体的处罚规定。② 在历次"限田法"中关于"格外占田"无非是要求"其格外数悉同编户",③只要限外占田部分悉数纳税或募人服役即可,并"免追改",④不予没官、不予处罚。这就意味着占者自占、意味着官方的认可。那么,从法律层面与"不抑兼并"政策遥相呼应。

　　《天圣令·田令》⑤(总共七条"宋令"),作为宋朝前期的重要法令,也没有对个人占田数额作出详细规定,只是部分矫正了已经过时了的《宋刑统》中关于"口分田""永业田"的田数限制。其中有关土地买卖的条款规定:"诸买地者,不得过本制,虽居狭卿(乡),亦听依宽卿(乡)制,其卖者不得更请。凡卖买皆须经所部官司申牒,年终彼此除附。若无文牒辄卖买者,财没不追,地还本主。"⑥针对双方有争议的田土(即便是耕者非法获取的),只需"田还地主",并不予以处罚。足以说明政府在法律上对占有土地秉持一种宽松、认可

---

　　① "应乡村有庄田物力者,多苟免差徭,虚报逃移,⋯⋯今与一月自首放罪,限满不首,许人告论,依法断遣支赏。""又准敕:应以田产虚立契,典卖于形势豪强户下隐庇差役者,与限百日,经官首罪,改正户名。限满不首,被人告发者,命官使臣除名,公人百姓决配。"[(元)马端临:《文献通考》卷一二《职役考一·历代乡党版籍职役》,中华书局1986年版,第128页]

　　② "诸命官所置庄田,定以三十顷为限,衙前将吏合免户役者,定以十五顷为限,所典买田,只得于一州之内典买。如祖父迁葬,别无茔地者,数许更置坟地五顷。"[(元)马端临:《文献通考》卷一二《职役考一·历代乡党版籍职役》,中华书局1986年版,第128页]

　　③ "政和令格:品官之家,乡村田产得免差科,一品一百顷,二品九十顷,下至八品二十顷,九品十顷,其格外数悉同编户。"(《宋会要辑稿》食货六之一)

　　④ "应品官之家所置田产,依条格合得顷亩已过数者,免追改,将格外之数衮同编户,募人充役。"(《宋会要辑稿》食货六之一)

　　⑤ 转引自戴建国:《唐〈开元二十五年令·田令〉研究》,《历史研究》2000年第2期。

　　⑥ 转引自戴建国:《唐〈开元二十五年令·田令〉研究》,《历史研究》2000年第2期。

的态度,侧面支持了"不抑兼并"的政策。

《庆元条法事类·田令》①,是南宋时期的重要法律。其中有两条规定与土地买卖相关:

> 卷三二《财用门·理欠》:"诸欠及均备官物应纳田宅入官者,估价折立租课,召人认税佃赁,限十年内听以所收子利细填欠数足日,给还元产。限满,依没官财产法。其应卖而无人承买者,亦听赎。官有增修,计价贴纳。"

> 卷七八《蛮夷门·归明恩赐》:"诸归明人官给田宅不得典卖。已死而子孙典卖者,听。"

这两条涉及对纳官田宅和归明人田宅的处理办法:应纳官田宅属于"系官田产",召人佃赁或出卖;"归明人"的田宅本来是国家分给,生前不得典卖,死后则可以作为私产任凭子孙典卖。由此初步判断,政府对纳官田产和归明人田产的限制很少,而且没有限定承买人的资格。也就意味着不论公田私产,都可以近乎自由交易。

《天圣令》和《庆元令》中关乎"田令"的规定,几乎不见政府对买卖土地的限制,甚至可以认为政府借助法律推动土地买卖,进而施行"不抑兼并"政策。

此外,在现实中,"不抑兼并"之事实随处可见。

首先,两宋时期官田领域的鬻卖、兼并之风愈演愈烈。宋代以前一般禁止买卖官田,官府卖田实属稀少。至宋代则与以往大不同,不仅可以买卖官田,而且罕见地以官方身份措置出卖官田。自北宋真宗在局部出卖户绝田中的瘠薄之地开始,②到仁宗时,在全国各地全面卖户绝田。③ 从售卖零散不成片的系官田土,④扩大到大部分系官田产,"凡市易抵当、折纳、籍没、常平、户绝、天

---

① 杨际平先生从《庆元条法事类》中辑出 15 条《田令》,见《宋代"田制不立"、"不抑兼并"说驳议》,《中国社会经济史研究》2006 年第 2 期。
② "户绝田并不均与近亲,卖钱入官;肥沃者不卖,除二税外召人承佃,出纳租课。"(《宋会要辑稿》食货六三之一七一)
③ "勘会户绝田,勒令佐打量地步、什物,估计钱数申州,州选幕职官再行覆检,印榜示见佃户,依估纳钱买充永业,……若见佃户无力收买,即问地邻,地邻不要,方许中等以下户全户收买。"(《宋会要辑稿》食货一之二一)
④ "诸畸零不成片段田土难已召给役人者,依出卖户绝田户法,召人承买。"(《宋会要辑稿》食货一之二九)

荒、省庄、废官职田、江涨沙田弃堤退滩、濒江河湖海自生芦苇荻场、圩埠、湖田之类，并出卖。"①甚至以"实封投状"②的方式竞相拍卖。

南宋初"尽鬻诸路官田"③，"(绍兴二年)六月二十九日诏：诸路委漕臣一员将管下应干系官田土并行措置出卖，仰各随土俗所宜究心措置，出榜晓示，限一月召人实封投状请买。"④鬻卖之风愈演愈烈。再加上"猾吏隐匿，顽民冒占"，大部分"系官田产"沦为豪民之私属，弊端丛生。直到淳熙十四年(1187)，"近年州县不复牓卖"⑤。此后，"住卖"的呼声不绝。为解决财政危机，只有另辟蹊径。于是，在贾似道主持下"回买公田"。"公田初议，以官品逾限田外买之，此犹有嫉富抑强之意"⑥，其效果可想而知。

"封建国家与民间进行土地交易，在前代是罕见的，宋代却已习以为常。"⑦"其出以与民者，谓之官自卖田"⑧。很明显，两宋时期在"不抑兼并"政策指导下，政府为获利大张旗鼓地鬻卖官田。

这些"系官田产"都卖给谁呢？

一是一些公职人员。一般情况下，宋代法律对公职人员买田产有诸多限制，包括"本州县官吏公人"⑨、"本处当职官吏"⑩以及"见任官"均"不

---

① "(政和元年)六月六日户部侍郎范坦奏：……凡市易抵当、折纳、籍没、常平、户绝、天荒、省庄、废官职田、江涨沙田弃堤退滩、濒江河湖海自生芦苇荻场、圩埠、湖田之类，并出卖。从之。"(《宋会要辑稿》食货一之三一)

② (宋)李焘：《续资治通鉴长编》卷三八六，哲宗元祐元年(1086)八月，中华书局1992年版，第9397页。

③ (元)马端临：《文献通考》卷七《田赋考七·官田》，中华书局1986年版，第81页。

④ 《宋会要辑稿》食货六一之五。

⑤ 《宋会要辑稿》食货六一之四〇。

⑥ (宋)刘一清：《钱塘遗事》卷五《推排公田》，上海古籍出版社1985年版，第99页。

⑦ 朱瑞熙：《宋代社会研究》第三章，中州书画社1983年版，第59页。

⑧ (宋)叶适：《叶适集·水心别集》卷二《民事上》，中华书局1961年版，第652页。

⑨ 绍兴二年(1132)"九月十九日诏：两浙转运判官张致远躬亲前去取索浙西提刑司行遣出卖官田案，检具违慢官吏姓名，仍催督本司官将未卖田产遵依已降指挥催促，所管州县多出文榜疾速召人依实封投状承买，除本州县官吏公人外，官户诸色人并听承买。"(《宋会要辑稿》食货五之二二)

⑩ 乾道九年(1173)正月十五日诏："……浙西常平官开具营田并没官田产色额数估价关报本所，其出卖田产，除本处当职官吏外，应官户公吏等并许依价承买。"(《宋会要辑稿》食货六一之三二)

得于所任州县典买田宅"①。它强调了两个禁买条件:一个是在职州县(本处);一个是现任官,也就是说在职的官吏、公人于任内、在任职所在地均不可购买田宅。仔细推敲一下,这样的规定看似对官员买田置地有所限制,其实限制是若有若无的。因为宋代官员任职实行回避制度,一般官员多不在"本贯"任职。史籍显示,宋朝政府先后在太平兴国七年②、绍兴二年③、绍兴七年④专门申明过籍贯回避制度。按照政令,大部分官员不在"本贯"为官。可中国人又都有种割舍不断的"乡情",多数官员待其"致仕"或"告老"或"告病"之后,都会选择"返乡"择居。这样一来,回避制度对他们购田置地几乎构不成约束。他们在任职期间不能买,可以在卸任时买⑤;在任职州县不能买,可以在其他州县买⑥;在本处不能买,可以在"本贯"买⑦,所以,在宋代,任职回避制度并不能完全阻止官吏、公人购买田产。而事实上,宋代的"不抑兼并"政策也无意限制其买田。二是当地的"有力之家"。他们通过各种手段兼并官田,或挟势"贱价买之"⑧、或勾结官吏"低估价钱"⑨,将官田纳入私囊。致使大量"系官田产""往往悉归豪强有力之家"⑩。不仅如此,他们还通过"占佃"⑪

---

① 政和四年(1114)八月二十二日转运判官高景山奏:"伏观亲民官于今罢任处不得寄居,及见任官不得于所任州县典买田宅,着于勑令。"(《宋会要辑稿》刑法一之二八)

② 太宗太平兴国七年(982)"西蜀、岭表、荆湖、江浙之人,不得为本道知州、通判、转运使及诸事任。"[(宋)李焘:《续资治通鉴长编》卷二三,中华书局2004年版,第522页]

③ 高宗绍兴二年(1132)二月重申籍贯回避法令:"自今监司,不得任本贯。其见在任者,皆移之。"[(宋)李心传:《建炎以来系年要录》卷五一,中华书局2013年版,第912页]

④ 绍兴七年(1137)再一次下诏:"监司除授依祖宗法施行,内本贯系置司州军者,即行回避。"(《宋会要辑稿》职官四五之一九)

⑤ "士大夫至有今日辞秩,而明日立券殖产者。"(《宋会要辑稿》刑法一之二八)

⑥ 乾道八年(1172)"限田法"中提到"其余数目及别县田产并封赠官子孙,并同编户差役。"说明一些官员在"别县"有田产。(《宋会要辑稿》食货六之七)

⑦ 《名公书判清明集》卷四和卷五多篇记述县蔚、监司等官员买卖田产的案件。

⑧ "嘉泰三年五月十六日臣僚言:今天下州郡户绝、籍没之田,往往而有官司出卖类,皆为强豪挟恃势力,以贱价买之,官司所获无几。"(《宋会要辑稿》食货六一之四四)

⑨ "其承买人计嘱官吏低估价钱,藏匿文牓,见佃人巧作事端,故意阻碍,及所委官吏容心作弊。"(《宋会要辑稿》食货六一之二一)

⑩ 《宋会要辑稿》食货六一之四三。

⑪ 仁宗天圣五年(1027)陕西转运使杜詹言:"伏见没纳、欠折、户绝庄田不少,自来州县形势、乡村有力食禄之家,假名占佃,量出租课……"(《宋会要辑稿》食货一之二四)

"请佃"①"请买"②"侵耕"③"冒占"④"侵占"⑤等多种形式,吞并官产。

作为最高统治者的皇帝不仅是"不抑兼并"政策的倡导者,而且是土地兼并的助推者。皇帝通过赏赐的形式将大量良田美池赏与皇族、功臣、权贵、寺观、归明人等,少则几顷,多则百顷,甚至达千余顷。① 皇帝赐田势必助长权贵们的兼并之欲。到南宋,"权势之家,日盛兼并"②,兼并之风越刮越烈。"若不禁止,则天下田畴半为形势所占"③,难怪淳熙六年(1179)殿中侍御史谢方叔感慨道:"豪强兼并之患,至今日而极。……百姓膏腴皆归贵势之家。"④况且,豪强、权贵"占据阡陌,而其租税终不入官"⑤,"逐年课利,入于

---

　①　南宋高宗建炎四年(1130)知永嘉县霍蠡言:"本州四县见管,户绝抵当诸色没官田宅数目不少,并系形势户诡名请田,每年租课,多是催头及保正长代纳,公私受弊。"(《宋会要辑稿》食货六一之二)

　②　乾道元年(1165)七月十九日臣寮言:"浙西江东淮东路沙田芦场多系官户形势之家请买租佃,未立税额。"(《宋会要辑稿》食货一之四三)

　③　高宗绍兴五年(1135)臣僚言:"窃见兵火之后,诸处户绝田产不少,往往为有力人户侵耕,遂失官中逐年二税免役之类。"(《宋会要辑稿》食货五之二四)

　④　"淳熙十四年(1187)六月十三日臣僚言:在法:没官户绝之产逐时牓卖,收到价钱,常平封桩,近年州县不复牓卖,其产岁岁增多,尽为猾吏隐匿,顽民冒占。"(《宋会要辑稿》食货六一之四〇)"常熟县◆凤乡肆拾贰都器字荡田壹阡陆佰◆◆亩叁角壹拾◆步,豪户陈焕直占,虽屡具申使府,缘陈焕恃强不伏出官,……冒占在己,盗收花利计壹拾九年,……缘陈焕、陈焯家豪有力,不能究竟,积计盗收花利壹万叁阡余石。……陈焯监纳盗收花利,其陈焯脱身,又经提举司,将冒占学田,伪作自己荡田妄诉。"(缪荃孙:《石刻史料新编·江苏省通志稿·艺文志三·金石十五·给复学田省札》,台北新文丰出版公司1977年版,第9831页)大观四年(1110)三月二十八日诏:"宣州、太平州圩田,并近年所作,多是上等及官户借力假土人名籍,请射修围,今已成田。"(《宋会要辑稿》食货一之三〇)

　⑤　南宋初年,两淮、荆湖北路因战乱而出现大量荒地,官僚豪绅以"请佃"为名占据,"今之淮楚荆襄,与夫湖广间,沃野绵亘,不知几千百里。……意者土未加辟,豪强操契券以攘之;禾未登场,有司履亩而税之。"[(宋)杨冠卿:《客亭类稿》卷八《垦田》,文渊阁四库全书第1165册,第497页]"剑外诸州之田,自绍兴以来,久为诸大将吴、郭、田、杨及势家豪民所擅,赋入甚薄,议者欲正之而不得其柄。"[(宋)李心传:《建炎以来朝野杂记下(乙集)》卷一六《财赋·关外经量》,中华书局2000年版,第796页]"窃缘监牧帐旧管地甚多,自来界至不明,官私作弊,积久为民间侵占耕种。……其已为民间侵耕地土,更不根究。"[(宋)欧阳修:《欧阳修全集·奏议集》卷一七《枢府·论牧马草地割子》,中国书店1986年版,第890—891页]

　①　王艳:《宋代赐田研究》,《郑州大学学报(哲社版)》2013年第6期。

　②　《宋史》卷一七三《食货上一·农田》,第4179页。

　③　《宋会要辑稿》食货一之一九。

　④　《宋史》卷一七三《食货上一·农田》,第4179页。

　⑤　(宋)李心传:《建炎以来系年要录》卷一六二,绍兴二十一年九月,中华书局2013年版,第3080页。

私家。"①恐怕这是统治者制定"不抑兼并"之策时所始料未及的吧!

上述种种无不昭示着最高统治者"兼并之财""为国守财"的思想,凸显了"不抑兼并"的总的指导方针。两宋掀起的土地兼并热潮②,无一不是"不抑兼并"政策导致的必然结果。

其次,宋代私田领域出现了史上少有的民田买卖高潮。

两宋时期,不独大量官田买卖盛行,私田领域更是"有钱则买,无钱则卖"③,出现了史上少有的民田买卖高潮。土地被卷入商品经济大潮,悄然间改变着当时的社会生活乃至立国之基。

《名公书判清明集》中记录了多起田宅买卖纠纷实例,该书第四卷到第九卷共载一百八十七件诉讼案,其中大部分涉及田产纠纷(有一百一十一件),而且多发生在亲族之间,有父子、兄弟、叔侄或母子等等,也有少量案件发生在田主和佃户之间,以及田主与钱主之间。总体上看,民间田宅买卖涉及诸多买卖关系,买卖中的纠纷发生在或典、或卖、或抵等各种交易形式中,纠纷案件中有合法的问题,也有非法问题,民间田产交易中的种种纠纷反映了宋代民间田产买卖的盛况。

特别是在《名公书判清明集》中记录有亲族之间发生的三十一件田宅纠纷④。由这些案件依稀可见宋代土地交易中"亲邻之法"的变化:从遍问房亲四邻⑤到只问本宗缌麻以上亲和百步内的墓邻⑥,再到只需问有亲且有邻者⑦。"问亲邻"范围逐渐缩小,用实例演绎着法律的变迁,即从宋初《宋刑统》到熙宁元丰法再到《庆元条法事类》的演变。各地"典卖田宅,多不问亲

---

① 《宋会要辑稿》食货五之二六。
② 漆侠:《宋代经济史(上)》,上海人民出版社1987年版,第231—268页。
③ (宋)袁采:《袁氏世范》卷下《治家·富家置产当存仁心》,文渊阁四库全书第698册,第638页。
④ 《名公书判清明集》卷四(9件)、卷五(5件)、卷六(5件)、卷九(11件)、附录(1件)。
⑤ "准《刑统》:应典卖物业先问房亲,房亲不要,问四邻,四邻不要,他人并得交易。"(《宋会要辑稿》食货六一之五六)
⑥ "然律之以法,诸典卖田宅,具帐开析四邻所至,有本宗缌麻以上亲,及墓田相去百步内者,以帐取问。"(《名公书判清明集》卷四《户婚门·争业上·漕司送下互争田产》,第121页)
⑦ "有亲而无邻,与有邻而无亲,皆不在问限。"(《名公书判清明集》卷九《户婚门·取赎·亲邻之法》,第309页)

邻"①的情况时有发生。可见,现实生活中,田宅买卖逐渐摆脱"亲邻"即血缘伦理的束缚,最终走向不问"亲邻",只重视"见典人"的利益②。若民间田宅典卖不受"亲邻关系"的束缚的话,土地便可作为商品融入市场,反过来也影响着世风世俗的变化。为争田产,兄弟姐妹视同陌路③,见利忘义者大有人在④,由此,田宅买卖改变着传统的义利观,严重冲击着传统的伦理观念。既然这样,"有钱则买,无钱则卖"便成为社会常态。再加上地方豪强勾结官吏的种种行径,官私田产更多地落入地方有力之家。《名公书判清明集》卷一二《惩恶门·豪横》记载十四件"书判",揭露了这些"地方豪强""胁人财,骗人田,欺人孤,凌人寡"⑤、又勾结、贿赂官吏⑥横霸一方的事实。如此这般,民间田宅沦为被兼并的对象,"不抑兼并"之风刮遍官田私宅。

总之,兼并之普遍横贯南北、纵贯两宋。从官田到民田,上自官府,下至民间,"不抑兼并"政策如影随形。马端临曾感叹道:"田既为庶人所擅,然亦为富者贵者可得之。富者有赀可以买田,贵者有力可以占田,而耕者之夫率属役富贵者也。"⑦"有力之家""吞噬千家之膏腴,连亘数路之阡陌,岁入号百万斛,则自开辟以来,未之有也。"⑧"不抑兼并"的土地政策从根本上改变着宋代的世情民风。

如此以来,宋朝政府在"不抑兼并"的道路上渐行渐远。然而,我们不禁要问:这是不是说明宋朝放任兼并、任凭有力者为所欲为地狂占田产呢?答案

---

① 《宋会要辑稿》食货六一之五八。
② "雍熙四年(987)二月权判大理寺殿中侍御史李范言:……望今后应有已经正典物业,其业主欲卖者,先须问见典之人承当,即据余上所值钱数,别写绝产卖断文契一道,连粘元典并业主分文契,批印收税,付见典人,充为永业,更不须问亲邻。"(《宋会要辑稿》食货六一之五六)
③ 叶岩峰在判语中说:"近世浇薄,兄弟姊妹相视如路人,若能损己业,以赡同胞,我未之信也。"(《名公书判清明集》卷六《户婚门·争屋业·舅甥争》,第191页)
④ 吴恕斋感叹:"为利忘义,全无人心,此风最为薄恶。"(《名公书判清明集》卷七《户婚门·孤寡·宗族欺孤占产》,第236页)
⑤ 《名公书判清明集》卷一二《惩恶门·豪横·为恶贯盈》,第456页。
⑥ 《名公书判清明集》卷一二《惩恶门·豪横·与贪令捃摭乡里私事用配军为爪牙丰殖归己》,第462页。
⑦ (元)马端临:《文献通考》卷二《田赋考二·历代田赋之制》,中华书局1986年版,第43页。
⑧ (宋)刘克庄:《后村先生大全集》卷五一《奏议·备对札子·三》,《四部丛刊初编·集部》第212册,《后村先生大全集》第51卷,第6页,上海书店出版社1989年影印本。

当然是否定的。

二、"不抑兼并"政策下的土地买卖（土地兼并）须以合法为前提

"不抑兼并"意味着可以在更大程度上"自由地"地买卖土地，也意味着兼并土地更容易，但前提是必须合法。

在宋代，"不抑兼并"和加强控制土地二者并不矛盾。政府允许适当"兼并"，在某些时候也出台一些相应措施来配合"不抑兼并"政策的实施（如买卖官田的优惠举措等），为了获利，甚至鼓励一些人去兼并。但是，不管以什么方式、通过何种渠道，兼并的土地必须按照法律规定经官登记或交易，买契、过割、交税等程序缺一不可，否则视为非法兼并。

（一）官田领域中"兼并行为"的合法性要求

1. 兼并户绝田：典买的户绝田须是有文契且经三十年无人收赎的田土

建隆三年（962）十二月五日敕规定：典当庄宅物业时，"如是典当限外，经三十年后，并无文契，及虽执文契，难辩真虚者，不在论理之限，见佃主一任典卖。"[1]大中祥符七年（1014）六月真宗诏书中再次重申[2]："诸州典买与人而户绝没官者，并纳官，检估诣实，明立簿籍，许典限外半年，以本钱收赎。如经三十年无文契，及虽有文契，难辨真伪者，不在收赎之限。"强调了典买户绝田的条件：一是典买的户绝田必须是有文契的；二是经三十年无人收赎的。如果在规定的期限内无人收赎；或有人想收赎，但文契已超过三十年者，都不予论理，任由"见佃主"典卖。典买这样的田土是合法的。

2. 兼并逃田：若逃户归业，原有的田土依据契照给还，禁止非法占据

战争频仍的年代（比较典型的南宋初期），离乡背井逃移者众多，抛弃的田土比比皆是，政府往往劝他人耕垦。有朝一日，原业主回来，则必须依照文

---

[1] （宋）窦仪等：《宋刑统》卷一三《户婚律·典卖指当论竞物业》，中华书局1984年版，第206页。

[2] 大中祥符七年六月诏："诸州典买与人而户绝没官者，并纳官，检估诣实，明立簿籍，许典限外半年，以本钱收赎。如经三十年无文契，及虽有文契，难辨真伪者，不在收赎之限。"（《宋会要辑稿》食货一之一八）

契归还。如:绍兴五年(1135)七月十五日诸路都督行府针对潭、鼎、岳、澧州、荆南府、公安军等地抛荒田甚多的情况,提出"如元地主归业,委自令丞子细照见收执契状、户钞,或乡书手造到文簿之类,可以见得分明,给还,依旧耕种其元地。"①绍兴二十五年(1155)七月尚书省强调:四川地区累经兵火,百姓因避难弃业者众多,"但有契书干照,即行给还。"②现耕者对逃田的"占据"或耕垦只是暂时的,如果原业主不归业,才有可能长期占有。

3. 禁止有力之家以"诡名"等形式兼并土地

宋代以资产定户等,按户等征收赋役,理论上,资产多的赋役重,可事实上,那些形势户享有诸多免役特权,资产虽多,赋役不一定重,大部分负担落在中上户等者身上,导致这部分人设法"诡名寄产"于"形势户",逃脱、规避赋役。天禧四年(1020)真宗曾降敕昭告那些虚立田契、隐庇差役者,限其百日内自首,"限满不首,许人陈告,命官、使臣除名,公人、百姓决配。"③乾兴元年(1022)十二月仁宗即位时又有臣僚重申隐寄财产问题,限其自首,"如违,许人告官,将所典卖没官,自减农田之弊,均差遣之劳。"④反复申明,说明此类事情不少。《名公书判清明集》卷五《受人隐寄财产自辄出卖》记录的就是一件因为"隐寄田产"发生的纠纷,其中提到:"在法:诸诈匿减免等第或科配者,以违制论。注谓以财产隐寄,或假借户名,及立诡名挟户之类。……在法:即知情受寄,诈匿财产者,杖一百。詹德兴受吕千五户之寄产,自应科罪,官司既知其伪,而遂以与之,是海盗也,此詹德兴之必不可以得业也。……两家虚伪契簿,并与毁抹附案。"⑤对"隐寄"者、"受寄"者以及"知情"不作为的官司都分

---

① 《宋会要辑稿》食货六九之五四。

② (宋)李心传:《建炎以来系年要录》卷一六九,绍兴二十五年七月,中华书局2013年版,第3203页。

③ "天禧四年(1020)敕:应以田产虚立契,典卖于形势、豪强户下隐庇差役者,与限百日,经官首罪,改正户名。限满不首,许人陈告,命官、使臣除名,公人、百姓决配。"(《宋会要辑稿》食货一之二〇)

④ 乾兴元年十二月仁宗即位,又有臣僚上言:"……人户惧见稍有田产,典卖与形势之家以避徭役,因为浮浪,或纵惰游。更有诸般恶倖,影占门户,田土稍多,同居骨肉及衙前将吏各免户役者,除见庄业外,不得更典卖田土。如违,许人告官,将所典卖没官,自减农田之弊,均差遣之劳。"[(宋)马端临:《文献通考》卷一二《职役考一·历代乡党版籍职役》,中华书局1986年版,第128页)

⑤ 《名公书判清明集》卷五《户婚门·争业下·受人隐寄财产自辄出卖》,第136—137页。

别予以处罚,以法遏制"诡名挟佃""诡名寄产"等行为,禁止非法兼并。

4.官户占田依"限田法"

宋代官户兼并土地不容忽视,不仅数量大,更重要的是影响赋役征纳。仁宗即位初开始实行"限田法"①,此后也多次"限田"②,表面上"限田法"似乎是限定官员所占田土数量、抑制官户过度占田,而实际上,从兼并实况来看,品官仍占者自占。因为所谓的"限田法",虽然要求官户"其格外数""并同编户差役",但是并未明确禁止额外占田。"限田法"的重点不在于"限制占田数量"而在于均赋役;违者,"许人陈告"并以"违制"论。也就是说占田必须以纳税服役为前提。

5.合法"兼并"的程序

所谓合法,就是按照法律规定,走法律程序。在政令许可的范围内,到官府登记、买契、过割、过税之后,占有的土地才算合法,除此之外,视为非法。

其一,到官府登记田土情况(包括田土的亩数、坐落、地段、四至等),建立砧基簿。

"臣等契勘淮西州军……于濒江临湖一带近里州县,根括可以开耕无主荒田,开具坐落地段四至、田亩数目,供申朝廷,到降下以凭标拨措置。"①承佃、请买官田,必须经官府登记造册,建立砧基簿,它既是国家征收赋役的依

---

① "乾兴元年十二月(仁宗已即位未改元)……今准臣僚奏请,众官定夺,欲应臣僚不以见在任罢任,所置庄田,定三十顷为限;衙前将吏合免户役者,定十五顷为限,所典买田,只得于一州之内典买数目。……许更置坟地五项为限,如经条贯后辄敢违犯,许人陈告,命官使臣科违制罪。"(《宋会要辑稿》食货一之一九—二〇)

② "政和令格:品官之家乡村田产得免差科,一品一百顷,二品九十顷,下至八品二十顷,九品十顷,其格外数悉同编户。"(《宋会要辑稿》食货六之一)乾道八年(1172)诏:"今给舍同户部看详,品官之家照应元立限田条限减半与免差役。荫人许用生前曾任官品格,与减半置田。如子孙分析,不以户数多少,通计不许过减半之数。……其余数目及别县田产并封赠官子孙,并同编户差役。"(《宋会要辑稿》食货六之六)宁宗庆元四年(1198)"品官之,乡村田产免差科,一品五十顷;二品四十五顷;三品四十顷;四品三十五顷;五品三十顷;;六品二十五顷;七品二十顷;八品十顷;九品五顷。《申明·随勅申明·户婚》绍兴二年二月十四日:勅应官户除依格合得顷亩免差科外,其他科配不以限多少,并同编户,一例均数敷。"[(宋)谢深甫编撰:《庆元条法事类》卷四八《赋役门·科敷》,杨一凡、田涛:《中国珍稀法律典籍续编》第1册,黑龙江人民出版社2002年版,第668页]另,在绍兴二十九年、乾道四年、淳熙七年也曾"限田",此略。

① (宋)蔡戡:《定斋集》卷三《奏议·条具屯田事宜状》,文渊阁四库全书第1157册,第596页。

据,也是发生词讼时的凭证,因此是政府很重视的环节。若有冒佃或词讼发生,以"赤契砧基照验。"①

砧基簿是与契约不同的凭证。《越中金石志》卷五《绍兴府学整复赁钱牓记》记曰:"台判索元立赁约,呈本学承准后,即检寻元旧簿籍,并是合同文约,各付赁户收执,系点还见钱,遂赍一宗簿籍,赴府点对。"租佃"学田"时,官府付给"赁户"两个凭证,一个是"簿籍",一个是"赁约"。至于砧基簿上要填哪些内容,需要根据不同的史料做出推断。

(1)登记田土的地名、地号、税田号、纳税情况、户主名及变更户名等。据《名公书判清明集》卷四《胡楠周春互争黄义方起立周通直田产》记载:"胡楠又赍出黄义方砧基簿,内有地名高园,丁地字税田十三号,县尉打量,有十一号见存,据佃田人徐五三供,系吴十九解元户屯田,追上田主供对……及将省簿点对,吴字户名,是吴朝请敏位,自前即无屯田入纳,见得此田,亦是黄义方税田分明,合并与胡楠为业。"②可知,砧基簿上要登记地名、地字号、土地性质、田主姓名、佃户姓名等。凭借这些内容,征纳赋役;发生田土纠纷时,有据可查。所以,凡是田土,不上砧基簿。任何占有官田却不上砧基簿者,一律没官。绍兴十三年(1143)闰四月壬寅诏:"人户应管田产,虽有契书,而今来不上砧基簿者,并拘没入官。"③

(2)登记租税征收数额及加减之数。据陈淳《北溪先生全集》卷二六《上傅寺丞(壅)论学粮》记载:宁宗嘉定十年(1217)上傅寺丞谈漳州府学田催科不实的问题时说道:"本州学粮,元号万余,今年间所入仅止七八千而已,盖缘三十年来,累被奸猾佃户,计嘱司吏,于钱粮官临替之日,假作抛荒、逃亡、诡名入状,计较减落田租承佃,依旧只是元佃本人,然租簿所批附减落之数,不过是司吏自注……"这里根据砧基簿上批附有租课的减落之数,可知,租税征收数额和加减之数也是砧基簿上的必填内容。

---

① "(乾道元年)九月三十日措置浙西江东路官田所条具诸州县沙田芦场有见行法起理租税,止缘官户侵耕冒佃,见占顷亩,致失常赋……虽绍兴二十八年委官措置,……词讼不已,致有冲改,今来除已立式,行下州县,开具四至,取赤契砧基照验。"(《宋会要辑稿》食货一之四三)

② 《名公书判清明集》卷四《户婚门·争业上·胡楠周春互争黄义方起立周通直田产》,第113—114页。

③ (宋)李心传:《建炎以来系年要录》卷一四八,绍兴十三年(1143)闰四月,中华书局2013年版,第2807页。

其二,官府发"赤契"。

砧基簿是纳税的重要依据,登记完砧基簿等同于确认了纳税对象,之后,政府才能发放"赤契"及买卖合同契,没有填好砧基簿,相当于过割手续没办好,官府不能随便发给"赤契"。当值官吏不按规定执行,同样依法严惩。绍兴十五年(1145)九月三日夔州路转运判官虞祺建议:"今后人户买卖田宅,人未曾亲身赴县对定推割、开收税簿,而先次印给契赤者,官吏重立法禁。"①

其三,请买"印契"。

印契是占有土地的合法凭证,经官投印,政府颁发盖章的"红契"。北宋宣和元年(1119)八月农田所上奏中提到:以"实封投状"出售浙西州县的远年逃田、天荒田、草葑、茭荡及湖泺退滩、沙涂等地,"限满拆封给租多之人,每户给户帖一纸,开具所佃田色步亩四至、著望、应纳租课,如将来典卖,听依系籍田法,请买印契,书填交易。"②这里的"户帖"大概类同"砧基簿",买者拿到"户帖"后,再"请买印契"。

之所以说是"请买印契",言外之意,是要交钱买才能拿到"印契"。不过买官田与民田略有不同,买官田有时根据情况会免交"契税钱",但必须交纳另外一种附加税——头子钱。绍兴二十八年(1158)十月常平司在出售户绝田产时,"所买田户等并与免投纳契税钱",每贯文只收了四十三文的"头子钱""专充脚乘糜费,行遣纸札支用。"③杂税中的"契税"可免,"头子钱"则必须交。

另外一个与买卖民田不同的地方就是官田大多无据可考。由于很多官田来源复杂,再加上年久相传,大多已无据可考,一块田地往往"如田今属甲,则从甲而索乙契,乙契既在,又索丙契,展转推求,至无契可证"④,因此,虽"印

---

① 《宋会要辑稿》食货六一之六五。

② 《宋会要辑稿》食货一之三三。

③ 绍兴二十八年(1158)十月十七日诏:"户部将所在常平没官户绝田产……以时比较给卖着价高人,内着价同者,即给先投状人或见赁佃人,……所买田户等并与免投纳契税钱,每一贯文省止收头子钱四十三文省,更不分隶诸司,专充脚乘糜费,行遣纸札支用。"(《宋会要辑稿》食货五之二八)

④ "(政和)六年(1116)始作公田于汝州。公田之法,县取民间田契根磨,如田今属甲,则从甲而索乙契,乙契既在,又索丙契,展转推求,至无契可证,则量地所在增立官租。"〔(宋)《文献通考》卷七《田赋考·官田》,中华书局1986年版,第80页〕

契"是交易之必需凭证,有时没有契书也不与根究,以免追扰。①

其四,买官田必须按规定投税,按期限交钱。

政府售卖官田,其意在得钱以补财政之缺,所以要求买者及时纳税、交钱,严厉打击那些违限交钱或不投税的行为。如:建炎三年(1129)正月十四日江南西路出售官田时规定:"如输纳价钱违限,复没入官,别召人承买。"②乾道七年(1171)对"违限不投税"者,"告赏指挥,并兴刊除","以物产一半没官,一半充赏。""淳熙三年(1176)指挥则以所告物全给告人",淳熙十年(1183)三月"三分财产,以一分没官,而告人只以没官之物一半充赏,是告人之赏,乃六分之中给其一也。"③都强调了承买官田者必须按时"投税",不能"违限",否则田产没官;允许人告,并赏告者以数目不等的"没纳田产"。由此可见,政府一方面奉行"不抑兼并"的政策,同时也在强化"兼并"行为的合法性。总体而言,只要赋税不缺,土地的产权已然不是很重要。

(二) 民田买卖中的"合法性"要求

宋代"不抑兼并"政策不仅引发了官田领域的"兼并之风",更直接推动了民间土地交易的活跃度,促使契约经济飞速发展。其间,政府不断规范土地交易的合法程序。"官中条令,惟交易一事最为详备,盖欲以杜争端也。"④具体来说,为防止那些"兼并之徒"非法侵占、兼并他人田土,政府竭力用"详备"的法律最大限度地将土地交易控制在法律的调控之下。

1.明确土地交易程序

首先,问亲邻。

---

① "窃缘监牧帐旧管地甚多,自来界至不明,官私作弊,积久为民间侵占耕种,年岁已深。昨已曾差高访等根括打量,人户多称父祖世业,失却契书,无凭照验,但追呼搔扰而已。今若更行根究,必亦难明,徒为追扰,未见其利,民先被害。臣今欲乞令差去官,只据见在草地,逐段先打量的实顷亩,明立封标界至,因便相度其他肥瘠,……其已为民间侵耕地土,更不根究。"[(宋)欧阳修:《欧阳修全集·奏议集》卷一七《枢府·论牧马草地劄子》,中国书店1986年版,第890—891页]

② 《宋会要辑稿》食货六一之一。

③ 《宋会要辑稿》刑法一之五三。

④ (宋)袁采:《袁氏世范》卷下《治家·田产宜早印契割产》,文渊阁四库全书第698册,第637页。

在古代田宅交易中，一直有"问亲邻"的传统。这个传统在两宋却发生了很大变化。前述两宋"亲邻之法"的变化：从"问房亲"到"问四邻"、到"问本宗有服亲及墓邻"再到"不问亲邻"。"问亲邻"的范围逐渐缩小，反映出宋代土地交易受"亲邻关系"影响越来越小的趋势，也就是血缘关系对田产交易的束缚逐渐减弱，交易范围不断扩大，田宅交易日趋自由。

其次，经官纳"定帖钱"、买钞旁、填砧基簿、买正契，另外还要交纳"笔墨工费"和"收息钱"等杂税。

"徽宗崇宁三年（1104）六月十日敕："诸县典卖牛畜契书并税租钞旁等，印卖田宅契书并从官司印卖。除纸笔墨工费外，量收息钱，助赡学用，其收息不得过一倍。"①典卖田宅一般在办理手续时要买"钞旁"、买契书，还要交纳"笔墨工费和收息钱"。"钞旁即户钞、税钞，是纳税凭证。定帖是在田宅交易完成后由官方核发的产权证明，也称'契纸'。"②至于办理程序的先后，根据政和六年（1116）四月十一日诏中的记载可知：典卖田宅议定价钱之后，三日内请买"定帖"，然后纳税买钞旁，税后三日内买"正契"，并交"笔墨工费和收息钱"。③

一般得交多少"定帖钱"？各地多寡不同，绍兴五年户部统一规定每贯10文。④ 这一项虽然属于附加税，却也是政府非常重视的必交税目，官吏一旦不依法卖钞旁定帖，会受到刑罚处罚。⑤

买"钞旁定帖"之后，不可或缺的一项是填砧基簿，"人户田产多有契书，而今来不上砧基簿者，皆没官。"⑥即使有契书，但不上砧基簿则视为违

---

① 《宋会要辑稿》食货三五之一。

② 魏天安：《宋代的契税》，《中州学刊》2009年第3期。

③ "诏两浙转运司拘收管下诸县岁额外，合依淮南例，收纳人户典卖田宅赴官收买定帖钱。淮南体例：人户典卖田宅，议定价直，限三日先次请买定帖，出外书填，本县上簿拘催，限三日买正契。除正纸工墨钱外，其官卖定帖二张，工墨钱一十文省，并每贯收贴纳钱三文足，如价钱五贯以上，每贯贴纳钱五文足。"（《宋会要辑稿》食货六一之六二）

④ 绍兴五年（1135）三月四日两浙西路提刑司言："近诏人户典卖定帖钱……旧来收纳则例。自今多以省记立数，有收三十文或一十文，去处并各多寡不同。于是户部言：乞将人户典卖田业计价，每贯收纳得产人勘合钱一十文足，从之。"（《宋会要辑稿》食货三五之六）

⑤ 宣和二年（1120）十二月十七日尚书省劄子节文："官卖钞旁定帖……当官依法出卖，不当官给卖者，杖一百。公吏人等揽买、出外增搭价钱转者，各徒二年。"（《宋会要辑稿》食货三五之二）

⑥ （元）马端临：《文献通考》卷五《田赋考五·历代田赋之制》，中华书局1986年版，第62页。

法①。因为砧基簿才是纳正税的依据。

最后，请买契书。

"定帖"类似产权证明，契书则为买卖合同。合同契书共四份，钱主、业主、商税院、本县官府各一份，以备查验。② 至于"契书"里包含的内容，一般少不了顷亩、间架、四邻、租税、所纳役钱、业主名、牙保和写契书者的签名等③，在发生交易的场合，拿着填有上述内容的"旧契"到官府印押、过割纳税、销注旧契换新契，④交纳"契税"到过割完成大概得需要 60 天⑤的时间。

待交完税、完成过割，最后才能发放"赤契"，顺序不能颠倒，这一点和官田买卖中的手续相同，若"先次印给契赤者，官吏重立法禁"⑥，对违法办理的官吏严惩不贷，可见，政府对契书的控制相对比较严格，归根结底都是为确保赋税不缺。

另外，"赤契"才是交易的合法凭证，私相订立而未经官的"白契"不具有法律效力。"交易有争，官司定夺，止凭契约。"⑦这个"契约"指的是经官印押的"赤契"，"官司理断交易，且当以赤契为主"⑧，"必自有官印干照可凭"，未经官的"（白约）固不可凭"，⑨"况其录白干照，即非经官印押文字，官司何以

---

① "绍兴十九年(1149)宋觊申明：典卖田宅不赍砧基簿对行批凿，并不理为交易，夫违法者私辄典卖是也。"(《宋会要辑稿》食货六一之六六)

② 乾兴元年(1022)正月开封府言："应典卖依当庄宅田土，并立合同契四本，一付钱主，一付业主，一纳商税院，一留本县。"(《宋会要辑稿》食货六一之五七)

③ "绍兴三十一年(1161)六月二十二日户部员外郎马骐言：……请乞今后人户典卖田产，若契内不开顷亩、间架、四邻所至、税租、役钱、立契业主、邻人、牙保、写契人书字，并依违法典卖田宅断罪……缘村民多是不晓法式，欲今后除契要不如式不系违法外，若无牙保，写契人亲书押字，而不曾经官司投印者并作违法，不许执用。"(《宋会要辑稿》食货六一之六六)

④ 宣和七年(1125)二月八日三省言："诸路州军人户，欲自今应典卖田宅，并齐元租契赴官随产割税，对立新契。其旧契便行批凿除豁，官为印押。本县户口等第簿亦仰随时销注，以绝产去税存之弊。"(《宋会要辑稿》食货六一之六三)

⑤ "伯奋尝言：典买田宅，旧法：六十日报业，今限百八十日，违限即将田宅没官。……乞依旧法。上曰：祖宗旧制，皆当遵守。从此二事并从旧。"[（宋）李心传：《建炎以来系年要录》卷一七五，绍兴二十六年(1156)十二月，中华书局 2013 年版，第 3362 页]

⑥ 绍兴十五年(1145)九月三日夔州路转运判官虞祺言："……今后买卖田宅，人未曾亲身赴县对定推割、开收税簿，而先次印给契赤者，官吏重立法禁。"(《宋会要辑稿》食货六一之六五)

⑦ 《名公书判清明集》卷五《户婚门·争业下·物业垂尽卖人故交加》，第 153 页。

⑧ 《名公书判清明集》卷六《户婚门·抵当·以卖为抵当而取赎》，第 169 页。

⑨ 《名公书判清明集》卷六《户婚门·赎屋·执同分赎屋地》，第 166 页。

信凭?"①绍兴五年三月官府明令禁止使用"白契",②如持"白契"到官理论,田产即行没官。③

2. 交纳各种杂税

宋代的苛捐杂税繁多,典型的"经制钱""总制钱",包括"卖酒、鬻糟、商税、牙税与头子钱、楼店钱"④等诸多名目,田宅交易中要交纳的钞旁定帖钱、契税、笔墨工费、收息钱等均包括在内。征收杂税固然容易引起民众不满,然而,从田产交易角度看却也透露出政府的某些"初衷"。因为要交纳杂税的一方是买主,而买主多是"兼并之家"即"有力之人","典卖税钱,出于有力之家,则不害下户","印契钱出于兼并之家,无伤于下户。"⑤孝宗时有大臣直言:"民间典卖田产,必使之请官契输税钱,其意不徒利也,虑高赀之家兼并日增,下户日益朘削,是亦抑之之微意。"⑥征杂税竟然有"抑制兼并"之意,倒是有点积极的一面。

综上所述,宋代一改前朝之制,奉行"不抑兼并"政策,土地交易频繁,不断掀起土地买卖高潮。其中权势之家成为兼并主力。官府虽实施所谓的"限田""括田"等办法,但其意不在抑制其占田而在均赋役。因此从北宋到南宋,从官田到民田,土地兼并无处不在。如果没有"不抑兼并"这种"旗帜性"的政策引导,很难想象,宋代的土地兼并会如此之严重、土地买卖会如此之普及。

尽管如此,决不能将"不抑兼并"和"放任兼并"划等号。"不抑兼并"不等于官府对土地放任不管,更不等于不去调控土地的占有状况,相反,从宋代官府的系列作为看,无论是法律上还是实践中,他们一直在积极主动地采取措

---

① 《名公书判清明集》卷五《户婚门·争业下·物业垂尽卖人故作交加》,第153页。

② "自今民间竞产而执出白契者,毋得行用。"[(宋)李心传:《建炎以来系年要录》卷八七,绍兴五年(1135)三月,中华书局2013年版,第1668页]

③ 绍兴十三年(1143)十月六日臣僚言:"应民间典卖田宅,齐执白契因事到官,不问出限,并不收使,据数投纳入官。"(《宋会要辑稿》食货七〇之一四一)

④ 顾炎武引宋人罗大经《鹤林玉露》卷七中的解释曰:"宣和中……命陈亨伯以发运使经制东南七路财赋。因建议如卖酒、鬻糟、商税、牙税与头子钱、楼店钱皆少增其数,别历收系,谓之经制钱。其后卢宗原颇附益之。至翁彦国为总制使,仿其法,又收赢焉,谓之总制钱。"顾炎武曰:"然则宋之所以亡,自经、总制钱,而此钱之兴,始于亨伯。"[(清)顾炎武:《日知录集释》卷一二《言利之臣》,浙江古籍出版社2013年版,第716页]

⑤ 《宋会要辑稿》食货三五之一九至二〇。

⑥ (元)马端临:《文献通考》卷一九《征榷考六·杂征敛》,中华书局1986年版,第187页。

施,解决政策背后的隐患,但是,大方向却始终没变。

反映在田产买卖方面,"不抑兼并"政策加剧了公私土地交易,它无异于在两宋时期营造了一个大的土地交易平台,而政府作为主导者和管理员,指挥着土地交易按照它的既定模式去发展,方法就是依法买卖。只要田产交易经官投契纳税,即为合法,受到法律认可和保护。于此,我们看到了宋代法律所起的重要作用。(尽管由于种种弊端而不能尽善尽美,但是又有哪一种制度是完美的呢?)

总之,"不抑兼并"作为宋代土地政策的大方向,它并不意味着"放任兼并"或者任意买卖土地,而是必须以合法为前提;合法的兼并得到政府认可,非法兼并予以抑制。这样,将土地融入商品市场,从根本上推动宋代商品经济的快速发展。

第四节　"不抑兼并"的土地政策与均贫富

本节重点探讨"不抑兼并"政策与"富民"的关系,期望借此对"不抑兼并"的内涵能有一个更清晰的再认识,进而揭示"不抑兼并"的实质。

宋代"不抑兼并"政策引发"土地兼并",更多拥有资产者跻身"富民"行列,从而培植了一个"富民"阶层,营造了一个"富民社会"[1]。在宋朝统治者眼里,"富人"不过"为国守财尔"[2];"富人"是不可或缺的,只是贫富不能过于悬殊。因为贫富过于悬殊的后果一定是社会动荡。所以,深谙此道的统治者总是设法降低贫富差距,力求财富均衡。历次的"限田"和"括田",在某种意义上讲,是统治者为实现这种"均衡"所做的努力。前文已经讲过,从本质上说"限田"和"括田"重点都不在"抑制兼并",而在于"均赋税",其实也在于"均贫富"。在传统社会,统治者理想的社会状态就是"均无贫,和无寡,安无倾"。于宋代而言,统治者为此要做的不是"抑制兼并",而是如何保持"贫富

---

① 林文勋:《中国古代"富民社会"的形成及其历史地位》,《中国经济史研究》2006 年第 2 期。

② (宋)王明清:《挥麈余话》卷一《祖宗兵制名〈枢廷备检〉》,《宋元笔记小说大观》第 4 册,上海古籍出版社 2001 年版,第 3810 页。

相济",相安无事。

在探讨这个问题之前,有必要弄清楚宋代"均贫富"的对象,以及如何划分贫富的问题。

一、在宋代哪些人属于"富人"？他们占有多少社会财富?

"在农业社会中,土地是人们占有财富的主要体现和增加财富的主要源泉,也是传统社会最根本、最主要的生产资料,土地占有量的多少,是传统社会区分贫富的主要标准。"①在这里,我们赞成杨华星先生的这一观点,以土地的占有量作为传统社会区分贫富的主要判断标准。那么,在宋代哪些人占有土地？占有多少土地才能算是富人?

根据《宋史》卷一七三《食货志》记载:"势官、富姓,占田无限,兼并冒伪,习已成俗。"指出"势官""富姓"占田无限。马端临《文献通考》卷二《田赋考二·历代田赋之制》里说:"田既为庶人所擅,然亦为富者贵者可得之。富者有赀可以占田,贵者有力可以占田,而耕者之夫率属役富贵者矣。"指出占田者包括"富者""贵者",乾兴元年(1022)十二月"上封者言":"人户惧,见稍有田产,典卖与形势之家,以避徭役。……若不禁止,则天下田畴半为形势所占有。"②"形势户"是占田者,而在朱熹的《约束侵占田牓》中记载:"今来根刷诸司没官、户绝等田产,并新涨海涂溪涨淤成田地等,多是豪强等第并官户公吏等人,不曾经官请佃,擅收侵占,暗收花利,不纳官租。"③朱熹提到的占田者包括"豪强"和"官户公吏"。上述所及的富者、贵者、形势户、豪强、官户公吏等,当然都是土地的兼并者。具体说,他们指的都是哪些人？据《庆元条法事类》卷四七《赋役门一·违欠税租·令·赋役令》记载:"诸县税租,夏秋造簿,其形势户(谓见充州县及按察官司吏人、书手、保正、耆户长之额,并品官之家非贫弱者。余条称'形势户'准此。)每名朱书'形势'字以别之。"④据此,王曾瑜

---

① 杨华星:《宋代的贫富分化与朝廷控制》,《广西社会科学》2008 年第 1 期。

② 《宋会要辑稿》食货六三之一六九。

③ (宋)朱熹:《晦庵集》卷九九《公移·约束侵占田业牓》,文渊阁四库全书第 1146 册,第395 页。

④ (宋)谢深甫编撰:《庆元条法事类》卷四七《赋役门一·违欠税租·令·赋役令》,载杨一凡、田涛:《中国珍稀法律典籍续编》第 1 册,黑龙江人民出版社 2002 年版,第 627 页。

先生直接解释为:形势户包括官户和服吏役的上户,是地主阶级的当权者。① 也就是说形势户包括贵者(官户)和富者(服吏役的上户),而贵者当然也是富者,唐人徐坚曾说:"夫贵者必富,而富者未必贵也。"②"贵者"拥有免役特权,而那些"服吏役的上户(富者)包括"见充州县及按察官司吏人、书手、保正、耆户长之类",不但不享有特权,而且是赋役的主要承担者。他们大多来自"物力高强"的一二等户③。太宗淳化五年(994)三月"诏:两京诸道州府监管内县,自今每岁以人丁物力定差,第一等户充里正,第二等户充户长,不得冒名应役。"④"服吏役"的一二等户(上户)又多是"富豪大姓"⑤,这些人依其"高赀"而挤入"统治阶级"的行列,是"富者"中的重要组成部分。由此我们可以认为:"富人"基本上包括官户和乡村第一第二等户,"自第一等至第二等兼并之家,占田常广"⑥。当然,作为第三等户的"中户"也拥有少量的土地,所以有的学者也将其列为了"富民"范畴。"主户中的第一、第二等以及第三等户中的小部分组成富人阶层,大商人、高利贷者则同属于这个阶层。"⑦另外,"大商人、高利贷者"虽说也列为"富民",暂不在本书讨论范围。

这些富人占有多少土地?或者说占有多少土地才能成为"富人"呢?按照宋人张守的说法:"有田三五顷者多系上户"⑧"三五顷者"自然属于上户,

① 王曾瑜:《宋朝的差役与形势户》,载《涓埃编》,河北大学出版社 2008 年版,第 425—429 页。

② (唐)徐坚:《初学记》卷一八《人部中·富五》,文渊阁四库全书第 890 册,第 296 页。

③ 宋承唐制,征收赋役"以资产为宗""以贫富为差"。[(宋)李焘:《续资治通鉴长编》卷二,太祖建隆二年(961),中华书局 1979 年版,第 49 页]"每逢闰年推排物力,验明田亩、物力的多寡,升降户口等,作为征税、定役的标准。"(转引漆侠:《宋代经济史(上)》引罗愿《新安志》卷二)"田亩、物力"高强者自然列为上户,成了被多征多取的对象。司马光说:"第一第二等户,物力高强。"[(宋)司马光:《温国文正司马公文集》卷五四《乞罢保甲招置长名弓手劄子》,四部丛刊初编第 838 册]

④ (宋)李焘:《续资治通鉴长编》卷三五,太宗淳化五年(994)三月,文渊阁四库全书第 314 册,第 486 页。

⑤ (宋)毕仲游:《西台集》卷一三《朝仪大夫贾公墓志铭》(文渊阁四库全书第 1122 册,第 167 页)载:"渠州人以吏职相高,富豪大姓,皆占吏职为婚姻。"

⑥ 《宋会要辑稿》食货六二之一九。

⑦ 薛政超:《唐宋以来富民阶层之规模探考》,《中国经济史研究》2011 年第 1 期;林文勋:《中国古代的"富民社会"的形成及其历史地位》,《中国经济史研究》2006 年第 2 期。

⑧ (宋)张守:《毗陵集》卷七《劄子·论措置民兵利害劄子》,文渊阁四库全书第 1127 册,第 747 页。

但并不是所有的上户(第一第二等户)都占有三五顷土地,"天下郡县所定版籍,随其风俗,或以税钱贯伯,或以地之顷亩,或以家之积财,或以田之受种,立为五等。"①天下"以资产为宗"定五等版籍,可是各地具体划分标准还是存在很大差别,"随其风俗"定户等,或按占田数量从一顷至十顷不等、或按积财数额从一贯到万贯不等、或按"受种"数从十硕到百硕不等、或按税钱数从一贯到十贯不等②,各地情况迥然有别,定户等的标准不能一概而论,有的少至三顷划为第一等,有的多至百顷划为第一等。③ 据漆侠先生的估计:占田四百亩以上者为第一等或出等户、无比户;占田一百五十至四百亩者为第二等户;占田六十至一百五十亩者为第三等户。④ 而日本学者柳田节子先生认为:"三等户是占田 100 亩的自耕农,一、二等户是百亩以上的地主阶层。"⑤总而言之,无论以什么标准来划分,起码占田百亩左右才有可能成为"富民"。"唐宋以来,占真实上三等富户九成二以上、为总户数 13.3%—33.9%左右的富民阶层,占有约 60%—70%的社会土地财富。"⑥这个比例要加上"官户"占田的话,恐怕就会更高了。"富人"们之所以能占有如此众多的土地,拥有巨额之财富,离不开宋代"不抑兼并"的政策支持。

二、"不抑兼并"政策造就了"富人","富人"为社会不可或缺

在中国,土地是发家致富的最可靠、最基本的手段。中国人历来视土地为财富的象征。获取土地一直是人们竞相奔走的致富之路。宋代"不抑兼并"土地政策正迎合了那些时刻觊觎土地的求富者的心理。在国家政策推动之

---

① 《宋会要辑稿》食货六六之五七。

② 《宋会要辑稿》食货六六之五七载:"就其五等而言,颇有不均,盖有以税钱一贯,或占田一顷,或积财一千贯,或受种一十硕为第一等;而税钱至于十贯者,占田至于十顷,积财至于万贯,受种至于百硕,亦为第一等。"

③ "民田有多至百顷者、少至三顷者,皆为第一等。"[(宋)李焘:《续资治通鉴长编》卷二二四,熙宁四年(1071)六月庚申,中华书局 1986 年版,第 5444 页]

④ 漆侠:《中国经济通史·宋代经济卷(上)》,经济日报出版社 1999 年版,第 300—303、566—581 页。

⑤ [日]柳田节子:《宋代乡村的户等制》,《日本学者研究中国史论著选译·第五卷:五代宋元》,中华书局 1993 年版,第 189—270 页。

⑥ 薛政超:《唐宋以来富民阶层之规模探考》,《中国经济史研究》2011 年第 1 期。

下，众多官户、中上等户纷纷涌动在田间地畔，"或千顷而不知止"①者有之，"上腴田数百顷"②者有之，"阡陌绳联，弥望千里"③者有之，"至数千万亩，或绵亘数百里者"④有之，兼并之欲可见一斑。早在乾道二年(1166)就有臣僚说过："两淮膏腴之田，皆为品官及形势之家占佃。"⑤北宋后期到南宋末，兼并日盛，"占总人口不过百分之十的富人阶层则占有全国耕地的百分之六七十"⑥。土地如此之集中，兼并规模如此之广，如果没有"不抑兼并"的土地政策，恐怕很难达到。

我们暂且不谈"富者"兼并所带来的后果，仅就其占田的事实和庞大的规模而言，自然离不开统治阶层对"富人"的认可和扶持。司马光言："天下熙熙，皆为利来；天下攘攘，皆为利往。"⑦苏辙说："此理势之所必至，所谓物之不齐，物之情也。"⑧即是统治者对"逐利"之"富者"兼并行为的支持，这与太祖"兼并之财，乐于输纳，皆我之物"⑨的思想异曲同工，因此，有了政策引导，宋代这些"富室"不仅如鱼得水大肆兼并土地，对统治者而言，他们也成为了"州县赖之以为强，国家恃之以为固"⑩的重要社会力量。

"富人"之所以不可或缺，源于他们确实在某些方面或者某些区域发挥了不可替代的积极作用。比如，他们设立族田义庄周济族人⑪；灾荒饥年，赈济

---

①　(宋)陈舜俞：《都官集》卷二《策·厚生一》，文渊阁四库全书第 1096 册，第 416 页。

②　(宋)释文莹：《玉壶野史》卷五，文渊阁四库全书第 1037 册，第 313 页。

③　(宋)孙梦观：《雪窗集》卷二《故事·董仲舒乞限民名田》，文渊阁四库全书第 1181 册，第 97 页。

④　(宋)王迈：《臞轩集》卷一《奏疏·乙未馆职策》，文渊阁四库全书第 1178 册，第 463 页。

⑤　《宋会要辑稿》食货六之一七。

⑥　漆侠：《论等贵贱、均贫富》，《中国史研究》1982 年第 1 期。

⑦　(汉)司马迁：《史记》卷一二九《货殖列传第六十九》，文渊阁四库全书第 244 册，第 929 页。

⑧　(宋)苏辙：《栾城集·第三集》卷八《杂说九首·诗病五事》，文渊阁四库全书第 1112 册，第 835 页。

⑨　(宋)王明清：《挥麈余话》卷一《祖宗兵制名〈枢廷备检〉》，《宋元笔记小说大观》第 4 册，上海古籍出版社 2001 年版，第 3810 页。

⑩　(宋)苏辙：《栾城集·第三集》卷八《杂说九首·诗病五事》，文渊阁四库全书第 1112 册，第 835 页。

⑪　比较典型的范氏义庄：仁宗皇祐二年(1050)，范仲淹知杭州时，将官俸年入买田收租周济族众。范氏义庄有附廓田千亩，选择族人管理并嘱后代子孙世代相承以求长久。赡给范围自远祖以下的诸房宗族，计口供米食及婚嫁丧葬等费用。[(宋)范成大：《吴郡志》卷一四《园亭》，文渊阁四库全书第 485 册，第 103 页]

邻里①。"富民是宋代赈灾救荒的一支不可忽视的重要社会力量。"②还有,地方基础设施建设离不开富人的助力,如,修缮水渠③等都少不了"富人"的积极参与。正是因为这些富室的善举,以及他们在社会生活中发挥的重要作用,才受到统治阶级的认可。南宋袁采曾说:"贫富相资不可阙",④黄震也倡导"贫富相资,世代相聚"⑤,"富民安其富而不横,贫民安其贫而不匮,贫富相恃,以为长久,而天下定矣。"⑥这何尝不是统治阶级追求的目标?或许正是在这个意义上,尽管富民"兼并"带来了诸多问题,两宋却始终不曾改变"不抑兼并"的政策。

三、"不抑兼并"政策与"均贫富"思想相伴随

"不抑兼并"土地政策本身意味着允许兼并,但绝不是放任兼并,更不能让兼并之弊端危及统治者的根本利益。不可否认,"不抑兼并"在某种程度上培植了一个"富民社会",然而与此同时,宋代政府无时无刻不在"均贫富",以

---

① "杨氏世为江西右族,赀累巨万……夫人资静淑,尤谨于事佛,乐善好施,姻族内外,贫窭者必归焉。"[(宋)杨时:《龟山集》卷三〇《志铭一·张氏墓志铭》,文渊阁四库全书第1125册,第385页]"张氏讳序,字进之,常州晋陵人也。……轻财乐施,无疏戚之间,视其缓急,贷与无所吝。……暴雨雪,乡邻艰食,则给薪米以赈之。"[(宋)杨时:《龟山集》卷三一《志铭二·张进之墓志铭》,文渊阁四库全书第1125册,第398—399页]南宋时朱熹设立社仓,常劝富室济灾民,如婺州潘叔度"出家谷五百斛者,为之于金华县婺女乡安期里之四十有一都,敛散以时,规画详备,一都之人赖之。而其积之厚,而施之广,盖未已也。"[(宋)朱熹:《晦庵集》卷七九《记·婺州金华县社仓记》,文渊阁四库全书第1145册,第646页]"擢利州路转运使。岁饥,以职田粟赈饥者。又帅富民令计口占粟,悉发其余。"(《宋史》卷三〇三《陈贯传》,第10046页)永康富民吕师愈,"君致富虽纤微,然遇旱饥,辄再出稻子数千斛,助州县赈贷,其知取盖如此,岂有所谓害富者哉!"[(宋)叶适:《叶适集·水心文集》卷一四《墓志铭·吕君墓志铭》,中华书局1961年版,第267页]"至之日,遭岁大饥,亟谕富人出米,继发官廪,以哺流饿,盖活人以万计"。[(宋)刘挚:《忠肃集》卷一三《墓志铭·侍御史黄君墓志铭》,文渊阁四库全书第1099册,第590页]

② 杨华星:《宋代的贫富分化与社会调控》,《宁夏大学学报(人社版)》2011年第4期。

③ "彦诚用家钱百万,修废堰潴源水,遇旱岁,无高下彼我,均浸之,邻里需足……既而闻彦诚果好义轻财,折节下士。虽高赀巨产,雄视一乡,率皆因低昂积散,知予为取而坐制其利,乡人无不称其长者,故纷争斗怒者,得其一言则释然以平。"[(宋)郑刚中:《北山集》卷一五,文渊阁四库全书第1138册,第159页]

④ (宋)袁采:《袁氏世范》卷下《治家》,文渊阁四库全书第698册,第638页。

⑤ (宋)黄震:《黄氏日抄》卷七八《公移·七月初一日劝上户放债减息榜》,文渊阁四库全书第708册,第801页。

⑥ (宋)苏辙:《栾城集·第三集》卷八《杂说九首·诗病五事》,文渊阁四库全书第1112册,第835页。

缩小贫富差距。

自唐末五代以来,土地制度已发生实质性的变化,虽说宋代顺应经济形势的发展,提出"不抑兼并"的土地政策,可毕竟由之带来的兼并形成疾患影响社会的稳定。最严重的莫过于"贫富不均"造成的社会动荡。宋太宗淳化四年(993)王小波、李顺在四川青城起义,第一次提出了"均贫富"的口号,起义历时两年多的时间,不光打击了四川地区的豪强地主,也使得北宋整个统治集团为之震惊。在这种局势之下,"不抑兼并"的土地政策绝不可能是一种"放任"的兼并政策,统治上层也不可能允许放任兼并而导向"贫富悬殊",最终让整个社会动荡不宁,走上不归路;"不抑兼并"政策从一开始就是在"均贫富"基础上实行的一种大土地所有制的土地政策。从宋代历次的"限田"和"括田"举措中足可以看出。

只不过统治者不再关注土地的归属,取而代之的是"均赋税"和"均贫富"。他们采取种种措施防止兼并过度造成"贫富不均"。政府通过"不抑兼并"政策一方面扶植了大批"富人",并让他们在社会上发挥着积极作用;另一方面又对其适当限制,防止"贫富不均"引发社会动荡。无论是从切身利益还是整体利益来考量,统治者可能更担心的是后者,因为没有什么比统治秩序的稳定更重要。对他们来说,最理想的状态就是孔子所说的:"不患寡而患不均,不患贫而患不安。盖均无贫,和无寡,安无倾。"①当然这里所谓的"均",并不是"绝对平均",而是"相对平均"。反对"贫富悬殊",主张"贫富相依",国家安定。汉代董仲舒将之阐述为"富者足以示贵而不至于骄,贫者足以养生而不至于忧,以此为度而调均之,是以财不匮而上下相安,故易治也。"②宋代依然遵循这一思想,使土地政策游走于"不抑兼并"和"均贫富"之间。

我们不妨从当时君臣对待"兼并"和"贫富"的态度上窥其究竟。

两宋时期的"不抑兼并"政策,不可避免地出现"兼并之患",于是乎,众臣僚纷纷献计献策去除疾患,其中不乏恢复"井田制"的设想,如:李觏、陈靖、苏洵、王安石、程颢、程颐、张载等,究其实质,他们不是要恢复"井田"之表,概向往"井田"之均。例如:改革派李觏在他的《富国策》《平土书》《国用》等篇章

---

① 《论语注疏》卷一六《季氏》,文渊阁四库全书第 195 册,第 679 页。
② (汉)董仲舒:《春秋繁露》卷八《度制第二十七》,文渊阁四库全书第 181 册,第 746 页。

里详细地阐述了他的主张,他说:"法制不立,土田不均,富者日长,贫者日削,虽有耒耜,谷不可得而食也。"①显然他对当时的"法制不立"的兼并政策有所不满,因为由它造成了"土田不均"及贫富悬殊。他试图用恢复"井田制"的办法解决贫富不均的问题,"井地立则田均,田均则耕者得食,食足则蚕者得衣;不耕不蚕不饥寒者希矣。"②这种"田均、食足、不饥不寒"的社会何尝不是一种理想呢?为了实现,李觏又设计了"限田"制度,"限人占田,各有顷数,不得过制……富人既不得广占田,而可垦辟,因以拜爵。"③争取做到"人无遗力,地无遗利,一手一足无不耕,一步一亩无不稼,谷出多而民用富,民用富而邦财丰。"④这样的设计已经从简单的恢复"井田"转变到了"均田",再以"均贫富"为基础走向"国富民强",可谓"完美构想"。

与李觏类似,苏洵也主张"限田",提倡恢复"井田"。"井田复,则贫民皆有田以耕,谷食粟米不分于富民,可以无饥。富民不得多占田,以锢贫民,其势不耕则无所得食,以地之全力供县官之税,又可以无怨,是以天下之士争言复井田。"⑤在他所说的"井田"制里,"富民不得多占田",但是他又不建议抑制兼并"夺富民之田","夺富民之田,以与无田之民,则富民不服,此必生乱"⑥,明显是不愿触及富民的利益。他认为最好的办法就是"限田","吾欲少为之限,而不禁其田尝已过吾限者,但使后之人不敢多占田以过吾限耳"⑦,实际上苏洵所说的"限田"无非也是"均田"而已。

王安石变法期间,司马光、苏辙等人组成的"旧党"曾激烈反对变法,苏辙甚至大骂"王介甫小丈夫也","志欲破富民以惠贫民,不知其不可也。……设青苗法以夺富民之利"⑧,极言反对变法、反对"抑制兼并",他就是认为王安石过度地"劫富济贫",夺富民之利。苏辙认为"富民安其富而不横,贫民安其

① (宋)李觏:《盱江集》卷一九《平土书》,文渊阁四库全书第 1095 册,第 151 页。
② (宋)李觏:《盱江集》卷二〇《潜书》,文渊阁四库全书第 1095 册,第 177 页。
③ (宋)李觏:《盱江集》卷一六《富国策第二》,文渊阁四库全书第 1095 册,第 117 页。
④ (宋)李觏:《盱江集》卷六《国用第四》,文渊阁四库全书第 1095 册,第 74 页。
⑤ (宋)苏洵:《嘉祐集》卷五《衡论下·田制》,文渊阁四库全书第 1104 册,第 876—877 页。
⑥ (宋)苏洵:《嘉祐集》卷五《衡论下·田制》,文渊阁四库全书第 1104 册,第 877 页。
⑦ (宋)苏洵:《嘉祐集》卷五《衡论下·田制》,文渊阁四库全书第 1104 册,第 878 页。
⑧ (宋)苏辙:《栾城集·第三集》卷八《诗病五事》,文渊阁四库全书第 1112 册,第 835 页。

贫而不匮,贫富相恃以为长久,而天下定矣。"①他的理想社会里"富者不横、贫者不匮,贫富相恃"。司马光同样阐述了其"保富论"的思想:"富者常借贷贫民以自饶,贫者常假贷富民以自存,虽苦乐不均,然犹彼此相资以保其生也。"②二者都强调了"富人"的重要性。反对限制富人的发展;即便如此,他们对"富者"并非放纵,而是持一种贫富调和的态度,力图建立一个"贫富相依"的和谐社会。

即便是力主改革的王安石,希望通过变法"摧制兼并,均济贫弱",他也绝不是要大刀阔斧地剥夺"富人"的土地,正如他自己所表明的那样:"如何可遽夺其田以赋贫民。此其势固不可行,纵可行亦未为利。"③他非常清楚,"富其家者资之国,富其国者资之天下,欲富天下,则资之天地。"④其实,王安石与司马光和苏辙等人在对"富人"的认识上并没有什么实质的不同。他认可富人的作用,认为国家离不开这些"富人"。他的某些举措主要是为解决当时的"兼并之患"——"富者财产满布州域,贫者困穷不免于沟壑"⑤这样严重的"贫富不均"的问题,这些问题无论是对统治者还是整个社会,都是令人担忧的。因此主张适当限制富人占田,王安石曾对神宗说:"今百姓占田,或连阡陌,顾不可夺之,使如租庸调法,授田有限。然世主诚能知天下利害,以其所谓害者制法,而加于兼并之人,则人自不敢保过限之田。"⑥要求"以法限田","抑兼并"。"王安石虽然实行了催抑兼并的政策,他却代表了包括兼并大地主势力在内的地主阶级的广泛利益。这是因为,王安石变法不仅没有触动封建土地所有制,亦即没有触动豪强兼并者的根本利益,而且王安石变法的目的,旨在维护包括豪强兼并势力在内的地主阶级的统治。"⑦他的策略就是设

---

① (宋)苏辙:《栾城集·第三集》卷八《诗病五事》,文渊阁四库全书第1112册,第835页。
② (宋)司马光:《温国文正司马公文集》卷四一《乞罢条例司常平使疏》,四部丛刊初编第836册。
③ (宋)李焘:《续资治通鉴长编》卷二一三,神宗熙宁三年(1070)秋七月癸丑,文渊阁四库全书第317册,第531页。
④ (宋)王安石:《临川文集》卷七五《与马运判书》,四库全书第1105册,第627页。
⑤ (宋)王安石:《临川文集》卷六九《论议·风俗》,四库全书第1105册,第575页。
⑥ (宋)李焘:《续资治通鉴长编》卷二二三,神宗熙宁四年(1071)五月癸巳,文渊阁四库全书第317册,第674页。
⑦ 漆侠:《王安石变法》,上海人民出版社1979年版。

法限田(即"方田法"),实质上也是在"均田""均贫富",防止兼并过度引发社会动荡,这不正是为了维护地主阶级的整体和长远利益吗?

至南宋,兼并问题更为严重。淳祐六年(1246)"豪强兼并之患,至今日而极,非限民名田有所不可。"①但是,"不抑兼并"政策的大方向依然没有改变,以陈亮、叶适为代表的地主阶级上层公开倡导"保富论",朱熹虽然力推"经界法",也忘不了为"富者"美言。其实,仔细分析一下他们的言论,却也不时流露出"均贫富"的思想。比如,叶适一方面为富人立言,"富人者,州县之本,上下之所赖也。富人为天子养小民,又供上用,虽厚取赢以自封殖,计其勤劳亦略相当矣"②;另一方面也要求对豪取过度的富者加以惩戒,"其豪暴过甚兼取无已者,吏当教戒之;不可教戒,随事而治之,使之自改则止矣。"③建议以法制约富室,最终达到"均贫富",即"诚使制度定于上,十年之后,无甚富甚贫之民,兼并不抑而自已。"④朱熹在《劝农文》和《约束侵占田牓》里表达了类似的思想。

总之,不管是"保富论"者,还是"均田论"者,也不管是主张"抑制兼并",还是力主"催抑兼并",究其实质,均无太大差别,都不约而同地批判过度兼并的"富者",主张适当限制其兼并行为,向往"贫富相依"的社会。换句话说,"均贫富"才是众望所归。正是有了这些思想前提,我们才看到宋代一次次的"括田""限田",无一不包含"均贫富"的追求。比较典型的如:真宗咸平三年(1000)的"均畿内田税"⑤、仁宗景祐时郭谘的"千步方田法"⑥、神宗时王安石的"方田均税法"⑦、徽宗时蔡京的"方田法"⑧、杨戬的"公田法"⑨、高宗时

① 《宋会要辑稿》食货七之二三。
② (宋)叶适:《叶适集·水心别集》卷二《民事下》,中华书局1961年版,第657页。
③ (宋)叶适:《叶适集·水心别集》卷二《民事下》,中华书局1961年版,第657页。
④ (宋)叶适:《叶适集·水心别集》卷二《民事下》,中华书局1961年版,第657页。
⑤ 《宋大诏令集》卷一八三《赋敛·均开封界田税诏》,中华书局1962年版,第662页。
⑥ (宋)李焘:《续资治通鉴长编》卷一四四,仁宗庆历三年(1043)十月,文渊阁四库全书第316册,第363页。
⑦ (宋)李焘:《续资治通鉴长编》卷二三七,神宗熙宁五年(1072)八月,文渊阁四库全书第318册,第73页。
⑧ (元)马端临:《文献通考》卷五《田赋考五》,文渊阁四库全书第610册,第136页。
⑨ (元)马端临:《文献通考》卷七《田赋考七》,文渊阁四库全书第610册,第183页。

李椿年的"经界法"①、理宗时贾似道的"公田法"②等;此外,还有历次针对品官的"限田法"等。这些措施涵盖两项任务:一是核实土地,保证国家的赋税收入;二是适当限制土地兼并,力求财富均衡。同时解决与之相关的包佃问题、胥吏问题、诡名问题等,其中最根本的还是解决"均贫富"问题,尽量降低因土地兼并造成的财富不均带来的社会动荡风险。

所以,自太祖时确立了宋代土地制度的大方向(不抑兼并)之后,太宗"因时创法,渐均贫富,则朕别有规制,终当行之,以安四海"③,"均贫富"也便成为了宋代土地制度的总策略;仁宗即位之初,"上书者言赋役未均,田制不立,因诏限田"④,为解决"赋役不均"的问题施行"限田"举措。终其两宋,大方向、总策略、具体举措三者相辅相成,贯彻始终。可以说,"不抑兼并"的大方向之下,才有了更多的土地兼并,才使得"均贫富"的问题凸显出来,试想,如果没有过度兼并,历朝历代都有的"均贫富"问题也不会在宋代显得那么的格外瞩目、棘手,以至于王小波、李顺大声疾呼"吾疾贫富不均,今为汝辈均之"⑤;宋江以"劫富济贫""替天行道"为号召;方腊宣称"是法平等,无有高下"⑥;钟相、杨么明确提出要"等贵贱、均贫富"⑦,由此可见,"均贫富"的问题已经是宋代严重的社会问题,是经济层面到政治层面的核心问题,它成了统治危机与否的"晴雨表"。

在这个意义上,如果说宋代实行"不抑兼并"政策是一种"放任兼并"的土地政策的话,未免有失偏颇。确切地说,它不是"放任",只是对以往土地制度的更替,是一种土地管理、经营策略的调整而已。这种调整是对新的经济形势的一种顺应,"具有重要的进步意义,值得充分肯定。"⑧

---

① (元)马端临:《文献通考》卷五《田赋考五》,文渊阁四库全书第610册,第140—141页。

② 《宋史》卷一七三《食货志上一·农田》,第4196页。

③ (宋)罗从彦:《豫章文集》卷三《遵尧录二·太宗》,文渊阁四库全书第1135册,第662页。

④ 《宋史》卷一七三《食货志上·农田》,第4163页。

⑤ 《宋史》卷二七六《樊知古传》,第9396页。

⑥ (宋)庄绰:《鸡肋编》卷上,文渊阁四库全书第1039册,第136页。

⑦ (宋)徐梦莘:《三朝北盟会编》卷一三七《炎兴下帙》,文渊阁四库全书第351册,第263页。

⑧ 林文勋:《唐宋土地产权制度的变革及其效应》,《经济史论丛》第1辑,中国经济出版社2005年版。

需要进一步指出的是,"不抑兼并"的土地政策不仅顺应了社会经济发展趋势,而且因为它是以"均贫富"为核心和导向,它采取的一系列措施始终渗透着"均贫富"思想,尽力缩小"贫富差距",对"贫富相依"有了更多的期待,才使得宋代商品经济哪怕处在战争频仍的年代,却仍得以快速、有序地发展。这种"宋代模式"为后世的社会政治、经济诉求提供了有力借鉴、也指引了方向。

第二章　宋代土地地权流转
形式和流转原因

　　宋代土地地权流转包括所有权的流转和使用权(佃权)的流转。而在中国封建社会专制体制之下的所有权不能与现代意义上的所有权同日而语。所谓"溥天之下,莫非王土;率土之滨,莫非王臣",一切土地都属于皇帝或国家所有,所以,在专制体制下的所有权,其实并非完全的所有权,或者只能说是暂时所有权。胡如雷先生曾指出:"占有地租权、土地继承权和土地买卖权等条件,是判断各种土地所有权的基本原则。"①郦家驹先生也说:"判断封建社会土地所有权的归属,是以能否出租土地并占有地租,能否出卖土地和确定土地继承权为基本原则。"②言外之意,拥有了土地所有权就拥有了土地流转的支配权。

第一节　土地所有权流转

　　土地所有权的流转有很多形式,宋代国有土地转为私有主要通过政策调整、买卖、掠夺、侵占等形式来实现,当然包括无偿转化和有偿转化。而私人之间土地流转大部分是通过土地买卖来完成。

一、经营权调整——土地所有权由国有向私有无偿转化

　　唐中期以前,国家对国有土地的经营主要是以直接经营为主,宋代则不

---

① 胡如雷:《中国封建社会形态研究》,生活·读书·新知三联书店 1979 年版,第 22 页。
② 郦家驹:《中国土地制度史》,中国社会科学出版社 2015 年版,第 66 页。

同,从国家直接经营转为以租佃经营为主。为增加收益,宋代政府通过"不抑兼并"的土地政策,改变土地的国有产权为私有产权。在宋代,国有土地产权的改变首先是从经营方式的转变开始。

其实,国有土地经营方式的改变自唐末五代就已经开始了,到宋代,租佃经营成为了主要的经营方式。两宋时期,通过官府的介入,先是通过"许民请佃"的方式改变经营权,并进而"许民为永业",从而实现国有土地私有化。换句话说,宋代政府先将产权的一部分即经营权让渡给百姓,之后逐渐允许其转为私有产权。比如:

"宛、穰地广沃,国初募民垦田,得为世业。"①

"太宗太平兴国七年(982)二月诏曰:东畿近年已来,蝗旱相继,流民甚众,旷土颇多……限召到百日许令归复,违者桑土许他人承佃为永业。"②

太宗至道元年(995)六月诏:"应诸道州府军监管内旷土,并许民请佃,便为永业。"③

天圣元年(1023)七月,"三司与法寺议定闻奏:……欲乞勘会户绝田,勒令佐打量地步什物,估计钱数申州,州选幕职官再行覆检,印榜示见佃户,依估纳钱买充永业,不得更将肥田请佃充下瘠薄。"④

"初,规守德安时,尝条上营屯田事宜……军士所屯之田……满三年无逋输,给为永业。"⑤

元祐时,抚州金谿县的庄田,"籍其名数,计其顷亩,定其租课,使为永业。"⑥

大观四年(1110)三月二十八日诏:"宣州、太平州圩田……充本户永业,其租税等并依额送纳。"⑦

政和元年(1111),知吉州徐常奏曰:"诸路惟江西乃有屯田非边地,

① 《宋史》卷三五三《蒲卣传》,第11154页。
② 《宋会要辑稿》食货一之一六。
③ 《宋会要辑稿》食货一之一六。
④ 《宋会要辑稿》食货一之二一。
⑤ 《宋史》卷三七七《陈规传》,第11645页。
⑥ (宋)陆九渊:《陆九渊集》卷八《与苏宰》,中华书局1980年版,第114页。
⑦ 《宋会要辑稿》食货一之三○。

其所立租则比税苗特重,所以祖宗时许民间用为永业。"①

　　绍兴三年(1133)逃户"五年外不归业者,听见佃人为主。"②

　　上述田产包括荒田、逃田、户绝田、屯田、营田、官庄、圩田等均属于"系官田产",③宋朝政府通过政策性调整,改变其经营方式,使其地权由国有向私有方向无偿流转。在流转中,政府关注的不是地权的归属问题,而是赋税收入。

二、土地买卖——土地所有权的有偿流转

(一) 私有土地买卖中所有权的流转

　　宋代的商品贸易超越前面任何一个朝代,土地作为商品进入流通市场,其买卖的频繁程度已是众人皆知。宋人袁采曾说:"贫富无定势,田宅无定主,有钱则买,无钱则卖""富儿更替做"。④ 刘克庄也说:"庄田置后频移主"⑤;南宋朱熹言:"盖人家田产,只五六年间,便自不同,富者贫,贫者富。"⑥贫富沉浮无定势,"十年财东轮流做"。说明在宋代,买卖土地已是司空见惯的事情。一般有经济实力的大地主往往多买田置地,尤其是那些地方豪强,更是想方设法占有土地,以至于宋代"天下田畴半为形势所占"⑦,"富者有弥望之田,贫者无卓锥之地"⑧。宋代土地地权流转之频繁,在罗椅的《田蛙歌》中有过形象地描述:"蝦蟆,蝦蟆,汝本吾田蛙,渴饮吾稻根水,饥食吾禾穟花。池塘雨初霁,篱落月半斜。唧唧又向他人叫,使我惆怅悲无涯。蝦蟆对我说:'使君休怨嗟,古田千年八百主,如今一年换一家。休怨嗟,休怨嗟,明年此日君见

---

① (元)马端临:《文献通考》卷七《田赋考七》,文渊阁四库全书第610册,第182页。

② 《宋会要辑稿》食货二之一二。

③ 姜密:《宋代"系官田产"释义》,《厦门大学学报(哲社版)》2003年第4期,第126页。

④ (宋)袁采:《袁氏世范》卷下《治家》,文渊阁四库全书第698册,第638页。

⑤ (宋)刘克庄:《后村集》卷一《诗·故宅》,文渊阁四库全书第1180册,第11页。

⑥ (宋)朱熹:《朱子语类》卷一○九《论取士》,中华书局1986年版;又见文渊阁四库全书第702册,第273页。

⑦ 《宋会要辑稿》食货一之一九至二○。

⑧ (宋)李焘:《续资治通鉴长编》卷二七,太宗雍熙三年(986),中华书局1979年版,第621页。

我,不知又是谁田蛙。'"①朱瑞熙先生在《宋代社会研究》中用具体数字考证了宋高宗时,四川婺州地区投入流通的土地数量之大、土地所有权的转移之迅速。② 土地流转越是频繁,不可避免的纠纷也会相应地增多。孝宗初年,扬州"人户交易田土,投书契书及争讼界至,无日无之。"③

据郦家驹先生统计,《名公书判清明集》中涉及土地典卖和其他与所有权相关内容的共有 110 条,占总数的 60%。④ 这些交易形式五花八门,有绝卖、典卖、断骨、典当、倚当、抵当、质举等,它们不仅仅是名称的不同,其土地所有权的含义也有所区别。

断卖(绝卖、断骨、卖田根、卖田骨):完全所有权的转移。《名公书判清明集》卷六《户婚门·抵当·以卖为抵当而取赎》⑤案中:陈嗣佑将山地"立契卖与何太应。当时嗣佑既离业矣,太应亦过税矣。"既然陈嗣佑已经离业,何太应又已过税,说明二者间的交易属于"断卖"交易,山地的所有权已经从陈嗣佑转移到了太应名下,只是在十几年之后,嗣佑便"谓当来止是抵当","意欲取赎"。这是典型的毁约行为,赖以断卖为抵当。虽然"唐昌风俗多有抵当之事",可本案事实非常清楚,"嗣佑立契卖地之后,既即离业,太应用钱得地之后,又即过税,此其为正行交易较然。"与民间抵当完全不同。因此法官判:"只令何太应照绍定二年买到赤契管业,取陈嗣佑知委申,违坐以虚妄之罪。"陈嗣佑将山地断卖给何太应,该山地的所有权随即转移至何太应名下,陈则不宜再来取赎。

---

① (宋)罗椅:《涧谷遗集》卷二《田蛙歌》,续修四库全书本,上海古籍出版社 2002 年版,第494 页。

② "宋高宗时,四川立限让典卖田宅者纳税印契,一次就征收到契税四百万贯,婺州征收到三十万贯。如果以契税率百分之十计算,四川印契上的田价总额就达四千万贯、婺州三百万贯。这时四川的土地价格每亩为近四贯,官府卖田定价为八贯到十贯。如果以每亩十贯计算,四川这次纳税印契的田土共有四百万亩,婺州有三十万亩。虽然这些田地的买卖可能前后相隔了一二十年,但加上另一部分在交易时就向官府纳税印契的田地,足以说明当时投入流通领域土地的数量之大,也说明土地所有权的转移之迅速。"(朱瑞熙:《宋代社会研究》,中州书画社 1983年版,第 59 页)

③ 《宋会要辑稿》食货三之一七。

④ 郦家驹:《两宋时期土地所有权的转移》,《中国史研究》1988 年第 4 期。

⑤ 《名公书判清明集》卷六《户婚门·抵当·以卖为抵当而取赎》,第 168—169 页。

　　抵当:非正规的抵押担保性质的交易方式①。其中可能涉及所有权流转,也可能涉及不到。如果将田产抵押出去,却不能按期还钱,所抵押的田产就会按照约定发生所有权的流转,反之,则不会发生所有权流转。戴建国先生认为:"(抵当)只是民间衍生的一种非正规的抵押借贷,其特点是手续简便,不割业,不过税,无需缴纳契税钱,因而在民间部分地区流行。"②《名公书判清明集》卷六《户婚门·抵当·抵当不交业》载:"在法:诸典卖田宅并须离业。又诸典卖田宅投印收税者,即当官推割,开收税租。必依此法,而后为典卖之正。"也就是说抵当与典卖的区别在于,抵当既不交税也不离业,是没有法律保障的民间行为。案中,"徐子政嘉定八年用会二百八十千,典杨衍田七亩有奇,……徐即不曾收税供输,杨即不曾离业退佃,自承典日为始,虚立租约,但每年断还会三十千。以此观之,杨衍当来不过将此田抵当在子政处,子政不过每岁利于增息而已。"③实际上徐子政用钱换来的是七亩多田的使用权,该田产所有权仍然属于杨衍。所以,法官吴恕斋言:"起初不合以其抵当为正典,前后累判,并不曾剖析子政不过税,不过业,其为抵当,本非正条……"虽然抵当行为属非法,但法官出于"杜绝其希觊之心",最后判杨衍后人"赎回其父典契",即赎回了田的使用权。

　　典当:典当期间发生所有权转移,"典当是土地所有权在一定期限内,有一定限度的暂时让渡给债权人,而不是土地所有权完整的转移,因为它不能出卖。"④这一点在初期臣僚奏疏中已经明确指出,建隆三年(962)十二月,臣僚上言:"欲请今后应典当田宅与人,虽则过限年深,官印元契见在,契头虽已亡殁,其有亲的子孙及有分骨肉,证验显然,并许收赎。若虽执文契,难辨真伪,官司参详,理不可定者,并归见主。仍虑有分骨肉隔越他处,别执分明契约,久后尚有论理其田宅,见主只可转典,不可出卖。"⑤"可收赎"说明典当的土地所有权是暂时让渡;"不可出卖"说明典当的土地所有权转移不是完全的转

---

　　①　刘志刚在《论宋代担保质权体制的转型》一文中认为抵当的性质不能一概而论,如果抵当的是动产,其具有质押担保性质,如果抵当的是不动产,其具有抵押担保性质。(《河北学刊》2008年第5期)

　　②　戴建国:《宋代的民田典卖与"一田两主制"》,《历史研究》2011年第6期。

　　③　《名公书判清明集》卷六《户婚门·抵当·抵当不交业》,第167页。

　　④　郦家驹:《宋代土地制度史》,中国社会科学出版社2015年版,第73页。

　　⑤　《宋会要辑稿》食货六一之五六。

移,这也是"典"与"卖"的本质区别。《名公书判清明集》卷九《户婚门·取赎·孤女赎父田》载:"俞梁有田九亩三步,开禧二年(1206)典于戴士壬,计钱八十七贯。俞梁死于绍定二年(1229),并无子孙,仅有女俞百六娘,赘陈应龙为夫。当是之时,阿俞夫妇亦未知此田为或典或卖。至嘉熙二年(1238)二月,始经县陈诉取赎。而戴士壬者,称于绍定元年(1228)内,俞梁续将上件田作价钱四十五贯,已行断卖,坚不伏退赎。……切唯官司理断典卖田地之讼,法当以契书为主。而所执契书,又当明辨其真伪。……今索到戴士壬原典卖俞梁田契,唤上书铺,典契是真,卖契是伪。……切原士壬之心,自得此田,历年已深,盖已认为己物。一旦退赎与业主之婿,有所不甘,故出此计。……此田合听俞百六娘夫妇照典契取赎,庶合理法。"①此案中,俞梁本来是典于戴士壬,应该有权赎回。而历经多年,戴想据为己有,假造卖契,不予退赎。最后在法官明辨之下,俞梁女照原契赎回田地。可见,有无取赎权是区分"典"与"卖"的关键。

典当与抵当不同。《名公书判清明集》卷六《户婚门·抵当·以卖为抵当而取赎》记载:"乡民以田地立契,权行典当于有力之家,约日尅期,还钱取契,所在间有之。……但果是抵当,则得钱人必未肯当时离业,用钱人亦未敢当时过税,其有钱、业两相交付,而当时过税离业者,其为正行交易明,决非抵当也。"②其中也阐明了抵当与典当的不同,典当行为必须"过税离业","为正行交易",约定到期后,"还钱取契",再赎回所有权。

倚当:与典当相类似,又有所不同。使用权、收益权发生流转,所有权不转移。张本顺先生认为:"倚当与典当有相似之处,都必须转让出让田宅的占有、使用和收益权,并同时签订书面的契约和办理赋税过割手续,不同的是倚当的收益在于事先的约定,超过部分返还给业主,但典当的收益则完全属于钱主。"③郭东旭先生认为:倚当"出押人需向抵押权人交付抵押物,抵押人对抵押物有占有、使用、收益的权利"④。

---

① 《名公书判清明集》卷九《户婚门·取赎·孤女赎父田》,第315—316页。
② 《名公书判清明集》卷六《户婚门·抵当·以卖为抵当而取赎》,第168—169页。
③ 张本顺:《论宋代"田宅牙人"之弊及其法律控制》,《东岳论丛》2009年第6期。
④ 郭东旭:《不动产担保物权》,载《宋代法制研究》(第九章第三节),河北大学出版社1997年版,第493页。

倚当行为具有合法性,受到国家法律的认可。双方需要签订契约,走正规的法律程序,真宗乾兴元年(1022)规定:"应典卖倚当庄宅田土,并立合同契四本:一付钱主、一付业主、一纳商税院、一留本县。"①

北宋时期法律对倚当行为有具体的法律规定。《宋刑统》卷一三《户婚律·典卖指当论竞物业》规定:"一、应典、卖、倚当物业,先问房亲;房亲不要,次问四邻;四邻不要,他人并得交易。房亲着价不尽,亦任就得价高处交易。如业主、牙人等期罔邻、亲,契贴内虚抬价钱,及邻、亲妄有遮者者,并据所欺钱数,与情状轻重者,酌量科断。一、应有将物业重叠倚当者,本主、牙人、邻人并契上署名人,各计所欺入已钱数,并准盗论。不分受钱者,减三等,仍征钱还被欺之人如业主填纳罄尽不足者,勒同署契牙保、邻人等共同陪填,其物业归初倚当之主。"②由此可知,首先,亲邻具有倚当优先权;其次,倚当的决定权在尊长,禁止卑幼擅自倚当;第三,禁止重复倚当。

另外,宋代法律也规定:倚当必须"随业割税"③,"随业割税"意味着所有权暂时发生转移。《名公书判清明集》卷九《正典既子母通知不得谓之违法》案中提到:"若倚当不必批支书,既批支书,则不得为倚当。"④这里的"支书"指的是什么,郦家驹先生认为"是一种登记财产的文书"。如果经官府登记,则受到法律保护。而倚当"是一种非正式的临时性土地所有权的抵押"⑤。正因为它具有一种临时性的特征,所以有学者认为其和抵当没太大区别⑥,都是不合法的。也是因为它的临时性,一些业主在倚当田宅物业时,不割税,不割税则得不到官方认可,产权不明确,容易引惹争讼。"民以田宅物业倚当与

---

① 《宋会要辑稿》食货六一之五七。

② (宋)窦仪等:《宋刑统》卷一三《户婚律·典卖指当论竞物业》,中华书局1984年版,第206—207页。

③ 《宋会要辑稿》食货六一之五六载:太宗太平兴国七年(982)诏:"今后应已收过及见倚当,并须随业割税。"

④ 《名公书判清明集》卷九《户婚门·违法交易·正典既子母通知不得谓之违法》,第299页。

⑤ 郦家驹:《两宋时期土地所有权的转移》,《中国史研究》1988年第4期。

⑥ "至南宋,'倚当'与'抵当'二者所包含之内容逐渐趋同,如《名公书判清明集》卷六《户婚门·抵当·倚当》中所述,原文题目为《倚当》,在《户婚门·抵当》之下,但文中却未提到倚当,更未提及抵当和倚当二者的区别。可见,时至南宋,抵当和倚当的含义已经没有太大区别。"杨瑞璟:《宋代土地买卖的多样化及其所反映的关系》,《学术探索》2014年第8期。)

人,多不割税,致多争讼起。"①所以,北宋天圣六年(1028),河北转运使杨峤曾建议取缔倚当等交易行为。"自今后更不得准前因举取倚质桑土,贵抑兼并,永绝词讼。"②实际上直到南宋,民间倚当一直存在。

总之,依据法律规定进行的倚当交易,是受到法律认可的;一旦超出法律规范则和抵当一样都属于不合法行为。

(二) 国有土地买卖中所有权的流转

国有土地所有权流转包括有偿和无偿转化两种形式。有偿转化主要指的是官田买卖。

宋代之前,政府严格限制官田买卖,但是买卖一直存在。追溯至西周恭王时期,我国就已经出现了土地买卖③。当时的土地制度实行的是"田里不鬻"的"公有"制。但是只要私有制存在,就必然会发生田产交易。只是那时土地交易量非常有限而已。到战国时期,秦国通过商鞅变法,"除井田,民得卖买"④,率先废除了土地公有制,在中国历史上掀起了第一次土地兼并和买卖的高潮,也是第一次国有土地转为私有的高潮。这之后,土地私有制迅猛发展,所谓"富者田连阡陌,贫者亡立锥之地"⑤。因此,才有了董仲舒的"限民名田,以澹不足(原注:师古曰:"名田,占田也。各为立限,不使富者过制,则贫弱之家可足也。")"⑥的建议。王莽"更名天下田曰王田,奴婢曰私属,皆不得卖买"⑦。这些举措无疑都说明了国有土地大量被私人占有。为抑制兼并,政府采取措施企图限制私有土地的发展,终因"其制度又却与三代不合"⑧,遭到地主阶级的反对而失败。

① 《宋会要辑稿》食货六一之五六。
② 《宋会要辑稿》食货一之二四。
③ 赵云起:《唐代土地买卖研究》第一章《唐代以前中国土地买卖的开端和发展》,中国财政经济出版社2002年版。
④ (汉)班固:《汉书》卷二四上《食货第四上》,中华书局1962年版,第1137页。
⑤ (汉)班固:《汉书》卷二四上《食货第四上》,中华书局1962年版,第1137页。
⑥ (汉)班固:《汉书》卷二四上《食货第四上》,中华书局1962年版,第1137页。
⑦ (汉)班固:《汉书》卷二四上《食货第四上》,中华书局1962年版,第1139页。
⑧ (元)马端临:《文献通考》卷二《田赋考二·历代田赋之制》,文渊阁四库全书第610册,第93页。

　　魏晋南北朝时期,重新调整土地占有关系,推行均田制。然而,均田制不过是将大量的荒闲田拿来分配给无地和少地的百姓而已,实际上并未从整体上对土地占有情况进行全面调整。而且,实行"限田""更名田",抑或"均田",不仅不能阻止田产买卖等交易行为,反而愈发活跃起来。因此,自东晋南朝,国家以征收交易税的方式开始规范土地流转市场,"晋自过江,凡货卖奴婢、马牛、田宅,有文券,率钱一万,输估四百入官,卖者三百,买者一百;无文券者,随物所堪,亦百分收四,名为散估。历宋、齐、梁、陈,如此以为常。"①这样,国家承认并保护了田宅交易的正常进行。此外,买卖公田的情况偶有发生,如南齐明帝时"罢世祖所起新林苑,以地还百姓,废文帝所起太子东田,斥卖之。"②北齐官吏职田"自宣武出猎以来,始以永赐,得听买卖。迁邺之始,滥职众多,所得公田,悉从货易"③。

　　到唐代前期土地兼并日趋加剧,"王公百官及富豪之家,比置庄田,恣行吞并,莫惧章程。"④"富者有赀可以买田,贵者有力可以占田"⑤,通过买卖、侵占等方式,王公百官豪置大片庄园,虽然政府对官员置庄有所规定,"其王公百官勋荫之家,应置庄田,不得逾于式令"⑥,不过象征性地限制而已。官员仍占者自占,政府也只是口头呼吁"不得违法买卖口分田"⑦、"不得请射逃绝田"⑧等,根本没有强硬的纠治举措。

　　从现有文献看,唐代尚未见大规模的买卖公田的现象,仅见有局部出卖部

---

① (宋)洪迈:《容斋随笔·续笔》卷一《田宅契券取直》,上海古籍出版社 1978 年版,第221—222 页。

② (梁)萧子显:《南齐书》卷六《明帝纪》,文渊阁四库全书第 259 册,第 64 页。

③ (唐)杜佑:《通典》卷二《田制下》,文渊阁四库全书第 603 册,第 22 页。

④ 《册府元龟》卷四九五《邦计部·田制》,中华书局 1960 年版,第 5928 页。

⑤ (元)马端临:《文献通考》卷二《田赋二·历代田赋之制》,中华书局 1986 年版,第 43 页。

⑥ (清)董诰等编:《全唐文》卷三三《玄宗·禁官夺百姓口分永业田诏》,天宝十一载(752),中华书局 1983 年版(下同),第 365—366 页。

⑦ 天宝十一载的诏令中载:"自今已后,更不得违法买卖口分永业田,及诸射兼借公私荒废地,无马妄请牧田,并潜停客户,有官者私营农,如辄有违犯,无官者决杖四十,有官者录奏取处分。"(《全唐文》卷三三《玄宗·禁官夺百姓口分永业田诏》,第 365 页)

⑧ 景龙二年(706)三月廿日敕云:"畿内逃绝户宅地,王公百官等及外州人不得辄请射。"(敦煌文书伯 S1344 号《开元户部格式残卷》,转载自刘俊文:《敦煌吐鲁番唐代法制文书考释》,中华书局 1978 年版)

分逃绝田、没官田、官庄①等的记载,屯营田、职田等官田买卖尚不多见。至五代时期,可以肯定的是官田转为私有的程度较唐代要广、要深得多。据《旧五代史》卷一一二《太祖纪第三》所载广顺三年(953)正月诏中曰:"诸道州府系属户部营田及租税课利等,除京兆府庄宅务、赡国军榷盐务、两京行从庄外,其余并割属州县,所征租税课利,官中只管旧额,其职员节级一切停废。应有客户元佃系省庄田、桑土、舍宇,便赐逐户,充为永业,仍仰县司给与凭由。"②"系官庄田"可以任原佃户充为永业,也就是将国有无偿地转为私有。另外,明令允许出卖作为官产的一部分的店宅、水碨等③,也有人建议卖系官庄田"以资国用"。④ 从中可以窥见国家逐渐放松对国有资产的控制,利益意识在推动着制度变迁。

宋代继承并推动了唐末五代的发展趋势,推出"不抑兼并"的土地政策,随之两宋时期售卖"系官田产"则成了常态,并不断掀起买卖高潮。对此,我们这里仅作简单概述,具体情况不再赘述。⑤

北宋时期官田买卖总体上规模不大,主要是以售卖户绝田、没官田、荒闲田等少数田产为主。从大中祥符八年(1015)开始,要求"户绝田并不均与近亲,卖钱入官;肥沃者不卖,除二税外召人承佃,出纳租课。"⑥出卖部分户绝田,后来,在四川地区户绝田不论肥瘠"依旧估直货鬻"⑦,仁宗天圣元年(1023)在全国各地出卖户绝田产,强调:"若见佃户无力收买,即问地邻,地邻

---

① (宋)欧阳修等:《新唐书》卷五二《食货二》(中华书局 1975 年版,第 1361 页)载:武宗即位后废浮图法,籍没寺观田地,"腴田鬻钱送户部"。《金石萃编》卷一一四《敕内庄宅使牒》载万年县泸川乡陈村的一所官庄可以请买,牒文云:"牒前件庄,准敕出卖,堪案内(中缺)正词状,请买价钱,准数纳讫。其庄(中缺)巡交割付。仍怙买人知,任便为主。(中缺)要有迴改,一任货卖者……"

② (宋)薛居正:《旧五代史》卷一一二《周太祖纪第三》,中华书局 1976 年版,第 1488 页。

③ (宋)王溥:《五代会要》卷一五《户部》载周太祖诏令:"诸州镇郭,下及草市,见管属省店宅、水碨,委本处切管句,其征纳课利,不得亏失。若有人收买,具见直价例申省,仍仰本户承认元本税钱。如是元本税钱重大,即减价出卖。"(上海古籍出版社 1978 年版,第 257 页)

④ (宋)薛居正:《旧五代史》卷一一二《周太祖纪第三》载:"或有上言,以天下系官庄田,甚有可惜者,若遣货之,当得三十万缗,亦可资国用。帝曰:'苟利于民,与资国何异。'"(中华书局 1976 年版,第 1488 页)

⑤ 相关内容请参阅姜密:《宋代"系官田产"研究》,中国社会科学出版社 2006 年版。

⑥ 《宋会要辑稿》食货六三之一七一。

⑦ 《宋会要辑稿》食货一之一九。

不要,方许中等已下户全户收买"。① 北宋英宗治平四年(1067),减价售卖户绝田,②到哲宗元祐年间"实封投状"拍卖。③ 可见,北宋时期,参与到土地流转市场的"系官田产",主要是户绝田,虽然偶见官庄、没官田等售卖,但国有土地尚未大规模流转。

从北宋末(徽宗时期)经南宋高宗时期到孝宗初期,官田买卖和流转达到高潮,几乎涉及所有"系官田产"。北宋末,由于连年战事,政府财政紧缺,出卖所有"系官田产"以取利,"凡市易抵当、折纳、籍没、常平、户绝、天荒、省庄、废官职田、江涨沙田弃堤退滩、濒江河湖海自生芦苇荻场、圩埠、湖田之类,并出卖。"④高宗绍兴年间"尽鬻诸路官田,命各路宪臣总领措置"⑤。这样所属常平司和转运司的"系官田产"⑥均鬻卖流转为私有田产,同样是以拍卖的形式进行,⑦其间为尽快出售,绍兴三十年(1160),政府先后在江浙、福建、湖南、四川、两广等地不惜减价售卖,⑧"欲将未卖见佃田宅再限半月,减免二分价上,更减一分。"⑨降价处理的方法对政府来说可能一时尽快得利,然其毕竟扰

---

① 《宋会要辑稿》食货一之二一载:北宋仁宗天圣元年(1023)七月:"勘会户绝田勒令佐打量地步、什物,估计钱数申州,州选幕职官再行覆检,印榜示见佃户,依估纳钱买充永业,……若见佃户无力收买,即问地邻,地邻不要,方许中等已下户全户收买。"

② 北宋英宗治平四年(1067),卖京东等路户绝没官田"内有租佃户及五十年者,如自收买,与于十分价钱内,减于三分,仍限二年纳足"。(《宋会要辑稿》食货六十二之一八二)

③ 哲宗元祐元年(1086)"户部言:'出卖户绝田宅,已有估覆定价,欲依刘扑坊场,盖实封投状。'从之。"(《续资治通鉴长编》卷三八六,哲宗元祐元年(1086)八月,中华书局1992年版,第9397页)

④ 《宋会要辑稿》食货一之三一。

⑤ 《宋史》卷一七三《食货上一·农田》,第4191页。

⑥ "[徽宗政和元年(1111)五月]二十七日臣僚言:天下系官田产在常平司有出卖法,如折纳、抵当、户绝之类是也。在转运司有请佃法,天荒、逃田、省庄之类是也。"(《宋会要辑稿》食货一之三一)

⑦ "[绍兴二年(1132)]六月二十九日诏:诸路委漕臣一员将管下应干系官田土并行措置出卖,仰各随土俗所宜究心措置,出榜晓示,限一月召人实封投状请买,仍置历,抄上承买人户先后资次、姓名,限满,当本官厅投状,区画所着价最高之人,卖到钱数,申取朝廷指挥。"(《宋会要辑稿》食货六一之五)

⑧ "绍兴二十九年(1159)七月二十七日户部提领官田所言:乞下江浙、福建、湖南、四川、二广,常平司疾速行下,所部州府知通督责,属县令丞逐一子佃根括,将见佃赁未卖田宅已满一年,与理为见佃赁之家,依前项已降指挥承买。若未及一年者,开封日将着价最高人钱数先次取问,见佃人如愿承买,更不减价。若不愿承买,即给卖与着价最高人。"(《宋会要辑稿》食货六一之二四)

⑨ 《宋会要辑稿》食货五之三三。

乱了市场,给了投机者钻营的机会,有的见佃人便以地价买得官田,然后再以高价转手,或者先借钱低价买入,再以高价卖出,①出现了借此转手倒卖的乱象。而且这一时期,官田拍卖的同时,又伴随着"西城所"掠买民田。总之,这一时期,公私土地相互流转之盛况前所未有。

南宋孝宗淳熙年间之后,"系官田产"的售卖接近尾声,为增加收入,代之以收购民田。南宋后期,售卖"系官田产"的种种弊端不断显现出来,所卖田产大部分"为强豪挟恃势力以贱价买之,官司所获无几"②,因此,"住卖"的呼声愈益强烈。③ 当出卖官田不能解决日益困窘的财政危机,在奸相贾似道的主持下,便又开始了另一种形式的国有土地改革,即回买官田。"公田初议以官品逾限外买之,此犹有嫉富抑强之意"④,继而,凡是有土地200亩以上者,官府回买其200亩以上的三分之一,之后百亩以上者皆与回买,⑤再后来,"有田官民户自三十亩以上"⑥者均被强制卖田与官,甚至"至以肉刑从事"⑦,至此,轰轰烈烈的土地改革变成了民众的一场浩劫,搜刮敛财举措遗祸后世。⑧

---

① "见佃人户已买田宅,既于官中低价买过,却与外人相见,转手增价出卖,或借人钱物收买,于后增价准折。"(《宋会要辑稿》食货六一之二五)

② 嘉泰三年(1203)五月十六日"臣僚言:'今天下州郡户绝、籍没之田往往而有,官司出卖类,皆为强豪挟恃势力,以贱价买之,官司所获无几。自今后宜止勿鬻,只今元租户承佃,岁收禾谷入官,令项桩贮,或有水旱之灾,民食缺乏,用此赈济,以为常平之助。'从之。"(《宋会要辑稿》食货六一之四四至四五)

③ "淳熙元年(1174)五月二十一日诏:湖北路凡户绝逃田、没官田产并营田等,并依两淮京西路免出卖,其未耕荒田,仰招诱民户承佃开垦,不得因而科扰。"(《宋会要辑稿》食货六之二六)"淳熙十六年(1189)闰五月十一日浙西提举史弥正言:'……乞将本路没官田产及常平围田已籍在册者,免行估价出卖,所得租课充老疾贫乏乞丐等人支遣……。'从之。"(《宋会要辑稿》食货六一之四一)

④ (元)刘一清:《钱塘遗事》卷五《推排公田》,上海古籍出版社1985年,第99页。

⑤ "继而派买,除二百亩以下者免,余各买三分之一,其后虽百亩之家亦不免,立价以租一石者,偿十八界会四十楮,不及,减买数;稍多,则银绢相半;又多,则以度牒、告身准直。"[(元)刘一清:《钱塘遗事》卷五《推排公田》,上海古籍出版社1985年版,第99页]

⑥ (宋)叶适:《叶适集·水心别集》卷一六《后总·买田数》,中华书局1961年版,第858页。

⑦ 《宋史》卷四七四《贾似道传》,第13782页。

⑧ 《宋史》卷一七三《食货上一·农田》(第4195页)载:"德祐元年(1275)三月诏:公田最为民害,稔怨召祸,十有余年。自今并给佃主,令率其租户为兵。"《宋史》卷一七三《食货上一·农田》(第4182页)载:"其弊极多,其租万重;宋亡,遗患犹不息也。"(清)顾炎武:《日知录》卷一〇《苏松二府田赋之重》载:"四百余年之后,推本重赋之繇,则犹其遗祸也。"(《日知录集释》卷一〇,浙江古籍出版社2013年版,第612页)

综上，两宋时期"不抑兼并"政策指引下，大量售卖"系官田产"，从有所限制到尽鬻再到降价和拍卖，大大加速了国有土地私有化的进程；同时回买公田，将部分私有土地转为国有。对政府而言，二者本质上是一致的，都是为了增加国家收益，从而缓解政府的财政危机，然其结果却事与愿违。

在公私土地的相互流转过程中，有一点是值得肯定的，那就是将土地全然纳入到商品经济大潮中，促进了商品经济的更快发展。

三、掠买民田——土地所有权的被迫有偿转化

从政府的角度掠夺民田为公田，是将私有土地强行转化为国有土地。具有掠夺性质的土地产权转移在宋代发生过两次，一次是在北宋末期，即西城所掠买民田为公田；另一次是在南宋末期的收购民田，实质上无异于掠夺民田为公田。

（一）北宋末期掠买民田

北宋末期战争频仍，财政紧张，不管是出卖国有土地还是掠买民田为公田，都是为了解决财政枯竭的问题。

北宋政府在大量出卖"系官田产"的同时，为了进一步搜刮民财，统治阶级的上层在奸臣杨戬等人主持下成立了专门的机构——"西城所"，其实就是一个掠买民田为公田的敛财部门。其"始于汝州①，浸淫于京东西、淮西北"，②具体做法是："立法索民田契，自甲之乙，乙之丙，展转究寻，至无可证，则度地所出，增立赋租。"③这无异于赤裸裸地掠夺。"西城所"曾派人在京东和京西等多地肆意搜刮，在京西的唐、邓、汝、蔡四州"取民间税田谓之公田，敛取无艺"④，转运使王子献派人在京东掠民田，"迫胁官吏，抑勒细民，有不承

---

① 《宋史》卷四六八《杨戬传》（第13664页）载："（李）天资狠愎，密与王黼表里，置局汝州，临事愈剧。凡民间美田，使他人投牒告陈，皆指为天荒。虽执印券皆不省。鲁山阖县尽括为公田，焚民故券，使田主输租佃本业，诉者辄加威刑，致死者千万。公田既无二税，转运使亦不为奏除，悉均诸别州。"
② 《宋史》卷四六八《杨戬传》，第13664页。
③ 《宋史》卷四六八《杨戬传》，第13664页。
④ （宋）李光：《庄简集》卷九《论王子献等札子》，文渊阁四库全书第1128册，第526页。

佃者,便枷项送狱","自济、郓、濮、兴仁、广济等处为之骚然!"①掠夺过程中"风谕诸邑,催索租逋,急于星火"②,致使很多人无以为生,"强者结集为盗寇,弱者转徙乎沟壑"③,天下嗷然。不久,奸臣李彦、朱勔等人被削官,这种倒行逆施行径随之结束。

(二) 南宋末期回买官田

南宋末期,蒙古大军压境,边事越趋紧张,南宋政府命运多舛,财政枯竭,岌岌可危之中,奸相贾似道欲以"回买官田"的办法,缓解财政压力。

开始于景定三年(1262)的回买官田其实是打着"富国强兵"的旗号,唯利是图。起初鼓吹"限田之法"④,似乎是"犹有嫉富抑强之意"⑤,以限田的名义回买官户的"逾限之田","买官户逾限之田,严归并飞走之弊,回买官田,可得一千万亩,则每岁六七百万之入。"⑥憧憬着用每年六七百万的买田所得,"其于军饷沛然有余。可免和籴、可以饷军、可以住造楮币、可平物价、可安富室。一事行则五利兴,实为无穷之利!"⑦统治阶级上层带着这种"无穷之利"的梦想,大肆买田,后来演变成了强制性的派买,从开始的限二百亩以上者到限一百亩以上者⑧,到最后"有田官民户自三十亩以上"⑨者都得卖田与官。并且在掠买期间,"亩起租满石者偿二百贯,九斗者偿一百八十贯,八斗者偿一百六十贯,七斗者偿一百四十贯,六斗者偿一百二十贯。五千亩以上,以银半分、官告五分、度牒二分、会子二分半;五千亩以下,以银半分、官告三分,度牒三

---

① (宋)李光:《庄简集》卷九《论王子献等札子》,文渊阁四库全书第1128册,第526页。
② (宋)李光:《庄简集》卷九《论王子献等札子》,文渊阁四库全书第1128册,第526页。
③ (宋)李光:《庄简集》卷九《论王子献等札子》,文渊阁四库全书第1127册,第661页。
④ (宋)周密:《齐东野语》卷一七《景定行公田》,中华书局1983年版,第31311页。
⑤ "公田初议以官品逾限外买之,此犹有嫉富抑强之意。"[(元)刘一清:《钱塘遗事》卷五《推排公田》,上海古籍出版社1985年版,第99页]
⑥ (宋)周密:《齐东野语》卷一七《景定行公田》,中华书局1983年版,第31311页。
⑦ (宋)周密:《齐东野语》卷一七《景定行公田》,中华书局1983年版,第31311页。
⑧ "除二百亩以下者免,余各买三分之一,其后虽百亩之家亦不免立价,以租一石者偿十八界,会四十楮不及减,买数稍多则银绢相半,又多则以度牒告身准直登仕。"[(元)刘一清:《钱塘遗事》卷五《推排公田》,上海古籍出版社1985年版,第99页]
⑨ (宋)叶适:《叶适集·水心别集》卷一六《后总·买田数》,中华书局1961年版,第858页。

分、会子三分半;千亩以下,度牒、会子各半;五百亩至三百亩,全以会子。是岁,田事成,每石官给止四十贯,而半是告、牒,民持之而不得售,六郡骚然。"① 甚至"以肉刑从事"②,致使回买官田从"富国强兵"的梦想变成一场彻头彻尾的掠夺,又从掠夺演变成了百姓的一场浩劫,"自从买公田,丰年亦凶年"③,"自从田归官,百姓糟糠难"。回买官田,引起了百姓尤其是有产者的不满,使大宋丧失民心,④从根本上削弱了宋朝的统治基础。宋恭帝德祐元年(1275)以"公田最为民害,稔怨召祸"为由废除公田法⑤,然其遗患不息⑥,祸及深远⑦。

南宋末期的回买官田,与北宋末期的掠买民田其实没有本质区别,都属于政府的应急敛财措施,都是企图将私有田产转为国有田产,来增加政府的财政收入,对百姓而言,不过是一种变相搜刮。

总之,宋代从大中祥符八年(1015)开始出卖"系官田产",北宋末至南宋初走向高潮,至南宋后期以"住卖"并回买官田而结束,持续了整个两宋时期。其间,从局部到全域、从户绝田到所有"系官田产"、从"永佃"到拍卖、从出卖到回买,从中可以清楚地勾勒出统治者敛财的急切欲望。

国有和私有土地的频繁流转,既昭示了两宋时期的土地政策,也预示着宋代及其以后地权流转活跃起来了,商品经济活跃起来了。

第二节　土地使用权或经营权流转

宋代的土地使用权或经营权流转主要通过契约租佃形式来实现。宋代继

---

① 《宋史》卷一七三《食货上一·农田》,第4194—4195页。

② 《宋史》卷四七四《贾似道传》,第13782页。

③ (宋)高斯得:《耻堂存稿》卷七《官田行》,文渊阁四库全书第1182册,第115页。

④ "今宋夺民田以失人心,乃为大元饷军之利。"[(宋)周密:《齐东野语》卷一七《景定行公田》,中华书局1983年版,第316页]

⑤ 《宋史》卷一七三《食货上一·农田》(第4195页)载:"德祐元年三月诏:公田最为民害,稔怨召祸,十有余年。自今并给佃主,令率其租户为兵。"

⑥ 《宋史》卷一七三《食货上一·农田》(第4182页)载:"其弊极多,其租万重;宋亡,遗患犹不息也。"

⑦ "四百余年之后,推本重赋之縣,则犹其遗祸也。"[(清)顾炎武:《日知录》卷一〇《苏松二府田赋之重》,《日知录集释》卷一〇,浙江古籍出版社2013年版,第612页]

唐末五代之后,契约租佃制得到了很大的发展。随之而来的就是,佃权的有偿和无偿转移。

宋代的租佃制度之所以相对发达起来,除了经济发展的因素之外,也与宋代客户所占比例居多有很大关系。宋代"三分居民,二皆客户"①,仁宗时李觏曾指出:"今之浮客,佃人之田,居人之地,盖多于主户矣。"②神宗时,吕南公也说:"大约今之居民,客户多而主户少。"③时人的记载显示:宋代客户数量应该不在少数。至于宋代客户数量有多少,日本学者加藤繁先生曾做过考证,北宋初年,真宗天禧五年(1021)全国主户有8677677,客户有2638346户,客户占总户数的30.4%,仁宗宝元元年(1038),全国主户有6470995户,客户有3708994户,客户占总户数的36.4%。并据《中书备对》考证神宗熙宁十年(1077)或元丰元年(1078),全国主户有10109542户,客户有4743144户,客户占总户数比例为31.9%。又据《元丰九域志》考证,元丰元年全国主户有10810175户,客户有5661655户,客户占总户数比例为34.3%。④ 根据加藤繁先生的统计可知:宋代客户大体在30.4%—36.4%之间。漆侠先生曾根据《文献通考》等资料的统计,认为从北宋初期到北宋末期,客户所占比例在30.4%—37.9%之间。两位先生对北宋的客户所占比例的认识相差不大。而对于南宋,加藤繁先生认为南宋的客户低于北宋,对此,漆侠先生提出异议,认为"从客户增长的趋势看,到南宋末年,它的比数不仅要超过南宋初的36.15,而且可能达到40。"⑤这么多的客户为了生计,大多"佃人之田,居人之地"⑥,"乃乡墅有不占田之民,借人之牛,受人之土,庸而耕者"⑦。所以,大量的客户是前提,经济发展是根本,又依托于当时的土地政策,共同推动了宋代租佃制

---

① (宋)李焘:《续资治通鉴长编》卷二七,太宗雍熙三年,文渊阁四库全书第314册,第393页。

② (宋)李觏:《李觏集》卷二八《寄上孙安抚书》,中华书局1981年版,第310页。

③ (宋)吕南公:《灌园集》卷一四《与张户曹论处置保甲书》,文渊阁四库全书第1123册,第140页。

④ [日]加藤繁:《宋代的主客户统计》,载《中国经济史考证(第二卷)》,商务印书馆1963年版,第279—283页。

⑤ 漆侠:《宋代经济史(上)》,上海人民出版社1987年版,第48—49页。

⑥ (宋)李觏:《李觏集》卷二八《寄上孙安抚书》,中华书局1981年版,第310页。

⑦ (宋)石介:《徂徕石先生文集》卷八《录微者言》载宋人吕大钧语,中华书局1984年版,第87页。

度的发展和盛行。就是因为租佃制尤其是契约租佃制的流行,政府对佃权流转的管理以及对佃权的保护也会日臻完善。

一、国有土地的佃权转移

自唐末五代到宋代,国家对国有土地的经营从国家直接经营为主转变为以租佃为主,百姓在租佃国有土地的过程中,不可避免地会发生佃权的转移。《唐律疏议》卷二七《杂律·得宿藏物问答一》中载:"官田宅,私家借得,令人佃食",说明法律允许个人租佃官田,其"佃主"和"耕种者"也可能并非一人,也就是有可能租佃官田者将田再转租出去。法律并没有禁止转佃的情况。那么,在政府的许可下,"系官田产"上的佃户之间也可以转让租佃经营权。"系官田产"上的佃权转移一般表现为有偿转让。

资料显示,宋代"系官田产"上的佃权转移是比较频繁的,下面我们简单分析一下其中的缘由。

第一,宋代租佃制的盛行为"系官田产"的佃权转移提供了前提条件。

租佃制度发展至宋代,一些长期租佃"系官田产"的百姓,便拥有了长期租佃权(类似于"永佃权"),像福州屯田户、资州营田户,他们长期"请佃为业。虽名营田,与民间二税田产一同"①,"虽有屯田之名,父子相承,以为己田。"②另外,有些佃种者将荒闲的"系官田产"开垦成熟田,前期投入了一定的人力、物力,可能出于某些具体原因不想或无法再续租时,政府一般允许他们将佃权有偿转让给其他人,这样的话,一方面可以继续维持"系官田产"的租佃经营和原有收入;另一方面请佃者也可以获得部分补偿。如果转让时没有补偿,恐怕也没有人愿意佃种"系官田产"。如淳熙年间广西路"荒田甚多,缘人户请射耕佃,二、三年间垦辟方就绪,忽元业人执契归业。一旦给还,更不问所施工力,是致民间不敢请耕"③。所以,佃权的有偿转移是对佃种者前期投入的适当补偿,也算是合理的佃权转移。而且它一定是发生在租佃制度盛行的情况下,否则,无法实现转移。

第二,包佃制的流行是引发"系官田产"佃权转移的重要因素。

---

① 《宋会要辑稿》食货六之三三。
② 《宋会要辑稿》食货四之二。
③ 《宋会要辑稿》食货六之二七。

"二地主"在唐代已有,宋代更为普遍。"两宋时期包佃制和转佃制已经盛行,存在着业主、田主和种户三层关系。在地主和佃客之间加多了一种'二地主',这就加重了对佃农的剥削。"①在宋代,"真正从事耕作的农民租佃的土地太少了,而大部分土地被那些不劳而食的寄生者即二地主租佃去了。"②那么,宋代之所以流行"包佃制",杨康荪先生曾说:"官府、民间共同接受的自由射佃官田制度的确立,是宋代官田包佃发展的前提。"③而宋代政府恰恰提供了自由请佃官田的政策和条件,本来"在法:品官之家不得请佃官产"④,但是,为了土地不致荒芜,更为了不影响国家收入,政府又鼓励有力之家大量租佃官田。绍兴三年(1133)张纲等拟定营田政策时说道:"各务多方随诱官吏军民等乘时耕垦,或有流寓寄居及形势户、自来于法不许承佃官田之人,亦许出租耕佃,务要田土广辟,不致荒废。"⑤绍兴二十六年(1156),政府明令占田"不限顷亩","转运司行下所部州县多出文榜招诱,不以有无拘碍之人,并许踏逐指射请佃,不限顷亩,给先投状之人。"⑥实际上是国家借助法令鼓励占田、转租,庆元元年(1195)诏令中明确说明:"如有已请未耕之田,亦仰劝谕有田之家募人耕垦,多方存恤。"⑦因此一些有实力的豪强自然成为了"包佃主"或"二地主",在国家政策的推动下,佃权转移则变得平常而频繁。以南宋的"系省屯田"和没官田为例,"今所谓没官田者,于朝廷曾几何之入,而悉为强有力者佃之,某官、某邸、某刹、某府率非能自耕者也,而占佃多至千百顷者,何也?有利焉耳。"⑧长期租佃官田者,"历时既多,展转贸易,佃此田者,不复有当时给佃之人。目今无非资陪入(人)户……"⑨可知豪强之家租佃大量官田,再将租佃的官田"展转贸易"转佃给他人,从中获利。

学田中的"二地主"转佃情况也是比较普遍的,如,浙东华亭县学田中"胥

① 关履权:《宋代封建租佃制的发展与阶级关系的变化》,《史学月刊》1985 年第 1 期,第 49 页。

② 漆侠:《宋代经济史(上)》,上海人民出版社 1987 年版,第 219 页。

③ 杨康荪:《宋代官田包佃述论》,《历史研究》1985 年第 5 期。

④ 《宋会要辑稿》食货六一之二一、六一之三一。

⑤ 《宋会要辑稿》食货六三之九〇。

⑥ 《宋会要辑稿》食货六三之二〇三。

⑦ 《宋会要辑稿》食货六之二九。

⑧ (宋)方岳:《秋崖集》卷一八《轮对策二劄子》,文渊阁四库全书第 1182 册,第 350 页。

⑨ (宋)陆九渊:《陆九渊集》卷八《与苏宰》(淳熙十六年),中华书局 1980 年版,第 114 页。

浦乡菜字围田八亩,何四八佃,口小四种"①,其中租佃者何四八即为二地主,租得学田(菜字园田)八亩,再转手租给小四,真正耕种者是小四,这是"系官田产"上典型的租、种分离的情况。再如,平江贡士庄在长洲金鹅、习义、益地三乡有田五十五亩,"管纳人宋千七秀才"作为二地主,将田地转租给租户,向租户征收租米。②

转佃制下的佃权转移不是无偿的,往往是"立价交佃"。政和元年(1111)知吉州徐常上奏言:"其所立租则比税苗特重,所以祖宗时许民间为永业。如有移变,虽名立价交佃,其实便如典卖己物。……又其交佃岁久,甲乙相传,皆随价得佃。"③至于转佃的价码,"往往私仿民田,擅立价例,用钱交兑。"④这样,"二地主"通过包占、转佃,将地租和利润结合起来;"宋政府利用豪富佃主财力垦田"⑤,既发展了经济,又解决了客户、游民的问题,可谓一举两得。

第三,宋代佃权转移受到法律的认可和保护。

宋代"在法有酬价交佃之文"⑥。淳熙十六年(1189)陆九渊在上书宰相谈到系省屯田时说:"岁月浸久,民又相与贸易,谓之资陪,厥价与税田相若,著令亦许其承佃,明有资陪之文,使之立契字,输牙税,盖无异于税田,其名数之著于州县簿籍者,目曰省庄……。历时既多,展转贸易,佃此田者,不复有当时给佃之人。目今无非资陪人户……"⑦陆九渊在这里谈到的"资陪",应该是指佃户之间转佃时的"酬价"。如果佃户长期租佃一块田地,"世相沿袭,谓之官田,不知所始也"⑧,基本与民田没什么区别,"交佃岁久,甲乙相传,皆随

---

①　《江苏金石志》卷一六《华亭学田碑》,载于《石刻史料新编(一三)》,台湾新文丰出版公司 1982 年版,第 9848 页。

②　《江苏金石志》卷一七《平江贡士庄籍田记》,载于《石刻史料新编(一三)》,台湾新文丰出版公司 1982 年版,第 9870 页。

③　(元)马端临:《文献通考》卷七《田赋考七·官田》,文渊阁四库全书第 610 册,第 182 页。

④　《宋会要辑稿》食货六三之二一六。

⑤　杨康荪:《宋代官田包佃述论》,《历史研究》1985 年第 5 期。

⑥　南宋罗愿在淳熙十年(1183)赴鄂州就职时记到:"臣窃以重湖之外旧多旷土……又在法有酬价交佃之文……"[(宋)罗愿:《罗鄂州小集》卷五《劄子·鄂州到任五事劄子》,文渊阁四库全书第 1142 册,第 509 页]

⑦　(宋)陆九渊:《陆九渊集》卷八《与苏宰》(淳熙十六年),中华书局 1980 年版,第 114 页。

⑧　(宋)李心传:《建炎以来朝野杂记》甲集卷一六《财赋三·省庄田》,中华书局 2000 年版,第 345—346 页。

价得佃"①,佃权转移往往有之。从法律上明确规定了"酬价交佃之文"来看,政府对这种佃户间的有偿转佃是支持的,"著令亦许其承佃",和正常的租佃情况一样,为之办理转佃手续,"使之立契字",然后佃户缴纳"牙税",即所谓的"契税"。用法律手段维护了佃权的有序转移。

第四,佃权转移的特殊形式——劖佃

关于何谓"劖佃",李心传曾这样解释道:"诸道闲田颇多,既利厚而租轻,因有增租以攘之者,谓之'劖佃'。由是词讼繁兴。"②简单地理解,就是用增租的办法夺取租佃权,叫作"劖佃"。一地段本来有租佃者,又有人增租"攘之",势必造成词讼。不过,"劖佃"对国家和田主来说,可以通过增租来获得更多利益;可另一方面,"劖佃"有时会造成恶性竞争,最终影响市场的有序性,并因为"词讼繁兴"影响到社会和睦。

当然,"劖佃"有合法与非法之分,以下五种情况是政府允许的,属于合法"劖佃":一是对"违欠课利"者,许人"劖佃";③二是在国家规定的两年期限内未开垦的④或"连岁不耕即许劖请"⑤;三是针对要鬻卖的官田,国家强制性明令见佃人添租才能继续承佃,"如不愿增者,许人劖佃"⑥;四是非法包占"系官田产"者,政府限期令包占者自首,"如限满不首,许人劖佃"⑦;五是对租课过轻的诸路学田并西南外宗室财用司田产,以"实封投状"的形式添加租

---

① (元)马端临:《文献通考》卷七《田赋考七·官田》,文渊阁四库全书第610册,第182页。

② (宋)李心传:《建炎以来朝野杂记》甲集卷一六《财赋三·省庄田》,中华书局2000年版,第345页。

③ "违欠课利,于法合召人户劖佃。"(《续资治通鉴长编》卷四八〇,哲宗元祐八年(1093)正月,中华书局1993年版,第11425页)"国家立租课之法,明言三科有欠,然后许人劖佃。"[(宋)真德秀:《西山文集》卷八《对越甲稿·奏申·申户部定断池州人户争沙田事状》,文渊阁四库全书第1174册,第122页]

④ "未耕种官田,限二年尽行开垦、耕种,如限满,有未种田亩,即依臣僚所请,许诸色劖佃。"[(宋)李心传:《建炎以来系年要录》卷一七二,绍兴二十六年(1156)四月,中华书局2013年版,第3294页]

⑤ (宋)罗愿:《罗鄂州小集》卷五《劄子·鄂州到任五事劄子》,文渊阁四库全书第1142册,第509页。

⑥ "诏诸路常平使见卖官田,并令见佃人增租三分,如不愿增者,许人劖佃。后诏转运提刑司,官田亦如之。"[(宋)李心传:《建炎以来系年要录》卷一四七,绍兴十二年(1142)十月,中华书局2013年版,第2776页]

⑦ 《宋会要辑稿》食货六之二〇。

课来竞租,允许"刬佃一次",如果原佃户愿意添加,则继续租佃,如果不愿,则租给添立租课最高者。① 以上这五种情况,或属于合法的、或属于政府强制性的,总之都是政府所允许的"刬佃",也都是出于为增加租课收入而实行的。

除了政府层面在官田上为增租而施行的"刬佃"之外,佃种者之间有时也同样会出现。有些佃种者为获得某一地块的佃权,就会用增租的办法争佃。这在镇江金坛县学田上很常见,据《嘉定镇江志》卷十记载:金坛县登云乡共有 17 都,有 1481 亩学田,"绍熙间王淳佃作,庆元五年(1199),平江马谅私于王淳家交佃,就金坛县计会作买到民田给据,缘所收甚厚,学租不多。嘉泰四年(1204),张揩等争佃,马谅男彦明情愿增租,宝庆三年(1227)李大谏幹人何端义争佃,增米五十石,钱一百五十贯,冯知府多福,任内遂勒马彦明退佃,后者争佃者纷纷。"②在登云乡学田的租佃经营中,佃户之间为争佃,彼此反复"刬佃",最终渔翁得利的是政府,所以他们对百姓之间的争佃一般采取听之任之的态度。

即使刬佃会增加国家的收入,也可能对包占行为有所限制,或许也能更有效地利用土地资源。但是,刬佃的负面影响不可忽视。一方面,见佃者正常佃种却遭到"刬佃",无疑会激起民怨,失信于民。尤其是,见佃者即使"添租"仍被剥夺佃权,③则更容易引起民众不满。本来按政令规定"三科有欠,然后许人刬佃"④,可是后来"虽三科无欠而他人有能增高立价者亦听",致使有人为"厚利"纷纷争佃,然而,这样的刬佃"一则其名不正,二则失信于民。自今国家法令谁敢信凭? 官司田产谁敢请射?"⑤官府最终会因无人敢请射而影响国

---

① 北宋徽宗宣和三年(1121),"尚书省言:诸路学田并西南外宗室财用司田产,元所给佃,租课太轻,不足为用。诏许添立实封入状,添立租课,刬佃一次。如佃人愿从添数,亦仍给佃。"[(元)马端临:《文献通考》卷七《田赋考七·官田》,文渊阁四库全书第 610 册,第 183 页]

② (宋)卢宪:《嘉定镇江志》卷一○《学校》,台湾商务印书馆 1981 年版,第 222 页。

③ "绍兴二十八年(1158)十月十七日诏:户部将所在常平没官户绝田产,已佃未佃、已添租未添租并行拘收出卖。"(《宋会要辑稿》食货六一之一七)

④ (宋)真德秀:《西山文集》卷八《对越甲稿·奏申·申户部定断池州人户争沙田事状》,文渊阁四库全书第 1174 册,第 122 页。

⑤ (宋)真德秀:《西山文集》卷八《对越甲稿·奏申·申户部定断池州人户争沙田事状》,文渊阁四库全书第 1174 册,第 122 页。

家收入;另一方面,刬佃造成词讼不息,邻里不睦。① 此外,刬佃于国家来说,目的在于增租,可真能增得了吗? 陆九渊在《与苏宰》中提到临江之新淦、隆兴之奉新、抚之崇仁三县的官田租课过重,其原因有二:"或吏胥一时纽立租课,或农民递互增租刬佃","故有租重之患",租过重,百姓负担不起,要么"抵负不纳",要么"流亡抛荒",要么"致侵耕冒佃",其结果"公私俱受其害"。②所以,用"刬佃"的办法增租得一时之利,却带来更多的问题,可谓得不偿失。

综上所述,随着宋代租佃制的盛行,佃权转移逐渐发展、兴盛起来。这的确是租佃制度走向进步和成熟的标志。而且一定程度的经济补偿,也使得佃权转移因其合理性而变得更加频繁。但是,在租佃过程中出现的一种特殊转佃形式——刬佃,却因其一味地追求增租效应,陷入到一种扭曲的佃权转移,最终"公私俱受其害"。

二、私有土地的佃权转移

遍布各地的客户,除了租佃国有土地,大部分是去租种地主的土地。一些"千夫之乡,耕人之田者九百夫。"③哲宗时大臣吕陶曾奏曰:"天下之自耕而食,为天子之农者十无二三。耕而食于富人,而为之农者,盖七八矣。"④可以想象,租种地主土地的佃户不在少数,佃户的大量存在势必推动租佃制度的发展,从而衍生出较为复杂的佃权关系,包括佃权的频繁转移。

前面我们说过,在官田上存在大量转佃的情况,其实私有土地上的转佃也较普遍。根据宋代法律,转佃是允许的。建隆三年(962)十二月,臣僚上言:"欲请今后应典当田宅与人,虽则过限年深,官印元契见在,契头虽已亡殁,其有亲的子孙及有分骨肉,证验显然,并许收赎。若虽执文契,难辨真伪,官司参详,理不可定者,并归见主。仍虑有分骨肉隔越他处,别执分明契约,久后尚有

---

① (宋)梁克家:《三山志》卷一一《版籍类二·官庄田》载:绍兴二十年(1150)"以没官田土率多豪右倖占,复相刬佃,词讼不已。"(《宋元方志丛刊》第 8 册,中华书局 1990 年版,第 7884 页)

② (宋)陆九渊:《陆九渊集》卷八《与苏宰》,中华书局 1980 年版,第 113 页。

③ (宋)陈舜俞:《都官集》卷二《策·厚生一》,文渊阁四库全书第 1096 册,第 416 页。

④ (明)黄淮、杨士奇:《历代名臣奏议》卷一○六《仁民·吕陶奏议》,文渊阁四库全书第 436 册,第 89 页。

论理其田宅,见主只可转典,不可出卖。"①当遇到契要不明、产权不清的时候,"见主"可以转典与他人,但是不可以买卖。

关于转佃的实例,《名公书判清明集》里有些记载。《名公书判清明集》卷六《户婚门·争田业·伪批诬赖》载:"吴五三,即吴富也,其父吴亚休以田五亩三角一十步,典与陈税院之父,涉岁深远。吴五三同兄弟就佃,递年还租无欠。近三年、四年间,兄弟皆丧,吴五三独存,遂萌意占种,不偿租课,却称故父已赎回迄,有批约可证。"②案中吴五三父亲曾作为田主将田典与陈税院之父,而陈税院家作为典主将田又转佃与吴五三兄弟,也就是吴五三兄弟成了此田的佃户。后来吴五三不愿交田租,诬称此田已被父亲赎回,从而引发诉讼。结果"吴五三词屈理短,凭鲍十九等求和,自认批约假伪,甘从改佃,有状入案,即移与缪百六种",吴五三自认佃户身份。此案中,陈税院父子作为典主,又将田转佃出去。

《名公书判清明集》卷四《户婚门·争业上·胡楠周春互争黄义方起立周通直田产》载:"胡楠又赍出黄义方砧基簿内有地名高园,丁地字税田十三号,县尉打量,有十一号见存,据佃田人徐五三供,系作吴十九解元户屯田。追上田主供对,……见得此田亦是黄义方税田分明,合并与胡楠为业。"③此案中涉及的业主(胡楠)、田主(黄义方)、佃田人(徐五三)三者之间的关系,虽然记述得不是很明朗,但也不排除胡楠转佃给徐五三的可能。

至于私有土地上的转佃情况,尚未找到更多的实例来详细了解其中的具体操作,但是,可以肯定的是,普通民众之间的转佃应该不会很多,只有拥有一定实力的地主、豪强才有可能将土地租给小地主,然后这个所谓的"二地主"再将土地租给"耕作者"。

相较于私有土地上的转佃,"系官田产"上"二地主"的转佃可能更为普遍。

---

① 《宋会要辑稿》食货六一之五六。
② 《名公书判清明集》卷六《伪批诬赖》,第181页。
③ 《名公书判清明集》卷四《户婚门·争业上·胡楠周春互争黄义方起立周通直田产》,第113—114页。

第三节 土地地权流转的原因分析

一、商品经济发展是宋代土地地权流转的根本动力

中国传统社会一向奉行"重农抑商"政策,但是抑制不等于取消。况且,商业和农业一样都关乎国计民生,不分本末。宋人言:"古有四民,曰士、曰农、曰工、曰商。士勤于学业,则可以取爵禄;农勤于田亩,则可以聚稼穑;工勤于技巧,则可以易衣食;商勤于贸易,则可以积财货。此四者皆百姓之本业。"①南宋叶适曾驳斥过"抑末厚本"论,他说:"夫四民交致其用,而后治化兴,抑末厚本,非正论也。"②所以,传统社会虽抑制商业,但商业以其不可或缺性仍缓慢地向前发展。到唐宋时期,商业的发展已成为社会变革的根本力量。正如林文勋先生所论:"商品经济的发展,引起了社会的变革,而社会的变革又反过来促进着商品经济的发展。"③

宋代土地地权的频繁流转(包括土地买卖和佃权转移的方式)正是商品经济发展到一定程度的反映,同时,土地的频繁流转也必将促使商品经济进一步地活跃起来,二者相辅相成,共同推动宋代经济走向更高、更快的发展轨道。

关于宋代商品经济,学者们的研究不胜枚举。我们这里只观其概貌,总览其对土地地权流转的影响。总体上看,宋代商品经济是在唐代的基础上,更广泛、更深入地发展。除了经济大都市之外,最能体现宋代商品经济全面发展的,包括以下几个方面:

其一,区域市场的广布及其繁荣,形成活跃的乡间市场网。

宋代交子的出现,使商品贸易更便捷,加快了商品流通,促进商品经济向更广、更深的方向发展。相较于唐代,宋代商品经济的发展不仅体现在开封、临安等这些经济大都会的繁荣上,更主要的是体现在地方市场(即草市镇)的

---

① (宋)陈耆卿:《嘉定赤诚志》卷三七《风俗门·重本业》,文渊阁四库全书第 486 册,第 932 页。

② (宋)叶适:《习学记言》卷一九《平准书》,文渊阁四库全书第 849 册,第 495 页。

③ 林文勋:《商品经济:唐宋社会变革的根本力量》,《文史哲》2005 年第 1 期。

勃兴和繁荣。宋代各级城市周边及交通要道上形成了星罗棋布的草市镇,这些市镇将区域中心城市和周边的村镇紧密联系起来。根据神宗熙宁九年(1076),毕仲衍在《中书备对》中所列举的数目,分布于全国府界及诸路坊场河渡等地的草市大约有 27607 处。① 市镇的数量远超唐朝。且繁华程度令人叹为观止,如:作为"川、广、荆、襄、淮、浙贸迁之会"的鄂州城外南市"列肆如栉","货物之至者无不售,且不问多少,一日可尽,其盛壮如此"②,"招接海南诸货,贩运浙西诸邦"的秀州澉浦镇③、"东枕大海,四方商贾所聚"的密州板桥镇④、苏州顾迳市"系二广、福建、温、台、明、越等郡大商海船辐辏之地"⑤,还有瓷都——饶州的景德镇、茶叶名镇——彭州蒲村镇、糖业名镇——遂州凤台镇、航运名镇——泉州安海镇等等,类似市镇遍布全国,形成了一个个地方性、区域性的乡间市场网,⑥四面八方的商贾云集,琳琅满目的商品互通有无,为宋代商品经济的发展注入无限生机、活力,提高了宋代商品经济发展的整体水平,也为土地流入市场提供了根本动力。

其二,商人地位提高,全民皆商之风形成。

如果说乡间市场网的形成是宋代商品经济相对发达的外在表现的话,那么,商人地位提高以及全民皆商之风的形成则是宋代商品经济发达的内在活力。这是唐代无法比拟的,唐代法律曾规定:"食禄之家,不得与下人争利。工商杂类,不得预于士伍。"⑦"官人身及同居大功以上亲,自执工商,家专其业者,不得仕。"⑧意味着官吏不能经商,商人不能入仕。又《通典》卷一五《选举三》载:"先时,五月颁格于郡县,示人科限而集之。初,皆投状于本郡或故任所,述罢免之由,而上尚书省,限十月至省。乃考核资叙、郡县乡里名籍、父祖官名、内外族姻、年齿形状、优劣课最、谴负刑犯,必具焉。以同流者五五为联,

---

① 《永乐大典》卷七五〇七,仓字部·常平仓。

② (宋)范成大:《吴船录》卷下,文渊阁四库全书第 460 册,第 869 页。

③ (宋)常棠:《海盐澉水志》卷一《风俗》,文渊阁四库全书第 487 册,第 495 页。

④ (宋)李焘:《续资治通鉴长编》卷三四四,元丰七年(1084)三月,文渊阁四库全书第 319 册,第 744 页。

⑤ 《宋会要辑稿》食货一八之二九。

⑥ 傅宗文:《宋代的草市镇》,《社会科学战线》1982 年第 1 期。

⑦ (宋)郑樵:《通志》卷六一《食货略第一·赋税》,文渊阁四库全书第 374 册,第 265—266 页。

⑧ (唐)长孙无忌等:《唐律疏议》卷二五《诈伪》,文渊阁四库全书第 672 册,第 307 页。

以京官五人为保,一人为识,皆列名结款,不得有刑家之子、工贾殊类及假名承伪、隐冒升降之徒。"①在唐朝,工商之类不能参加铨选,不能铨选就不能为官,也就意味着不能参加科举考试。说明商人的政治地位在唐代是很低的。

到唐朝后期,"仕杂工商""朝列衣冠"与人争利的现象已属常见,②"商贾胥吏,争赂藩镇,牒补列将而荐之,即升朝籍"③者屡见不鲜。宋代科举制打破了"工商不得入仕"的禁锢,商人地位进一步提升。像大商人于令仪家族多人"举进士第"④。商人不仅可以为官,甚至攀附皇室,英宗治平元年(1064)诏:"娶宗室女补官者,不得应举,按贡举条制,进纳及工商杂类有奇才异行者,亦听取解。"⑤这样,"富家多赂宗室求婚,苟求一官,以庇门户,后相引为亲。京师富人如大桶张家,至有三十余县主。"⑥商贾不仅可以进入仕途,且能与皇室联姻,足见商人已今非昔比,其政治地位可谓登峰造极,至此,宋代商人终于可以和其他人一样怀揣着"学而优则仕"的理想而跻身于政界,整个社会贱视商业和商人的思想逐渐退去,"四民皆本"的意识渐渐兴起。

与商人入仕相提并论的就是士人经商,宋代官吏经商现象非常普遍,上至皇室成员⑦、朝中宰相⑧,下至一般地方官吏⑨,以经商为能事。官、商互动完

---

① (唐)杜佑:《通典》卷一五《选举三·历代制下(大唐)》,文渊阁四库全书第603册,第165页。

② "朝列衣冠,或代承华胄,或在清途,私置质库、楼店,与人争利。"[(宋)李昉等:《文苑英华》卷四二九《赦书十·会昌五年正月三日南郊赦文》,文渊阁四库全书第1337册,第59页]藩将刘从谏"榷马牧及商旅,岁入钱五万缗,又卖铁、煮盐,亦数万缗。"[(宋)司马光:《资治通鉴》卷二四七,武宗会昌三年(843)四月,文渊阁四库全书第309册,第617页]

③ (宋)司马光:《资治通鉴》卷二四二,穆宗长庆二年(822)正月,文渊阁四库全书第309册,第521页。

④ (宋)王辟之:《渑水燕谈录》卷三《奇节》载:"曹州于令仪者,市井人也。长厚不忤物,晚年家颇丰富……令仪择子侄之秀者,起学室,延名儒以掖之,子侄侄杰仿举进士第,今为南曹令族。"(文渊阁四库全书第1036册,第486页)

⑤ (宋)李焘:《续资治通鉴长编》卷二〇二,英宗治平元年(1064)六月,文渊阁四库全书第317册,第355页。

⑥ (宋)朱彧:《萍州可谈》卷一,文渊阁四库全书第1038册,第276页。

⑦ 仁宗朝:"诸王邸多殖产市井,日取其资。"[(宋)李焘:《续资治通鉴长编》卷一八七,仁宗嘉祐三年(1058)八月,文渊阁四库全书第317册,第141页]

⑧ 宋初宰相赵普"尝以隙地私易尚食蔬圃,广第宅,营邸店,夺民利。"[(宋)李焘:《续资治通鉴长编》卷一四,开宝六年(973)六月,文渊阁四库全书第314册,第214页]

⑨ 青州知州王安礼"在任买丝,勒机户织造花隔织等匹物,妄作名目,差役兵般担,偷谩一路商税,上京货卖,赢掠厚利,不止一次。"[(宋)李焘:《续资治通鉴长编》卷四四九,哲宗元祐五年(1090)十二月,文渊阁四库全书第321册,第757页]

全扭转了"贱商末业"的社会氛围。至于社会最大众的农民,成了最后一道坚守"重农抑末"的防线。然而,南方有些地方农民经商大有蔚然成风之势,"贱稼穑,贵游食,皆欲货末耕而买车舟,弃南亩而趣九市"①,"秋成之时,百逋丛身,解偿之余,储积无几,往往负贩佣工以谋朝夕之赢者,比比皆是也。"②所以,有学者说:"农民兼业是宋代较普遍的社会现象,在宋代农民的身上十分明显地出现了一个小农、小工、小商三位一体化的发展趋势。"③当农民都选择弃农经商的话,全民皆商之风已然形成。

其三,土地作为商品广泛流入市场。

前面我们提到了宋代"不抑兼并"的土地政策既顺应了商品经济的发展,同时又促进商品经济更加活跃起来,在它的指导之下,国有和私有土地买卖频繁,"富者有赀可以买田,贵者有力可以占田"④,土地私有制空前繁盛。那些有了土地的"富者""贵者"从土地当中攫取利益,或交易或租佃,从而激活土地市场。"在宋代,无论是富商大贾,还是地主兼商人,大多采用以商求利,以土守之的方式,把最稳妥的生存形式和能获得高额收益的生息形式糅为一体,形成中国封建社会商业资本运动的特点。"⑤当大量土地轮入私人手中时,政府能坐视"土地兼并"而无动于衷吗?当然不会,宋代政府以宏观调控的方式总体控制着土地制度的发展方向,并采取了诸多的具体处置方法来达到"均贫富"的目的,如采取了限田、括田等举措;又通过淡化"亲邻关系"的办法,使土地逐渐摆脱"血缘"束缚,为土地流入市场进行自由交易开辟道路。这样,富商大贾、中小地主甚至是客户⑥都成为了土地市场的主体,"有钱则买,无钱则卖"⑦,土地作为商品在流通领域活跃起来。

---

① (宋)夏竦:《文庄集》卷一三《进策·贱商贾》,文渊阁四库全书第 1087 册,第 168 页。

② (宋)王柏:《鲁斋集》卷七《社仓利害书》,文渊阁四库全书第 1186 册,第 113 页。

③ 李晓:《宋代工商业经济与政府干预研究》第一章,中国青年出版社 2000 年版,第 24 页。

④ (元)马端临:《文献通考》卷二《田赋二·历代田赋之制》,中华书局 1986 年版,第 43 页。

⑤ 孙克勤:《宋代商品经济论析》,《云南民族学院学报(哲学社会科学版)》1993 年第 1 期。

⑥ "丁口蕃多,衣食有余,稍能买田宅三五亩,出立户名,便欲脱离主户而去。"[(宋)胡宏:《五峰集》卷二《书·与刘信叔书五首》,文渊阁四库全书第 1137 册,第 128 页]

⑦ "贫富无定势,田宅无定主,有钱则买,无钱则卖。"[(宋)袁采:《袁氏世范》卷下《治家·富家置产当存仁心》,文渊阁四库全书第 698 册,第 638 页]

所以,我们说,宋代区域性乡间市场网形成、商人地位的提高和全民皆商的氛围、土地作为商品广泛流入市场,这些都表明宋代商品经济与前朝相比,向着更深、更广的方向发展,为土地地权频繁流转提供了前提和动力。

二、国家利益最大化的追求是宋代地权频繁流转的直接动力

商品经济发展也好,"亲邻关系"淡化也罢,其实都离不开国家对经济利益和社会利益最大化的追求,它是宋代土地地权频繁流转的最直接的动力所在。

从北宋伊始到南宋,在土地租佃或买卖中,不管是从政策上还是实践中,宋代政府都不断地缩小"亲邻关系"的范围,从"问亲邻"到"问地邻",再到"只问见佃人",一直到"只给价高之人",一步步减弱"亲邻关系"的影响,也一步步摆脱"亲邻关系"对经济利益的束缚。"从经营、核算、成本、利润等方面来抓具体的经济利益,从经济利益中去体现'最大的政治'。"[①]这也许就是统治者最真实的内在追求吧。

下面我们具体看看,宋代政府如何展现其对经济利益的追逐本性的。

唐末五代及宋初典卖田宅必须"问亲邻".

《宋刑统》卷一三《户婚律·典卖指当论竞物业》中记载:

> 【准】建隆三年(962)十二月五日敕节文,今后应典卖及倚当庄宅、物业与人,限外虽经年深,元契见在,契头虽已亡没,其有亲的子孙及有分骨肉,证验显然者,不限年岁,并许收赎。如是典当限外,经三十年后,并无文契,及虽执文契,难辩真虚者,不在论理收赎之限,见佃主一任典卖。

> 臣等参详,自唐元和六年(811)后来条理,典卖物业,敕文不一,今酌详旧条,逐件书一如后:

> 一、……

> 一、应典卖物业、倚当物业,先问房亲,房亲不要,次问四邻,四邻不要,他人并得交易。房亲着价不尽,亦任就得价高处交易。如业主、牙人等欺罔邻亲,契帖内虚抬价钱,及邻亲妄有遮吝者,并据所欺钱数,与情状

---

① 赵俪生:《中国土地制度史》,齐鲁书社 1984 年版,第 123 页。

轻重,酌量科断。

　　一、应有将物业重叠倚当者,本主、牙人、邻人并契上署名人,各计所欺人已钱数,并准盗论。不分受钱者,减三等,仍征钱还被欺之人。如业主填纳罄尽不足者,勒同署契牙保、邻人等,同共陪填,其物业归初倚当之主。"①

唐末和宋初的法律表明,典卖田宅必须"问亲邻",只有在"房亲着价不尽,亦任就得价高处交易"。这就为维护"亲邻关系"提供了法律保障,一旦有不问亲邻者,还有可能受到法律的惩处。

宋人郑克在《折狱龟鉴》中就记录了知州刘沆在衡州处理的一个案子:"有大姓尹氏,欲买邻人田,莫能得。邻人老而子幼,欲窃取其田,乃伪为券,及邻人死,即逐其子。二十年不得直。沆至,有出诉。尹氏出积岁所收户钞为验,沆诘之曰:'若田千顷,户抄岂特收此乎! 始为券时,尝问他邻乎? 其人固多在者,可以取为证也。' 尹氏不能对,遂服罪。(按:卖田问邻,成券会邻,古法也。使当时法不存,则将何以核其奸乎? 近年有司苟取小快,遂改此法,未之思欤?)"②案中,尹氏伪造契券,欲窃取邻人之田,刘沆就是以是否问亲邻作为裁断的重要依据,问罪尹氏。

然而,宋初不断打破"亲邻"局限,"不问亲邻"者大有人在,因此,天圣五年(1027)"准敕:应典卖田宅若从初交易之时不曾问邻书契,与限百日陈首免罪,只收抽贯税钱。"③不问亲邻的书契虽然"不合法",但是只要契书本身是真实的,后续补交契税,即为合法。足以表明:在"问亲邻"这个问题上,政府的暧昧态度,"亲邻优先权"并不是他们强调的重点,是否纳税才是最终目的。

其实,直到南宋,政府都在一方面以是否"问亲邻"作为断案的依据,另一方面又在不断缩小"问亲邻"的范围和打破"问亲邻"的局限,优先考虑"见典人"或"见佃人"的利益。

北宋真宗大中祥符"七年(1014)三月诏:自今典卖田宅,其邻之内如

---

①　(宋)窦仪等:《宋刑统》卷一三《户婚律·典卖指当论竞物业》,中华书局1984年版,第206—207页。

②　(宋)郑克:《折狱龟鉴》卷六《覈奸·刘沆问邻》(出自刘俊文译注:《折狱龟鉴译注》,上海古籍出版社1988年版,第334页)

③　《宋会要辑稿》食货六一之五八。

有已将田业正典人者,只问见典人,更不会问元业主,若元业主除已典外,更有田业邻至,即依邻至次第施行。先是,京兆奏:民有讼田,以典到地为邻至者,法无明文,故条约。"①

"仁宗天圣元年(1023)七月,殿中丞齐嵩上言:检会大中祥符八年(1015)敕户绝田并不均与近亲,卖钱入官,肥沃者不卖,除二税外,召人承佃,出纳租课。……欲请自今后如不依户令均与近亲,即立限许无产业乃中等已下户,不以肥瘠,全户诸射,如须没纳入官,即乞许全户不分肥瘠召人承佃。""三司与法寺议定闻奏:今参详应户绝户合纳官田,设或充下瘠田,已远无人请买,荒废亏失税额。欲乞勘会户绝田,勒令佐打量地步什物,估计钱数申州,州选幕职官再行覆检,印榜示见佃户,依估纳钱买充永业,不得更将肥田请佃,充下瘠薄。若见佃户无力收买,即问地邻,地邻不要,方许中等以下户全户收买,其钱限一年内送纳,如一户收买不尽,许众户共状收买,如同情欺幸,小估亏官,许知次第人论告,并当严断,仍以元买田价十分给三分赏告事人,从之。"②

仁宗天圣元年(1023)七月敕:"户绝庄田检覆估价晓示见佃户,依价纳钱,竭产买充永业,或见佃户无力,即问地邻,地邻不要,方许无产业中等以下户全户收买。"③

(仁宗天圣)四年(1026)六月辛惟庆言:"(福州)其无管荒田园有后来请垦佃者五十四顷九亩,见今未有人佃,已牒神州估价召人请佃。……如佃户不买,却告示邻人,邻人不买,即召诸色人,仍令令佐将帐簿根究数目,如日前曾将肥土轻税田与豪富人,今止瘠地,即指将见佃户全业收买,割过户籍。"④

仁宗天圣六年(1028)十二月枢密使钱惟演奏:"本州准敕,户绝庄田,差官估价,召人承买。今有阳翟县户绝庄三十一顷,已有人户承买,遂差人监勒交割,据本庄现佃户称要承买。缘准天圣元年诏,户绝庄或见佃

---

① 《宋会要辑稿》食货一之一八;《全宋文(六)》卷二四八《宋真宗·典卖田宅事诏》,巴蜀书社1989年版,第579页。
② 《宋会要辑稿》食货一之二一。
③ 《宋会要辑稿》食货六一之五七。
④ 《宋会要辑稿》食货一之二三。

人无力收买,即问地邻。五年六月敕只云'召人承买,收钱入官',即不言问与不问见佃。伏乞明降指挥。"①

"(哲宗元祐元年四月)中书舍人苏轼详定役法,先是轼言:……臣伏见熙宁中尝行给田募役法(注:初行给田募役法在熙宁七年五月二十四日辛酉,罢在八年四月十三日癸酉),其法以系官田如退滩、户绝、没纳之类,及用宽剩钱买民田以募役人,大略如边郡弓箭手。臣知密州亲行其法,先募弓手,民甚便之,曾未半年,此法复罢……退滩、户绝、没纳等系官田地,今后不许出卖,更不限去州县里数,仍以肥瘠高下品定顷亩,务令召募得行。系官田若是人户见佃者,先问见佃人,如无丁可以应募,或自不愿充役者,方得别行召募……"②

"(哲宗元祐六年四月)甲辰,尚书省言:知洛州平恩县事孙绛申请,应户绝田土合入广惠仓者,立定租课,先问元佃人,两户以上者亦许分佃。无见佃人或不愿承佃,则遍问四邻,及不愿,即给余人承佃。从之。"③

上述材料显示:政策逐渐向"见佃者"的利益靠拢。当"见佃人"不愿承佃或不买时,再问四邻。

到后来,租佃或买卖中,对"见佃人"也只有有限的照会,更多地考虑"出价最高之人"。

"(绍兴)三年(1133)三月十三日户部言:常平司见管闲田权令人户认纳二税,却于常平仓送纳,候及三年依条出卖或立定租课许人户添租承佃给最高之人,若召到人所入租课与见佃人所入数同,即先给见佃人,仍乞下湖南提刑司照会施行,从之。"④

"(绍兴)五年(1135)正月三日臣僚言:诸路州县七色依条限合卖官舍及不系出卖田舍,并委逐路提刑司措置出卖,州委知州,县委知县,令取见管数目,比仿邻近田亩所取租课及屋宇价直,量度适中钱数,出榜限一

---

① 《宋会要辑稿》食货六一之五九;《全宋文(五)》卷一九四《钱惟演·承买户绝庄田问不问见佃乞明降指挥奏》,巴蜀书社 1989 年版,第 345 页。
② (宋)李焘:《续资治通鉴长编》卷三七四,哲宗元祐元年(1086)四月,文渊阁四库全书第320 册,第 399—401 页。
③ (宋)李焘:《续资治通鉴长编》卷四五七,哲宗元祐六年(1091)四月,中华书局 1993 年版,第 10942 页。
④ 《宋会要辑稿》食货五之二二。

月召人实封投状承买,限满拆封给着价最高之人,其价钱并限一月送纳,候纳足日交割,依旧起纳税赋,仍具最高钱数先次取问见佃赁人,愿与不愿依价承买,限五日供具回报,若系佃赁及三十年已上,即于钱价上以十分为率,与减二分。"①

如果说租佃或买卖中只给价高之人是政府追求经济利益的表现的话,那"刬佃"和"实封投状"则更是赤裸裸地唯利是图的叫嚣。所谓"刬佃",谓之"增租以攘之者"②。

绍兴十二年(1142)十月二十一日户部言:"常平司见出卖田产,……将见今未卖田产,令见佃人限半月添租三分依旧承佃,如出限不愿添租,即勒令离业,其积年拖欠合催理租课,并限一日纳足,仍别召人再限一月实封投状添租刬佃,限满拆封给添租再(最)高之人,若无人刬佃,仰总领官措置减价。"③

宋徽宗宣和元年(1119)在出租远年逃田、荒田、草葑菱荡及湖泺退滩沙涂地时,为提高租额,始明确提出"以田邻见纳租课,比扑量减分数出榜,限一百日召人实封投状,添租请佃,限满拆封,给租多之人。"④宣和七年(1125),在出租两浙逃绝户田时,亦"令百姓实封投状请射"⑤。

南宋绍兴三年(1133)又规定:"所是召人承佃荒田,亦不须限制顷亩,听人户量力投状请射。"⑥

乾道五年(1169)九月六日知扬州莫濛言:"今乞逐州军将所管屯田先次估定价钱,开坐田段出榜召人实封投状,增价承买,给付价高之人,理充已业,耕牛、农具亦令逐州军各行变卖。"⑦

为追逐利益,不管有无"亲邻"或"见佃人",只问出价高低。这样一来,土地真正地摆脱"亲邻关系"的束缚而作为商品流入市场,随之,利益便成为唯一的目标。

---

① 《宋会要辑稿》食货五之二三。
② (宋)李心传:《建炎以来朝野杂记》甲集卷一六《官田》,中华书局 2000 年版,第 345 页。
③ 《宋会要辑稿》食货六一之一三。
④ 《宋会要辑稿》食货六三之一九五。
⑤ 《宋会要辑稿》食货六三之一九七。
⑥ 《宋会要辑稿》食货六三之九一。
⑦ 《宋会要辑稿》食货三之一八。

三、"亲邻关系"淡化加快以"利益"为导向的土地地权流转

魏晋至唐,宗族制度以士族门第为特征,重谱牒,人们有着强烈的宗族意识,以血缘为纽带的"亲邻关系"受到格外重视,法律对家族制度的强化和保护,使人们之间的"亲邻关系"更紧密。其中的表现之一就是对亲邻之间土地买卖的限制,唐及宋初的法律规定:"应典卖、倚当物业,先问房亲,房亲不要,次问四邻,四邻不要,他人并得交易。房亲着价不尽,亦任就着价高处交易。"①应该说,宋初之前土地买卖等经济关系受亲邻关系的束缚较强。正如胡如雷先生在《中国封建社会形态研究》一书中所说:"实际上,唐代以前,'宗族不散'的真正原因是自然经济色彩的浓重和土地买卖的不够频繁,并不是'由有谱之力也'(苏洵《嘉佑集》13《谱例》)。唐代以后,商品货币关系的显著发展大大加速了土地买卖,因而使宗法关系这层温情脉脉的纱幕变成了望之若雾的半透明体,在这种情况下,血缘纽带不可能不松弛下来。"②的确,商品经济的发展势必打破原来"亲邻关系"的束缚,换言之,"亲邻关系"对经济关系的影响会越来越小。

宋初典卖田宅时,"所至之邻,皆须一一徧(遍)问"③,到后来只问"四邻所至有本宗缌麻以上亲者"④,再到后来只问"有本宗缌麻以上亲,及墓田相去百步内者"⑤,"问亲邻"的范围逐渐缩小,人们的宗亲意识在商品经济的冲击

---

① 《宋会要辑稿》食货六一之五六。

② 胡如雷:《中国封建社会形态研究》,生活·读书·新知三联书店1979年版,第86页。

③ 《宋会要辑稿》食货六一之五六载:"雍熙四年(987)二月权判大理寺殿中侍御史李范言:'准《刑统》:应典卖物业,先问房亲,房亲不要,问四邻,四邻不要,他人并得交易。若亲邻着价不尽,亦任就高价处交易者。今详敕文,止为业主初典卖与人之时立此条约,其有先已典与人为主后,业主就卖者,即未见敕条。窃以见典之人已编于籍,至于差税,与主不殊,岂可贷卖之时不来询问?望今后应有已经正典物业,其业主欲卖者,先须问见典之人承当,即据余上所值钱数,别写绝产卖断文券一道,连粘元典并业主分文契批印收税,付见典人充为永业,更不须问亲邻。如见典人不要,或虽欲收买,着价未至者,即须画时批退。……乞自今应典卖物业,或有不销竭产典卖,……据全业所至之邻,皆须一一徧(遍)问,候四邻不要,方得与外人交易。'从之。"

④ 《名公书判清明集》卷九《户婚门·取赎·有亲有邻在三年内者方可执赎》(第309页)载:"准令:诸典卖田宅,四邻所至有本宗缌麻以上亲者,以帐取问,有别户田隔见者,并其间隔古来沟河及众户往来道路之类者,不为邻。"

⑤ 《名公书判清明集》卷四《户婚门·争业上·漕司送下互争田产》(第121页)载:"律之以法,诸典卖田宅,具帐开析四邻所至,有本宗缌麻以上亲,及墓田相去百步内者,以帐取问。"

下日趋淡漠,有的地方典卖田宅"多不问亲邻"①。甚至"由贱而贵者耻言其先,由贫而富者不录其祖。"②可见,在势、利面前,"亲邻关系"不足挂齿。

反过来,"亲邻关系"淡化,赖以维系"亲邻关系"的土地财产关系必将走向松弛。如前面所述,国有和私有土地地权的频繁流转中,受"亲邻关系"的束缚越来越弱。商品经济越发达,"亲邻关系"的束缚力越弱,土地买卖和租佃越自由。尤其是当买卖或租佃的时候,只问"见佃人""实封投状"给价高之人以及"刬佃"等情况,都已经完全摆脱了"亲邻关系"的羁绊,以逐利为目的的地权流转更加频繁和自由。

可以说,国家借助土地来维系家族关系和家族利益的考量日趋减少,同时朝廷作为最大地主唯利是图的本性暴露无遗。甚至土地地权属于谁并不重要,重要的是谁获利和如何获利。因此,在这种"义利观"的推动下,地权频繁流转则是自然之中的事情了。

---

① "仁宗天圣五年(1027)二月果州同判李锡言:本州典卖田宅多不问亲邻,不曾写书契,或即收拾抽贯钱未足,因循违限避免陪税,是致不将契书诣官,致有争讼,虑诸道亦有似此之类,望指挥与限百日悉赴 商税务陈首,如无虚伪,即与免罪,只纳本分抽贯税钱,限满不首,许人告论。从之。"(《宋会要辑稿》食货六一之五八)
② (宋)苏洵:《嘉祐集》卷一三《谱例》,文渊阁四库全书本第1104册,第947页。

第三章 宋代土地地权
流转中的利益追求

宋代土地地权流转的直接动力来自于获取利益,能否流转,重在考虑国家利益。国家利益又分为中央与地方的各级利益,在二者的交锋与利益平衡中,国家会出台有关土地地权流转的系列政策,并推出相应的举措;宋代一系列土地政策("不抑兼并"等)在一定程度上利于私有化,最大可能地实现了当时封建地主制的国家利益最大化,以及大、中、小地主阶层的个人利益最大化;在地权流转中还会牵扯到亲、邻、见佃者之间的利益,三者在土地买卖和租佃中的利益取舍,关乎着相关百姓的切身利益。宋代的各项土地政策也一直在权衡各利益主体之间的诉求,企图实现"均贫富",这是一种美好的理想。在这个进程中,各方相互博弈,最终能促进整体进步,就是顺应了社会、顺应时代的要求。能够顺应并推动商品经济的发展,这样的政策就是值得肯定的。

本章主要探讨三种利益关系:中央与地方;国与民;亲、邻与见佃者。

第一节 宋代土地地权流转中的中央与
地方之间的利益博弈

一、国有土地地权流转中的利益考量

这里我们再次强调,首先应该搞清楚哪些田产属于国有田产,万国鼎先生曾说:"北朝、隋、唐授民以田,除屯田、营田外,无所谓官庄。至宋则官田较为复杂,虽亦赋民,往往依私租召佃,政府与豪右竞为地主矣。官田之来源不一,

或为前代官地,或为新辟官荒,或淤湖为田,或沙涨成田,或籍没民业,间亦购自民间。而其名称与性质,亦有多种。有籍田,备帝王躬耕以劝农者也。有职田,授官吏以为俸给者也。有学田,用以赡学才也。有屯田、营田,用以赡军者也。有官庄,则赋民收租,与民间庄产无异也。大抵籍田、屯田、营田以外之系官田产,概系官庄之类,赋民收租。营田以民,屯田虽以兵,间亦用民,且用分收制,亦与租田制度相出入。此外又有牧地,用以牧马。"①对此,笔者查阅了相关材料,认为万先生所说的这些基本属于传统意义上的官田,也就是狭义的官田。宋代"系官田产"有广义和狭义之分,广义的"系官田产"几乎等同于"官田",包括屯田、营田、职田、学田、官庄、官荒田、没官田、逃田、户绝田及废官职田、监牧地、河圩退滩、沙涂田、湖田等。② 狭义的则是专指常平司、转运司及州县管辖的部分"官田";本书探讨的是广义的"系官田产"。这些田产的收入是全部上缴,还是部分留归地方?

在讨论之前,我们先看看官田上的收入是多少。一开始,官田大多是由国家直接经营,随着宋代土地政策的转变以及商品经济的推动,政府对这部分土地的收入必定进行经济核算,其结果就决定了国家经营是否要转型的问题,如果国家收入持续增长,则原有的经营方式会保持不变;如果收入持续下降,甚至"入不敷出",势必会改变经营方式。

下面我们摘录几条史料,看其经营方式有没有必要转型。

"仁宗天圣四年(1026)九月诏废襄、唐二州营田务,令召无田产人户请射,充为永业。"原因是襄、唐二州营田务所入不敷所出。③

孝宗乾道三年(1167)六月太府寺丞总领淮西江东军马钱粮兼提领措置营田叶衡"从本所召募农人耕种",原因是"本所有营田五军庄计田

---

① 万国鼎:《宋代田制史》,商务印书馆 2011 年版,第 324—325 页。

② 姜密:《宋代"系官田产"释义》,《厦门大学学报(社科版)》2003 年第 4 期。

③ 《宋会要辑稿》食货二之二载:"襄州务自兴置已来至天圣三年(1025),所得课利都计三十三万五千九百六石九斗二升,依每年市价纽计钱九万二千三百六十五贯,将每年所支监官、耕兵、军员请受及死损官牛诸色费用凡十三万三千七百四贯十三文,计侵用官钱四万一千三百四十二贯四十六文。唐州务自兴置至天圣三年,所得课利计六万四千九百三十一石四斗六升,依每年市价纽计钱共二万五千九百六十八贯五百三十四文,将每年所支本务军员监官请受及死损官牛诸色费用,计侵用官钱万四千三百六十八贯一百一十四文。"

二百七顷六十五亩……所得不能偿所费之半。"①

乾道九年(1173)太平州营田官庄所入"校之不及官中所支官兵两月请给,委是大段亏损官课。"②

淮东营田并扬州、滁州屯田三顷,所费"比之收到物斛钱大,请过官中钱一十一万六千七百余贯。"③

四川营田"所收之租,不偿请给之数。如兴元府岁收租九千六百七十三石,而种田官兵请给乃为一万一千四百四十石。于是宣抚司始以便宜召人承佃,抽兵归营,时四年秋也。"④

乾道四年(1168)川陕宣抚使虞允文改革:"召人承佃,抽兵归营。"改革后垦田增加而营田租仍增不多,"至淳熙初,垦田增至七千五百五十七顷,而租入止有五万八千石有奇。庆元后,又止为六万六千石,而金州田租亦止二千二百三十一石焉。六年(1200)冬,王少卿(王宁)总计增其课,朝廷以民不便,罢之。"⑤

这些史料表明,国家经营基本无利可图,甚至"得不偿失",转型则是势在必行的了。于是,"系官田产普遍施行租佃经营,"公田之赋,官庄、屯田、营田赋民耕而收其租者是也。"⑥

"天下系官田产,在常平司有出卖法,如出纳、抵当、户绝之类是也;在转运司有请佃法,天荒逃田、省庄之类是也。"⑦

仁宗庆历三年(1043)七月范仲淹、韩琦上言:"如元系远年瘠薄逃

① 《宋会要辑稿》食货三之一六载:孝宗乾道三年(1167)六月太府寺丞总领淮西、江东军马钱粮兼提领营田叶衡言:"本所有营田五军庄,计田二百七顷六十五亩,岁收夏料大麦四千一硕,小麦一千三百余硕,秋租禾稻一万八千一百余硕充马料,以时价估计共可直钱二万贯省。而所差使臣、军人各五百八十四人掌管,岁请钱四万七千七百余贯、米六千五百硕、绢二千二百余匹、绵三千四百余两,纽约用钱七万五千余贯,所得不能偿所费之半。兼差去使臣、军人皆是癃老及官职稍高之人。……从本所召募农人耕种。"

② 《宋会要辑稿》食货三之二一。

③ 《宋会要辑稿》食货三之一六。

④ (宋)李心传:《建炎以来朝野杂记》(甲集)卷一六《财赋三·关外营田》,中华书局2000年版,第350页。

⑤ (宋)李心传:《建炎以来朝野杂记》(甲集)卷一六《财赋三·关外营田》,中华书局2000年版,第351页。

⑥ (元)马端临:《文献通考》卷四《田赋考四》,中华书局1986年版,第97页。

⑦ 《宋会要辑稿》食货一之三一。

田,旧税额重,无人请佃者,即与减定税额,召人请佃。"①

神宗熙宁四年(1071)八月"又诏司农寺选官经量汴河两岸所淤官陂、牧地、逃田等,召人请射租佃。"②

绍兴三年(1133),韩世忠言:"近被旨措置建康府江南北岸荒田,为屯田之计。沿江荒田虽多,大半有主,难以如陕西例,乞募民承佃。"③

租佃成为了"系官田产"的主要经营方式。国家只收租课,不收二税。比如:绍兴三年(1133),"(江东、西路)闲田立三等租课,上等每亩令纳米一斗五升,中等一斗,下等七升,更不须临时增减,但令州县开具已籍定田色,召人请佃。……令纳租课,更不别纳二税。"④

那么,实行租佃经营,缴纳租课的话,国家就一定能获利吗?据《淳熙三山志》卷十一《版籍类二》记载:"福、泉、漳州、兴化军庄田"纳租课"输米一十二万一百余石",纳二税,则"岁总输米止可四万四千余石"⑤。可知,从国家的角度讲,征缴租课收入远大于征收二税的收入。对此,有学者在前期研究中专门做过量化核算,通过对比国家直接经营和租佃经营的收支情况,得出初步结论:"不管是均分还是四六分,比起国家直接经营时'入不敷出'的局面,(采用租佃经营)可谓是大大扭亏为盈了。"⑥

官田租佃经营既然可以扭亏为盈,那是不是说始终会给国家带来利益呢?答案是不一定。因为大量的"系官田产"被侵占,严重影响国家收益。一些膏腴之田"多是州县公吏与形势之家通同管占"。⑦

学田常为形势之家侵占:绍兴二十一年(1151)十月六日,臣僚言:"赡士公田,多为形势之户侵占请佃,逐年课利,入于私家,以致士子常患

① (宋)李焘:《续资治通鉴长编》卷一四二,仁宗庆历三年(1043)七月,中华书局1985年版,第3402页。

② (宋)李焘:《续资治通鉴长编》卷二二六,神宗熙宁四年(1071)八月,中华书局1986年版,第5506页。

③ (宋)李焘:《建炎以来系年要录》卷六四,绍兴三年(1133)四月,中华书局2013年版,第1259页。

④ 《宋会要辑稿》食货六三之一九八、一九九。

⑤ (宋)梁克家:《淳熙三山志》卷一一《版籍类二·官庄田》,《宋元方志丛刊》第8册,中华书局1990年版,第7884页。

⑥ 姜密:《宋代"系官田产"研究》,中国社会科学出版社2006年版,第72页。

⑦ 《宋会要辑稿》食货六一之二九至三〇。

饔廪不给,望诏有司申严行下,诸路提举官常切觉察。"①

湖田也是一样被侵占。越州的鉴湖,"溉田八千顷,食利者万家,前守(臣)建言听民自占,多为豪右所侵。"②

尽管宋代法律禁止官户地主请佃、盗耕官田,但是依然免不了官户地主"挟他名而冒耕垦"③。有的官员"冒佃荒田,辄数千亩"④。外戚王蒙正"侵民田几至百家"⑤。孝宗时,浙东一带"没官户绝等田产并新涨海涂溪涨淤成田地等,多是豪势等第并官户公吏等人不曾经官请佃,擅收侵占"⑥。

> 诸盗耕种公私田者,一亩以下笞三十,五亩加一等,过杖一百,十亩加一等,罪止徒一年半,荒田减一等,强者各加一等,苗子归官主。

> 诸妄认公私田若盗贸卖者,一亩以下笞五十,五亩加一等,过杖一百,十亩加一等,罪止徒二年。

> 诸在官侵夺私田者,一亩以下杖六十,三亩加一等,过杖一百,五亩加一等,罪止徒二年半,园圃加一等。⑦

虽然朝廷不断用法律手段治理侵占官田的行为,如:高宗绍兴五年(1135)五月十日"臣僚言:'窃见兵火之后,诸处户绝田产不少,往往为有力人户侵耕……仰诸州当职官与属县令佐竭力措置,根括土豪之家侵田户绝田产,仍立赏,许人越诉。如州县官吏巧作诸般搔扰,若情理稍重者,欲乞远窜岭表;若事理稍轻,亦当量其所犯科罪。'……从之。"⑧可依然改变不了"兼并之家

---

① 《宋会要辑稿》食货五之二七。

② 《宋史》卷二九八《蒋堂传》,第 9913 页。

③ (元)马端临:《文献通考》卷四《田赋考四·历代田赋之制》,文渊阁四库全书第 610 册,第 122 页。

④ (宋)周必大:《文忠集》卷七七《朝议大夫赐紫金鱼袋王君墓碣》,文渊阁四库全书第 1147 册,第 809 页。

⑤ (宋)王安石:《临川文集》卷九五《尚书度支员外郎郭公墓志铭》,文渊阁四库全书第 1105 册,第 795 页。

⑥ (宋)朱熹:《晦庵先生朱文公文集》卷九九《约束侵占田业牓》,上海古籍出版社、安徽教育出版社 2002 年版,第 4604 页。

⑦ (宋)窦仪等:《宋刑统》卷一三《户婚律·占盗侵夺公私田》,中华书局 1984 年版,第 203 页。

⑧ 《宋会要辑稿》:食货五之二四至二五。

占据阡陌,而其租税终不入官"①的事实。

为此,朝廷也不止一次地采取措施,究治侵耕冒佃行为,企图止损增税。北宋郭谘的"千步方田法"、王安石的"方田均税法"、北宋末期的方田法、推排法以及南宋初李椿年的经界法等等,其目的大体都在于整治侵占土地导致的赋税流失问题,像李椿年的经界法目的很明确,就是为了"措置经界,务要革去诡名挟户,侵耕冒佃,使产有常籍,田有定税,差役无词诉之烦,催税免代纳之弊。"②然而其间虽偶有效果,但总体效果并不显著,"胥吏、乡正并缘为奸,高下定赋,不以实阅。"③"自经界之后,税重田轻,终岁所入,且不足以供两税。"④其结果反而加重了赋税负担。

既然这样,售卖"系官田产"也可能是逐利的另一种尝试吧。"相对于出租,鬻卖官田是获取财政收入最直接的手段。"⑤宋代鬻卖官田自宋初就有,从户绝田开始,"初,天下没入户绝田,官自鬻之。"⑥到北宋末期的政和年间有了专门的官田出卖法:"天下系官田产,在常平司有出卖法,如出纳、抵当、户绝之类是也;在转运司有请佃法,天荒逃田、省庄之类是也。"⑦"出卖法"中似乎只售卖出纳、抵当、户绝田产,其实操作起来后售卖的田产远不止这些,政和元年(1111)"户部侍郎范坦曾总领出卖"系官田产"事宜,"凡市易抵当、抵纳籍没、常平户绝、天荒、省庄、废官职田、江涨沙田、濒江河湖海自生芦苇荻场、圩埠湖田之类并出卖。"⑧以至到南宋初"诏尽鬻诸路官田"⑨,甚至是在绍兴二十八年(1158)诏"户部将所在常平没官户绝田产,已佃、未佃、已添租、未添

---

① (宋)李心传:《建炎以来系年要录》卷一六二,绍兴三十一年(1161)九月乙酉,中华书局2013年版,第3080页。

② 《宋会要辑稿》食货七〇之一二六。

③ (宋)杨万里:《诚斋集》卷一二七《李县丞叔周墓志铭》,文渊阁四库全书第1161册,第644页。

④ (宋)李心传:《建炎以来系年要录》卷一八〇,绍兴二十八年九月戊寅,中华书局2013年版,第2985页。

⑤ 黄纯艳:《宋代财政史》,云南大学出版社2013年版,第560页。

⑥ 《宋史》卷一七六《食货上四·常平、义仓》,第4279页。

⑦ 《宋会要辑稿》食货一之三一。

⑧ 《宋会要辑稿》食货六三之一九一。

⑨ 《宋史》卷一七三《食货上一·农田》(第4191页)载:"绍兴元年,以军兴用度不足,诏尽鬻诸路官田。"

租,并行拘收出卖。"①鬻卖官田的范围越来越广,而购买的条件却是越来越宽。虽然两宋期间偶有住卖的情况,但总体上对官田的买卖呈逐渐放松的趋势。

出卖"系官田产"当然离不开商品经济的推动,同时也是与"不抑兼并"的政策遥相呼应。所有的鬻卖行为无不是与"利"紧密联系在一起,有利则卖而已。这在政和元年(1111)知吉州徐常的奏疏中说得非常清楚:"诸路惟江西乃有屯田,非实边地……如屯田纽利多于二税,即住卖之为税田,而税多租少即鬻之。他路仿此,诏可。"②也就是说官田收租课,民田收二税,如果租课多于二税就住卖,如果二税多于租课则鬻卖,卖与不卖都要以国家获利之多少为主要的考量要素。

当官田鬻卖为民田之后,便不再收取租课而是改为征收二税,即淳熙二年(1175)六月十一日诏书中所说的:"民间元佃户绝田产既行承买,即是民田,既起理二税,其元佃租米并与蠲除。"③买者出钱承买了官田,实际上只不过是购买了该地块的使用权而已,对于国家来说,既能收税,又能赚钱,何乐而不为呢? 哪怕少收点税或是价钱便宜点,也要出售。《宋会要辑稿》食货五之三五载:"乾道三年闰七月二十五日户部侍郎曾怀言:诸路未卖没官田产计价钱一百四十余万贯,今欲乞下逐路常平司,从实估价,再限一季召人承买,二税与免十之三,从之。"又"乾道六年(1170)五月十九日:户部侍郎姜洗言:……没官田产屋宇有未有人承买者……量减一分价钱从之。"只要"有亏租课",便欲"疾速出卖"。④

不言而喻,国家改变土地地权,只在唯利是求。

---

① 《宋会要辑稿》食货五六之四五。

② (元)马端临:《文献通考》卷七《田赋考七·官田》,文渊阁四库全书第610册,第182页。

③ 《宋会要辑稿》食货六一之三五。

④ "乾道三年(1167)六月一日三省户部乞出卖营田事,今据两浙运司具到本路营田已佃九十二万六千余亩,内二十四万元无二税,见只纳租课一色,外有六十七万六千余亩系元有二税……今来既令人户出钱承买,却合除豁租课。……据四川总领所备坐兴元府申营田所收夏秋斛斗计八千余石,今若依江西例出卖,委是有亏租课……诏:除四川外,余路营田可令疾速出卖。"(《宋会要辑稿》食货六一之三〇)

二、中央和地方在土地收入分配中的利益博弈

我们都知道,宋代财赋沿袭唐代,实行三分制,即上供、送使、留州。南宋叶梦得所说:"唐制,诸道供赋别为三:有上供,有留州,有送使,本朝大略因之。上供之外,留州者,逐州之所用也;送使者,转运使之所领也。"①也就是说上供部分属于中央征调的范畴,另外留州、送使的部分属于地方开支的范畴。不管是上供还是留州、送使的财赋中,其中非常重要的一部分收入就是来自于田土所得,"朝廷之根本在州县,州县之根本在田里。……田里贫则国家贫,田里富则国家富,田里之财即国家之财也。在州县得数十润屋之民,乡井有所丐贷,官府有所倚办……使田里之间等是穷户,则自救不赡,焉能佐公上之急哉!"②所以,历朝历代统治者无不注重田制问题和田里收入,宋代亦如此。

宋初朝臣赵普向宋太祖建议:"稍夺其权,制其钱谷,收其精兵,则天下自安矣。"③具体做法就是"每岁受民租及莞榷之课,除支度给用外,凡缗帛之类,悉辇送京师","诸州度支经费外,凡金帛以助军实,悉送都下,无得占留。""由是利归公上而外权消矣。"④也就是要加强对地方财政的管控,包括赋税收入。赵普之所以提出这样的建议,就是因为当时北宋政局初定,边事不稳,地方拥有一定的财力以备不时之需。"州郡转运虽隶于三司,而总一道税赋之利,则得以擅其衰多益寡之权,郡守虽统于转运,而合一州地利,支酬不尽之赢,则得以为屏翰保固之资,亦不尽责其上供也。"⑤"天下诸路州州县县各有蓄积,将以待非常之用,不使有偏乏之处。"⑥这当然是根据当时的形势所做的必要考

---

① (明)黄淮、杨士奇等:《历代名臣奏议》卷八七《叶梦得·提举临安府洞霄宫上奏》,上海古籍出版社2012年版,第1195页上栏。

② 《宋会要辑稿》职官七九之二八至二九。

③ (宋)李焘:《续资治通鉴长编》卷二,建隆二年(961)七月戊辰,中华书局1979年版,第49页。

④ (宋)李焘:《续资治通鉴长编》卷五,乾德二年(964)十二月辛未,中华书局1979年版,第139页;(宋)李焘:《续资治通鉴长编》卷六,乾德三年(965)三月乙未,中华书局1979年版,第152页。

⑤ (宋)林骃:《古今源流至论(续集)》卷三《州县财》,文渊阁四库全书第942册,第382页。

⑥ (宋)赵汝愚:《宋朝诸臣奏议》卷一〇三《上徽宗进国用须知(陈瓘)》,上海古籍出版社1999年版,第1108页。

量,只是随着政治、经济的发展,一方面吸取唐朝地方权重危及中央、地方权臣功高盖主的教训;另一方面在商品经济的影响和推动下,北宋统治者开始逐步削夺地方财权。

从财政上来讲,北宋前期,"天下财赋除其供荤京师之外,余者并留之州郡。……其留州郡者,军资库、公使库系省钱物,长吏得以擅收支之柄"①,"可谓富藏天下矣"②。

当北宋前期,"富藏天下"之时,也就是后来臣僚们所说的"天下税籍有常数"③,"祖宗取于民者有常制,供于国者有常数,州县宽裕,民力丰饶而国用足。"④群臣们口中的"常数""常制"指的是什么? 在这里,我们且不论"常数"中的所有项目,只说"取之于田者"的农业收入部分,"本朝经国之制,县乡版籍分户五等,以两税输谷帛,以丁口供力役,此所谓取之于田者也。"⑤那么,中央对地方的田赋征额有多少? 其中田赋包括"公田之赋"和"民田之赋",《文献通考》卷四《田赋考四》载:"岁赋其类有五:曰公田之赋,官庄、屯田、营田赋民耕而收其租者是也;曰民田之赋,百姓各得专之者也;……"前面我们已经说过,官田在经营过程中不断改变土地经营模式,由国有转为私有、由收租改为收税,与民田无异。其中利益驱动毋庸置疑。下面我们再通过民田田赋征收情况,略说一二,以观中央对地方财权的收紧。

"常数"中"中田一亩取粟不过一斛(石)"⑥,"大率中田亩收一石,输官一斗"⑦,北宋平均亩产一石,交给国家十分之一。根据沈括《梦溪笔谈》卷九

① (元)马端临:《文献通考》卷一九《征榷考六》,中华书局 1986 年版,第 557 页。

② (宋)陈傅良:《止斋集》卷一九《赴桂阳军拟奏事劄子第二》,文渊阁四库全书第 1150 册,第 652 页。

③ (宋)包拯著,杨过宜校注:《包拯集校注》卷三《论冗官财用等》,黄山书社 1999 年版,第 141 页。

④ (宋)李纲:《李纲全集》卷六三《乞减上供数留州县养兵禁加耗以宽民力札子》,岳麓书社 2004 年版,第 674 页。

⑤ (宋)张方平:《乐全文集》卷二五《论免役钱劄子》,文渊阁四库全书第 1104 册,第 261 页。

⑥ (宋)范仲淹:《范仲淹全集·范文正公文集》卷一〇《上资政晏侍郎书》,中华书局 2020 年版,第 233 页。

⑦ (明)黄淮、杨士奇等:《历代名臣奏议》卷二五五《赋役》,上海古籍出版社 2012 年版,第 3342 页。

《人事一》记载,在大宋收复钱氏政权之后,派王方赟往两浙均杂税,"方赟以谓:'亩税一斗者,天下之通法。两浙既已为王民,岂当复循伪国之法?'上从其就,至今亩税一斗者,自方赟始。"十一而税,是"天下之通法"。不过宋代除了交实物税外,也有纳货币税的。《琴川志》卷六《税》载:江苏"中田一亩夏税钱四文四分,秋米八升"。《淳熙三山志》卷一〇《版籍类一·垦田》载:福建"中田亩产钱四文四分,米八升。"天圣三年(1025)方仲荀言:"福州官庄与人户私产田一例止纳二税,中田亩钱四文,米八升。"①就两税而言,平均亩产一石税收一斗,或者纳四文四分、米八升,这应该就是臣僚们口中北宋前期田赋部分的"常制""常数"吧。

至于后来,朝廷不守"常制"、不收"常数",而是尽取财利。王安石变法以"郡之财用太专而收之"②,"郡县之财悉归公上,任是职者朝夕皇皇,惟以财赋为念"③,致使地方"无遗利"。于是,大臣纷纷担忧地方"无遗利"的后患,"熙宁而降括财利以弱州郡,则益不暇为国远虑"④,"常制"被打破,上供无定额,尤其是到北宋徽宗时期,"常数"之外的加征、杂税不断,南宋陈傅良明确指出:"自系省而有上供,自上供未立额而有年额,又有无额,自有无额上供而后有经制,而三榷之入尽归京师,至经制悉矣。"⑤"熙宁以常平宽剩,禁军阙额之类别项封桩,而无额上供起于元丰,经制起于宣和。"⑥"常数"之外加征多少,在北宋末朝臣李纲的进札中有提到:"自崇观以来,增上供之数,而一路州县又有养兵,给官吏禄廪之费,用度百出,何自得之? 于是常赋之外加数以取于民。如江东西、湖南北有至于纳加耗米四石,仅能了常赋米一石者。"⑦两税之外的附加税已远远超出正赋,庆历年间,"民之输租已是大半之赋,厚有加耗,谓之润官。江西诸州军体例,百姓纳米一石,出剩一

① 《宋会要辑稿》食货一之二三。
② (宋)林骃:《古今源流至论(续集)》卷七《郡守》,文渊阁四库全书第942册,第455页。
③ (宋)章如愚:《群书考索(续集)》卷三七《官制门·守令》,文渊阁四库全书第938册,第460页。
④ (宋)魏了翁:《鹤山集》卷一五《奏议·论州郡削弱之弊》,文渊阁四库全书第1172册,第198页。
⑤ 《宋史》卷四三四《陈傅良传》,第12887页。
⑥ 《宋史》卷四三四《陈傅良传》,第12887页。
⑦ (宋)李纲:《梁谿集》卷六三《乞减上供之数留州县养兵禁加耗以宽民力劄子》,文渊阁四库全书第1125册,第1001页。

斗,往往有聚敛之臣加耗之外更要一斗。"①宣和三年(1121),"江东路输苗米一石者,率皆纳一石八斗。"②南宋更甚者"诸州受纳苗税加耗太重,有一斛而取五斗者"③。除此之外,还有头子钱等各种各样的杂税等。总之,百姓交的税越来越多,关键就是这些税日趋集中于中央,留给地方的非常有限,甚至"无遗利"。

那么,政府总计收了多少税,而这些税又去了哪里?

表3-1　部分两税数额(一)

时间	两税收入	资料出处
至道末年	两税:69433000 石贯疋两斤围束称茎只	李焘《续资治通鉴长编》卷四二,至道三年(997)十二月戊午
景德三年(1006)	两税:52401229 贯石匹斤	《宋会要辑稿》食货一二之二
大中祥符八年(1015)	两税:4560076 贯石匹斤两束	曾巩《隆平集》卷三《户口》
天禧元年(1017)	两税:72804000 贯石匹斤两	彭百川《太平治迹统类》卷二九《用度损益》
庆历中	两税:59496400 匹贯石两	《宋朝诸臣奏议》卷一〇二《张方平·上神宗论国计》
治平元年(1064)	两税:25767677 贯文匹石	蔡襄《蔡襄集》卷二二《论兵十事》
元祐初	两税:82440000 石文匹束	章如愚《群书考索(后集)》卷一二《会计录》

---

①　(宋)章如愚:《群书考索(后集)》卷五三《赋税门·田赋类》,文渊阁四库全书第 937 册,第 756—757 页。

②　《宋会要辑稿》食货七〇之二六。

③　(宋)李心传:《建炎以来系年要录》卷一三,建炎二年(1128)二月辛酉,中华书局 2013 年版,第 283 页。

表 3-2　部分总收入（二）

时间	总收入	资料出处
至道末	70893000 贯石匹斤	《宋史》卷一七四《食货上二》
咸平六年（1003）	60265939 贯石匹斤	《宋会要辑稿》食货一二之二
景德三年（1006）	63731229 贯石匹斤	《宋会要辑稿》食货一二之二
大中祥符八年（1015）	73602769 贯石匹斤两束	曾巩《隆平集》卷三《户口》
天禧末	150850100 贯石匹两斤	《宋史》卷一七九《食货下一》
庆历八年（1048）	103596400 匹贯石两	包拯《包孝肃奏议集》卷一《论冗官财用等》
皇祐元年（1049）	126251964 贯石匹两	李焘《续资治通鉴长编》卷一七二,皇祐四年（1052）正月辛亥
嘉祐间	3680 余万缗	马端临《文献通考》卷二四《国用考二》;王应麟《玉海》卷一八六《宋朝岁赋》
治平二年（1065）	6000 余万缗	陈襄《古灵集》卷八《论冗兵札子》
熙宁中	5060 余万（缗）	马端临《文献通考》卷二四《国用考二》
徽宗朝	8000 万缗	叶适《叶适集·水心文集》卷一《上宁宗皇帝札子三》
淳熙末	6530 余万缗	王应麟《玉海》卷一八六《宋朝岁赋》
绍熙元年（1190）	68001200 贯	《宋会要辑稿》食货五六之六六

以上两表中,虽然所统计的内容不尽相同,但大体能反映一个趋势:征税越来越多,朝廷总收入也是逐年增加。至于征收的这些赋税中,多少留给地方,又或者说两税中多少留给地方,具体数额不得而知。不过有一点是肯定的,那就是中央日益削夺地方财权,地方财政支配权越来越小。

北宋前期朝廷对地方"不尽责其上供"①,"天下财赋除其供辇送京师之外,余者并留之州郡。"②地方有充足的财力,"长吏得以擅收支之柄"③。至于地方财力充足到什么程度,据史料记载,留在地方的米足够三年的支用。以江、淮地区为例,大中祥符三年(1010)江、淮转运使李溥曾说:"今春运米凡六百七十九万石,诸路各留三年支用。江南留百七十万石,外有上供五十万石;淮南留三百三十万石,外有上供五十七万石,所留以备赈粜。两浙有米百五十万石,上供外,有九十一万石备淮南赈粜。"④江南留用和上供的比例是 17∶5;淮南留用和上供的比例约是 29∶5;两浙地区地方支用米 60%。仅从税米一项来看,北宋前期上供数额只占地方税收的一小部分,大部分留归地方支用,地方殷实可见一斑。范仲淹在奏议中也提到:"臣知苏州日,点检簿书,一州之田系出税者三万四千顷,中稔之利,每亩得米二石至三石,计出米七百余万石。东南每岁上供之数六百万石,乃一州所出。"⑤整个东南每年上供总额是 600 万石,而苏州一州就能产出税米 700 余万石,这样看来中央收取的上供额确实是非常有限,大部分留归地方支配。北宋前期"天下财物皆藏州郡"⑥、"可谓富藏天下"并非虚言。

而熙宁之后,王安石"尽削州郡之权"⑦,"括郡县之利尽入于朝廷"⑧,包括"户绝没官之产,召人买朴"⑨,财系中央。从宋初到熙宁变法再到北宋末期,征赋不断增加,"大中祥符元年(1008),三司奏立诸路岁额,熙宁新政增额

---

① (宋)林駉:《古今源流至论(续集)》卷三《州县财》,文渊阁四库全书第 942 册,第 382 页。

② (元)马端临:《文献通考》卷一九《征榷考六》,中华书局 1986 年版,第 557 页。

③ (元)马端临:《文献通考》卷一九《征榷考六》,中华书局 1986 年版,第 557 页。

④ (宋)李焘:《续资治通鉴长编》卷七四,大中祥符三年(1010)十月己亥,中华书局 1980 年版,第 1691 页。

⑤ (宋)范仲淹:《范文正奏议》卷上《答手诏条陈十事》,文渊阁四库全书第 427 册,第 10 页。

⑥ (元)马端临:《文献通考》卷二三《国用考一》,中华书局 1986 年版,第 693 页。

⑦ (宋)章如愚:《群书考索(续集)》卷三七《官制门·郡守》,文渊阁四库全书第 938 册,第 459 页。

⑧ 《宋史》卷四三六《陈亮传》,第 12934 页。

⑨ (宋)林駉:《古今源流至论(续集)》卷七《郡守》,文渊阁四库全书第 942 册,第 456 页。

一倍,崇宁重修上供格,颁之天下,率一路之增至十数倍。"①尤其是北宋末徽宗时期,"自崇观以来,增上供之数,而一路州县又有养兵、给官吏禄廪之费,用度百出,何自得之?于是常赋之外加数以取于民。如江东西、湖南北有至于纳加耗米四石,仅能了常赋米一石者。"②常赋之外的加征是正额的几倍之多,北宋末已谈不上"常制"。"自系省而有上供,自上供未立额而有年额,又有无额,自有无额上供而后有经制,而三榷之入尽归京师,至经制悉矣。"③从"常数"到"无额上供"到征收经制钱,百姓负担日益增加,中央给地方的财权也越来越小。同时,为增加收入,中央对土地的管控在"不抑兼并"政策下,看似"松"实际"严"。"松"是国家将越来越多的土地或租或卖给个人,直接经营的土地越来越少,私有的土地不断增加;"严"则是国家对土地地权流转中的收益控制日趋严格,反复地"限田"、核查土地、改变经营方式以及买卖土地等,目的只有一个,就是增收减支。

到南宋,剩下半壁江山,军事形势严峻,军费和朝廷用度有增无减。绍熙元年(1190)左谏议大夫何澹等三人上言:"尝考渡江之初,东南岁入止千余万。绍兴以后纲目始繁,据吕颐浩奏,宣和中户部支费每月不过九十万,绍兴三年户部之费每月一百一十万,然则绍兴之初已多承平三十万矣。所费既多,所取不得而不阔。"④地方70%—90%财赋被征调入中央,如临江军"所管三县苗米总计一十二万五千五百四十三石有零,岁拨上供一十一万五百四十三石六斗四升,止有一万五千石留州支用。"⑤张守谈江西情况时说:"一路十一州军秋苗,旧额一百六十余万石,上供年额一百二十六万余石,起发之外有三十余万石以为州县岁计支用。自经兵火以来,人民凋散,田亩荒芜,诸县各有倚

---

① (宋)陈傅良:《止斋集》卷一九《赴桂阳军拟奏事劄子第二》,文渊阁四库全书第1150册,第652页。
② (宋)李纲:《梁谿集》卷六三《乞减上供之数留州县养兵禁加耗以宽民力劄子》,文渊阁四库全书第1125册,第1001页。
③ (宋)陈傅良:《止斋集》卷一九《赴桂阳军拟奏事劄子第二》,文渊阁四库全书第1150册,第653页。
④ 《宋会要辑稿》食货五六之六五至六六。
⑤ (宋)彭龟年:《止堂集》卷一二《代临江军乞减上供留补支用书》,文渊阁四库全书第1155册,第875页。

阁,税赋所纳苗米仅能了足上供,无复少有赢余。"①甚至入不敷出,魏了翁上奏时说:"略计总数一岁之入大抵不至二千万,而所出几五千万,则蜀计之可忧者又如此。"②朱熹也感叹:"诸州苗米至或尽数起发,而无以供州兵之食。"③南康军"二税之入朝廷尽取以供军,而州县无复赢余也。"④李弥逊言州县"财赋悉以上供,馈饷不足枝梧"⑤,财利集中于中央,地方财政紧缺,除了增加名目搜刮百姓,别无他求。南宋建炎初"科名日增,银价日倍,州县不复有余。"⑥,"盖自中兴以来,朝廷之经费日夥,则不免于上供之外,别立名色以取之州郡。"⑦"自军兴以来,计司常患不给,凡郡邑皆以定额窠名予之,加赋增员,悉所不问,由是州县始困。"⑧包伟民先生在《宋代地方财政史研究》(第77页)中说:"南宋州军攫取属县财赋另一手段,是抑令民产赋税直接上郡入纳,目的在于从属县手中夺取耗剩、斛面、畸零等杂敛之入,而这些附正税起敷的附加税,正是南宋地方经费中必不可少的组成部分。"从中央到州军,从州军到属县,层层盘夺各级地方财赋,而地方政府的通常做法,无非是掠夺于民。

另外,从中央对户绝等系官田产的收入管控上也可以看出,中央与地方在争夺财利上的一个变化。

北宋前期,户绝田等收入并不收缴入中央,而是留归地方支用,仁宗天圣三年(1025)十二月,"三司言:'……省司勘会:本场出卖物色内,诸州军赃罚、户绝闲杂物色已不起发赴京。经拣库元管火烧物帛,已交拨出卖、支遣了毕。……今后诸处纳到合系出卖物色,即令依例出卖,收钱纳官。'从之。"⑨到

---

①　(宋)张守:《毗陵集》卷六《乞除豁上供充军粮札子》,上海古籍出版社 2018 年版。

②　(宋)魏了翁:《鹤山集》卷一九《被召除授礼部尚书内引奏事》,文渊阁四库全书第 1172 册,第 253 页。

③　(宋)朱熹:《晦庵先生文集》卷一一《戊申封事》,上海古籍出版社 2002 年版,第 605 页。

④　(宋)朱熹:《晦庵先生文集》卷一一《庚子应诏封事》,上海古籍出版社 2002 年版,第 582 页。

⑤　(宋)李弥逊:《筠谿集》卷一《绍兴七年自庐陵以左司召上殿劄子三道》,文渊阁四库全书第 1130 册,第 589 页。

⑥　(宋)韩元吉:《南涧甲乙稿》卷一〇《上周侍御札子》,文渊阁四库全书第 1165 册,第 139 页。

⑦　(元)马端临:《文献通考》卷二四《国用考二》,中华书局 1986 年版,第 238 页。

⑧　(宋)郑兴裔:《郑忠肃奏议遗集》卷上《奏疏·请宽民力疏》,文渊阁四库全书第 1140 册,第 201 页。

⑨　《宋会要辑稿》食货五四之一七。

了南宋,户绝田产等收入一并发送中央,地方不得擅用,一旦用了,要立即拨还中央。绍兴七年(1137)二月,权户部侍郎王俣向高宗申明废弛常平之事时,"乞令诸路主管官检举约束:一、拘籍户绝投纳抵当财产及所收租课;二、封桩义仓斛斗;三、出卖坊场河渡;四、桩收免役宽剩钱;五、立限召人陈首侵欺、冒佃常平田产;六、根括赡学田租课,已上窠名钱物,自去年正月已后,州县侵支之数,并立限拨还,自今毋得擅用。从之。"①中央赋予地方的财政权限已经发生了很大变化,地方财权逐渐被收紧。在南宋的重要法律文件《庆元条法事类》中,专门对没官的户绝财物的支用作了明确规定:"诸赃罚户绝物库、军资库,其金银、实货、绫罗、锦绮等成匹者附纲上京,余附帐支用。"②也就是说大额、成匹财物入京,小额部分由地方"附帐"支用。实际上地方支用的权限已经微乎其微了。如此,"国库对户绝财产极富积极性地表示了关心是宋代法的一个显著特征。"③宋代中央以法制手段,剥夺了地方更多的财权,是彻头彻尾地加强中央集权的表现。

第二节　宋代土地地权流转中的国家与民之间的利益分配

我们所说的土地地权流转,一方面是国有土地转为私有土地,如屯营田等"系官田产"转为民田;另一方面是政府出钱购买私有土地转为国有土地,如买公田。当然也有民田转为官田再出卖转为民田的情况,如户绝田等。我们在探讨国家与民之间的利益博弈时,没办法一一论证二者在所有的土地流转中的利益纷争情况,仅仅略取一角探知一二。这里,以户绝田为例,在其地权流转中国家和民之间的利益分配,以及国家是如何想尽办法增加收益的。

---

① (宋)李心传:《建炎以来系年要录》卷一〇九,绍兴七年(1137)二月癸丑,中华书局2013年版,第2046页。
② (宋)谢深甫编撰:《庆元条法事类》卷三七《库务门二·给纳·仓库令》,载杨一凡、田涛:《中国珍稀法律典籍续编》第1册,黑龙江人民出版社2002年版,第579—580页。
③ [日]滋贺秀三著,张建国、李力译:《中国家族法原理》,商务印书馆2013年版,第411页。

一、户绝田的性质、数量及管理机构概述

(一) 户绝田的性质

关于户绝田的性质,具体来说户绝田应该分两部分,一部分是近亲等亲属或依照遗嘱继承、或依照法律继承的部分,这一部分当然具有私有性质;另一部分就是除去亲属继承之外没入官府的部分,这一部分明显具有国有性质。据《宋元学案》记载:"臣请言之:曰营田,曰力田,曰屯田,曰官庄,曰荒田,曰逃绝户田,此边田之在官者也。曰元请佃田,曰承佃田,曰买佃田,曰自陈赎佃田,此边田之在民者也。"①可见,户绝田没纳入官后,其性质属于官田。

从户绝田的管理机构来看,其性质也应该是国有。神宗熙宁年间、钦宗靖康年间、高宗绍兴年间,户绝田都归常平司管理。

> 熙宁九年(1076)十月十二日的"诏令"规定:"常平钱谷、庄产、户绝田土、保甲、义勇,农田水利、差役、坊场、河渡,委提举司专管勾。"②

> 靖康元年(1126)正月"甲申,省廉访使者官,罢钞旁定贴钱及诸州免行钱,以诸路赡学户绝田产归常平"③。

> 高宗绍兴二十年(1150)"凡没官田、城空田、户绝房廊及田,并拨隶常平司"④。

由常平司或提举司管勾,说明了它的性质属于国有,不然对私有财产没必要设立专门机构和官员管理。

另外,从户绝田的用处来看,户绝田的国有性质也是毋庸置疑的。户绝田用来赡学:

> 神宗熙宁十年(1077)春正月诏令:"以光州固始县户绝田赐国子监,赡生员。"⑤

---

① 参见(清)黄宗羲:《宋元学案》卷五六《龙川学案·龙川同调·知州王厚轩先生自中》,《全祖望补修》,陈金生、梁运华点校,中华书局1986年版,第1847页。

② 《宋会要辑稿》职官四三之四。

③ 《宋史》卷二三《钦宗本纪》,第423页。

④ 《宋史》卷一七三《食货上一·农田》,第4191页。

⑤ (宋)李焘:《续资治通鉴长编》卷二八〇,神宗熙宁十年春正月癸巳,中华书局2004年版,第6863页。

户绝田用来赡军:

仁宗至和元年(1054)七月,"河北安抚使贾昌朝请以河北诸州军户绝钱并官死马价钱,令逐处市马,以给诸军。从之。"①

钦宗靖康元年(1126)四月十八日,中书侍郎徐处仁"奏乞拘户绝田土召募乡兵。"②

户绝田用以常平赈济:

淳熙十六年(1189)六月十日,广东运判管鉴言:"照得广州尚有淳熙十四年九月二日以前拘到户绝没官田产,无人承买,每年纽计租米七百六十三石一斗四升一合,租钱九百四十四贯七百七十八文,系在承准截日出卖指挥之前,见系人户租佃,合助常平赈济之用。"③

《宋史》卷三九〇《张大经传》载:孝宗时"拘户绝之租,以广常平之储侍"④。

户绝田用作赐田:

神宗元丰三年(1080)六月:"诏以户绝孙守凝园宅并地一十四顷有畸,上清储祥官。"⑤

赡学、赡军、赈济及作为赐田的土地当由国有土地来拨充,既然户绝田能用来作此用,它必然属于国有或属于"系官田产"。至于官府售卖的户绝田产(出纳、抵当、户绝之类⑥),其国有性质就更不用说了。

(二) 户绝田的数量

宋代户绝田的数额巨大。神宗元丰八年(1085),河北、河东、陕西三路的见佃户绝荒田"都共一万一千六百八十顷有零:河北三千八百三十八顷,河东

---

① 《宋会要辑稿》兵二二之三至四。

② (宋)徐梦莘:《三朝北盟会编》卷四六《靖康中帙二十一·徐处仁奏乞拘户绝田土召募乡兵》,上海古籍出版社1987年版,第346页。

③ 《宋会要辑稿》食货六八之八九至九〇。

④ 《宋史》卷三九〇《张大经传》,第11954页。

⑤ (宋)李焘:《续资治通鉴长编》卷三〇五,神宗元丰三年(1080)六月,文渊阁四库全书第319册,第243页。

⑥ 《宋会要辑稿》食货一之三一载:"天下系官田产,在常平司有出卖法,如出纳、抵当、户绝之类是也;在转运司有请佃法,天荒逃田、省庄之类是也。"

三千一百七十八顷,陕西八千六百七十一顷"①,三路的户绝田数是 15687 顷
(疑 11680 顷有误)。北宋时期,河北、河东、陕西作为北方重要的三路,其财
政地位不可小觑,这三路的户绝田数占了官田总数多少,我们粗略估计一下。
根据《文献通考》卷四《田赋考·历代田赋之制》记载:"天下总四京一十八路。
田四百六十一万六千五百五十六顷,内民田四百五十五万三千一百六十三顷
六十一亩,官田六万三千三百九十三顷。"其中提到官田数量是 63393 顷,韩国
磐先生认为这个数字"不该是官田总数,当是官田之一种。"②笔者前已证明韩
先生的说法,这"官田之一种"即官庄。③漆侠先生也把这 63393 顷官田作为
了国有土地之一种,认为官田总数为 322000 余顷,④在漆先生的统计中似乎
没有包含逃绝田。魏天安先生更是认为宋代官田的数量达到了八十万顷⑤,
这一估计又似乎将寺田等都统计在内,未免过宽。《文献通考》卷七所载熙宁
七年(1074)的数字:"开封府界及诸路系省庄、屯田、营田,稻田务及司农寺户
绝、水利田,并都水监官庄、淤田司四十四万七千四百四十八顷一十六亩",官
田数量约是 447448 顷,这一数字较为中允,我们权且用它来估算。

表 3-3　《文献通考》卷四《田赋考四·历代田赋之制》之记载

项目 路名	田数(顷)	官田数(顷)	官田约占比例
河北路	269560.08	9506.48	3.5%
河东路	102267.30	9439.30	9.2%
陕西路	445298.38	1805.22	0.4%
三路合计	817125.76	20751	2.5%

①　(宋)李焘:《续资治通鉴长编》卷三九七,哲宗元祐二年(1087)三月,中华书局 2004 年
版,第 9685 页。
②　韩国磐:《试论金元时官田的增多》,载于《中国经济史论文集》,福建人民出版社 1981
年版,第 153 页。
③　姜密:《宋代"系官田产"研究》,中国社会科学出版社 2006 年版,第 20 页。
④　漆侠:《宋代经济史(上)》,上海人民出版社 1987 年版,第 340 页。
⑤　魏天安:《宋代官田的数量和来源》,《中州学刊》1991 年第 4 期。

从上表中可知,三路官田数 20751 顷,占北宋官田总数(447448 顷)的 4.6%,以户绝田数 15687 顷计算的话,户绝田约占三路官田的 76%,占全国官田的 3.5%。应该说仅以河北、河东、陕西这三路的户绝田数来看,户绝田所占比例还是相当可观的。仁宗天圣七年(1029)五月从知密州蔡齐的上奏中得知:密州有个户绝庄总共 77 户,从大中祥符八年(1015)以后,只有六户为户绝。① 可知,有些地方户绝现象还是很严重的。尤其是连年战火,导致更多的绝户。"窃见兵火之后,诸处户绝田产不少。"② 南宋宁宗时有臣言:"今天下州郡,户绝、籍没之田,往往而有"③。正因户绝情况如此严重,因此,自北宋以来,"户绝之法,朝廷行之最为周密。"④ 足见朝廷对绝户情况和户绝田产的重视。

(三) 户绝田的管理机构

户绝田数量庞大、情况复杂,朝廷为此设置了专门机构予以管理。

1. 元丰改制前:三司盐铁司(兵案)——提举常平司

在元丰官制改革之前,作为中央财政机构的三司掌管天下财政,其中盐铁司分掌七案,七案之一的兵案执掌"亡逃户绝资产"。⑤ 熙宁二年(1069),神宗在各路设立提举常平司和提举官,负责"常平义仓、免役、市易、坊场、河渡、水利之法"⑥。熙宁七年(1074)三月二十二日又诏令:开封府界提点及诸路提点刑狱司提辖"户绝庄产","限两月召人充佃,及诸色人实封投状承买。逐司具所卖关提举司封桩,听司农寺移用,增助诸路常平本钱。"⑦ 熙宁九年(1076),因为诸路提举常平司提举官的职责不统一,也没有明确规定,"致辖

---

① 《宋会要辑稿》食货六三之一七八载:仁宗天圣七年五月知密州蔡齐奏:"本州自大中祥符八年后,户绝庄七十七户,只有六户未户绝。"
② 《宋会要辑稿》食货五之二四。
③ 《宋会要辑稿》食货六一之四四。
④ (宋)李新:《跨鳌集》卷二二《书·与家中孺提举论优恤户绝书》,文渊阁四库全书第 1124 册,第 589 页。
⑤ 《宋史》卷一六二《职官志二》,第 3809 页。
⑥ 《宋史》卷一六七《职官志七》,第 3968 页。
⑦ 《宋会要辑稿》食货六一之六〇至六一。

下管司不知适从"①,因此在十月十二日又下诏曰:"常平钱谷、庄产、户绝田土、保甲、义勇,农田水利、差役、坊场、河渡,委提举司专管勾"②,明确了其具体的管勾范围。

所以,元丰改制前,中央负责管理户绝田的机构先后经历了三司盐铁司、提点刑狱司和提举常平司的变化。

2. 元丰改制后:右曹常平案

元丰改制之后,户部成为中央财政机构,户部划分左、右曹。左曹分案三,其中的"农田"部门,掌农田及田讼,劝课农桑,请佃土地,检按灾伤逃绝人户等;右曹分案六,其中的"常平"部门,掌常平、农田水利及义仓赈济,户绝田产等事;绍兴四年(1134)七月,诏户部侍郎二员,通治左、右曹,自此相承不改。③

3. 钦宗时期:左曹户口案(陈告)、右曹常平案(户绝田产)

靖康元年(1126)正月"甲申,省廉访使者官,罢钞旁定贴钱及诸州免行钱,以诸路赡学户绝田产归常平司。"④靖康元年九月之后,户部左右曹对户绝田产的管理分工更细化。左曹的户口案负责陈告户绝、认定户绝和田讼;右曹的常平案负责户绝田产系列事项。⑤

4. 徽宗时期:常平司

政和元年(1111)的官田"出卖法"规定:"天下系官田产,在常平司有出卖法,如出纳、抵当、户绝之类是也;在转运司有请佃法,天荒逃田、省庄之类是也。"⑥

5. 高宗时期:右曹常平案——左曹郎官

高宗绍兴二十年(1150),"凡没官田、城空田、户绝房廊及田,并拨隶常平司。"⑦户部左右曹的管理职责有所调整,原来右曹常平案负责的户绝田产事宜划归左曹郎官负责。绍兴二十八年(1158)十月十七日,诏:"户部将所在常

---

① 熙宁九年(1076)"诸路提举管勾常平官,自来未有明降著令画一职守,致辖下管司不知适从。"(《宋会要辑稿》职官四三之四)
② 《宋会要辑稿》职官四三之四。
③ 《宋史》卷一六三《职官三》,第3849页。
④ 《宋史》卷二三《钦宗本纪》,第423页。
⑤ 《宋会要辑稿》职官五六之四○至四一。
⑥ 《宋会要辑稿》食货一之三一。
⑦ 《宋史》卷一七三《食货上一·农田》,第4191页。

平没官户绝田产、已佃未佃、已添祖〔租〕未添租,并行拘收出卖,仍以左曹郎官提领。"①

从各个时期的职官管理职责来看,户绝田一般由常平官负责。此外,除了中央设立的机构和专门官员外,各路转运使及各地州县也会有相应的官员负责具体处置户绝田产事宜。转运使的职责是:"掌经度一路财赋,而察其登耗有无,以足上供及郡县之费,岁行所部,检察稽考帐籍,凡吏盆民瘝,悉条以上达。"②知府、知州的职责主要是:"总掌郡政,宣布条教,劝课农桑,族别孝佛,凡赋役、钱谷、狱讼、兵民之事皆总焉。"③县令的职责是:"总掌民政、劝课农桑、平决狱讼,有德泽禁令,则宣布于治境。凡户口、赋役、钱谷、振(赈)济、给纳之事皆掌之",县垂、主簿、县尉是其属官。④

从这些机构的设置中得知:政府对户绝田的管理基本以常平司为主,设置提举常平司并让提点刑狱参与户绝田产的管控,侧面反映了围绕着户绝田的诉讼事项增多,是朝廷重视并加强户绝田管理的重要举措。

二、户绝财产的继承及国家的分配比例

我们先来看一下唐宋法律对户绝、户绝资产(包括户绝田)以及对户绝资产的处置是如何规定的。《唐律疏议》卷一二云:"【无后者,为户绝】即:没有男性继承人者为户绝。"《中国法制史大辞典》将"户绝"解释为:"人死后无人继承遗产之户";"户绝资产"是指无子嗣且夫妻双亡后遗留的财产。如果有承分人,则不算户绝,全部财产由承分人继承。沈括(1031—1095)在《梦溪笔谈》卷一一中记述了一件北宋刑曹断的案子:"邢州有盗杀一家,其夫妇即时死,唯一子,明日乃死,其家时产户绝,法给出嫁亲女,刑曹驳曰:'其家父母死时,其子尚生,财产乃子物,出嫁亲女,乃出嫁姐妹,不合有分。'"⑤当夫妻双亡后,有子尚存,不算户绝,其财产应该由其子继承,出嫁女不合有分;其子死后,

---

① 《宋会要辑稿》职官五六之四五。
② 《元丰官志(不分卷)》,王民信主编:《宋史资料萃编》第四辑,台北文海出版社 1981 年版,第 221 页。
③ 《宋史》卷一六七《职官志七》,第 3973 页。
④ 《宋史》卷一六七《职官志七》,第 3977—3978 页。
⑤ (宋)沈括著,侯真平点校:《梦溪笔谈》卷一一,岳麓书社 2002 年版,第 83 页。

若户绝,则财产的户主是其子,则分法与夫妻双亡后户绝的情况大不同。所以,户绝资产认定的一个前提是确定谁是户主。

自唐朝开始,法律明确规定了对户绝资产的处置办法,宋朝法律规定的则更详备。对户绝资产的处置一般要遵循两个原则,一个是近亲原则;一个是遗嘱原则。

(一) 法定继承

1. 建隆初规定了户绝田产的继承顺序:女儿——近亲——入官;无在室女的,出嫁女合得 1/3,官得 2/3;若出嫁女归宗,与在室女同,即可继承除去营葬费用之外的财产。

《唐律疏议》卷一二《丧葬令》规定:

> 诸身丧户绝者,所有部曲、客女、奴婢、店宅、资财,并令近亲(亲依本服,不以出降。)转易货卖,将营葬事及量营功德之外,余财并与女。(户虽同,资财先别者亦准此)无女均入以次近亲,无亲戚者,官为检校。若亡人在日,自有遗嘱处分,证验分明者,不用此令。

按照《唐律疏议》的规定:户绝资产的继承顺序一般是:女儿——近亲——入官;如果没有法定继承人,而户主生前立有遗嘱的,则奉行遗嘱优先原则。在这里没有指明女儿是在室女还是出嫁女。

《宋刑统》基本上延续了《唐律疏议》的规定,但也略有不同。

《宋刑统》卷一二《户婚律》之《户绝资产》记载了《建隆户绝条贯》,其中规定:

> "【准】丧葬令:诸身丧户绝者,所有部曲、客女、奴婢、店宅、资财,并令近亲(依本服,不以出降。)转易货卖,将营葬事及量营功德之外,余财并与女。(户虽同,资财先别者,亦准此。)无女均入以次近亲;无亲戚者官为检校。若亡人在日,自有遗嘱处分,证验分明者,不用此令。

> 【准】唐开成元年七月五日敕节文:自今后,如百姓及诸色人死绝无男,空有女,已出嫁者,令文合得资产。其间如有心怀觊望,孝道不全,与夫合谋有所侵夺者,委所在长吏严加纠察,如有此色,不在给与之限。

> 臣等参详,请今后户绝者,所有店宅、畜产、资财,营葬功德之外,有出嫁女者,三分给与一分,其余并入官。如有庄田,均与近亲承佃。如有出

嫁亲女被出,及夫亡无子,并不曾分割得夫家财产入己,还归父母家,后户绝者,并同在室女例,余准令敕处分。"①

按照宋初《建隆户绝条贯》的规定,户绝资产的继承顺序除了延续唐代的普遍原则以外,对特殊情况作出了更为详细的规定:女儿继承部分分为出嫁女和在室女,无在室女的,出嫁女合得 1/3,官得 2/3;若出嫁女归宗,与在室女同,即与在室女共同继承除去营葬费用之外的财产。

2. 大中祥符二年(1009)禁止擅卖亡夫户绝财产,违者财产没官。妻改嫁他族,不承分夫财产;招到后夫,妻亡后,财产没官。

大中祥符二年五月十二日,真宗在朝"录在京诸司系囚"时,曾亲定"妻擅卖亡夫户绝财产"案件的裁决规则:"民有户绝而妻鬻产适他族者,至是事发,而估钱已费用。有司议,准法产业当没官,帝令以产业给见主,纳估钱(者存之)〔支与存者〕。"②

按照法律规定,户绝无继承人,财产没官,"惟户绝之法,朝廷行之最为周密。夫民不幸至于户绝,仓库、牛、马,屋下地上,器皿毛发,四至八到,一拳之地,皆归于官。"③至于夫亡后妻如何分配财产,分两种情况:一种情况是妻改嫁他族,《宋刑统》卷一二《户婚律》之《卑幼私用财》中明确规定:"【准】《户令》:……寡妻妾无男者,承夫分。若夫兄弟皆亡,同一子之分。(有男者不别得分,谓在夫家守志者,若改适,其见在部曲、奴婢、田宅不得费用,皆应分人分。)"④也就是说,如果妻子改嫁他族,则不可以承分前夫财产,更不可能带走夫家财产。依此法律,在上述案件中,妻再嫁后,财产理当没官,只不过皇帝允许给现在使用者,实属特殊裁断。第二种情况:寡妻招到后夫,妻可以承分前夫财产,妻亡后,财产没官。《宋会要辑稿·民产杂录》食货六一之五八云:"妇人夫在日,已与兄弟伯叔分居,各立户籍之后,夫亡,本夫无亲的子孙及有分骨肉只有妻在者,召到后夫同共供输,其前夫庄田且任本妻为主,即不得改立后夫户名,候妻亡,其庄田作户绝施行。"

---

① (宋)窦仪等:《宋刑统》卷一二《户绝资产》,中华书局 1984 年版,第 198 页。

② 《宋会要辑稿》刑法五之六。

③ (宋)李新:《跨鳌集》卷二二《与家中孺提举论优恤户绝书》,四库全书本第 1124 册,第589 页。

④ 《宋刑统》卷一二《户婚律·卑幼私用财》,中华书局 1984 年版,第 197 页。

3. 天圣元年：除了出嫁女得 1/3 外，其余给予现佃人。

王应麟（1223—1296）《玉海》卷一八四《食货》云："祖宗以来，天下户绝田皆估价，以钱入官。"本来按照法律规定，户绝田产除去出嫁女等亲继承之外，其余应没入官有。天圣元年（1023）八月，为避免国家赋税损失，秘书丞、知开封府司录参军事张存提出如下解决方案："应义男、接夫、入舍婿并户绝亲属等，自景德元年（1004）已前曾与他人同居佃田，后来户绝，至今供输不阙者，许于官司陈首，勘会指实，除见女出嫁依元条外，余并给与见佃人改立户名为主，其已经检估者，并依元敕施行。"①秘书丞张存的建议是将户绝田给予现佃之人。

从宋代开始逐渐重视现佃人的合法权益，无论是佃种还是买卖，都充分考虑现佃人的利益。这是宋代不过分强调田产所有权，而重视使用权的一个明证。

4. 天生四年（1026）"详定户绝条贯"补充规定：出嫁女得 1/3；无出嫁女，出嫁亲姑、姊妹或侄子分 1/3；其余 2/3 给予同居之人（舍婿、义男、随母男等）；无同居者，财产入官。

仁宗天圣四年（1026）七月"详定户绝条贯"又补充规定："审刑院言详定户绝条贯，今后户绝之家，如无在室女有出嫁女者，将资财、庄宅物色除殡葬、营斋外，三分与一分；如无出嫁女，即给与出嫁亲姑、姊妹、侄一分，余二分；若亡人在日亲属及入舍婿、义男、随母男等自来同居营业佃莳，至户绝人身亡及三年已上者，二分店宅、财物、庄田并给为主。如无出嫁姑、姊妹、侄，并全与同居之人。若同居未及三年及户绝之人孑然无同居者，并纳官，庄田依令文均与近亲，如无近亲，即均与从来佃莳或分种之人，承税为主。若亡人遗嘱证验分明，依遗嘱施行。从之。"②

相比《户绝条贯法》，在没有遗嘱继承的情况下，"补充规定"里明确了近亲及同居者的分配方式，全无者，纳为官产。

5. 天圣五年（1027）为防止争讼，对同居之人的份额谨慎奏裁，酌情给予，其余没官。

---

① 《宋会要辑稿》食货六一之五七。
② 《宋会要辑稿》食货六一之五八。

仁宗天圣五年（1027）四月，"诏：'条贯户绝财产律令格敕及臣僚起请甚多，宜令礼部员外郎知制诰陈琳、工部郎中龙图阁待制马宗元与审刑院大理寺同检寻前后条贯，子细详定闻奏。'今详前敕：若亡人遗嘱证验分明，并依遗嘱施行。切缘户绝之人有系富豪户，如无遗嘱，除三分给一及殡殓营斋外，其余店宅、财物，虽有同居三年已上之人，恐防争讼，并仰奏取指挥，当议量给同居之人，余并纳官……"①

户绝田产按照法律份额均与近亲，其余本应没官。不过，也有不依法没官的特例。天圣年间，雄州民妻张氏户绝，"田产于法当给三分之一与其出嫁女，其二分虽有同居外甥，然其估为缗钱万余，当奏听裁。"宋仁宗指示："此皆编户朝夕自营者，毋利其没入，悉令均给之。"宰相王曾、参知政事吕夷简、鲁宗道赞扬道："非至仁，何以得此也！"仁宗以户绝财产原本百姓朝夕自营财产，尽管数额巨大，官府不能因利没官，全部分给其亲属继承。②

6. 神宗熙宁年间：当承分人在外不能及时继承户绝资产时，官为检录代管。

神宗熙宁年间，对非户绝即有承分人但是承分人不在身边时的财产继承情况做了简单说明：神宗熙宁七年（1074）二月甲申诏："户绝有分人在外不知存亡者，官为录其财产，其不可留者离之，俟其归给付。"③官为检录，暂时管理，待承分人回来再归还。

7. 神宗元丰年间：无承分人，女户最多得五百贯；户绝资产无论多少，营葬之外，没官；不足营葬，官给。

王安石变法期间，对《户绝条贯法》订立得相对严格："新法户主死，本房无子孙，虽生前与他房弟侄，并没官；女户只得五百贯。"④在无承分人的情况下，女户继承的户绝资产不得超过五百贯。实际上是对富豪之家户绝资产的继承做了限制性规定。

---

① 《宋会要辑稿》食货六一之五八。

② （宋）李焘：《续资治通鉴长编》卷一〇六，天圣六年（1028）二月甲午，中华书局1985年版，第2467页。

③ （宋）李焘：《续资治通鉴长编》卷二五〇，神宗熙宁七年（1074）二月甲申，中华书局1986年版，第6097页。

④ 漆侠：《中国经济史（上）》，上海人民出版社1987年版，第296页，转引《晁氏客语》。

另外,古代社会因灾役户绝的情况不胜枚举。神宗元丰二年(1079)冬十月己酉,根据成都府路转运副使、司封郎中李之纯的奏议,针对灾疫户绝资产的处理,专门颁布了《元丰灾疫户绝丧葬令》,其中规定:"括户绝产未售者与死而未瘗者,命吏分瘗,调度出府库钱,不足,以常平钱佐之,售其产以偿……著为令。"①在灾役面前,百姓死无营葬之时,官府出资相助,也反映了皇帝体恤民情的一面。

8.哲宗时期:《元符户绝资产令》同样是针对富豪遗产的处置,规定了在室女、出嫁女、归宗女的继承原则:家产 1000 贯以上者,出嫁女得 1/3;在室女、归宗女均分 2/3;只有归宗女,归宗女得 2/3,出嫁女得 1/6,1/6 没官;只有出嫁女,资产 300—10 贯者,最高得 100 贯;资产 300 贯以上者,出嫁女得 1/3,最高限 2000 贯;资产 2 万贯以上,继承情况听奏裁。

哲宗元符元年(1098)八月丁亥,"户部言:户绝财产尽均给在室及归宗女,千贯已上者,内以一分给出嫁诸女,止有归宗诸女者,三分中给二分外,余一分中以一半给出嫁诸女;不满二百贯给一百贯,不满一百贯全给。止有出嫁诸女者,不满三百贯给一百贯,不满一百贯亦全给,三百贯已上三分中给一分已上给出嫁诸女并至二千贯止,若及二万贯以上,临时具数奏裁增给。从之。"②

9.南宋绍兴初年:继承北宋条令:命继者等同于出嫁女得 1/3(最高限 3000 贯)。

高宗绍兴二年(1132)九月二十二日,"江南东路提刑司言:本司见有人户陈诉户绝立继之子不合给所籍之家时产,本司看详,户绝之家依法既许命继,却使所继之人并不得所生所养之家财产,情实可矜,欲乞将已绝命继之人于所继之家财产视出嫁女等法量许分给,户部看详欲依本司所申,如系已绝之家有依条合行立继之人,其对产依户绝出嫁女法,三分给一,至三千贯止,余依见行条法。从之。"③

---

① (宋)李焘:《续资治通鉴长编》卷三〇〇,神宗元丰二年(1079)冬十月己酉,文渊阁四库全书第 319 册,第 178 页。

② (宋)李焘:《续资治通鉴长编》卷五〇一,哲宗元符元年八月丁亥,中华书局 1993 年版,第 11935 页。

③ 《宋会要辑稿》食货六一之六四。

10.绍兴末年:赘婿(遗嘱继承)和养子(法定继承)二者同在:户绝资产在 1000 贯以下者,赘婿和养子均分;1000—1500 贯者,赘婿分得 500 贯,其余给养子;1500 贯以上者,赘婿合得 1/3(最高不超过 3000 贯),其余尽给养子。

绍兴三十一年(1161)四月十九日,"知涪州赵不倚言:契勘人户陈诉户绝继养、遗嘱所得财产,虽各有定制,而所在理断,间或偏于一端,是致词讼繁剧。且如甲之妻有所出一女,别无儿男,甲妻既亡,甲再娶后妻,抚养甲之女长成,招进舍赘婿,后来甲患危,为无子,遂将应有财产遗嘱与赘婿。甲既亡,甲妻却取甲之侄为养子,致甲之赘婿执甲遗嘱与手书,与所养子争论甲之财产。其理断官司或有断令所养子承全财产者,或有断令赘婿依遗嘱管系财产者。给事中黄祖舜等看详,欲下有司审订,申明行下,庶几州县有似此公事,理断归一,亦少息词讼之一端也。诏祖舜看详,法所不载,均令给施行。"①

前期法律没有明确规定赘婿和养子同时继承户绝资产时如何进行分配,各地裁断不一,为减少类似词讼,特意说明:"法所不载,均令给施行。"但是,问题又来了:遗产有多有少,而《遗嘱法》中规定的继承数额有最高限额,如果赘婿和养子均分,有时有可能会突破限额,有悖于《遗嘱法》。因此在第二年,有大臣提出了补充建议,"近降指挥遗嘱财产,养子与赘婿均给……若财产满一千五百贯,其得遗嘱之人依见行成法止合三分给一,难与养子均给。若养子、赘婿各给七百五十贯,即有碍遗嘱财产条法。乞下有司更赐参订,……若当来遗嘱田产过于成法之数,除依条给付得遗嘱之人外,其余数目尽给养子;如财产数目不满遗嘱条法之数,合依近降指挥均给。从之。谓如遗嘱财产不满一千贯,若后来有养子合行均给,若一千贯以上给五百贯;一千五百贯以上给三分之一至三千贯止,余数尽给养子。"②补充意见中结合《遗嘱法》明确划分了继承限额:户绝资产在 1000 贯以下者,赘婿和养子均分;1000—1500 贯者,赘婿分得 500 贯,其余给养子;1500 贯以上者,赘婿合得 1/3(最高不超过 3000 贯),其余尽给养子。这里按照《遗嘱法》也对"均分施行"的做法予以了修正,既没有完全遵照遗嘱继承分给赘婿,也没有完全遵照法定继承分给养子。

---

① 《宋会要辑稿》食货六一之六五。
② 《宋会要辑稿》食货六一之六六,"孝宗绍兴三十二年(1162)十一月二十四日权知沅州李发言"。

11.南宋淳熙年间:孝宗淳熙年间(1174—1189)细化并强调了《户绝资产法》中命继者的继承资产数额:命继者只得 1/3(无诸女),2/3 没官;只有在室女(得 3/4),命继者得 1/4,;有在室、归宗女(归宗女为在室女的一半),命继者得 1/5;只有归宗女(1/2),命继者得 1/4,1/4 没官①;只有出嫁女(得 1/3),命继者得 1/3,余 1/3 没官。

《名公书判清明集》卷八《户婚门·立继类》中,拟笔判词《命继与立继不同·再判》中云:"检照淳熙指挥内臣僚奏请,谓案祖宗之法:立继者谓夫亡而妻在,其绝则立也当从其妻。命继者谓夫妻俱亡,则其命也当惟近亲尊长。立继者与子承父分法同,当尽举其产与之。命继者于诸无在室、归宗诸女,止得家财三分之一。又准《户令》:诸已绝之家立继绝子孙(原注:谓近亲尊长命继者)于绝家财产者,若止有在室诸女,即以全户四分之一给之,若又有归宗诸女,给五分之一。止有归宗诸女,依户绝法给外,即以其余减半给之,余没官。止有出嫁诸女者,即以全户三分为率,以二分与出嫁诸女均给,余一分没官。"②

"人之无子,而至于立继,不过愿其保全家业,而使祖宗之享祀不忒焉耳。"③所以,古人一般在无男性继承人时,往往会以立继或命继的形式延续宗祧。但是,按照"祖宗之法",立继者与命继者二者不能同日而语,立继者,是指夫死妻在的情况下,由妻立的宗祧继承人。立继者享有与亲子同等的法律地位,即:"立继与子承父分法同,当尽举其产与之。"而命继者则是在夫妻俱亡的情况下,由近亲尊长决定的宗祧继承人。在宋代夫妻俱亡而又要延续香

---

① 关于只有归宗女的情况下归宗女和命继者的继承份额,有学者有不同的理解:张默予《从〈名公书判清明集〉窥探宋代在室女的财产继承》(《学理论》2013 年第 24 期)认为归宗女应得 2/5,命继者得 1/5,余 2/5 没官;王善军:《〈名公书判清明集〉看宋代的宗祧继承及其与财产继承的关系》(《中国社会经济史研究》1998 年第 2 期)认为归宗女应得 3/8;命继者得 1/4,余 3/8 没官。笔者赞成杜栋:《宋代户绝财产继承制度初探》[《韶关学院学报》(社科版)2006 年第 2 期]和初晓旭:《从〈名公书判清明集〉看南宋女儿的财产继承权》(《学术交流》2012 年第 2 期)等学者观点。《淳熙户绝法》中所说的"依户绝法"指的应该是"法:诸户绝财产尽给在室诸女,归宗者减半。"[《名公书判清明集》卷九《户婚门·取赎·孤女赎父田》(吴恕斋),第 316 页]即:没有在室女时,归宗女应得 1/2,命继者应得 1/4,余下 1/4 没官。

② 《名公书判清明集》卷八《户婚门·立继类·命继与立继不同·再判》(拟笔),第 266—267 页。

③ 《名公书判清明集》卷八《户婚门·立继类·治命不可动摇》(人境),第 269 页。

火,"在法:立嗣合从祖父母、父母之命,若一家尽绝,则从亲族尊长之意。"①
"立继由族长,为其皆无亲人也。"②命继者只能获得所继之人的部分遗产,具
体数额,视在室女、归宗女及出嫁女的情况而定,其最高得 1/3,最低得 1/5。
没官数额最高至 2/3,最低不没。

12. 南宋庆元年间:《庆元条法事类》进一步完善、总结了以往《户绝资产
法》,实现了户绝资产的规范化和法制化管理。

《庆元条法事类》卷五一《道释门·亡殁》中,有《旁照法》引用的《庆元户
令》云:"诸户绝有财产者,厢耆邻人即时申县籍记,当日委官躬亲抄估,量其
葬送之费,即时给付,共不得过三百贯,财产及万贯以上,不得过伍十贯,责付
近亲或应得财产者同为营办(原注:无近亲及应得财产人者,官为营办,僧、道
即委主首)。"③

嘉定年间,江南西路抚州崇仁县县令范西堂在判词《处分孤遗田产》中所
引用的法令,实际上是在《淳熙户绝资产令》的基础上予以了完善,其中提到:
"准法:诸已绝之家而立继绝子孙(谓近亲尊长命继者),于绝家财产,若只有
在室诸女,即以全户四分之一给之,若又有归宗诸女,给五分之一。其在室并
归宗女即所得四分,依户绝法给之。止有归宗诸女,依户绝法给外,即以其
余减半给之,余没官。止有出嫁诸女者,即以全户三分为率,以二分与出嫁女
均给,一分没官。若无在室、归宗、出嫁诸女,以全户三分给一,并至三千贯止,
即及二万贯,增给二千贯。"④

范西堂在判词中所引用的这条法令应该是已遗失的《庆元令》的部分内
容,其中对命继者继承财产做了更为详细的规定:只有在室女(得 3/4),命继
者得 1/4;有在室、归宗女(归宗女为在室女的一半),命继者得 1/5;只有归宗
女(1/2),命继者得 1/4,1/4 没官;只有出嫁女(得 1/3),命继者得 1/3,1/3 没
官;无亲女,命继者得 1/3,最高得 3000 贯,若户绝资产满 2 万贯,在 1/3 的基

---

① 《名公书判清明集》卷七《户婚门·立继类·争立者不可立》(叶岩峰),第 211 页。
② 《名公书判清明集》卷八《户婚门·立继类·嫂讼其叔用意立继夺业》(邓运管拟姚立齐
判),第 260 页。
③ (宋)谢深甫编撰:《庆元条法事类》卷五一《道释门·亡殁·旁照法·户令》,杨一凡、田
涛:《中国珍稀法律典籍续编》第 1 册,黑龙江人民出版社 2002 年版,第 724 页。
④ 《名公书判清明集》卷八《户婚门·女承分·处分孤遗田产》(范西堂),第 288 页。

础上再增加 2000 贯。意味着命继者所继承的财产数额最高不超过 5000 贯，其余没官数额则在 1.5 万贯以上。

宋代法律之所以周而复始地以法安顿立继和命继者，不得不说中国古代"不孝有三，无后为大"的伦理思想不可逾越，而且根深蒂固。哲宗元祐年间（1086—1094）南郊赦云："户绝之家，近亲不为立继者，官为施行。"[①]即使户绝之家（包括妻、祖父母、父母等尊长）不立继，官方也要为其选择继承人。如此这般，立继或命继才会被广泛重视。

到南宋中期，宋代户绝资产的法定继承制度基本定型。

综上所述，根据宋代有关户绝资产的法律规定，归结如下：

（1）与唐代相比，宋代户绝资产的法制化管理更规范、更细化；

（2）从政府参与户绝资产分配的力度和积极性来看，南宋超过北宋；

（3）在户绝资产的继承顺序中，亲生女可以作为第一继承人，说明宋代妇女能够参与自家财产的分配，其经济地位显著上升；

（4）按照亲生女在家庭财产继承中的顺位，分为在室女、归宗女、出嫁女，其分配资产的份额因人而异；

（5）外姓人中同居者（舍婿、义男、随母男）的利益逐渐被重视，视其在家庭经济营运中的贡献，分给一定份额的财产；

（6）严格区分立继者和命继者，立继者与养子地位相当，适用"子承父分法"；而命继者继承财产的多少视亲生女的情况而定；

（7）资产继承中最高数额的限定，实际上是政府参与了富豪户绝资产的分配。

宋代户绝资产份额的确定，详细而烦琐，充分说明政府非常重视户绝资产的处置，按照不同的份额，政府将一部分户绝资产没官，从而使国家参与到户绝资产的分配中，尤其是对大额户绝资产规定了继承人的最高限额，其余则没为官有，从而实现了国家利益的最大化。这种强制性制度是专制制度的必然产物。在国家与民的利益博弈中，国家作为最大的地主永远是最大利益的获益者，这是封建社会政策、法令的前提，也是目的。

---

① 《宋史》卷一二五《礼志》，第 2935 页。

（二）遗嘱继承

1.宋代的遗嘱继承无身份限制,但有数量限制

宋代法律一般都是在规定法定继承的同时,会申明"若亡人遗嘱证验分明,依遗嘱施行"。《宋刑统》卷一二《户婚律》之《户绝资产》所载《建隆户绝条贯》曰:"【准】丧葬令:诸身丧户绝者,所有部曲、客女、奴婢、店宅、资财,并令近亲(依本服,不以出降。)转易货卖,将营葬事及量营功德之外,余财并与女。(户虽同,资财先别者,亦准此。)无女均入以次近亲;无亲戚者官为检校。若亡人在日,自有遗嘱处分,证验分明者,不用此令。"①仁宗《嘉祐敕》中也有相关说明,哲宗元祐元年(1086)七月二十二日,"臣僚上言:遗嘱旧法:财产无多少之限,请复《嘉祐敕》:财产别无有分骨肉,系本宗不以有服及异姓有服亲,并听遗嘱,以劝天下养孤老之意。从之。"②在财产继承中,似乎是实行遗嘱优先的原则,其实不然,宋代现实生活中有很多情况能依遗嘱执行,有时则不能遵从遗嘱,视具体情况而定。

宋仁宗嘉祐年间的《遗嘱法》中"财产无多少之限,皆听其与也;或同宗之戚,或异姓之亲,为其能笃情义于孤老,财产无多少之限,皆听其受也。"即立遗嘱者无论多少资产,完全听任遗嘱处置分配。但是,这样规定未免过于笼统,后来作出限制性规定:"不满三百贯文,始容全给,不满一千贯,给三百贯,一千贯以上,给三分之一而已。"规定了遗嘱继承数额的上下限,即遗产在300贯以下者可遗嘱全部继承,遗产在1000贯以上者最多给三分之一。对此,元祐初左司谏王岩叟上书曰:"臣伏以天下之可哀者,莫如老而无子孙之讬,故王者仁于其所求,而厚于其所施。……献利之臣不原此意,而立为限法,人情莫不伤之。不满三百贯,始容全给,不满一千贯给三百贯,一千贯以上给三分之一而已。……伏望圣慈,特令复嘉祐遗嘱法,以慰天下孤老者之心,以劝天下养孤老者之意,而厚民风焉。"③言外之意,官府不能贪占百姓之利,要告慰孤老,劝善天下,淳厚民风,利国利民。于是朝廷择善而从,恢复了《嘉祐遗嘱

---

① (宋)窦仪等:《宋刑统》卷一二《户婚律·户绝资产》,中华书局1984年版,第198页。
② 《宋会要辑稿》食货六一之六一。
③ (宋)李焘:《续资治通鉴长编》卷三八三,哲宗元祐元年七月丁丑,中华书局1992年版,第9325页。

法》,遵从遗嘱继承,给了百姓合法自由处置私人财产的权利。

然而到南宋时,从绍兴末年沅州知州李发的奏疏中,不难看出《遗嘱财产条法》中确有遗嘱继承数额的限制。孝宗绍兴三十二年(1162)十一月二十四日权知沅州李发在奏疏中曰:"近降指挥遗嘱财产,养子与赘婿均给,……若财产满一千五百贯,其得遗嘱之人依见行成法止合三分给一,难与养子均给。若养子、赘婿各给七百五十贯,即有碍遗嘱财产条法。"由此可知,《遗嘱财产条法》的遗嘱继承数额是遗产的1/3。奏疏中又言:"乞下有司更赐参订……若当来遗嘱田产过于成法之数,除依条给付得遗嘱之人外,其余数目尽给养子;如财产数目不满遗嘱条法之数,合依近降指挥均给。从之。谓如遗嘱财产不满一千贯,若后来有养子合行均给,若一千贯以上给五百贯;一千五百贯以上给三分之一至三千贯止,余数尽给养子。"①其中对旧的《嘉祐遗嘱法》进一步调整和完善,遗嘱财产不满一千贯,按遗嘱施行;超过一千贯的,遗嘱继承五百贯;超过一千五百贯的,遗嘱继承1/3,最高止于三千贯。至于三千贯以上部分,当然是没为官有了。

2.在实践中,遗嘱继承是否有效要结合情理而断

遗嘱继承的情况烦琐、复杂,但无论怎样,前提是遗嘱得合法。大多数遗嘱要符合《遗嘱法》才能成立,可并不是所有遗嘱都是合法的。不合法的遗嘱往往得不到法官的认可,遗嘱继承也就不能实现。比如,宋代在有承分人的前提下,不能无故剥夺承分人的法定继承权(不肖子孙除外),不能施行遗嘱继承,即"有承分人不合遗嘱"②。《名公书判清明集》卷五《继母将养老田遗嘱与亲生女》中,蒋汝霖作为承分人,在父亲去世后,理应以继承人的身份"子承父分"。而继母却将财产一分为三,蒋汝霖一份,继母养老一份,继母亲女一份。蒋汝霖不满这种分割,诉至官府。法官翁浩堂在判词中写道:"寡妇以夫家财产遗嘱者,虽所许,但《户令》曰:诸财产无承分人,愿遗嘱与内外缌麻以上亲者,听自陈。则是有承分人不合遗嘱也。今既有蒋汝霖承分,岂可私意遗

①　《宋会要辑稿》食货六一之六六。
②　《名公书判清明集》卷五《户婚门·争业下·继母将养老田遗嘱与亲生女》(翁浩堂),第141页。

嘱,又专以肥其亲生之女乎?"①一般情况下,宋代遗嘱继承的前提是户绝,②叶氏无视承分人,遗嘱与亲生女,实属不合法。

然而,有时不合法的遗嘱出于情理,有可能也会得到法官的认可。《名公书判清明集》卷八《户婚门·遗嘱·女合承分》中记载:郑应辰有两个亲生女,一个继子,家有田三千亩,库十一座,可谓殷实之家。郑应辰生前遗嘱与女田各130亩、库各一座,余产归继子。这份遗嘱也违背了"有承分人不合遗嘱"的前提,况且,"若以他郡均分之例处之,二女与养子各合受其半",也不符合"乡例",按理说是不合法的遗嘱,应该予以否决,可法官范西堂却说:"遗嘱之是非何必辩也",于情于理,二女"所拨不过260亩","义利之去就,何所择也",最终"照元遗嘱各拨一百三十亩,日下管业。"③在宋代的财产继承中,尤其是在处置遗嘱继承问题时,不单单以法律为依据,而是情理法相结合。

也有的遗嘱虽然合法,却因违背立遗嘱者的真实意愿,被法官予以撤销。《名公书判清明集》卷八《诸侄论索遗嘱钱》案中,柳璟因为生子幼小,四个侄子贫乏,遗嘱每年资助侄子钱各十千。虽然这份遗嘱似乎也不符合"有承分人不合遗嘱"的原则,但是法官也并没有质疑"遗嘱"的有效性,案中说:"就其族长索到批贴,系璟亲书,律以干照,接续支付,似可无辞。"遗嘱既是立遗嘱者亲自书写,又到官府办理有相关手续(即有干照),又有族长明证,真实性无可辩驳,也就是承认了非户绝条件下遗嘱的有效性。只是法官推测:"柳璟之死,子在襁褓,知诸侄非可任讬孤之责,而以利诱之。"断定遗嘱内容并非柳璟的真实本意,实为防止幼子被侵欺不得已而为之,最后,范西堂决断"合当仿乖崖之意行之,元约毁抹",撤销了原立遗嘱。④

因此,我们说,宋代的遗嘱继承有循法而定者、有违法而施者、有合法不为者、有非法而认者,其有效性的裁定必须结合当时、当事的情、理、法综合考量,不能一概而论。

---

① 《名公书判清明集》卷五《户婚门·争业下·继母将养老田遗嘱与亲生女》(翁浩堂),第141—142页。

② 这里我们说的是一般情况,遗嘱继承的前提是户绝。不可否认,有时中国古代非"户绝"条件下也是有遗嘱继承的。(见姜密:《中国古代非"户绝"条件下的遗嘱继承制度》《历史研究》2002年第2期)

③ 《名公书判清明集》卷八《户婚门·遗嘱·女合承分》(范西堂),第290—291页。

④ 《名公书判清明集》卷八《户婚门·遗嘱·诸侄论索遗嘱钱》(范西堂),第291—292页。

在户绝条件下的遗嘱继承,一般要遵循《遗嘱法》,继承人的继承份额最高止于 3000 贯,其余没为官有。在非户绝条件下的遗嘱继承,只要是立遗嘱者的真实意愿,哪怕遗嘱不合法,一般官方也都会予以认可。所以,宋代遗嘱继承问题最能体现法官的情理法相结合断案的特点。这里面除了经济利益的考量之外,社会利益的考量也是统治阶层所关注的。

3. 遗嘱继承和法定继承冲突时的酌情解决

前引《宋会要辑稿》中记载的一则户绝财产纠纷的案例:

> 高宗绍兴三十一年(1161)四月十九日,知涪州赵不倚言:"契勘人户陈诉户绝继养、遗嘱所得财产,虽各有定制,而所在理断,间或偏于一端,是致词讼繁剧。且如甲之妻有所出一女,别无儿男,甲妻既亡,甲再娶后妻,抚养甲之女长成,招进舍赘婿,后来甲患危,为无子,遂将应有财产遗嘱与赘婿。甲既亡,甲妻却取甲之侄为养子,致甲之赘婿执甲遗嘱与手疏,与所养子争论甲之财产。其理断官司或有断令所养子承全财产者,或有断令赘婿依遗嘱管系财产者。给事中黄祖舜等看详,欲下有司审订,申明行下,庶几州县有似此公事,理断归一,亦少息词讼之一端也。诏祖舜看详,法所不载,均给施行。"[①]

先有甲之赘婿的遗嘱继承,后有甲之侄子依立继继承,二者之间围绕遗嘱继承和立继继承进行理论。因为遗嘱继承和立继继承"各有定制",不同的依据势必影响最终决断。虽然该案是个案,但它确是制度冲突而导致"词讼"的具体实例。

按照遗嘱在先,应该由赘婿继承甲之家产,但是按照"立继者与子承父分法同,当尽举其产与之"的规定,继子也有权继承家业。既有赘婿的遗嘱继承又有继子的法定继承,二者兼而有之的情况,法无明文,即案中所言"法所不载",知州赵不倚的做法是"均给施行",二者均分处置。用这种方式适当协调了二者间的冲突,也算是一种变通的司法实践吧。

(三)蕃客户绝财产继承(同样适用中国法律):蕃商养子同样在华拥有户绝资产的继承权;若无承分人,蕃商户绝资产没官

蕃商户绝资产如何处置,算是财产继承问题中的特例。宋代针对各国蕃

---

① 《宋会要辑稿》食货六一之六五。

客在华的户绝资产有无特别规定,我们不得而知,只能从侧面去了解。苏辙在《辩人告户绝事》中就曾记录了一件寄居在广州的客商的户绝资产处置情况:

> 广州商有投于户部者,"蕃商辛押陁罗者,居广州数十年矣,家赀数
> 百万缗,本获一童奴,过海遂养为子。陁罗近岁还蕃,为其国主所诛,所养
> 子遂主其家。今有二人在京师,各持数千缗,皆养子所遣也。此于法为户
> 绝,谨以告。"李公择既而为留状,而适在告,郎官谓予曰:"陁罗家赀如
> 此,不可失也。"予呼而讯之曰:"陁罗死蕃国,为有报来广州耶?"曰:"否,
> 传闻耳。""陁罗养子所生父母、所养父母有在者耶?"曰:"无有也。""法
> 告户绝,必于本州县,汝何故告于户部?"曰:"户部于财赋无所不治。"曰:
> "此三项皆违法,汝姑伏此三不当,吾贷汝。"其人未服。告之曰:"汝不
> 服,可出诣御史台、尚书省诉之。"其人乃服。并召养子所遣二人,谓之
> 曰:"此本不预汝事,所以召汝者,恐人妄摇撼汝耳。"亦责状遣之。然郎
> 中终以为疑,予晓之曰:"彼所告者,皆法所不许。其所以不诉于广州,而
> 诉于户部者,自知难行,欲假户部之重,以动州县耳。"郎中乃已。①

如果蕃商在华无承分人,其户绝资产没入市舶司拘管。徽宗政和四年
(1114)五月十八日颁诏:"诸国蕃客到中国居住已经五世,其财产依法行无合
承分人及不经遗嘱者,并依户绝法,仍入市舶司拘管。"②而案中广州商和户部
郎官见蕃商辛押陁罗死后留有巨额财产,意将其定为户绝,而后财产充官。经
过苏辙的审理,认为其所告"皆违法",依法保护了蕃商在华的财产权,也认可
了蕃商养子的财产继承权,可谓明断。

不管是不是蕃商,都得依据当时的法律行事,无论北宋还是南宋,"户绝
者许立嗣,毋妄籍没"③。蕃商在华有养子,就不能妄自籍没其财产。若无后
嗣(包括养子),其财产才合得入官。

(四) 国家在户绝资产的遗嘱继承或法定继承中的分配比例

从上面所述户绝资产的遗嘱继承或法定继承的系列规定中,可以看出,对

---

① (宋)苏辙撰,俞宗宪点校:《龙川略志》卷五《辩人告户绝事》,中华书局1982年版,第
28—29页。
② 《宋会要辑稿》职官四四之九至十。
③ 《宋史》卷三八《理宗一》,第791页。

于一般户绝家庭(即拥有小数额资产的绝户),若无男性继承人(包括继子、命继者、(同居者等),而是有在室女、归宗女或出嫁女的情况下,国家的分配比例其实很少,甚至没有。比如:《续资治通鉴长编》卷五〇一"哲宗元符元年(1098)八月丁亥"条云:"户部言:户绝财产尽均给在室及归宗女,千贯已上者,内以一分给出嫁诸女,止有归宗诸女者,三分中给二分外,余一分中以一半给出嫁诸女;不满二百贯给一百贯,不满一百贯全给。止有出嫁诸女者,不满三百贯给一百贯,不满一百贯亦全给。"①根据《元符户绝资产令》:在300贯以下的小数额遗产继承中,除了分给在室女、归宗女或出嫁女之外,没官的比例是1/6—2/3。

又按《淳熙户绝资产令》规定:"诸已绝之家立继绝子孙(原注:谓近亲尊长命继者)于绝家财产者,若止有在室诸女,即以全户四分之一给之,若又有归宗诸女,给五分之一。止有归宗诸女,依户绝法给外,即以其余减半给之,余没官。止有出嫁诸女者,即以全户三分为率,以二分与出嫁诸女均给,余一分没官。"②《淳熙令》中的没官份额在1/4—1/3,比例都不高。

如果有养子继承家业,当然"尽数给养子";赘婿也可以通过遗嘱继承部分家业。国家则几乎分不到户绝资产。而且国家明令规定:"户绝者许立嗣,毋妄籍没。"③所以,一般绝户,都通过或立继或命继的方式来继承遗产、延续香火。

而对于那些富豪的户绝资产,情况就大不同。国家则是用限定继承份额的方式,将大部分资产收归国有。像《元符户绝资产令》中出嫁女的继承份额:资产满300贯最高继承100贯;300贯以上限定2000贯;资产两万贯以上需奏裁。绍兴《户绝出嫁女法》限定止3000贯;《庆元令》中户绝资产在两万贯以下者,命继者继承数额限定3000贯,超过两万贯资产的继承数额最高不过5000贯。这样看来,富豪之家户绝之后,大部分资产被收归国有。

除此之外,在户绝资产的继承中,国家对继承条件也作了严格的限定,从

---

① (宋)李焘:《续资治通鉴长编》卷五〇一,哲宗元符元年八月丁亥,中华书局1993年版,第11935页。

② 《名公书判清明集》卷八《户婚门·立继类·命继与立继不同·再判》(拟笔),第266—267页。

③ 《宋史》卷三八《理宗一》,第791页。

而大大增加了户绝资产的没官数量。

（1）对妻的限制：户绝后妻适他族者，"准法产业当没官"；

（2）男性继承人身份限制：立继与命继不同，继承数额不等。立继者享有"子承父分"的继承权；命继者最高只得 3000—5000 贯，其余没官；

（3）女性继承人身份限制：在室女、归宗女、出嫁女三者虽然不属于宗祧继承的范畴，但是根据其在娘家的不同身份，或者说根据其与娘家的远近关系，可以获得数额不等的财产。三者中，在室女的份额最多，两宋时期基本延续"余财并与女"的处置原则；归宗女仅次于在室女，其份额是在室女的一半。北宋归宗女单独继承的，最多得 2/3，南宋是将近 1/2；出嫁女的份额最少，两宋时期出嫁女的基本份额是 1/3，户绝资产在 2 万贯以下者，出嫁女最高得2000 贯；资产在 2 万贯以上者，止于 3000 贯。所以，富豪户绝资产中除少量由女户继承外，大部分被没官。

（4）遗嘱继承数额的限制及征收遗嘱税。两宋的法律往往都明确说明："若亡人遗嘱，证验分明，依遗嘱施行。"只要遗嘱有族人见证，又经过官府审批，有"干照"，①即被认定是合法的遗嘱，合法遗嘱并不受身份的限制，"本宗不以有服及异姓有服亲，并听遗嘱。"②至于遗嘱的数额，北宋前期曾不受继承数额的限制。类如《嘉祐遗嘱法》指示："财产无多少之限，皆听其与也。"后来一度要求遗嘱继承份额不能突破 3000 贯，不久又取消了限制。到南宋时又恢复了遗嘱继承的数额限制。邢铁先生指出："（遗嘱继承）制定限额的实质，是官府凭政治权力介入了户绝财产的分配过程。"③但相对于法定继承来说，不管是养子、命继子、在室女、归宗女、出嫁女，还是赘婿、义男、随母男等同居者、还是出嫁姑、姊妹、侄等，法定继承的数额都是有限的，而遗嘱继承要宽松很多。所以，南宋时期出现了各种各样的遗嘱继承，即便是非"户绝"条件下，也适用遗嘱继承。

那么，官府为什么对遗嘱继承相对宽容呢？现有的资料显示，其实并不是

---

① 《名公书判清明集》卷七《户婚门·女受分·遗嘱与亲生女》（第 237 页）载："亲书遗嘱……经县印押"；《名公书判清明集》卷八《户婚门·立继类·父子俱亡立孙为后》（第 263 页）载："果有遗嘱，便合经官印押，执出为照。"

② 《宋会要辑稿》食货六一之六一。

③ 邢铁：《宋代的财产遗嘱继承问题》，《历史研究》1992 年第 6 期，第 57 页。

宋朝政府对遗嘱继承的宽容,只不过是用另一种方式参与资产分配而已,那就是征收遗嘱税。南宋遗嘱税是一项重要的税收。绍兴三十一年(1161)十一月总领四川财赋王之望为增加政府财政收入,提出:"凡嫁资、遗嘱及民间葬地,隐其值者,视邻田估之。虽产去券存,亦倍收其赋","于是岁中得钱四百六十七万余引"①。看来绍兴年间,四川地区遗嘱税等收入还不少。后来的法律文件证实:南宋确实征过遗嘱税。《庆元条法事类》卷四七《赋役门一》规定:"典卖、遗嘱、户绝者,依常税法不见元(原)额者,取比邻例立讫。申转运司保明申尚书户部。"据《名公书判清明集》卷九《违法交易·鼓诱寡妇卖业》一案,法官翁浩堂在判词中写道:"今徐二之业已遗嘱与妹百二娘及女六五娘,曾经官投印,可谓合法。"②徐二遗嘱给妹妹和女儿的资产,"经官投印"、交纳了遗嘱税以后,方为合法。至于遗嘱税的具体征收标准,不得而知。

在遗嘱继承中,数额限制也好、征遗嘱税也罢,其实都是官方借助政治力量,将私有资产转为国有,是地权流转的一种重要方式。

所谓"户绝之法,朝廷行之最为周密。"③官府用大量的行政资源处置户绝财产之事,不得不说在兵荒马乱之后以及有限的生活条件下,户绝人户之多、户绝问题之复杂,政府必须以法治之。正如前文所述,仅以河北、河东、陕西这三路的户绝田数来看,户绝田约占三路官田的76%,户绝田所占比例还是相当可观的。全国其他地区自然也不少,绍兴五年(1135)"兵火之后,诸处户绝田产不少"④,宁宗时"天下州郡,户绝、籍没之田,往往而有"⑤。如此众多的户绝田的经营、处置势必成为官方的重要议题。仅仅从没官的角度来说,户绝田的法定继承和遗嘱继承中,一般百姓户绝资产没官的数量有限,数额都不大。官府对待这部分户绝问题并非利益所致。如果说到利益的话,只能说是为社会利益,以图社会安定而已。

但是,在阶级社会,从剥削阶级的本性上说,好利恶害是其特征。宋代政

① (宋)李心传:《建炎以来系年要录》卷一九四,绍兴三十一年(1161)十一月,中华书局2013年版,第3814页。
② 《名公书判清明集》卷九《户婚门·违法交易·鼓诱寡妇卖业》(翁浩堂),第304页。
③ (宋)李新:《跨鳌集》卷二二《书·与家中孺提举论优恤户绝书》,文渊阁四库全书第1124册,第589页。
④ 《宋会要辑稿》食货五之二四。
⑤ 《宋会要辑稿》食货六一之四四。

府亦逃不出这一魔咒。政策导向、采取的措置无不围绕着利益展开。就国家的经济利益而言,处置富豪户绝资产才更有利可图。通过限定继承数额,参与到户绝资产的分配中,将富豪绝户的大部分资产没为官有。同时,又通过征收遗嘱税的办法,与遗嘱继承人共分遗产。孝宗乾道七年(1171),"州军所收诸色窠名数目浩瀚,如赃罚、户绝等钱[物],动以千万贯计。"①户绝资产没官数量可观。

三、户绝田买卖和租佃中国家的利益追求

正因为户绝田的数量庞大,其中有部分是有继承人的,也有部分是没有继承人的。像密州的"户绝庄""七十七户,只有六户未户绝"②。想必大部分户绝田因没有继承人都被没为官有。如何处置这么多的户绝田? 一是出卖;二是租佃。是鬻卖还是出租、是卖还是买,取决于利益的多少。"有利而卖,无利则租",制度如何安排由利益决定。

(一) 户绝田买卖中的国家利益追求

宋代以前,自给自足的自然经济下,土地买卖不是很活跃,国有土地买卖更是少见。自宋代,商品经济有了较快发展,土地成为商品,沦为买卖的对象。宋代国有土地大规模买卖应该始于户绝田的出售。

古代社会由于战争、疾病、香火等种种原因,绝户的数量很多,户绝田因之数量可观。国家对普通民户的户绝田的处置重点在于延续其香火,由继子或命继者或同居者继承。而对富豪绝户,其大部分田产被没为官有。有一些"绝户村",其田产自然全部归国家所有。那么,处理这些田产,各个时期、不同的执政者分别持以不同的理念,但不外乎两种经营方式,即出卖和租佃。

夫民不幸至于户绝,仓库牛马屋下地上,器皿毛发,四至八到,一拳之土皆归于官。耆邻未至,官吏未及,则移易晦匿,唯恐其后。法有被差官五日起发。盖以防欺,虽替移不交与后官,而今有被受文移逾月不往,甚者逾年不往,以至替移不复省问,宁得无欺邪,夫死者目未瞑,一簪不得著身,披出括入,无所不

---

① 《宋会要辑稿》食货三五之四二。
② 《宋会要辑稿》食货六三之一七八。

至。又有明给赍送之费,令近亲营办之法。今州县至检括财物,而不知给与费用,若此等事皆廉,按之所当行。为今莫若州置籍,具某日某县申某所户绝,某日差某官,某官某日缴到文帐内给若干钱为赍送,其行遣次等与依违限日,按图炳炳可见矣。①

民户一旦户绝,官府差官检括财物,并先给费用,"括户绝产未售者,与死而未瘗者,命吏分瘗,调度出府库钱,不足,以常平钱佐之,售其产以偿……著为令。"②绝户资产"仓库牛马屋下地上,器皿毛发,四至八到,一拳之土皆归于官",隐匿户绝田者"计所直,准盗论断罪,仍许人告。"③没官的户绝田产为"置籍"登记详情"具某日某县申某所户绝,某日差某官,某官某日缴到文帐内给若干钱为赍送,其行遣次等与依违限日",没官后以国有资产的形式"官自鬻之"。根据《文献通考》的记载:"初,天下没入户绝田,官自鬻之。"④《玉海》也有类似记载:"祖宗以来,天下户绝田皆估价,以钱入官。"⑤看来,宋代以官府名义买卖户绝田是常有之事。

关于官田买卖的研究,梁太济《两宋的土地买卖》、葛金芳《关于北宋官田私田化的若干问题》、魏天安《宋代官田鬻卖规模考实》、张洞明、杨康荪:《宋朝政府鬻卖官田述论》⑥等有过专门的论述。这里仅就户绝田的买卖情况简单说一下,重点说明国家在户绝田买卖中的获利状况。

从真宗大中祥符八年(1015)开始"户绝田并不均与近亲,卖钱入官。肥沃者不卖。除二税外召人承佃,出纳租课"⑦,出卖户绝田中的"瘠薄之田","肥沃者不卖",很明显,"瘠薄之田"无利可图,卖掉最划算。天禧三年

---

①　(宋)李新:《跨鳌集》卷二二《书·与家中孺提举论优恤户绝书》,文渊阁四库全书第1124册,第589页。

②　(宋)李焘:《续资治通鉴长编》卷三〇〇,神宗元丰二年(1079)冬十月己酉,文渊阁四库全书第319册,第178页。

③　《宋会要辑稿》食货六一之二。

④　(元)马端临:《文献通考》卷二六《国用考四·振恤》,中华书局1986年版,第768页。

⑤　(宋)王应麟:《玉海》卷一八四《食货·嘉祐广惠仓》,广陵书社2003年版,第3379页。

⑥　梁太济:《两宋的土地买卖》(《宋史研究论文集》中华文史论丛增刊,上海古籍出版社1982年版);葛金芳:《关于北宋官田私田化的若干问题》(《历史研究》1982年第3期);张洞明、杨康荪:《宋朝政府鬻卖官田述论》(《中国史研究》1983年第1期)。

⑦　《宋会要辑稿》食货六三之一七一。

（1019）七月重申"户绝庄田……其硗瘠田产即听估直出市。"①到仁宗天圣元年（1023）在适当照顾到"见佃户"和地邻的优先利益的前提下，出售户绝田，已无肥瘠之分。"户绝庄田检覆估价晓示见佃户依价纳钱，竭产卖充永业，或见佃户无力即问地邻，地邻不要，方许无产业中等已下户全户收买。"②也就是说户绝田的出售范围在扩大。

　　而各地通过鬻卖户绝田似乎也获利不少。既可以直接获文钱，类如四川："转运使张咏出卖蜀川五州户绝田，得钱四百万贯。"③又卖钱入常平仓以备赈济：仁宗至和二年（1055）三月张方平奏："益、梓、利、夔路卖到户绝庄田价钱，欲乞下四路转运司尽拨入提刑司添籴常平仓斛斗，今后并依此。"④也可以适当解决军费支用问题以及"有力之家"占佃的问题：仁宗天圣五年（1027）陕西转运使杜詹奏："缘边屯田军马支费甚多，所入课利全然不足。伏见没纳欠折户绝庄田不少，自来州县形势、乡村有力食禄之家假名占佃，量出租课。……欲望许选清干官估计实直价例，召人承买。"⑤

　　随后于仁宗天圣六年（1028）、至和二年、嘉祐二年（1057），英宗治平四年（1067），神宗熙宁元年（1068）、熙宁四年（1071）、熙宁七年（1074）等多次重申户绝田鬻卖政策，不仅"全业"鬻卖，而且英宗时期"见佃户"租到一定年份时便可以减价承买。英宗治平四年，京东等路卖户绝没官田时规定："内有租佃户及五十年者，如自收买，与于十分价钱内，减于三分，仍限二年纳足。"⑥甚至在出卖户绝田时实行"实封投状"的拍卖形式⑦。其间虽然有罢卖的呼声，"仁宗嘉祐二年八月二十三日诏：置天下广惠仓，枢密使韩琦请罢鬻卖诸路户

_____

① 《宋会要辑稿》食货一之一八至一九。

② 《宋会要辑稿》食货六一之五七；《全宋文（八）》卷三三〇《张存·同佃庄田改立户主奏》，巴蜀书社 1990 年版，第 565 页。

③ （宋）葛胜仲：《丹阳集》卷三九《太子中舍王君墓志铭》。

④ 《宋会要辑稿》食货五三之八。

⑤ 《宋会要辑稿》食货六三之一七七。

⑥ 《宋会要辑稿》食货六三之一八二。

⑦ 哲宗元祐元年（1086）"户部言：'出卖户绝田宅，已有估覆定价，欲依买扑坊场罢实封投状。'从之。"（《续资治通鉴长编》卷三八六，哲宗元祐元年八月，中华书局 1992 年版，第 9397 页。）神宗熙宁七年三月二十二日，"诏：'户绝产业，委开封府界提点及诸路提点刑狱司提辖，限两月召人充佃，及诸色人实封投状承买。逐司具所卖关提举司封桩，听司农寺移用，增助诸路常平本钱。'"（《宋会要辑稿》食货六一之六〇至六一）

绝田,募人承佃,以夏秋所输之课给在城老幼贫乏疾不能自存者,既建仓,仍诏逐路提点刑狱司专领之。"(嘉祐)四年(1059)二月十一日诏:三京诸路州军自今年终应系户绝纳官田土未出卖者并拨隶广惠仓。"①其实鬻卖一直未停止。到北宋末期至南宋初期鬻卖达到高潮。政和元年(1111)朝廷以用度艰难,"命官鬻卖官田"②并制定了专门的《官田出卖法》:"天下系官田产,在常平司有出卖法,如出纳、抵当、户绝之类是也。"③全面出卖包括户绝田在内的官田。④ 从北宋徽宗时期到南宋孝宗时期战事繁剧,朝廷以财政用度紧张为名,掀起了卖官田(包括户绝田)的高潮,高宗绍兴元年诏令:"尽鬻诸路官田,命各路宪臣总领措置。"⑤绍兴二十八年(1158)十月十七日,"诏户部将所在常平没官户绝田产、已佃未佃、已添祖〔租〕未添租,并行拘收出卖,仍以左曹郎官提领。"⑥不仅实封投状拍卖⑦,而且不断减价出卖,如:绍兴元年(1131)温州卖没官田时规定:"见佃人愿承买者,听;佃及三十年以上者,减价钱三之二。"⑧绍兴五年(1135)正月诏令"若系佃赁及三十年已上,即于价钱上以十分为率,与减二分。"⑨孝宗乾道二年(1166)十一月九日,"权户部侍郎曾怀言:'诸路没官户绝田产已卖到钱五百四十余万贯……其见佃人买者,与减二分价钱。'从之。"⑩近乎疯狂地出卖官田,即便是一些臣僚不断呼吁住卖,希望

---

① 《宋会要辑稿》食货五三之三四。

② (元)马端临:《文献通考》卷七《田赋考七·官田》,文渊阁四库全书第 610 册,第 182 页。

③ 《宋会要辑稿》食货一之三一。

④ 政和五年(1115)六月户部侍郎范坦奏:"奉诏认领措置出卖系官田产,欲差提举常平或提刑官专切提举官勾出卖……凡市易抵当、折纳、籍没、常平、户绝、天荒、省庄、废官职田、江涨沙田……荻场、圩埠湖田之类,并出卖,从之。"(《宋会要辑稿》食货一之三一)

⑤ (元)马端临:《文献通考》卷七《田赋考七·官田》,文渊阁四库全书第 610 册,第 184 页。

⑥ 《宋会要辑稿》职官五六之四五。

⑦ 高宗建炎四年(1130)二月,令户绝、抵当及诸色没官田宅,"量立日限,召人实封投状请买。"(《宋会要辑稿》食货六一之二)

⑧ (元)马端临:《文献通考》卷七《田赋考七·官田》,文渊阁四库全书第 610 册,第 184 页。

⑨ 《宋会要辑稿》食货五之二三。

⑩ 《宋会要辑稿》食货五之三四。

"国家不以绝户之物为利,而悉归诸民","然自诏下以后,户绝田复卖如故。"①户绝田和其他官田一直卖到南宋末期,才以收购民田而结束。

那么鬻卖户绝田,国家获利多少?北宋徽宗时"大理议户绝法,若祖有子未娶而亡,不得养孙为嗣。(刘)昺曰:'计一岁诸路户绝,不过得钱万缗。使岁失万缗而天下无绝户,岂不可乎?'诏从其议。"②这里面户部尚书刘昺提到两件事情,一是卖户绝田所得钱不过万缗;二是建议将户绝田分配给某继承人,以延续绝户的香火。前面已经讲到,除了遗嘱继承外,户绝家庭有三种方式延续香火,一是夫亡妻在,由妻在近亲中选择继承人为继子,等同于亲子;二是夫妻双亡,由族人从族内选择继承人为命继者延续香火;三是由官府任命继承人,延续户头。哲宗元祐年间(1086—1094)南郊赦云:"户绝之家,近亲不为立继者,官为施行。"③户绝田没官以后,该户失去延续的资本会自然销户。因此刘昺言外之意,罢卖户绝田以之分配与继承人来防止绝户,也是解决户数不至于减少的问题;同时,更重要的是出卖户绝田获利太少。

当然,鬻卖期间也不排除差官"检估"过程中的种种弊端而造成的资产失实情况,"高起估钱,虚系帐籍"④,或"受有力之家计嘱,低估价直,便令承买"⑤,但是住卖呼声最主要的原因还是国家获利少的问题。因为户绝田鬻卖之后,即由官田转为民田,国家对民田征收赋税,不再像官田出租那样向承佃者收租。淳熙二年(1175)六月十一日诏:"民间元佃户绝田产既行承买,即是民田,既起理二税,其元佃租米并与蠲除。"⑥嘉定十二年(1219)正月十七日臣僚言:"……乞截自庆元元年(1195)以后,应诸路州军拘籍逃绝没官田产,不以已佃未佃,并照嘉定九年(1216)七月指挥,许人照估价承买,纽立苗税入户为业……许令赍出佃帖,经官自陈,给据投印,各照等色起立税苗,永为己业。"⑦所以,在一些原本租多税少的地段,收入就会减少。例如,淳熙十六年

---

① (宋)李焘:《续资治通鉴长编》卷一八八,仁宗嘉祐三年(1058)闰十二月,中华书局1985年版,第4542页。

② 《宋史》卷三五六《刘昺传》,第11207页。

③ 《宋史》卷一二五《礼志》,第2935页。

④ 《宋会要辑稿》食货六三之一七四。

⑤ 《宋会要辑稿》职官四三之三三。

⑥ 《宋会要辑稿》食货六一之三五。

⑦ 《宋会要辑稿》食货六一之四六。

(1189)闰五月十一日浙西提举史弥正所言:"浙东路见出卖常平户绝等官产,如临安一郡岁支米八千余石,今若尽卖常平田产,则租课不复可得。"①像临安这样,户绝田出卖之后,每年就失去了八千余石的租米。可谓"苟目前之利废长久之策"②。况且,户绝田又往往为豪强之家"挟恃势力以贱价买之,官司所获无几"③。"绍熙年间置局出卖之后,所存无几。逮至嘉泰年间再行下诸路仓司根括估卖,自有帐籍可考,为钱不过一百八十万贯而已。"④可见,国家出卖户绝田似乎获利有限。

不管是出卖还是住卖,"税多租少即鬻之"⑤,租多税少则住卖,唯利是图而已矣。既然这样,"诸路常平司见卖户绝、没官田产及诸路未卖营田,并日下住卖,依旧拘收租课。"⑥户绝田未卖或住卖之时,租佃便是不二的选择。⑦

(二) 户绝田租佃中的国家利益追求

自宋初以来,政府对土地的政策导向日趋经济化、商品化,对土地的管理也更加细致。就户绝田而言,有"户绝条贯法""遗嘱资产法""出卖法"等相关的法律、法规,足以说明朝廷对这部分田产的重视。

"户绝之法,朝廷行之最为周密,夫民不幸至于户绝,仓库牛马屋下地上,器皿毛发,四至八到,一拳之土皆归于官,耆邻未至,官吏未及,则移易晦匿,唯恐其后,法有被差官五日起发,盖以防欺,虽替移不交与后官,而今有被受文移逾月不往,甚者逾年不往,以至替移不复省问,宁得无欺邪,夫死者目未瞑,一簪不得,著身披出括入无所不至,又有明给赍送之费,令近亲营办之法,今州县至捡括财物而不知给与费用,若此等事皆廉按之所当行。为今莫若州置籍,具某日某县申某所户绝,某日差某官,某官某日缴到文帐内给若干钱为赍送,其

---

① 《宋会要辑稿》食货六一之四一。

② 《宋会要辑稿》食货一之三二。

③ 《宋会要辑稿》食货六一之四四。

④ 《宋会要辑稿》食货六一之四一。

⑤ (元)马端临:《文献通考》卷七《田赋考七·官田》,文渊阁四库全书第 610 册,第 182 页。

⑥ 《宋会要辑稿》食货五之三五。

⑦ 乾道四年(1168)八月三日诏:"诸路常平司见卖户绝、没官田产及诸路未卖营田,并日下住卖,依旧拘收租课。"(《宋会要辑稿》食货五之三五)

行遣次等与依违限日,按图炳炳可见矣。"①

从户绝到没官,要经过一系列严格的法定程序成为系官田产。户绝田没官后,政府又不断地调整经营政策,或出卖,或租佃,在出卖和租佃之间反复争议、权衡的一个重要因素就是利益问题。

出卖是追求利益,住卖也是出于利益的考量。当然,承买者意在有利可图,"自然争售,实为公私之利"②,租佃者也是为利而往,南宋方岳曾说:"今所谓没官田者,于朝廷曾几何之入,而悉为强有力者佃之,某官、某邸、某刹、某府率非能自耕者也,而占佃多至千百顷者,何也? 有利焉耳。"③政府也好,买者、佃者也罢,都是唯利是图,那么,不卖或住卖的户绝田租佃经营,国家能否获利呢?

按照传统做法,宋代的官田一般是实行租佃制,"宋制岁赋,其类有五:曰公田之赋,凡田之在官,赋民耕而收其租者是也。"④户绝田没官之后作为"系官田产"自然也不例外。自真宗大中祥符年间开始将户绝田中利薄、不好管理的零散、瘠薄之地鬻卖与民,"肥沃者不卖,除二税外召人承佃,出纳租课。"⑤"肥沃者"出租必是利多,那么,事实到底是不是这样?

宋代的"系官田产"原本是有产业的业主才能租佃,类似于有资产可以作担保的意味,大概是防止财利遗失之故吧。比如:真宗大中祥符六年(1013)"敕"中曾规定:"江南逃田如有人请射,先勘会本家旧业下得过三分之一。"天圣元年(1023)六月江西劝农使朱正辞言:"吴智等无田抵当更不给付。以臣愚见:若旧业田有三分方给一分,则是贫民常无田也请射,唯物力户方有抵当。欲乞特降敕命应管逃田不问有无田业并许请射。"⑥后经三司同意方许中等以下户请射。到天圣三年(1025)九月:"应系田及系官荒田……仍先许中等已

---

① (宋)李新:《跨鳌集》卷二二《书·与家中孺提举论优恤户绝书》,文渊阁四库全书第1124册,第589页。
② 《宋会要辑稿》食货六一之二五。
③ (宋)方岳:《秋崖小稿》卷五《论对策二札子》,文渊阁四库全书第1182册,第350页。
④ 《宋史》卷一七四《食货上二·赋税》,第4202页。
⑤ 《宋会要辑稿》食货六三之一七一。
⑥ 《宋会要辑稿》食货一之二。

下户请射,如有余者方许豪势请佃,即不得转将佃卖。"①先让中等以下户请射,有余者许豪势之家请佃,这种承佃方式也适用于户绝田,天圣元年七月大理寺丞齐嵩奏:"检会大中祥符八年(1015)敕,户绝田并不均与近亲,卖钱入官。肥沃者不卖,除二税外,召人承佃,出纳租课。变易旧条,无所稽据,深成烦扰。欲请自今后如不依户令均与近亲,即立限许无产业及中等已下户不以肥瘠,全户请射。如有须没纳入官,及乞许全户不分肥瘠,召人承佃。"②也就是说户绝田等系官田产允许"无产业及中等已下户"请射承佃。可是毕竟户绝田有许多特殊情况,不同于逃田、荒田等其他系官田产,管理、征租、售卖不尽相同,若混为一谈,责任官员不免失职受罚,"初诏定天下公田,诸路多误以户绝为荒田给官吏⋯⋯既而广南诸州,坐收户绝田以赃废者七十余人。"③

户绝田与其他系官田产有什么不同,致使众多朝臣反复讨论?大概课租是一个重要方面。我们根据几条史料简单比较一下其中的原因:

《江苏金石志》卷一四《吴学续置田记》载:"共三契,记亩田贰拾贰亩壹角壹拾玖步半,⋯⋯今实定租额叁拾硕伍拾伍升⋯⋯今开具如后:一元典李尉七三登仕等田开具下项:(一)⋯⋯田亩贰拾叁步⋯⋯租户徐八上米六项⋯⋯"④

南宋绍兴三年(1133)十月,江南东西路宣谕刘大中建议:"江东、西路应干闲田,立三等课租:上等每亩令纳米一斗五升;中等一斗;下等七升。更不临时增减。"⑤

绍兴六年(1136)十月,提领江淮等路营田公事樊宾等建议:"除可以标拨充官庄田土外,有不成片段闲田,委官逐县自行根括见数,比民间体

---

① 《宋会要辑稿》食货一之二二;《全宋文(九)》卷一九七《夏竦·乞许民请佃荒田奏》,巴蜀书社1990年版,第78页。

② 《宋会要辑稿》食货一之二一;《全宋文(八)》卷三三〇《齐嵩·言户绝田事奏》,1990年,第554页。

③ (宋)李焘:《续资治通鉴长编》卷一四五,仁宗庆历三年(1043)十一月,文渊阁四库全书第316册,第380页。

④ 《江苏金石志》卷一四《吴学续置田记》,载于《石刻史料新编(一三)》,台湾新文丰出版公司1982年版,第9780页。

⑤ 《宋会要辑稿》食货六三之一九九。

例,只立租课:上等立租二斗,中等一斗八升,下等一斗五升。"①

绍兴三十二年(1162)"八月一日诏:淮南路去冬残破去处展免二税,止据实垦田土量撮收课子,其间有先佃逃绝职田等人,不问已未耕垦,逃田上等每亩二斗,中等一斗八升,下等一斗五升;绝田每亩七升或一斗至二斗。今来……民户已佃逃绝等田且据目今实开垦田亩将先立定租课特与减半送纳,未耕田亩权行倚阁候及二年并依旧输纳。"②

"乾道六年(1170)二月二十八日措置浙西江东淮东路官田……已业沙田主分所得花利,每米一石,欲于十分内以一分立租。已业芦场等地田主所得花利 纽钱一贯欲十分以一分五厘立租;租佃沙田,主分所得花利,每米一石,欲于十分以二分立租,租佃芦场等地田主所得花利纽钱一贯,欲以十分之三输官……从之。"③

根据上述史料,江苏学田的租额不到 1.4 石;据漆侠先生估计,学田最低的在二三斗以上,最高则达到 1.4 至 1.5 石,甚至高达 1.7 石。④ 江东、西闲田的租额是七升至一斗五升;江淮闲田租额是一斗五升至二斗;淮南逃田租额是一斗五升至二斗、户绝田七升或一斗至二斗;浙西已佃沙田租额是一斗、租佃沙田租额是二斗。从这几种系官田产的租额看,户绝田的起租额相对较轻,因此被侵占更为严重。

北宋仁宗天圣五年(1027)陕西转运使杜詹言:"伏见没纳、欠折、户绝庄田不少,自来州省形势、乡村有力食禄之家,假名占佃,量出租课……"⑤

徽宗宣和三年(1121)二月一日诏书云:"请佃人多是权势之家,广占顷亩,公私请求。"⑥

南宋孝宗时,浙东一带"没官户绝等田产并新涨海涂溪涨淤成田地

① 《宋会要辑稿》食货二之一九。
② 《宋会要辑稿》食货一〇之一六。
③ 《宋会要辑稿》食货一〇之二七。
④ 漆侠:《宋代经济史(上)》,上海人民出版社 1987 年版,第 363 页。
⑤ 《宋会要辑稿》食货一之二四。
⑥ 《宋会要辑稿》食货六三之一〇六。

等,多是豪势等第并官户公吏等人不曾经官请佃,擅收侵占。"①

两宋时期户绝田被侵占如此严重,即便以法整治,依然收效甚微。高宗绍兴五年(1135)五月十日,"臣僚言:'窃见兵火之后,诸处户绝田产不少,往往为有力人户侵耕……仰诸州当职官与属县令佐竭力措置,根括土豪之家侵田户绝田产,仍立赏,许人越诉。如州县官吏巧作诸般搔扰,若情理稍重者,欲乞远窜岭表;若事理稍轻,亦当量其所犯科罪。'……从之。"②南宋初,温州"见管户绝、抵当诸色没官田数目,并依形势户诡名请佃,每年租课多是催头及保正长代纳。"③土豪之家侵占户绝田,将租课转嫁到保正长等人头上,带来更大的负面影响。

不仅如此,户绝田租佃过程中,摊配、勒纳、刬佃现象异常突出。

　　天圣元年(1023)国子博士张愿奏:"累有百姓陈状,称自来官中定年深户绝租课,积累物数已多,送纳不前。盖是元差到官务欲数多,望成劳绩,定租重大,累蒙校料,摊配在邻人户下,送纳不办,遂至逃移。官中更均摊在以次逃户邻人名下,起惹词讼。"④

　　仁宗天圣七年(1029)五月知密州蔡齐奏:"本州自大中祥符八年后,户绝庄七十七户,只有六户未户绝,已前出课扑佃,自后依旧纳课,余皆荒闲。准天圣四年七月五日敕,召人请射只纳二税,更不纽课。未及一年,准天圣五年六月十五日敕,差官估计召人承买,且令见佃人出税。后来本州估卖,有四十八户承买,尚有二十九户未有承买。三司牒催纳价钱,未足,且纳租课。伏缘人户请射之初,田各荒废,才入佃莳未及一年,续许承买,催纳价钱……未足,又更勒纳租课。一年之内,催纳三重,臣未敢紧行理纳。兼虑诸处承买庄田钱未足更纳租课者,亦乞遍下诸处。"⑤

　　"增租以攘之者,谓之刬佃。"⑥"其初出监簿陈君,初官江西,因见临

———————————

① (宋)朱熹:《晦庵先生朱文公文集》,上海古籍出版社、安徽教育出版社2002年版,第4604页。
② 《宋会要辑稿》食货五之二四至二五。
③ 《宋会要辑稿》食货五之二〇。
④ 《宋会要辑稿》食货六三之一七一。
⑤ 《宋会要辑稿》食货六三之一七八。
⑥ (宋)李心传:《建炎以来朝野杂记》甲集卷一六《财赋三·官田》,中华书局2000年版,第345页。

江之新淦,隆兴之奉新,抚之崇仁,三县之间,有请佃没官绝户田者,租课甚重……盖佃没官绝户田者,或是吏胥一时纽立租课,或是农民递互增租刬佃,故有租重之患。因而抵负不纳。或以流亡抛荒,或致侵耕冒佃,而公私俱受其害。"①

绍兴十二年(1142)诏令:"令见佃人限半月添租三分,依旧承佃。如出限不愿添租,即勒令离业……仍别召人再限一月实封投状,添租佃,限满拆封,给添租最高之人。"②

摊配、勒纳、刬佃、实封投状等种种弊端,导致户绝田租佃不可能正常进行,因此一些朝臣才提出解决办法,即鬻卖户绝田。虽然像临安郡那样一旦卖户绝田,则8000余石租课不复得③,但是比起种种弊端造成的损公肥私情形,鬻卖户绝田或多或少还能得到一些财利。这也是为什么整个两宋期间,不断鬻卖户绝田,又不断有住卖的声音的缘由吧。

总之,如果按正常租佃,户绝田可以"拘收租课充外学支费"④、可以"收其租置广惠仓,以廪食穷独"⑤、可以"赡军"⑥等,这也算是户绝田租佃的最大利益追求了。只是租佃过程中的种种弊端,不得其所愿而已。

至此,我们说,户绝田产的租佃和出售一样,国家以最大利益为目标,却因过程中的主客观原因,所失甚多。不得不说专制体制下,制度体系不完善,一味地苛剥下等民户,最后只能是"公私俱受其害"⑦。

与以往相比,宋代一直都在积极地面对户绝和户绝田产问题,不断制定各种法律制度试图解决问题。日本学者滋贺秀三先生曾经指出:"国库对户绝

---

① (宋)陆九渊:《陆九渊集》卷八《与苏宰》,中华书局1980年版,第113页。

② 《宋会要辑稿》食货五之二六。

③ 淳熙十六年(1189)闰五月十一日浙西提举史弥正所言:"浙东路见出卖常平户绝等官产,如临安一郡岁支米八千余石,今若尽卖常平田产,则租课不复可得。"(《宋会要辑稿》食货六一之四一)

④ (宋)梁克家:《淳熙三山志》卷一一《版籍类二·官庄田》,《宋元方志丛刊》第8册,中华书局1990年版,第7884页。

⑤ (宋)李焘:《续资治通鉴长编》卷一八八,嘉祐三年(1058)十二月,第4542页。

⑥ 徽宗大观四年(1110)三月二十七日,"河北运判张罿言:'节次准朝旨,将系官折纳、抵当、户绝等田产召人添租争佃,充助学费,免纳二税,致亏赡军财用……'从之。"(《宋会要辑稿》食货七〇之二〇至二一)

⑦ (宋)陆九渊:《陆九渊集》卷八《与苏宰》,中华书局1980年版,第113页。

财产极富积极性地表示了关心是宋代法的一个显著特征。"①在专制体制下，不可能找到一个最科学、最正确的解决办法，宋代最终也没能合理地解决户绝田产的经营问题，但是起码它促使了法律制度的不断完善和法治的进步，这已经标志着宋代社会的进步了。

第三节　宋代土地地权流转中亲、邻、见佃者之间的利益变化

宋代土地地权流转中，存在多方利益之争，除了国家与地方、国家与民之外，亲、邻、见佃者之间的利益取舍，反映了执政者的逐利导向。

一、宋代的"亲"、"邻"

我们所要说的"亲"和"邻"并不是广泛意义上的，而是特定在典卖田宅和租佃田产中需要考虑的"亲"和"邻"。《宋刑统》卷一三《户婚律·典卖指当论竞物业》准引"臣等参详"规定："应典卖倚当物业，先问房亲；房亲不要，次问四邻；四邻不要，他人并得交易。"

（一）亲

"亲"，即"房亲"，实际上就是"有服之亲"或叫"五服之亲"。按照服制中亲疏关系的顺序依次为：斩衰、齐衰、大功、小功、缌麻。按照服丧的时间长短、衣冠的质地、形制、轻重以及首经、要经的长度等来"别其轻重"②，表达"亲"

---

①　[日]滋贺秀三：《中国家族法原理》，张建国、李力译，商务印书馆2013年版，第411页。

②　"凡齐衰以下，皆当自制其服而往会丧。今人多忌讳，皆仰丧家为之。丧家若贫，亲戚异居者，自制而服之，礼也。三年之丧，既葬家居，非馈祭及见宾客，服白布襕衫，白布四脚，白布带，麻屦亦可也。小祥则除首经、负版及衰。大祥后服皂布衫、垂脚黪纱幞头脂皮爉铁或白布裹角带。"[（宋）司马光：《书仪》卷六《丧仪二》，文渊阁四库全书第142册，第496—497页]"古者五服皆用布，以升数为别。每幅二尺二寸，其经以八十缕为一升。同服之中，升数又有异者焉。故间传曰：斩衰三升，齐衰四升、五升、六升，大功七升、八升、九升，小功十升、十一升、十二升，缌麻十五升，去其半，有事其缕，无事其布，曰缌葢，当时有织此布以供丧用者。布之不论升数久矣。

之间的亲疏远近关系。

哪些属于亲、哪些属于疏的范围？郑玄《礼记·杂记上》注疏云："亲者，大功以上也。""疏者，谓小功以下"，《礼记·丧服》注云："大功以上，同居为同财，故知疏者谓小功以下"。① 按照五服的顺序，三服之内为亲，四服、五服为疏，五服之外则为他人。然而，在唐宋时期，亲的范畴并不局限于三服，多数涵盖五服，比如《唐律疏议·名例律》在"疏议"中解释"八议""十恶"等相关内容时常有"小功以上亲""缌麻以上亲"的说法。《宋刑统》卷一《名例律》"十恶门"其中"八曰不睦"："注云：谓谋杀及卖缌麻以上亲。""十曰内乱"：注云：谓奸小功以上亲。"另据《宋刑统》卷六《名例律·杂条》中："称袒免以上亲者，各依本服论，不以尊压及出降。""袒免亲"则已经超出"五服"范围。可见，唐宋法律赋予"亲"的范畴比较广。而从总体上看，更多的还是限定于"五服之亲"。现实生活中也是如此。《名公书判清明集》中涉及"问亲邻"的诉讼当事人大多是在"五服"之内。

宋代继承唐制，有关服制的规定有所完善，有天圣《丧葬令》②《五服敕》③；南宋有《淳熙服制格》《庆元服制格》以及《庆元条法事类·服制门》等，大体反映了宋代以礼入法的法制变迁情况，与此同时，宋代的"五服之亲"的亲疏远近关系也会发生一些相应变化。关于宋代服制的变化比较复杂，通过

裴茞刘岳《书仪》：五服皆用布。衣裳上下异制，度略相同，但以精粗及无负版衰为异耳。然则唐五代之际，士大夫家丧服犹如古礼也。近世俗多忌讳，自非子为父母、妇为舅姑、妻为夫、妾为君之外，莫肯服布。有服之者，必为尊长所不容，众人所讥诮，此必不可强，此无如之何者也。今且于父母舅姑夫君之服，粗存古制度，庶几有好礼者，犹能行之。"[（宋）司马光：《书仪》卷六《丧仪二》，文渊阁四库全书第142册，第497页]"宋次道，今之练习礼俗者也。余尝问以齐衰所宜服，次道曰：'当服布幞头、布袴衫、布带。'今从之。大功以下随俗，且用绢为之。但以四脚包头，帕额别其轻重而已。"[（宋）司马光：《书仪》卷六《丧仪二》，文渊阁四库全书第142册，第497页。]

① 潜苗金：《礼记译注》，浙江古籍出版社2007年版，第165页。
② 皮庆生：《唐宋时期五服制度入令过程试探——以〈丧葬令〉所附〈丧服年版月〉为过程》，载《唐研究》（第1卷），2008年。
③ 《宋史》卷一二五《礼志·服纪》（第2926页）载：天圣五年（1027），侍讲学士孙奭言："伏见行礼院及刑法司外州执守服制，词旨俚浅，如外祖卑于舅姨，大功加于嫂叔，颠倒错妄，难可遵言。臣于《开宝正礼》录出五服年月，并见行丧服制度，编附《假宁令》，请下两制、礼院详定。"翰林学士承旨刘筠等言："奭所上五服制度，皆应礼经，然其义简奥，世俗不能尽通，今解之以就平易。若'两相为服，无所降杀'，旧皆言'服'（《长编》作'报'）者，具载所为服之人；其言'周'者，本避唐讳，今复为'期'。又节取《假宁令》附《五服敕》后；以便有司，仍板印颁行，而丧服亲疏隆杀之纪，始有定制矣。"

司马光的《书仪》和《政和五礼新仪》、朱熹的《家礼》大略可知①,这些不是本文讨论的范围。只是这种变迁离不开经济发展带来的影响。随着经济的发展,一些地方习俗随之改变,亲属之间有的不相服衰,或者丧服不守旧制,导致亲属关系模糊不清。南宋陈耆卿在《嘉定赤城志》中言:"今尔百姓亲属相犯,问以服纪年月,皆言不知。以此观之,则死时不为服,服而不终其制者亦多矣,其去禽兽岂远哉!"②

到南宋时期,由"五服之亲"构成的家族秩序发生了很大变化,有的家族分崩离析,亲属关系愈发淡漠,这种亲疏关系反过来势必通过经济关系反映出来,尤其是在地产和房产的买卖或租佃中表现得更为突出。

(二) 邻

在"有服之亲"中,并不都毗邻而居,也未必田产相邻。所以,"邻"比"亲"的范围相对要窄。那么,"邻"指的是哪些"邻"? 典卖物业时,四邻之中,以何为先? 或者数家为邻,何家为上? 诸多邻次秩序不分,争端便不可避免。对此,开封府司录参军孙屿在太祖开宝二年(969)九月的奏疏中,根据京城惯例,提出了他的建议,他说:

> 庄宅牙人议定称,凡典卖物业,先问房亲,不买,次问四邻:其邻以东、南为上,西、北次之:上邻不买,递问次邻:四邻俱不售,乃外召钱主。或一邻至著两家以上,东西二邻则以南为上,南北二邻则以东邻为上。此是京城则例,检寻条令并无此格,乞下法司详定,可否施行,所贵应元典卖物业者,详知次序。所进事件,乞颁下诸道州府,应有人户争竞典卖物业,并勒依此施行。③

也就是说"邻"包括东南西北四邻,当涉及经济关系时,"邻赎之法,先亲后疏"④,按照方位尊卑的顺序确定亲疏:先东南邻,后西北邻;"东西二邻则以

---

① 详细情况可参阅丁凌华《中国丧服制度史》,上海人民出版社 2000 年版。

② (宋)陈耆卿:《嘉定赤城志》卷三七《风土门·天台令郑至道谕俗七篇·正丧服》,文渊阁四库全书第 486 册,第 931 页。

③ 《宋会要辑稿》食货三七之一。

④ 《名公书判清明集》卷四《户婚门·争业上·漕司送邓起江淮英互争田产》(范西堂),第 109 页。

南为上,南北二邻则以东邻为上"。这是我们所说的"房亲"之"邻",在日常生活和房屋买卖中,需要遵守上述位序。

而在土地买卖等经济生活中可能更多地涉及"地邻"。神宗、哲宗年间,在经济关系中的"邻"仅指"本宗有服亲及墓田相去百步内与所典卖田宅接者"①,特别强调了"邻"为宗亲之"邻"即"墓邻"。"墓田之于亲邻两项,俱为当问,然以亲邻者,其意在产业,以墓田者,其意在祖宗。"②如果"地邻"中沟河间隔,则不在取问的范围,"准令:诸典卖田宅,四邻所至有本宗缌麻以上亲者,以帐取问,有别户田隔间者,并其间隔古来沟河及众户来道路之类者,不为邻。"③经济关系中的"邻"的范围有较多的限制条件。

根据南宋宁宗庆元年间(1195—1200)重修的《田令》和嘉定十三年(1220)刑部颁降的《条册》,将亲和邻作了合并,"在法,所谓应问亲邻者,只是问本宗有服纪亲之有邻者,如有亲而无邻与有邻而无亲,皆不在问限,见于庆元重修田令与嘉定十三年刑部颁降条册,昭然可考也。"④将"亲"和"邻"进一步捆绑在一起,一方面既照顾了家族内部宗亲之经济利益;另一方面又适当兼顾了卖者的经济利益。

二、宋代土地地权流转中"亲邻优先权"的法律规定及其实践

"在宋之前,先问亲邻的现象就已普遍存在。但最早何时出现难以断定。现有史料证明,唐朝中后期,民间田土交易中出现了先问亲邻现象,五代后周时期先问亲邻正式写入法典,明清时期,先问亲邻再次蜕变为民间习惯。先问亲邻在中国古代经历了由民间习惯到正式入律,然后再次蜕变为民间习惯的过程。"⑤

---

① 绍圣元年(1094),臣僚奏言:"元祐敕,典卖田宅,遍问四邻,乃于贫而急售者有害。乞用熙宁、元丰法,不问邻便之。应问邻者,止问本宗有服亲及墓田相去百步内与所典卖田宅接者,仍限日以节其迟"。[(元)马端临:《文献通考》卷五《田赋考五·历代田赋之制》,中华书局1986年版,第61页]

② 《名公书判清明集》卷四《户婚门·争业上·漕司送下互争田产》(范西堂),第120页。

③ 《名公书判清明集》卷九《户婚门·取赎·有亲有邻在三年内方可执赎》,第309页。

④ 《名公书判清明集》卷九《户婚·取赎·亲邻之法》(胡石壁),第308页。

⑤ 柴荣:《中国古代先问亲邻制度考析》,《中国法学》2007年第4期。

（一）唐、五代、两宋的"亲邻优先权"概述

从唐代的行政区划看，"百户为里，五里为乡。两京及州县之廓内分为坊，郊外为村。里及村坊皆有正，以司督察。四家为邻，五家为保。保有保长，以相禁约。"①"准《户令》：诸户，皆以邻聚相保，以相检察，勿造非违，如有远客来过止宿，保内之人，有所行诣，并语同保知。"②邻保之间互相照顾，也互相约束，共同促进地方秩序的稳定。同时，如果出现问题，互相之间也会有连带责任。"永淳元年（682），私铸者抵死，邻保里坊村正皆从坐。"③正是因为邻保之间的唇齿相依的关系，亲邻之间在经济利益方面自然就赋予彼此以"优先权"。比如，处理逃户田宅时，亲邻具有先买权，"天下诸郡逃户有田宅产业，妄被人破除，并缘欠负税庸，先以亲邻买卖，及其归复，无所依投，永言至此，须加安辑，应有复业者，宜并却还，纵已代出租税，亦不在征赔之限。"④逃户田宅先让亲邻买卖，也是为了逃户归复时有所依投。

但是，唐后期，亲邻既然有"优先权"，也要负担逃户的赋税，一旦逃亡，一些地方官吏为完成催征任务，不免"摊逃"于亲邻。肃宗至德二载（757）二月敕中说："诸州百姓多有流亡，或官吏侵渔，或盗贼驱逼，或赋敛不一，或征发过多，俾其怨咨何以辑睦，自今已后，所有科役，须使均平，本户逃亡，不得辄征近亲，其邻保务从减省，要在安存。"⑤肃宗乾元三年（760）四月敕"逃户租庸，据帐征纳，或货卖田宅，或摊出邻人，展转诛求，为弊亦甚。自今已后，应有逃户田宅，并须官为租赁，取其价值，以充课税，逃人归复，宜并却还，所由亦不得称负欠租赋，别有征索。"⑥"摊逃"的结果会造成更严重的社会问题，甚至更多的逃亡，所以，唐政府曾多次下令禁止"摊逃"邻人，代宗宝应元年（762）四月五月十九日敕曰："近日已来，百姓逃散，至于户口十不半存，今色役殷繁，

---

① （唐）李林甫：《唐六典》卷三《尚书户部》，文渊阁四库全书第595册，第31页。
② ［日］仁井田陞：《唐令拾遗》，1964年，东京大学出版会再版，第229页。
③ （宋）宋祁、欧阳修等：《新唐书》卷五四《食货志》，中华书局1975年版，第1384页。
④ （清）董诰等：《全唐文》卷二二《玄宗·令户口复业及均役制》，中华书局1982年版，第263页。
⑤ （宋）王溥：《唐会要》卷八五《逃户》，第1565页。
⑥ （宋）王溥：《唐会要》卷八五《逃户》，第1565页。

不减旧数,既无正身可送,又遣邻保祗承,转加流亡,日益艰弊"。五月十九日敕:"逃户不归者,当户租赋停征,不得率摊邻亲高户。"①

唐代"亲邻"享有"优先权",同时也负担相应的连带责任。五代时期同样如此。后周广顺二年(952)十一月,开封府奏称:"如有典卖庄宅,准例,房亲邻人合得承当。若是亲人不要,及着价不及,方得别处商量。"②五代与唐代略有不同的是:亲邻享有"优先权"的同时,也可见到若干规定逐渐重视见佃人或者见居人的利益。后周广顺二年(952)正月敕中记载:"诸州镇郭,下及草市,见管属省店宅、水碾……所有货卖宅舍,仍先问见居人,若不买,次问四邻。不买,方许众人收买。"③

宋代继承五代传统,将"亲邻优先权"写入法典。除了《宋刑统》卷一三《户婚律·典卖指当论竞物业》中的规定外,④开宝二年(969)又规定了问亲邻的顺序:"凡典卖物业,先问房亲,不买,次问四邻。其邻以东、南为上,西、北次之,上邻不买,递问次邻。四邻俱不售,乃外召钱主。"⑤自此,"亲邻优先权"更加明确。在现实中,哪怕是系官田产,一般也都会考虑"亲邻优先权"。如,仁宗宝元元年(1038)十一月,忻州地震,李赟等二十五家沦没,其田产没官,死者亲属有欲购买者,以减价三成出售。⑥ 直到南宋,"准令:诸典卖田宅,四邻所至有本宗缌麻以上亲者,以帐取问。"⑦

---

① (宋)王溥:《唐会要》卷八五《逃户》,第 1565 页。

② (宋)王溥:《五代会要》卷二六《市》,第 416 页。

③ (宋)王溥:《五代会要》卷一五《户部》,第 257 页。

④ 《宋会要辑稿》食货六一之五六载:"雍熙四年(987)二月权判大理寺殿中侍御史李范言:'准《刑统》:应典卖物业,先问房亲,房亲不要,问四邻,四邻不要,他人并得交易。若亲邻着价不尽,亦任就高价处交易者。今详敕文,止为业主初典卖与人之时立此条约,其有先已典与人为主后,业主就卖者,即未见敕条。窃以见典之人已编于籍,至于差税,与主不殊,岂可贷卖之时不来询问?望今后应有已经正典物业,其业主欲卖者,先须问见典之人承当,即据余上所值钱数,别写绝产卖断文券一道,连粘元典并业主分文契批印收税,付见典人充为永业,更不须问亲邻。如见典人不要,或虽欲收买,着价未至者,即须画时批退。……乞自今应典卖物业,或有不销竭产典卖,……据全业所至之邻,皆须一一徧(遍)问,候四邻不要,方得与外人交易。'从之。"

⑤ 《宋会要辑稿》食货三七之一。

⑥ (宋)李焘:《续资治通鉴长编》卷一二二,仁宗宝元元年(1038)十一月,中华书局 1985 年版,第 2883 页。

⑦ 《名公书判清明集》卷九《户婚门·取赎·有亲有邻在三年内者方可执赎》,第 309 页。

（二）宋代"亲邻优先权"的法律规定及实践

北宋初期继承唐五代，明确规定在典卖倚当田宅时，亲邻具有"优先权"。"应典卖倚当物业，先问房亲；房亲不要，次问四邻；四邻不要，他人并得交易。房亲着价不尽，亦任就得价高处交易。如业主、牙人等欺罔邻亲，契贴内虚抬价钱，及亲邻罔有遮者，并据所欺钱数与情状轻重，酌量科断。"[1]亲邻享有的"优先权"的顺序依次是：房亲——四邻——他人，同时也特别说明，如果房亲出价不高，卖者可以卖给出价更高的买主。而且在交易中，不管是亲邻还是现业主都得遵循诚信原则，否则，以法论惩。宋人郑克在《折狱龟鉴》中就提到知州刘沆在衡州断的一个案子，"有大姓尹氏，欲买邻人田，莫能得。邻人老而子幼，欲窃取其田，乃伪为券，及邻人死，即逐其子。二十年不得直。沆至，有出诉。尹氏出积岁所收户钞为验，沆诘之曰：'若田千顷，户抄岂特收此乎！始为券时，尝问他邻乎？其人固多在者，可以取为证。'尹氏不能对，遂服罪。（按：卖田问邻，成券会邻，古法也。使当时法不存，则将何以核其奸乎？近年有司苟取小快，遂改此法，未之思欤？）"[2]案中，尹氏伪造契券，欲窃取邻人之田，刘沆就是以是否问亲邻作为裁断的重要依据，问罪尹氏。所以，在田产买卖中，不问亲邻本身就是违法行为，况且又是伪券，毫无法律效力。

然而，一般情况下，不问亲邻的书契虽然"不合法"，只要契书本身是真实的，后续只要交纳契税，即为合法。天圣五年（1027）八月太子中舍牛昭俭言："准敕：应典卖田宅若从初交易之时不曾问邻书契，与限百日陈首免罪，只收贯税钱。"[3]在"问亲邻"这个问题上，政府的态度较暧昧，似乎"亲邻优先权"并不是他们强调和保护的目的，是否纳税才是主题。需要"问亲邻"的场合，依照"京城惯例"四邻之间的先后顺序为："其邻以东南为上，西北次之。上邻不买，递问次邻。四邻俱不售，乃外召钱主。或一邻至著两家以上，东西二邻则以南为上，南北二邻以东为上。"[4]司录参军孙屿的建议为司法中履行"亲邻

————————

① 《宋会要辑稿》食货六一之五六。

② （宋）郑克：《折狱龟鉴》卷六《核奸·刘沆问邻》（出自刘俊文译注：《折狱龟鉴译注》，上海古籍出版社1988年版，第334页）

③ 《宋会要辑稿》食货六一之五八。

④ 《宋会要辑稿》食货三七之一。

优先权"提供了更细致的可行性。

只是,典卖物业时,如果一一遍问亲邻,有时也未免有失妥当,有必要根据实际情况作出变通。比如,业主欲断卖已典物业,需先问见典人,不须问亲邻。或许在出典之前已经问过或者亲邻已经放弃"优先权"。除此之外,皆需遍问亲邻。

> 太宗雍熙四年(987)二月殿中侍御史李范奏:"准《刑统》,应典卖物业,先问房亲;房亲不要,问四邻;四邻不要,他人并得交易。若亲邻着价不尽,亦任就高价处交易者。今详敕文,止为业主初典卖与人之时,立此条约,其有先已佃与人为主,后业主就卖者,即未见敕条。窃已见佃之人已编于籍,至于差税,与主不殊,岂可货卖之时不来询问?望今后应有已经正佃物业,其业主欲卖者,先须问见佃之人,承当即据余上所值钱数,别写绝产卖断文契一道,连粘元佃并业主分文契批印收税,付见佃人充为永业,更不须问亲邻。如见佃人不要,或虽欲收买,着价未至者,即须画时批退。……或有不销竭产典卖,须至割下零舍或空地,如为实业主自要者,并听业主取便割留,即仰一如全典卖之例,据全业所至之邻,皆须一一遍问,候四邻不要,方得与外人交易。"[1]

直到北宋后期,在处理户绝田产等"系官田产"时一直秉承了上述原则,即先问见佃人,再问四邻。哲宗元祐六年(1091)四月"甲辰,尚书省言:知洛州平恩县事孙绛申请应户绝田土合入广惠仓者,立定租课,先问元佃人,两户以上者亦许分佃。无见佃人或不愿承佃则遍问四邻,及不愿即给余人承佃。"[2]

重视见佃人的既得利益,这是整个宋代的主流思想,也是商品经济发展的必然结果。甚至一些特殊情况下,可以不问亲邻。因为"《元祐敕》:典卖田宅偏问四邻",一刀切式的"遍问四邻"虽然最大限度地保障了亲邻的权益,可有时却不利于业主的利益,"乃于贫而急售者有害",于是绍圣元年(1094)重新启用"熙宁、元丰法,不问邻以便之",如果要问的话,也是大大缩小了所问范围,"应问邻者,止问本宗有服亲及墓田相去百户内与所断田宅接者,仍限日

---

① 《宋会要辑稿》食货六一之五六。

② (宋)李焘:《续资治通鉴长编》卷四五七,哲宗元祐六年(1091)四月,中华书局1993年版,第10942页。

以节其迟"①,将所问亲邻限定在五服之亲和百户以内的墓邻的范围之内。

到南宋时期,典卖田宅仍需遵守"亲邻之法",妄称亲邻者依然要受到法律严惩。绍兴五年(1135)闰四月十日户部言:"卖田宅依法满三年而诉,以利息债负准拆,或应问邻而不问者,各不得受理。迩来田价增高于往昔,其卖典之人往往妄称亲邻至及墓田邻至,不曾批退,或称卑幼瞒昧代书人类百端规求,虽有满三年不许受理条限,缘日限大宽,引惹词讼,诏典卖田产不经亲邻及墓田邻至,批退一年内陈诉,出限不得受理。"②

相较北宋,南宋的"亲邻法"规定得越发详细,"亲邻优先权"的实施范围也更局限。

第一,典卖田宅不问亲邻(不经过亲邻"着押"),则没有法律效力。《名公书判清明集》卷四《吕文定诉吕宾占据田产》案中:"吕文定、吕文先兄弟两人,父母服阕,已行均分。文先身故,并无后嗣,其兄文定讼堂叔吕宾占据田产。今索到干照,系吕文先嘉定十二年(1219)典与吕宾,十三年(1220)八月投印,契要分明,难以作占据昏赖。偿果是假伪,自立卖契,岂应更典。县尉所断,已得允当。但所典田产,吕文定系是连分人,未曾着押,合听收赎为业。"③因为当时堂叔吕宾买侄子吕文先的田产时,没有经过文先兄文定的"着押",也就是没有经过"问亲邻"的程序,即使"契要分明",同样被裁定违法。

另一案例《执同分赎屋地》中:"毛汝良典卖屋宇田地与陈自牧、陈潜……汝良所卖与陈自牧屋一间,系与其所居一间连桁共柱,若被自牧毁拆,则所居之屋不能自立,无以庇风雨,此人情也。又据永成诉,汝良将大堰桑地一段、黄土坑山一片,又童公沟水田一亩,梅家园桑地一段,典卖与陈潜,内大堰桑地有祖坟一所,他地他田,不许其赎可也,有祖坟之地,其不肖者卖之,稍有人心者赎而归之,此意亦美也,其可使之不赎乎?……今汝良供吐,既称当来交易,永成委不曾着押批退……"④案中毛汝良不经过亲邻毛永成的批退,典卖田地屋

---

① (元)马端临:《文献通考》卷五《田赋考五·历代田赋之制》,中华书局 1986 年版,第 61 页。

② 《宋会要辑稿》刑法三之四七。

③ 《名公书判清明集》卷四《户婚门·争业上·吕文定诉吕宾占据田产》(范西堂),第 106 页。

④ 《名公书判清明集》卷六《户婚门·赎屋·执同分赎屋地》(吴恕斋),第 165—167 页。

宇,实属违法。法官吴恕斋裁定:将屋宇及有祖坟桑地照原价兑还毛永成为业。

第二,重申并践行熙丰以来"亲邻优先权"的范围:五服之亲和百步内的墓邻。"绍兴二年(1132)闰四月十日诏:典卖田产不经亲邻及墓邻至批退,并限一年内陈诉,出限不得受理。"①"律之以法,诸典卖田宅,具帐开析四邻所至,有本宗缌麻以上亲,及墓田相去百步内者,以帐取问。"②但是并不是所有的田产都适用"问亲邻";亲邻并墓邻更具有优先权。《漕司送下互争田产》案中说:"立法之初,盖自有意,父祖田业,子孙分析,人受其一,势不能全,若有典卖,他姓得之,或水利之相关,或界至之互见,不无扞格。曰亲曰邻,止有其一者,俱不在批退之数,此盖可见。墓田所在,凡有锄凿,必至兴犯,得产之人倘非其所出,无所顾藉,故有同宗,亦当先问。……墓田之于亲邻两项,俱为当问,然以亲邻者,其意在产业,以墓田者,其意在祖宗。今舍墓田,而主亲邻者,是重其所轻,而轻其所重,殊乖法意。……"③在这个案子中,余德庆的父亲余俊明买入黄文万的田产,德庆又卖给黄文万的儿子黄子真,这时作为堂兄的余德广及其孙余炎欲以亲邻的身份赎回。法官调查了整个案情之后,认为:其一,此田产是余俊明后来自己置入的田产,与祖产没有关系,不在亲邻收赎之限;其二,经确认,田中有黄氏祖坟,不论年限深远,墓田都属于黄氏祖产。以上为据,堂兄余德广及其孙余炎欲以亲邻的身份赎回田产无论如何都不成立。由此可见,从法官的角度阐述法意,亲邻和墓田两者之间,"亲邻者,其意在产业,以墓田者,其意在祖宗",更能体现"取问"本质之所在的则是"意在祖宗"的墓田。"为人子孙,践祖宗之位,守祖宗之业,而不能守祖宗之遗物,岂得为孝乎?"④墓田是祖宗留下来的遗产,守住它,也算是尽孝祖上。而且墓田也是将宗亲凝集在一起的物质保障。元祐六年(1091)邢部有明确规定:"墓田及田内林木土石不许典卖及非理毁伐,违者杖一百。"⑤所以,只要有墓田,买卖

---

① 《宋会要辑稿》食货六一之六四。
② 《名公书判清明集》卷四《户婚门·争业上·漕司送下互争田产》(范西堂),第120页。
③ 《名公书判清明集》卷四《户婚门·争业上·漕司送下互争田产》(范西堂),第120—121页。
④ (明)丘濬:《大学衍义补》卷九六《治国平天下之要·备规制·宝玉之器》,文渊阁四库全书第713册,第131页。
⑤ 《宋会要辑稿》食货六一之六一。

时都要考虑墓邻。在上面的案子中，余俊明在购入时实际上就不具有"断卖"前提（因其地上有黄氏祖坟，属于墓田），因此他也不具有完全的所有权，更何况，余俊明是后来购置的田产，理应属于自己的私有财产，具有相对自由的处置权，与亲邻无关联。这样的田产本身对于余氏宗亲来说，也就不具备"亲邻收赎"的前提条件。基于此，法官最后裁定余德广及其孙余炎不能擅用收赎权。

如果墓田涉及多户，则以东西南北为次，取问亲邻。"墓田所在，凡有锄凿，必至兴犯，得产之人傥非其所自出，无所顾藉，故有同宗，亦当先问。两姓有墓，防其互争，则以东西南北为次，尤为周密。"①

第三，"亲邻"必须是有亲且有邻。"曰亲曰邻，止有其一者，俱不在批退之数。"②言外之意，必须既是"亲"又是"邻"方可"批退"。名公胡石壁在谈"亲邻之法"时提到了当时存在的问题："所在百姓多不晓亲邻之法，往往以为亲自亲、邻自邻。执亲之说者，则凡是有关典卖之业，不问有邻无邻，皆欲收赎；执邻之说者，则凡是南北东西之邻，不问有亲无亲，亦欲取赎。"③同时，他又明确解释了法意："殊不知，在法所谓应问所亲邻者，止是问本宗有服纪亲之有邻至者。如有亲而无邻与有邻而无亲，皆不在问限。见于庆元重修《田令》与嘉定十三年（1220）刑部颁降《条册》，昭然可考也。"④在《亲邻之法》案中，正是因为谭亨与堂弟土地不为邻，即属于有亲而无邻，按照法律不合收赎。⑤

第四，取问之"亲邻"不仅有亲有邻，且必须同时具备另外两个条件：一是"邻"必须是无别户间隔、沟河或道路等阻隔；取赎的时限必须是三年之内。"有别户田隔间者，非其间隔古来沟河及众户往来道路之类者，不为邻。""又令：诸典卖田宅满三年，而诉以应问邻而不问者，不得受理。"⑥

由此，南宋典卖田宅也需要"问亲邻"，但是"亲邻优先权"或者"问亲邻"

---

① 《名公书判清明集》卷四《户婚门·争业上·漕司送下互争田产》（范西堂），第121页。
② 《名公书判清明集》卷四《户婚门·争业上·漕司送下互争田产》（范西堂），第121页。
③ 《名公书判清明集》卷九《户婚门·取赎·亲邻之法》（胡石壁），第308页。
④ 《名公书判清明集》卷九《户婚门·取赎·亲邻之法》（胡石壁），第308页。
⑤ 《名公书判清明集》卷九《户婚门·取赎·亲邻之法》（胡石壁），第309页。
⑥ 《名公书判清明集》卷九《户婚门·取赎·有亲有邻在三年内者方可执赎》，第309页。

的范围比北宋缩小了很多,这就意味着典卖田宅更趋于自由,更注重业主和现佃者的利益。亲邻关系受经济关系的影响越来越大。在商品经济的冲击下,亲邻关系日趋淡漠。

三、宋代土地地权流转中亲邻的利益变化

(一)从北宋到南宋"房亲"的地位逐渐让位于"邻"和见佃人

由上述内容可知,唐五代及北宋初期,典卖田宅时都强调了"先问房亲""次问四邻"。典卖田宅的取问顺序是:房亲——四邻——他人。首先要问的就是房亲。到北宋中后期,如果是必须要"问亲邻"的话,也是"止问本宗有服亲及墓田相去百户内与所断田宅接者。"[1]南宋更是不断限制"亲邻优先权、取赎权"的条件,有亲又有邻,且地邻没有他户或沟河、道路的阻隔。诉讼时效,高宗初,先是规定三年期限,后来改为一年[2]。宁宗时又改为三年[3],也就意味着"亲邻优先权"在一至三年后就会自动丧失。与一般田宅纠纷的二十年[4]、三十年[5]的诉讼时效相比,"亲邻优先权、取赎权"的时效可谓是非常之短了。原因就是怕"缘日限太宽,引惹词讼"[6]。

除了"亲邻优先权"的时效性有限之外,即使在"亲"与"邻"之间,二者之间的地位变化从合同上亦略见一斑。南宋时期典卖田宅合同内容显示:"房亲"的地位逐渐被"四邻"所取代。高宗绍兴十九年(1149)户部曾申明:"今

---

① (元)马端临:《文献通考》卷五《田赋考五·历代田赋之制》,中华书局1986年版,第61页。

② 高宗绍兴二年(1132)闰四月十日,户部言:卖田宅,依法满三年而诉,以利息、债负准折,或应问邻而不问者,各不得受理。迩来田价增高于往昔,其卖、典之人,往往妄称亲邻(至)及墓田邻(至)不曾批退;或称卑幼瞒昧,代人类百端规求。虽有满三年不许受理条限,缘日限太宽,引惹词讼。诏典卖田产不经亲邻及墓田邻至批退,一年内陈诉,出限不得受。(《宋会要辑稿》刑法三之四七)

③ "又令:诸典卖田宅满三年,而诉以应问邻而不问者,不得受理。"(《名公书判清明集》卷九《户婚门·取赎·有亲有邻在三年内者方可执赎》,第309页)

④ "在法:契要不明,过二十年钱主或业主亡者,不得受理。此盖两条也。谓如过二十年不得受理,以其久而无词也,此一条也。而世人引法并二者以为一,失法意矣!"(《名公书判清明集》卷四《户婚门·争业上·契要不明钱主或业主亡者不应受理》,第132页)

⑤ "有申明指挥:典产契头亡殁经三十年者,不许受理。"(《名公书判清明集》卷九《户婚门·取赎·妄赎同姓亡殁田业》,第319—320页)

⑥ 《宋会要辑稿》刑法三之四七。

后人户典卖田产,若契内不开顷亩、间架、四邻所至、税租役钱、立契业主、邻人、牙人、写契人书字,并依违法典卖田宅断罪。"①其中不再强调"房亲",而是"四邻""邻人"。宋人郑克曾说:"卖田问邻,成券会邻,古法也。"②这里专门提到买卖田产时要"问邻""会邻",这是民间规矩,也是法律规则。

"亲邻优先权"中"房亲"的地位逐渐让位于"邻"。

(二) 重视见佃人的利益——"亲邻关系"让位于经济利益

唐、五代给予亲邻优先购买权,亲邻也要负有相应的责任(摊逃)。那么,对现佃人的权利如何保护,似乎并没有太多的具体规定。目前可以见到的唐代涉及"见佃人"的规定的是在《唐律疏议》里。《唐律疏议》卷二七《杂律·得宿藏物问答》载:

> "问曰:官田宅,私家借得,令人佃食;或私田宅,有人借得,亦令人佃作,人于中得宿藏,各合若为分财? 答曰:藏在地中,非可预见,其借得官田宅者,以见住、见佃人为主,若作人得者,合与本主中分。其私有田宅,各有本主,借者不施功力,而作人得者,合与本主中分。借得之人,即非本主,又不施功,不合得分。"

无论是官有还是私有田宅,有施功力的见佃人的利益都能得到最大程度的保障。

五代后周时期,多次发布敕令将"系官田产"赐现佃人为主,《旧五代史》卷一一二《周太祖纪》载:

> "(太祖)广顺三年(953)正月,帝在民间素知营田之弊,至是以天下系官庄田仅万计,悉以分赐见佃户充永业。是岁出户三万余,百姓即得为己业,比户欣然,于是茸屋植树,敢致功力。"③太祖广顺三年九月敕:"京兆府耀州……除见管水硙及州县镇郭下店客宅外,应有系官桑土、屋宇、园林、车牛,动用并赐见佃人充永业,如已有庄田自来被本务或形势影占、令出课利者,并勒见佃人为主,依例纳租,条理未尽处,委三司区分,仍遣

---

① 《宋会要辑稿》食货六一之六六。
② (宋)郑克:《折狱龟鉴》卷六《刘沆问邻》,刘俊文点校,上海古籍出版社1988年版,第334页。
③ (宋)薛居正:《旧五代史》卷一一二《周太祖纪第三》,中华书局1976年版,第1488页。

刑部员外郎曹匪躬专往点简,割属州县。"①

唐、五代都不同程度地注意到了"见佃人"的利益,而当亲邻的利益与见佃人(或见居者)的利益同时出现的时候,以何者为重,我们没有见到唐代的相关史料,《五代会要》卷十五《户部》"广顺二年(952)正月敕"中记载曰:"诸州镇郭,下及草市,见管属省店宅、水磑……所有货卖宅舍,仍先问见居人,若不买,次问四邻。不买,方许众人收买。"②在货卖系省店宅等资产时,先问见居人,次问四邻,再问众人,说明见居者的利益高于四邻。

到了宋代,在更多场合,不"问亲邻",而是更加重视见佃人(或见居者)的利益。宋初对于"已经正佃物业","先须问见佃之人","更不须问亲邻"。③尤其是一些户绝田等系官田产更是"立定租课,先问元佃人"④。

1.欲卖正佃物业,先须问见佃人,不须问亲邻。

太宗雍熙四年(987)二月殿中侍御史李范奏:"准《刑统》,应典卖物业,先问房亲;房亲不要,问四邻;四邻不要,他人并得交易。若亲邻着价不尽,亦任就高价处交易者。今详敕文,止为业主初典卖与人之时,立此条约,其有先已佃与人为主,后业主就卖者,即未见敕条。窃已见佃之人已编于籍,至于差税,与主不殊,岂可货卖之时不来询问?望今后应有已经正佃物业,其业主欲卖者,先须问见佃之人承当即据余上所值钱数,别写绝产卖断文契一道,连粘元佃并业主分文契批印收税,付见佃人充为永业,更不须问亲邻。如见佃人不要,或虽欲收买,着价未至者,即须画时批退。……或有不销竭产典卖,须至割下零舍或空地,如为实业主自要者,并听业主取便割留,即仰一如全典卖之例,据全业所至之邻,皆须一一遍问,候四邻不要,方得与外人交易。"⑤

这里边涉及几种情况:一是业主初典卖(全典卖)与人时,需要按照"房亲—四邻—他人"的顺序取问;二是业主已经转佃与人,后业主则不需要问原业主之亲邻,只需问"见佃人";三是原业主割零典卖,与初全典卖情况同,"据

① (宋)王钦若等:《册府元龟》卷四九五《邦计部·田制》,中华书局1960年版,第5933页。

② (宋)王溥:《五代会要》卷一五《户部》,第257页。

③ 《宋会要辑稿》食货六一之五六。

④ (宋)李焘:《续资治通鉴长编》卷四五七,哲宗元祐六年(1091)四月,中华书局1993年版,第10942页。

⑤ 《宋会要辑稿》食货六一之五六。

全业所至之邻,皆须一一遍问,候四邻不要,方得与外人交易"。

真宗大中祥符"七年(1014)三月诏令再次强调"正典田业"只需问见佃人:"自今典卖田宅,其邻之内如有已将田业正典人者,只问见典人,更不会问元业主,若元业主除已典外,更有田业邻至,即依至次第施行。先是京兆奏民有讼田以典到地为邻至者,法无明文故条约。"①

从法律到实践都强调了典卖物业需问"正典物业"的见典人,"更不须问亲邻";所问"邻"也是问"见典"之邻,"更不会问元业主",这就充分保障了现典人的既得利益。

2.出卖或承佃户绝田、官庄等系官田产时,先问见佃户,次问邻人。

仁宗天圣元年(1023)卖户绝田时,"检覆估价晓示见佃户依价纳钱竭产买充永业,或见佃户无力即问地邻,地邻不要方许无产业中等以下户全户收买。"②

天圣四年(1026)卖福州官庄时,"如佃户不买,却告示邻人,邻人不买,即召诸色人。仍令令佐将帐簿根究数目,如日前曾将肥土轻税田与豪富人,今止瘠地,即指挥见佃户全业收买,割过户籍。"③

哲宗元祐六年(1091)知洺州平恩县孙绛申请将户绝田土合入广惠仓,同样是"先问元佃人,两户以上者亦许分佃。无见佃人或不愿承佃则遍问四邻,及不愿即给余人承佃。"④

在出卖"系官田产"时首先考虑的是"见佃人"的利益,所谓的"亲邻"明显退居其次。有时甚至连"见佃"都不问,只考虑利益。⑤

---

① 《宋会要辑稿》食货一之一八。

② 《宋会要辑稿》食货六一之五七。

③ 《宋会要辑稿》食货一之二三。

④ (宋)李焘:《续资治通鉴长编》卷四五七,哲宗元祐六年(1091)四月载:"甲辰,尚书省言:知洺州平恩县事孙绛申请应户绝田土合入广惠仓者,立定租课,先问元佃人,两户以上者亦许分佃。无见佃人或不愿承佃则遍问四邻,及不愿即给余人承佃。从之。"(中华书局 1993 年版,第 10942 页)

⑤ 天圣六年(1028)十二月枢密使钱惟演奏:"本州准敕,户绝庄田,差官估价,召人承买。今有阳翟县户绝庄三十一顷,已有人户承买,遂差人监割交割,据本庄现佃户称要承买。缘准天圣元年诏,户绝庄或见佃人无力收买,即问地邻。五年六月敕只云'召人承买,收钱入官',即不言问与不问见佃。伏乞明降指挥。"(《宋会要辑稿》食货六一之五九。《全宋文》(五)卷一九四《钱惟演·承买户绝庄田问不问见佃乞明降指挥奏》,巴蜀书社 1989 年版,第 345 页)

3. 宋代租佃或售卖"系官田产"时,一般都会先问见佃人。

哲宗元祐元年(1086)四月"中书舍人苏轼详定役法……系官田若是人户见佃者,先问见佃人,如无丁可以应募,或自不愿充役者,方得别行召募。"①

承佃官田时,承租人添租额相同的,先给见佃人:

"(绍兴)三年(1133)三月十三日户部言:常平司见管闲田权令人户认纳二税,却于常平仓送纳,候及三年依条出卖或立定租课许人户添租承佃给最高之人,若召到人所入租课与见佃人所入数同,即先给见佃人,仍乞下湖南提刑司照会施行,从之。"②

拍租、拍卖中先次取问见佃人:

"(绍兴)五年(1135)正月三日臣僚言:诸路州县七色依条限合卖官舍,及不系出卖田舍并委逐路提刑司措置出卖,州委知州,县委知县,令取见管数目,比仿邻近田亩所取租课及屋宇价直,量度适中钱数,出榜限一月召人实封投状承买,限满拆封给着价最高之人,其价钱并限一月送纳,候纳足日交割,依旧起纳税赋,仍具最高钱数先次取问见佃赁人,愿与不愿依价承买,限五日供具回报,若系佃赁及三十年已上,即于钱价上以十分为率,与减二分。"③

拍卖中适当照顾见佃人的利益。

"乾道二年(1166)十一月九日权户部侍郎曾怀言:诸路没官户绝田产已卖到钱五百四十余万贯,所有营田,若使出卖,切虑拥并,候没官田户卖毕,申朝廷接续出卖,见佃人买者与减二分价钱与之。"④

由上可知,两宋时期,"亲邻优先权"一直存在,但是以血缘关系相束缚的"房亲"在田产流转中的地位逐渐下降,而在经济关系中的"邻"尤其是"地邻"的地位逐渐超过"房亲";受经济利益的影响,"见佃人"的地位俨然得到更为突出的强调。这些变化,无疑都是商品经济日益发展的必然结果,是唯利是图的阶级本性所致。

---

① (宋)李焘:《续资治通鉴长编》卷三七四,哲宗元祐元年四月,文渊阁四库全书第320册,第399—400页。

② 《宋会要辑稿》食货五之二二。

③ 《宋会要辑稿》食货五之二三。

④ 《宋会要辑稿》食货五之三四。

四、宋代亲邻关系淡化的原因

一般情况下,宋代典卖田宅虽然也要"问亲邻",但是有些地方"典卖田宅,多不问亲邻"①的情况时有发生,导致亲邻关系逐渐淡化。究其原因,有多方面的因素:

(一) 商品经济发展加速了土地自由买卖

"宋代社会各方面所出现的发展变化以及由此而形成的新特点,即以唐代和宋代本身社会经济的发展作为物质基础,并由它来决定的。"宋代商品经济的发达动摇着人们的亲情理念,使之萌动在人们内心深处的重利意识显现出来。"由贱而贵者耻言其先,由贫而富者不录其祖。"由此扭转了传统的"义利观"。田宅交易的血缘纽带的束缚减弱,人们之间的经济关系逐渐增强。"实际上,唐代以前,'宗族不散'的真正原因是自然经济色彩的浓重和土地买卖的不够频繁,并不是'由有谱之力也'(苏洵《嘉祐集》一三《谱例》)。唐代以后,商品货币关系的显著发展大大加速了土地买卖,因而使宗法关系这层温情脉脉的纱幕变成望之若雾的半透明体,在这种情况下,血缘纽带不可能不松弛下来。"宋代的土地买卖中"不问亲邻"情况的增多,有的地方"百姓多不晓亲邻之法";亲邻之间争讼繁多,这些何尝不是现实生活的写照。那么,用以维持"亲邻关系"的最重要的物质基础——土地越是自由地买卖,亲邻关系的血缘纽带就越会松弛。

(二) 为避契税而不书契、不问亲邻

民间的法律意识淡薄,田宅买卖时往往私相交易。一是问亲邻毕竟程序烦琐,也有可能影响卖价;二是到官府书契,还要缴纳契税。② 而私自交易似

---

① 仁宗天圣五年(1027)二月,果州同判李锡言:"本州典卖田宅,多不问亲邻,不曾书契,或即收拾抽贯钱未足,因循违限,避免陪税,是致不将契书诣官,致有争讼。"因而规定"与限百日,悉赴商税务陈首…… 限满不首,许人告论。"(《宋会要辑稿》食货六一之五八)

② "绍兴三十一年(1161)六月二十二日户部员外郎马骐言:……请乞今后人户典卖田产,若契内不开顷亩、间架、四邻所至、税租、役钱、立契业主、邻人、牙保、写契人书字,并依违法典卖田宅断罪……缘村民多是不晓法式,欲今后除契要不如式不系违法外,若无牙保,写契人亲书押字,而不曾经官司投印者并作违法,不许执用。"(《宋会要辑稿》食货六一之六六)

乎更方便、快捷又省钱。殊不知,私自交易会留下诸多遗患,增加词讼。

太宗太平兴国八年(983)三月,知袁州赵孚奏曰:"庄宅多有争诉,皆由衷私妄写文契,说界至则全无丈尺,昧邻里则不使闻知,欺罔肆行,狱讼增益。"①天圣五年(1027)十二月果州同判李锡言:"本州典卖田宅,多不问亲邻,不曾书契,或即收拾抽贯钱未足,因循违限,避免陪税,是致不将契书诣官,致有争讼。虑诸道亦有似此之类,望降指挥,与限百日悉赴商税务陈首,如无虚伪,即与免罪,只纳本分抽贯税钱,限满不首,许人告论,从之。"②

既然不立契、不走正规程序,自然也就不用问亲邻,只给出价高的买者,日积月累,势必影响到亲邻之间紧密的血亲关系。尽管政府多次纠治③,仍有很多人铤而走险。

(三) 对"不问亲邻"者的处罚轻微

宋初法律明确规定"应典卖倚当物业,先问房亲;房亲不要,次问四邻;四邻不要,他人并得交易"④,也有不曾问亲邻受到法律惩处的事例,然而,从北宋到南宋,问亲邻的范围越来越窄,不问亲邻的典卖行为所受处罚相对较轻,意味着整个社会环境中亲邻关系对人们的行为束缚越来越松弛。如上所述"与限百日悉赴商税务陈首,如无虚伪,即与免罪,只纳本分抽贯税钱",如果出现争讼,大不了交点抽贯钱了事,并不治罪。这种规定在一定程度上是在放纵或者说是默许了不问亲邻的典卖行为。况且,到官府买契税,还有可能遭遇科配。⑤ 相比之下,不问亲邻的私自交易对部分百姓来说可谓"实惠"得多。

---

① (宋)李焘:《续资治通鉴长编》卷二四,中华书局 1979 年版,第 542 页。

② 《宋会要辑稿》食货六一之五八。

③ 绍兴十三年(1143)十月又规定:"民间典卖田宅,赍执白契因事到官,不问出限,并不收使,据数投纳入官。"(《宋会要辑稿》食货七○之一四一)

④ 《宋会要辑稿》食货六一之五六。

⑤ (宋)谢深甫编撰:《庆元条法事类》卷四八《赋役门二·科敷·申明·随敕申明》载:"淳熙七年(1180)六月十五日尚书省札子:民间典买田产,就买请买官契,投纳税钱。今州县却以人户物力大小,给目子科配,预借空契纸,候有交易,许将所给空纸就官书填,名为预借牙契钱,既无交易而预借其钱,岂法意哉? 如有被借之家,许径经台、省越诉。仍委监司、御史台常切觉察,敢有违戾,即重加黜责。"(杨一凡、田涛:《中国珍稀法律典籍续编》第 1 册,黑龙江人民出版社 2002 年版,第 669—670 页)

这样,原本"卖田问邻,成券会邻"的时代必将向"不问亲邻"的时代转变。

(四) 一些"好利"亲邻妄用"亲邻权"图谋私利

《宋刑统》卷一三《户婚律·典卖指当论竞物业》曾规定:"如业主、牙人等欺罔邻亲,契帖内虚抬价钱,及邻亲妄有遮吝者,并据所欺钱数与情状轻重,酌量科断。"法律禁止典卖田宅时亲邻间的遮掩欺骗,但是随着人们"义利观"的改变,逐利之风渐渐兴起。"以谓近年以来米价既高,田价亦贵,遂有诈妄陈诉,或经五七年后称有房亲、墓园邻至不曾批退。"①典卖田宅时不曾批退,多年后诈妄陈词,妄用"亲邻权"以图利。宋人袁采在《家训》中嘱咐后辈时说:"凡邻近利害欲得之产,宜稍增其价,不可恃其有亲有邻,及以典至卖,及无人敢买,而扼损其价。万一他人买之,则悔且无及,而争讼由之以兴也。"②"亲邻优先权"(或问亲邻)存在的前提是亲邻之间共同维护家族秩序。若亲邻间用"扼损其价"的办法牟一时之利,"亲邻优先权"也便失去了原本存在的意义,这种追逐私利的作为势必会淡化亲邻关系,实际上是对亲邻关系的破坏。

(五) 人口迁移和土地兼并都将淡化"亲邻关系"

传统的中国社会人们大都"安土重迁",到宋代则不同,"三分居民,二皆客户"③,仁宗时"今之浮客,佃人之田,居人之地,盖多于主户矣。"④漆侠先生认为"从客户增长的趋势看,到南宋末年,它的比数不仅要超过南宋初的36.15,而且可能达到40。"⑤这么多的客户离开原来的居住地,也就脱离了原有的"亲邻关系",重新建立起来的只能是"地邻关系",因为没有血缘纽带,就更容易受经济利益的影响。

再有,宋代奉行的"不抑兼并"的政策,富者、贵者得以兼并大量土地,当一块土地被兼并,与之相邻的"亲邻关系"便消失。再次售卖土地时,原业主

---

① 《宋会要辑稿》食货六一之六四。
② (宋)袁采:《袁氏世范》卷下《治家》,文渊阁四库全书第698册,第637页。
③ (宋)李焘:《续资治通鉴长编》卷二七,雍熙三年(986)五月,中华书局1979年版,第615页。
④ (宋)李觏:《盱江集》卷二八《寄上孙安抚书》,文渊阁四库全书第1095册,第244页。
⑤ 漆侠:《宋代经济史(上)》,南开大学出版社2019年版,第48—49页。

的"亲邻"已非现业主的"亲邻",还需要"问亲邻"吗？只需问"见佃人"而已。

（六）"实封投状"的刬佃和拍卖加速"亲邻关系"淡化

刬佃和拍卖完全就是一种强制性的增租和涨价。不管是亲邻、地邻还是见佃者，几者之间互相"增租以攘之"①；"实封投状，增价承买，给付价高之人"②。这是一种赤裸裸的嗜财好利的行为。将"亲邻关系"抛至九霄，进入恶性竞争的境地。不仅刬佃和拍卖的地段"亲邻关系"荡然无存，对其他土地伦理，亦加速"亲邻关系"淡化的进程。

综上所述，正所谓"经济基础决定上层建筑"，一切社会发展、关系变迁等归根结底源自于经济的发展和进步，尤其是商品经济的发展，土地流转的范围和频率不断增多。无论是私有土地还是由私有转为国有的土地，在流转的过程中，土地频繁易手必定牵扯到附着于土地之上的"亲邻关系"，淡化则不可避免。

当然，"亲邻关系"淡化不是完全负面的，它打破了传统的土地伦理、降低了交易费用、顺应了商品经济发展，整体上有一定的进步意义。"'亲邻权'是一种人格化交易，而这种人格化交易导致了不动产交易中交易费用高，从而对社会效率产生巨大的耗散效应。在提高效率的价值法则的要求下，必然随着社会与经济的发展不断走向弱化乃至最后消失。从五代后期"亲邻权"成为国家成文法之后，经过几百年的司法实践，无论国家层面还是民间层面都意识到它所带来的诸多效率耗散，因此在南宋时期已经出现了有关亲邻权的法律调整，这一调整的指向便是降低交易费用，改善经济环境，节约社会成本。"③

---

① （南宋）李心传：《建炎以来朝野杂记》甲集卷一六《财赋三·省庄田》，中华书局 2000 年版，第 345 页。

② 乾道五年（1169）"九月六日知扬州莫濛言：'……今乞逐州军将所管屯田先次估定价钱，开坐田段出榜召人实封投状，增价承买，给付价高之人，理充已业，耕牛、农具亦令逐州军各行变卖。'"（《宋会要辑稿》食货三之一八）

③ 张锦鹏：《交易费用视角下南宋"亲邻权"的演变及调适》，《厦门大学学报（哲社版）》2017 年第 1 期。

第四章　宋代土地地权流转过程中的法律规制和纠纷解决

第一节　宋代土地地权流转过程中的法律规制

宋代是一个"任法"的朝代,不仅选拔官吏时注重法律,"列辟任人,治民为要,群臣授命,奉法居先。"①就连考核官吏时,都以"试刑法"作为"磨勘"的标准,如熙宁九年(1076)中书言:"中书主事以下,三年一次,许与试刑法官同试刑法,第一等升一资,第二等升四名,第三等两名,无名可升者,候有正官,比附减半磨勘,余并比附试刑法官条例。"②哲宗元符元年(1098)三月壬子,刑部言:"请三司、枢密院吏三年一次许试刑法,依条系与法官同试,通优等人数,欲乞于法官参混考较。"③直到南宋,官吏们竞相以"试刑法"作为谋图升迁的捷径,以至于官场上赴京考试者络绎不绝,导致中央不得不专门制定法条来规范相关行为,《庆元条法事类》卷一五《选举门二·试刑法·敕·诈伪敕》规定:"诸外任官乞试刑法诈冒者,徒二年。"④《选试令》规定:"诸愿试刑法者,

---

① 《宋大诏令集》卷一九一《政事四十四·文臣七条》,中华书局 1962 年版,第 701 页。

② (宋)李焘:《续资治通鉴长编》卷二七二,熙宁九年(1076)正月乙亥,文渊阁四库全书第 318 册,第 591 页。

③ (宋)李焘:《续资治通鉴长编》卷四九五,元符元(1098)三月壬子,文渊阁四库全书第 322 册,第 496 页。

④ (宋)谢深甫编撰:《庆元条法事类》卷十五《选举门二·试刑法·敕·诈伪敕》规定:"诸外任官乞试刑法诈冒者,徒二年。"(杨一凡、田涛:《中国珍稀法律典籍续编》第 1 册,黑龙江人民出版社 2002 年版,第 313 页)

不得更就尚书吏部试,若已试中选者,不许再试。"①足见官府上下对法律的重视。也正是在这种氛围下,宋代的法制及法学才有了飞跃性的发展,学法、用法成为一种社会风气,在社会生活中,各种行为"有法可依"。

应该说,商品经济越发达,越要求相对完善的法制与之相匹配,否则,没有法制保障的商品经济也不会走很远。众所周知,宋代一方面继承了唐代完备的法典《唐律疏议》,另一方面,又结合时代将法制向前推进了一大步,出现了集敕、令、格、式、申明等于一体的"敕令格式"法典,同时,宋代在法制编纂、法规内容的完备以及文书写作、司法认定程序等各方面都是前朝无法比拟的,所以,何勤华先生曾说:"中国古代法律,发展至唐达到最高水平,而中国古代法学,至宋代走上顶峰。"②

宋之前,因田产等引发的民间纠纷,一向被官方视为民间细故而不被重视。而宋代则不同,事无巨细,皆有一定之规。"今内外上下,一事制小,一罪之微,皆先有法以待之"③,"此其有关朝廷上下之纪纲,未可以细故视之。"④政府重视的表现便是以法治之,以法理政的特色也由此可见一斑。宋人袁采曾云:"官中条令,惟交易一事最为详备,盖欲以杜争端也。"⑤法律不仅保障了土地权益,在防止和解决土地纠纷中更是发挥着不可替代的作用。

宋代有关田制方面的法律、法规,前面已做了较为详细的阐述,包括"逃田法""户绝法""请佃法""限田法""括田法"等土地政令,以及《天圣田令》《庆元田令》《农田敕》和《农田水利条约》等专门法和各地方法规,结合《宋刑统》这一根本法,确实实现了"以法行政"。

下面我们简单了解一下宋代有关土地地权的若干具体规定和保护。

---

① (宋)谢深甫编撰:《庆元条法事类》卷十五《选举门二·试刑法·令·选试令》规定:"诸外任官乞试刑法诈冒者,徒二年。"(杨一凡、田涛:《中国珍稀法律典籍续编》第1册,黑龙江人民出版社2002年版,第314页)

② 何勤华:《论宋代中国古代法学的成熟及其贡献》,《法律科学》2000年第1期,第105页。

③ (宋)叶适:《叶适集·水心别集》卷一○《外稿·实谋》,中华书局1961年版,第767页。

④ 《名公书判清明集》卷一二《惩恶门·豪横·豪民越经台部控扼监司》,第459页。

⑤ (宋)袁采:《袁氏世范》卷下《治家》,文渊阁四库全书第698册,第637页。

一、法律对官、私土地所有权的保护

（一）禁止私自侵占他人私产

《宋刑统》卷一三《户婚律·占盗侵夺公私田》规定：禁止私自侵占公私田地耕作。"诸盗耕公私田者，一亩以下笞三十，五亩加一等，过杖一百，十亩加一等，罪止徒一年半。荒田减一等，强者各加一等，苗子归官主。"另外，禁止他人以各种欺诈手段骗取私人田地等财产，如果骗取后进行买卖，以盗窃罪论处。"诸妄认公私田若盗卖者，一亩以下笞五十，五亩加一等，过杖一百，十亩加一等，罪止徒二年"。禁止侵占私人墓田进行耕作，违者"杖一百，伤坟者，徒一年。即盗葬他人田者，笞五十，墓田，加一等。仍令移葬。若不识盗葬者，告里正移埋，不告而移，笞三十。即无处移埋者，听于地主口分内埋之"。这就从法律上保障了个人对私有财产的所有权，严禁任何人以任何手段侵占私有财产。

南宋时期，针对纠纷增多而扩增规定，"盗典卖田业者，杖一百，赃重者，准盗论，牙保知情与同罪。"①知情而买者，钱没官；如"以己田宅重叠典卖者，杖一百，牙保知情同罪。"②

《宋刑统》不仅禁止他人侵占私产，而且也禁止在职官员侵占他人财产："诸在官俊夺私田者，一亩以下杖六十，三亩加一等，过杖一百，五亩加一等，罪止徒二年，半园圃，加一等。【疏议曰】律称在官，即是居官挟势，侵夺百姓私田者，一亩以下杖六十，三亩加一等，十二亩有余杖一百。过杖一百，五亩加一等，三十二亩有余罪止，徒二年半。园圃谓莳果实、种菜蔬之所而有篱障者，以其沃墇不类，故加一等。若侵夺地及园圃，罪名不等，亦准并满之法。或将职分官田贸易私家之地，科断之法，一准上条贸易为罪。若得私家陪贴对物，自依监主诈欺。其官人两相侵者，同百姓例。即在官时侵夺贸易等，去官事发，科罪并准初犯之时。"③

---

① 《名公书判清明集》卷五《户婚门·争业下·从兄盗卖已死弟田业》（建阳佐官），第144页。

② 《名公书判清明集》卷九《户婚门·违法交易·重叠》（翁浩堂），第302页。

③ （宋）窦仪等：《宋刑统》卷一三《户婚律·占盗侵夺公私田》，中华书局1984年版，第204页。

禁止官府侵占民田,并对承佃者所施工力予以补偿。绍兴三年(1133)五月诏:永州营屯田事"不得侵占有主民户田土。"①宋孝宗淳熙十年(1183)闰十月诏襄阳府:"人户见请佃已施工力,开垦到熟田,尽行给付。"②"其间若有见佃人已施工力布种,听收当年花利,管纳租课。内情愿令买人偿其工直即交业者,听。"若见佃人在所佃田土上修建了房屋,"如内有佃人自造屋宇居住,未能有力承买,官司量度适中,立定白地租钱,令人户输纳,依旧居住。"③宋哲宗时兴平县民庶进状:熙宁五年(1072)时,本县官府将民户私田240余顷,抑令退为牧地,朝廷立即下诏提刑司审定给还。④

同时,宋代为了保证官员的廉洁性,禁止官员买民田。"见任官买卖并依市价,违者计赃,以自盗论,许人户越诉。"⑤宋孝宗隆兴元年(1163)规定得更加明确,"有下户为豪强侵夺者,不得以务限为拘,如违,许人户越诉。"⑥著名的三司使张方平就曾因买民田二受到惩罚。"张方平为三司使,坐买豪民产,拯劾奏罢之。"⑦

宋代从法律上最大限度地防止官府、官员利用公务、职务之便侵占民田,从而保证了私人对田产的所有权,维护了田土交易的市场秩序和社会稳定。

(二) 关于土地买卖的相关禁令

1. 禁止买卖口分田。《宋刑统》卷一三"户婚律"中规定:"诸卖口分田者,一亩笞十,二十亩加一等,罪止杖一百,地还本主,财没不追。"⑧所谓口分田,谓"计口受之,非永业及居住园宅。"⑨依该条规定:出卖口分田的行为属于违法行为,其结果是"地还本主,财没不追",也就是买卖契约无效,买主非法所

① 《宋会要辑稿》食货六三之九五。
② 《宋会要辑稿》食货六三之五五。
③ 《宋会要辑稿》食货六一之一八。
④ (元)马端临:《文献通考》卷七《田赋考七·屯田》四库全书第610册,第174页。
⑤ 《宋会要辑稿》刑法二之一〇八。
⑥ 《宋会要辑稿》刑法三之四八。
⑦ 《宋史》卷三一六《列传第七十五》,第10317页。
⑧ (宋)窦仪等:《宋刑统》卷一二《户婚律·卖口分及永业田》,中华书局1984年版,第200—201页。
⑨ (宋)窦仪等:《宋刑统》卷一二《户婚律·卖口分及永业田》,中华书局1984年版,第201页。

取得的土地应返还给原主。

2. 禁止质卖归明人的土地。神宗元丰二年(1079)十一月二十八日,诏:"恩赐归明人田宅,毋得质卖。"①"如归正人辄敢将已前并今后请射到官田典卖与人,卖主及买人一例断罪,命官申奏取旨,其田籍没入官,买人价钱亦不追理,仍许人告。"②

3. 禁止典卖沿边蕃官蕃部的土地。"应沿边蕃官蕃部地土,如系官给者,并不许递相典卖。"③

4. 禁止出卖父母的养老田。《名公书判清明集》卷五《继母将养老田遗嘱与亲生女》案中:蒋森死后,蒋森后妻叶氏将其家产一分为三,一份分给养子蒋汝霖,一份分给其亲生女儿归娘,一份作为养老田留给自己。后来,叶氏将自己的养老田遗嘱给女儿归娘,引发儿子蒋汝霖不满。法官翁浩堂认为:"叶氏此田,以为养老之资则可,私自典卖固不可,随嫁亦不可,遗嘱与女亦不可。"④也就是说养老田不可随意出卖、不可随意遗嘱与女,而是应由其子蒋汝霖继承。

(三) 保障家长对财产的绝对处置权

《宋刑统》卷十三《户婚律·典卖指当论竞物业》载:"【准】杂令,诸家长在,而子孙弟侄等不得辄以奴婢、六畜、田宅及余财物和自质举,及卖田宅。……若不相本问,违而辄与及买者,物即还主,钱没不追。"如卑幼无视父母尊长,私自处置财产,则会受到法律的处罚。"如是卑幼骨肉蒙昧尊长,专擅典卖、质举、倚当,或伪署尊长姓名,其卑幼及牙保引致人等,并当重断,钱业各归两主。"⑤

《天圣令·杂令卷(第三十)》载:"诸家长在,子孙弟侄等不得辄以奴婢六畜田宅及余财物私自质举及卖田宅。其有家长远令卑幼质举卖者皆检于官司

---

① 《宋会要辑稿》食货六一之六一。
② 《宋会要辑稿》兵一六之八。
③ 《宋会要辑稿》兵一七之四。
④ 《名公书判清明集》卷五《户婚门·争业下·继母将养老田遗嘱与亲生女》,第141页。
⑤ (宋)窦仪等:《宋刑统》卷一三《户婚律·典卖指当论竞物业》,中华书局1984年版,第205—206页。

得实,然后听之。若不相本问,违而辄与及买者物追还主。"①

若卑幼擅自典卖财产,南宋法律还规定了尊长的诉讼时效:"诸同居卑幼私辄典卖田地,在五年内者,听尊长理诉。"②但是,随着两宋商品经济的发展,亲邻关系(或者说伦理关系)对经济关系的束缚逐渐减弱,法律对个人民事权利的保护不断增强,那么,卑幼的财产权也从无到有日益显现出来。如果是卑幼拥有继承权的财产,尊长也不得私自典卖,"卑幼产业尊长盗卖,许其不以年限陈乞。"③

从北宋到南宋,法律一方面严禁卑幼私自处置家庭所有的财产,保障父母尊长的绝对处置权。卑幼私自处置家庭财产,被视为有悖伦理的行为,实质上反映了古代伦理关系对卑幼民事权利的严格束缚。另一方面,到南宋时期,受商品经济的冲击,伦理关系对经济关系的束缚日益减弱。

(四) 设立检校制度以保护孤幼财产

财产检校制度早在汉代已有之,唐代走向规范,宋代继承唐制,相较更为完善。比较典型的就是唐宋时期对户绝财产的检校,《宋刑统》卷一二《户婚律》之《户绝资产》(同《唐律疏议》卷一二《丧葬令》)规定:"诸身丧户绝者,所有部曲、客女、奴婢、店宅、资财,并令近亲(亲依本服注:不以出降),转易货卖,将营葬事及量营功德之外,余外并与女。(户虽同,资财先别者,亦准此)无女,均入以次近亲,无亲戚者,官为检校。若亡人在日,自有遗嘱处分,证验分明者,不用此令。"

对于户绝财产的处置,有女儿的,由女儿继承。无女儿,则分给近亲或遵遗嘱。没有近亲的,没入官。不管是哪种情况,都得经过官府"检校"。

非户绝之财产,子(继承人)尚幼的情况下,"官为检校"。宋太宗太平兴国二年(977)五月诏:"为人继母而夫死改嫁者,不得占夫家财物,当尽付夫之

---

① 天一阁博物馆、中国社会科学院历史研究所:《天一阁藏明钞本天圣令校正》,中华书局2006年版,第233页。

② 《名公书判清明集》卷六《户婚门·争屋业·再判》(吴恕斋),第190页。

③ 《名公书判清明集》卷九《户婚门·违法交易·卑幼为所生父卖业》(蔡久轩),第299页。

子孙,夫家财产尽给夫之子孙,幼者官为检校,俟其长,然后给之。违者以盗论。"①"元丰令"规定:"孤幼财产,官为检校,使亲戚抚养之,季给所需,资蓄不满五百万者,召人户供质当举钱,岁取息二分为抚养费。"②南宋官员叶岩峰在判词中解释道:"所谓检校者,盖身亡男孤幼,官为检校财物,度所需,给之孤幼,责付亲戚可托者抚养,候年及格,官尽给还,此法也。"③其中明确了检校制度的前提、检校方式和检校结束时间。南宋时为维护孤幼的合法权益,防止被尊长或他人侵犯,又进一步规定:"准敕,诸身死有财产者,男女孤幼,厢耆、邻人不申官抄籍者,杖八十。因致侵欺规隐者,加二等"。"准敕,辄支用已检校财产者,论如擅支朝廷封桩钱物法,徒二年。"④"卑幼产业为尊长盗卖,许其不以年限陈乞。"⑤

官为"检校"本身就是对孤幼财产的保护。

二、关于田产产权及产权交易的若干规定

(一) 产权的证明——户帖

户帖(即"定帖")是拥有田产产权的证明和象征。宋代户帖最早见于太祖建隆四年(963)十月的诏书,"诏曰:萧何入关,先收图籍,沈约为吏,手写簿书,此官人之所以周知,众寡也。如闻向来州县催科,都无帐历自今诸州委本州判官、录事参军点检,逐州如官无版籍及百姓无户帖、户抄处,便仰置造,即不得烦扰人户,令佐得替日,交批历,参选日,铨曹点检。"⑥百姓凭户帖纳税,履行产权所有权人的责任。景德《农田敕》规定:"买置及析归业居、归业佃逃户未并入本户者,各出户帖供输。"⑦

---

① (宋)李焘:《续资治通鉴长编》卷一八,太平兴国二年(977)五月丙寅,中华书局1979年版,第404页。

② 《宋会要辑稿》食货六一之六一至六二。

③ 《名公书判清明集》卷七《户婚门·检校·不当检校而求检校》(叶岩峰),第228页。

④ 《名公书判清明集》卷八《户婚门·检校·侵用已检校财产论如擅支朝廷封桩物法》(胡石壁),第281页。

⑤ 《名公书判清明集》卷九《户婚门·违法交易·卑幼为所生父卖业》(蔡久轩),第298页。

⑥ 《宋会要辑稿》食货一一之一。

⑦ 《宋会要辑稿》食货一之二〇;《宋会要辑稿》食货六三之一七〇。

至于户帖的具体内容,徽宗宣和元年(1119)"农田所"的一份奏文中为我们提供了关于发给系官田租佃者的"户帖"中包含的内容:

"(徽宗)宣和元年八月二十四日,农田所奏:'应浙西州县自今来积减退露出田土,乞每县选委水利司谙晓农田文武官,同与知佐分诣乡村检视标记,除出人户己业外,其余远年逃田、天荒田、草莽、茭荡及湖泺退滩、沙涂等地,并行打量步亩、立四至、坐落、著望、乡村,每围以千字文为号,置簿拘籍,以田邻见纳租课比补,量减分数,出榜,限一百日召人实封投状,添租请佃。限满拆封,给租多之人,每户给户帖一纸,开具所佃田色步亩、四至、著望、垦纳租课,如将来典卖,听依系籍田法,请买印契、书填交易。'从之。"①

南宋时,又增加了房产和地基等内容:《宋会要辑稿》之《钞旁定帖杂录》记载:

"(高宗绍兴二年)闰四月三日,右朝奉郎姚沈言:'乞下诸路转运司相度曾被兵火亡失契书,业人许经所属陈状,本县行下,本保邻人依实供证,即出户帖付之,邻人邀阻不为,依实勘会,及县吏不即时给帖,并许业人越诉,其合干人重实典宪,庶几民间物业,各有照据。'从之。"②

宋代政府在北宋末期开始征收户帖钱,缴纳户帖钱也是业主拥有产权的一个证明:典卖田宅议定价钱之后,三日内请买"定帖"。"两浙转运司拘收管下诸县岁额外,合依淮南例收纳人户典卖田宅赴官收买定帖钱。淮南体例:人户典卖田宅,议定价直,限三日先次请买定帖出外,书填本县上簿,拘催限三日买正契,除正纸工墨钱外,其官卖定帖二张,工墨钱一十文省,并每贯收贴纳钱三文足,如价钱五贯以上,每贯贴纳钱五文足。"③

"(绍兴五年)十有一月庚午朔诏:诸路州县出卖户帖,令民间自行开具所管地宅田亩间架之数,而输其直,仍立式行下。时诸路大军多移屯江北,朝廷以调度不继,故有是请焉。已而中书言:恐骚扰稽缓,乃立定价钱。应坊郭、乡村出等户皆三十千,乡村五等、坊郭九等户皆一千,凡六等,惟闽、广下户则差减焉。期一季足,计纲赴行在。即旱伤及四分以上,权住听旨。其钱令都督府

---

① 《宋会要辑稿》食货一之三三。
② 《宋会要辑稿》食货七〇之一三九。
③ 《宋会要辑稿》食货六一之六二。

桩管,非被旨毋得擅用。时州县追呼颇扰,乃命通判职官遍诣诸邑,当面给付民户。其两浙下户,展限一年月。内诸路簿籍不存者,许先次送纳价钱,俟将来造簿毕日给帖焉。"①

交完"定帖"只是意味着业主拥有了该田产的产权,还没有完成产权转移的手续。

(二) 产权的登记、造册——砧基簿

买"钞旁定帖"之后,不可或缺的一项就是填砧基簿,这是宋代为保护私有产权而建立的较为完善的登记制度,同时也是国家向个人收缴的一项主要的税务。对个人来说是不可或缺的法律程序。

"砧基簿"在北宋后期成为重要的账簿②。徽宗宣和元年(1119)"农田所"的奏议中有官员提出将"远年逃田、天荒田、草葑、菱荡及湖泺退滩、沙涂等地,并行打量步亩、立四至、坐落、著望、乡村,每围以千字文为号,置簿拘籍",随后宋徽宗批准了这个建议。③ 不上砧基簿的田产视为非法田产。"人户田产多有契书,而今来不上砧基簿者,皆没官。"④因为砧基簿才是纳正税的依据。

到南宋,无论是"系官田产"还是民产,砧基簿都是增减租课、核查租赋缴纳情况的重要依据。高宗绍兴五年(1135)四月二日参知政事孟庾掌管的总制司在给朝廷的一份关于出卖官田的奏议中提到,官府要"括责步亩、增减租课、改造砧基簿"⑤。

绍兴十三年(1143),原尚书左司员外郎李椿年被宋高宗任命为两浙转运副使、专一措置经界,在全国推行经界法,他甚至让民户自行造详细的砧基簿,然后政府再进行核实,"欲乞令官民户各据画图了当,以本户诸乡管田产数

---

① (宋)李心传:《建炎以来系年要录》卷九五,绍兴五年十有一月庚午朔,中华书局 2013 年版,第 1811—1812 页。

② 刘云:《砧基簿与南宋土地登记制度的建立》:"北宋建国之初,朝廷下令州县重新"置造"户帖等版籍,至南宋初年,户帖逐渐被砧基簿所取代。"(《农业考古》2012 年第 6 期)

③ 《宋会要辑稿》食货一之三三。

④ (元)马端临:《文献通考》卷五《田赋考五·历代田赋之制》,中华书局 1986 年版,第 62 页。

⑤ 《宋会要辑稿》食货六一之八。

目,从实自行置造砧基簿一面,画田形丘段,申说亩步、四至、元典卖或系祖产,赴本县投纳、点检、印押、类聚,限一月数足缴赴措置经界所。以凭照对画到图子,审实发下,给付人户,永为照应。"①

如果遇有田产交易纠纷,"砧基簿"也是裁定产权的重要凭据,宋人杜范(1182—1245)云:"民以实产受常赋为砧基簿,印于县而藏之家,有出入则执以诣有司书之。"②绍兴十九年(1149)户部侍郎宋贶申明李椿年旧规:"典卖田宅不赍砧基簿对行批凿,并不理为交易。"③"虽有契书,而不上今来砧基簿者,并拘入官。今后遇有将产典卖,两家各赍砧基簿及契书,赴县对行批凿。如不将两家簿对行批凿,虽有契帖干照,并不理为交易。县每乡砧基簿一面,每遇人户对行交易之时,并先于本乡砧基簿批凿,每三年,将新旧簿赴州,新者印押下县照使,旧者留州架阁,将来人户有诉去失砧基簿者,令自陈,照县簿给之,县簿有损动,申州,照架阁库簿行下照应。每县逐乡砧基簿各要三本,一本在县,一本纳州,一本纳转运司,如果损失,并仰于当日付所属抄录,应州县及转运司官到任,先次点检砧基簿,于批书到任内作一项批云:交得砧基簿计若干面,并无损失。"④

因为"砧基簿"关系着赋税的征收,政府当然格外重视,有不实者,允许其互相纠告。比如:绍兴三十年(1160),"令纯州平江县民户结保打量实耕田亩,赴官自陈,每亩输税米二升四合,仍置砧基簿,有不实,许告赏。"⑤

关于"砧基簿"的具体内容:

绍兴三十一年(1161)户部建议,人户典卖田产时,必须在契约内写明"顷亩、间架、四邻所至、税租役钱、立契业主邻人牙保写契人书字",并按旧条"对行批凿砧基簿",否则,依违法典卖田宅断罪,⑥"乞今后人户典卖田产,若契内不开顷亩、间架、四邻所至、税租役钱、立契业主、邻人、牙保、写契人书字,并依

---

① 《宋会要辑稿》食货六之三九至四〇。
② (宋)杜范:《清献集》卷一六《常熟县版籍记》,文渊阁四库全书第 1175 册,第 735—737 页。
③ 《宋会要辑稿》食货六一之六六。
④ 《宋会要辑稿》食货六之三九至四〇。
⑤ (宋)李心传:《建炎以来系年要录》卷一八五,绍兴三十年秋七月庚子,第3108 页。
⑥ 《宋会要辑稿》食货六一之六五至六六。

违法典卖田宅断罪。"①

　　《江苏省通志稿·金石志》卷一四《吴县续学田记一》中记载的学田有详
细的"砧基簿"登记情况,其内容如下:

　　　　吴县续学田记一

　　　　(中略)

　　　　一契,嘉泰四年四月二十六日,用钱二百贯文九十九陌典
　　　　到府前状元坊住人何镇将自己税地上,自备木植,在上
　　　　盖店屋壹所,共伍间,并系竹橡瓦盖,在仓衡堂巷街,
　　　　北面南坐落今开具下项:

　　　　一,正面贰间,系朝南壹,带砖砌增头,并全内东壹间,装
　　　　木板榻,共伍片,里装金漆福子贰片,黑木大眼福
　　　　子壹片,内西壹间,装吊榻两片,下装槛盘芦壁,又
　　　　木门壹片,中菜壁壹带四堵,四向壁落全。

　　　　一,入里叁门,面东壹带装短直眼黑木窗,共柒片,内壹
　　　　间装房,又壹间安顿杂物,壹间作厨灶,砖灶叁爨,
　　　　东司壹眼,金漆木门壹扇,黑木方眼桶子壹扇,直
　　　　眼白木吊窗壹片,直眼金漆福子两片,辛心壹带,
　　　　砖井壹口,四向壁落全,系本人租在名下住居,每
　　　　日典还赁钱壹佰贰拾文足。

　　　　一契,嘉泰四年七月内,用钱壹叶玖伯单捌贯伍佰伍拾文
　　　　九十九陌买到间丘吏部右司媳妇陶氏妆奋元买到长
　　　　洲县陈公乡念伍都坐字号苗田,共壹拾染段,计壹伯叁
　　　　拾陆亩叁角壹拾肆步,其田四止坐落细号段数,今开具
　　　　如后:

　　　　一,坐字柒号田采亩,元买吴安田,东止吴七四,西止吴
　　　　六三嫂,南止寅字号田,北止下段

　　　　一,坐字柒号段内田伍亩,元买吴安田,东止吴七四,西
　　　　止吴六三嫂,南止寅字、卯字号田,北止金三三娘

---

①　《宋会要辑稿》食货六一之六六。

一,坐字陆号田贰亩壹拾步,元买吴祖田,东止唐,西止

盛,南止吴,北止吴

(中略)

一,坐字号壹佰壹拾亩段内田肆拾壹亩壹角,元买吴

六三嫂、吴七三、吴七四、吴七十五,东止瓦子径,

西止界,南止松江,北止陈宅田

已上田共上租米壹佰贰拾叁硕壹斗(后略)①

此登记簿中有两契:"宅契"和"田契",其中"田契"的内容包括买田的钱数、地段位置、界至、亩数、缴纳的租米数等,基本符合政府规定。

乾道九年(1173)南宋朝廷进一步明确产权责任,规定更为详细,"(孝宗乾道九年)十月九日诏:逐路常平司行下所属州县,自今交易产业,既已印给官契,仰二家即时各赍干照、砧基簿赴官,以其应割之枕,一受一推,书之版簿,仍又朱批官契,该载过割之详,朱批已圆,方得理为交易,如或违戾,异时论诉到官,富豪得产之家虽有契书,即不凭据受理,从臣僚请也。"②产权交易之际,不仅要有干照(契书)和"砧基簿",还必须经官府"朱批",一个不能少。可见,"砧基簿"不仅是纳税凭证,在明晰产权方面也发挥重要作用,一旦有田产纷争,官府"必索各户砧基簿书,而后知(人户)所买亩段着落。"③

(三) 合法的产权合同——契书

契书相当于买卖合同,它与"砧基簿"不同。曹彦约曾对契书与砧基簿作过区分,他认为"夫契书者,交易之祖也,砧基簿者,税役之祖也。曩时经界立法,固已灼知奸弊之原委,而立为对行批凿之定论矣。不对行批凿,则不理为交易,虽有立定契约,亦且不用,其辞甚严,其关防甚悉。"④

契书也不同于"定帖"。戴建国先生指出:"所谓'正契'……是指专为出

---

① 江苏通志局:《江苏省通志稿·金石志》卷一四《吴县续学田记一》,江苏通志局,1927年影印本《石刻史料新编第一辑》第13册,第9781—9782页,新文丰出版公司编辑出版1982年版。

② 《宋会要辑稿》食货六一之六七。

③ (宋)徐经孙:《矩山存稿》卷三《杂著·上丞贾似道言限田》,文渊阁四库全书第1181册,第33—34页。

④ (宋)曹彦约:《昌谷集》卷一〇《劄子·新知澄州朝辞上服劄子》,文渊阁四库全书第1167册,第118页。

典田宅人户印制的供成交时使用的标准典契正本,上书出典主姓名、居住区域、所典田宅的种类、号数、面积、坐落方位、四至界止、典主姓名、交易的价格、货币种类和数量、货币的交收、产权担保等内容;而定帖则指官印田宅契书,是证明田宅交易合法性的凭证,主要用于交易双方过割税租和缴纳役钱的登录,是买卖者与官方订立的契约。"①一旦交易达成,需要到官府办理交接手续,宣和七年(1125)二月八日三省言:"诸路州军人户,欲自今应典卖田宅,并齐元租契赴官随产割税,对立新契。其旧契便行批凿除豁,官为印押。本县户口等第簿亦仰随时销注,以绝产去税存之弊。"②之后,官府发给"赤契",任何私下签订的"白契"都不具有法律效力。"况其录白干照,即非经官印押文字,官司何以信凭?"③所以政府明令禁止使用"白契",绍兴十三年(1143)十月六日臣僚言:"应民间典卖田宅,赍执白契因事到官,不问出限,并不收使,据数投纳入官。"④

至于"赤契"包括哪些内容,"顷亩、间架、四邻所至、税租、役钱、立契业主、邻人、牙保、写契人书字"这些内容缺一不可,否则均属于违法典卖。

"绍兴三十一年(1161)六月二十二日户部员外郎马骐言:……请乞今后人户典卖田产,若契内不开顷亩、间架、四邻所至、税租、役钱、立契业主、邻人、牙保、写契人书字,并依违法典卖田宅断罪,……缘村民多是不晓法式,欲今后除契要不如式不系违法外,若无牙保、写契人亲书押字,而不曾经官司投印者并作违法,不许执用。"⑤

既然是具有合同性质的契书,田产业主的所有权或者佃权,借此获得法律的认可和保护。"仁宗天圣八年(1030)二月,审刑院言:两浙自天圣元年(1023)已前,人户买卖田产,见有契券印税,改割税赋分明者,其业主(卖主)却称是当日卑幼蒙昧,尊长卖过,却论认者,官司更不为理,并依元立契为主。"⑥"(绍兴五年)七月十五日,诸路都督行府言勘会潭鼎岳……昨缘水寨

---

① 戴建国:《宋代的田宅交易投税凭由和官印田宅契书》,《中国史研究》2001年第3期,第108页。

② 《宋会要辑稿》食货六一之六三。

③ 《名公书判清明集》卷五《户婚门·争业下·物业垂尽卖人故作交加》,第153页。

④ 《宋会要辑稿》食货七〇之一四一。

⑤ 《宋会要辑稿》食货六一之六六。

⑥ 《宋会要辑稿》食货六一之六〇。

作过……沿湖居民抛弃田土甚多,今来渐已归业,令逐州军将抛弃田土,如元地主归业,委自令丞子细照检见收执契状、户钞或乡书手造到文簿之类,可以见得分明,给还,依旧耕种。其元地若已被人请佃,开耕了当,即依邻近现田地段内许对数指射。"①

(四) 产权申诉的法律规定

在田产交易中,若存有争议,宋代法律赋予当事人以申诉权,但也作出一定限制,规定了申诉条件和申诉时间。《宋刑统》卷十三《户婚律·婚田入务》规定:"准《杂令》,谓诉田宅、婚姻、债负之类,起十月一日,至三月三十日检校,以外不合,若先有文案交相侵夺者,不在此例。臣等参详:所有论竞田宅、婚姻、债负之类(原注债负谓法许征理者。)取十月一日以后,许官司受理,至正月三十日住接词状,三月三十日以前断遣须毕,如未毕,具停滞刑狱事由闻奏。如是交相侵夺及诸般词讼,但不干田农人户者,所在官司随时受理断遣,不拘上件月日之限。"②

《天圣令·杂令卷(第三十)》规定的内容大致相同:"诸诉田宅婚姻债负,起十月一日官司受理,至正月三十日住接词状,至三月三十日断毕。停滞者,以状闻。若无有文案及交相侵夺者,随时受理。"③

三、关于"典权"的若干法律规定

"典权制是早于永佃制和田底田面惯例而率先成熟的重要产权形态,是传统中国土地产权形态演进的关键性制度之一。完整意义上的典权制形成于唐末五代,入宋后日趋成熟,典卖已普遍成为土地交易的重要方式。"④

"土地所有者将土地占有使用权出典给他人,承典主支付典价,在约定的期限内,占有出典人的土地加以使用和收益,而不必支付租金;在约定的使用

---

① 《宋会要辑稿》食货六九之五四。
② 《宋刑统》卷一三《户婚律·婚田入务》,中华书局 1984 年版,第 207 页。
③ 宁波博物馆、中国社科院历史研究所:《天一阁藏明钞本天圣令校证》,中华书局 2006 年版,第 233 页。
④ 戴建国:《从佃户到田面主:宋代土地产权形态的演变》,《中国社会科学》2017 年第 3 期。

期满后,出典主以原典价赎回土地,而不必支付利息。"①"典权"涉及业主和典主双方在典卖过程中的权益,"地主将土地使用收益权出典给他人,自己保留土地回赎权,典买人支付典价取得占有出典人土地而享有使用收益和部分处分权的权利,谓之典权。"②

关于"佃权",我们从文献记载中网罗到的相关规定如下:

（1）田产典卖,须凭印券交业。③

（2）在法,典田宅者,皆为合同契,钱业主各收其一,此天下所通行,常人所共晓。④

（3）典业须有合同契,将来要赎,仰执出合同,以凭照对。⑤

（4）人户出典田宅,依条有正契,有合同契,钱、业主各执其一,照证收赎。⑥

（5）在法,诸典卖田产,年限已满,业主于务限前收赎,而典主故作迁延占据者,杖一百。⑦

（6）宋太祖建隆三年（962）敕曰:"其田宅见主,只可转典,不可出卖。"⑧

上述法律规定强调了三点:典卖、收赎田宅,必须凭合同契;典主不能借"务限"刁难业主收赎;钱主有权转典,无权出卖。这些规定无疑保证了买卖双方的基本合法权益（典权和赎权）,防止任意妄为的典卖行为,使"典权制"向有序的方向迈进。

"典权制促进了土地产权权能的分化,为土地流通、合理配置土地资源开

---

① 戴建国:《宋代的民田典卖与"一田两主制"》,《历史研究》2011 年第 6 期。
② 戴建国:《从佃户到田面主:宋代土地产权形态的演变》,《中国社会科学》2017 年第 3 期。
③ （宋）陈襄:《州县提纲》卷二,丛书集成初编 1985 年本。
④ 《名公书判清明集》卷五《户婚门·争业下·典卖园屋既无契据难以回赎》（莆阳),第 148 页。
⑤ 《名公书判清明集》卷九《户婚门·取赎·妄执亲邻》,第 309 页。
⑥ 《宋会要辑稿》食货六一之六四。
⑦ 《名公书判清明集》卷九《户婚门·取赎·典主迁延入务》（胡石壁),第 317—318 页。
⑧ 《宋会要辑稿》食货六一之五六。

辟了新的途径。"①

关于"典权"的性质,学术界一直存有争议。主要有"用益物权说""担保物权说""双重权利说"三种观点②,这里不做过多讨论,只就史实作客观阐述。

什么行为属于"典",它与"当"实际上是有区别的。

《名公书判清明集》卷六《户婚门·抵当·抵当不交业》载:"徐子政嘉定八年(1215)用会二百八十千,典杨衍田七亩有奇,契字虽已投印,然自嘉定至淳祐二十有六年,徐即不曾收税供输,杨即不曾离业退佃,自承典日为始,虚立租约,但每年断还会三十千。以此观之,杨衍当来不过将此田抵当在子政处,子政不过每岁利于增息而已。"本案中虽名"典",也有"契书",按规定"典买只凭牙证,倚当不必批支书"③,似乎属于典卖行为,可是业主(出典人)杨衍并未离业,典主徐子政也"不曾收税供输","杨衍当来不过将此田抵当在子政处",也就是属于"抵当",而不是真正的"典"。

"正式的典当具有以下两个要素:第一,典主必须离业,由钱主管业;第二,钱主必须受税,即经官府将典主这部分田土的税额割归钱主户下。凡是典主仍管业、仍纳税的,就不是正典而是抵当,其实就是以产业抵押,向钱主借钱。民间进行田土交易,有时为了逃避国家契税,常常会发生名为'典',实为'抵当',最终引起田土纠纷的事情。"④

如果是典卖,出典人具有赎回权。只是宋代各个时期,有关赎回权的期限不同:宋初业主的"赎回权"期限是30年:

"今后应典及倚当庄宅物业与人,限外虽经年深,元契见在,契头虽已亡没,其有亲的子孙及有分骨肉证验显然者,不限年岁,并许收赎。如是典当,限外经三十年后,并无文契及虽执文契难辨真虚者,不在论理收

---

① 戴建国:《从佃户到田面主:宋代土地产权形态的演变》,《中国社会科学》2017年第3期。
② 王利明:《物权法研究》,中国人民大学出版社2013年版,第516—519页。
③ 《名公书判清明集》卷九《户婚门·违法交易·正典既子母通知不得谓之违法》,第299页。
④ 郑定、柴荣:《两宋土地交易中的若干法律问题》,《江海学刊》2002年第6期。

赎之限。"①"应有典赁倚当物业与人,过三十周年,纵有文契保证,不在收赎论索者。凡典当有期限,如过三十年后,亦可归于现主。"②

后来法律对赎回的时间有过修改,"如十五年外,见有人住佃者,不令收赎,今详年限稍远,欲乞限十年内许……限满不赎。"③南宋时规定:凡是典期届满,出典人备钱收赎,"并许收赎"。"在法:诸典卖田产,年限已满,业主于务限前收赎,而典主故作迁延占据者,杖一百。"④"过十年典卖人死,或已二十年,各不在论理之限。"⑤

业主的"赎回权"期限从北宋初最高30年缩短到南宋时的10年,意味着土地更频繁地进入到流通领域。

凡是在法定期限内,典主依法定程序有权赎回田产。"书填所典田宅交易钱数、年限"⑥,"若契内不开顷亩、间架、四邻所至、税租役钱,立契业主,邻人,牙保,写契人书字,并依违法典卖田宅断罪。"⑦

另外,出典人具有绝卖权,这也是出典人拥有土地产权的一个标志。而典权人"只可转典,不可出卖"。《名公书判清明集》卷九《典主如不愿断骨合还业主收赎》载:"范佖(范郿之父)于乾道三年(1167)至淳熙四年(1177),以小郭坂园屋……出典与丁逸。丁逸家人丁叔显于嘉泰末、开禧初年……缴上手转典与丁伯威管业……范郿贫窭,欲断屋骨,则不为之断骨,欲取赎,则不与之还赎,欲召人交易,又不与之卖与他人。"从中可知,范郿之父作为出典人原本典与丁逸,丁逸又转典他人。该田产的产权仍属于范家。后来范郿因为贫困,想绝卖该田产,要求丁逸家人交一部分价款,丁家不与;范郿则想赎回,丁家也不与。法官最后裁断:"如丁元珍不与断骨,即合听范郿备元典钱,就丁伯威取赎。如范郿无钱可赎,仰从条别召人交易。丁伯威如敢仍前障固,到官定从

① (宋)窦仪等:《宋刑统》卷一三《户婚律·典卖当论竞物业》,中华书局1984年版,第206页。

② 《宋会要辑稿》食货六一之五六。

③ 《宋会要辑稿》食货一之二三。

④ 《名公书判清明集》卷九《户婚门·取赎·典主迁延入务》(胡石壁),第317页。

⑤ 《名公书判清明集》卷四《户婚门·争业上·漕司送许德裕等争田事》(范西堂),第118页。

⑥ 《宋会要辑稿》食货六一之六四。

⑦ 《宋会要辑稿》食货六一之六六。

条施行,干照各给还。"出典人的典权中包括绝卖权,一旦"断骨"则失去典权,也就是没有了产权。本案中范郿并未"绝卖",依然拥有"取赎权"。

对此,本书契合了赵晓耕、刘涛的观点:"典是指典权人支付典价,占有他人不动产而进行使用、收益的权利。出典人将自己所有的不动产交于典权人占有、使用、收益,但保留对该财产的所有权,典权期限届满可以赎回;典权人支付典价,取得典物的使用权、收益权,在典权期限届满出典人不赎回时,可以继续获得对典物的使用权和收益权。"①

上述法律规定并非全部,只是部分与本文相关的内容,但是从中也能看出,宋代对产权的保护已经进入相对法制化的轨道。商品经济越发展,法制越趋完善,人们的法律意识越浓,反过来也推动着商品经济走向有序化。在这个过程中,发生纠纷以及解决纠纷便是宋代政府乃至整个社会都要面临的重要问题。

第二节　宋代土地地权流转过程中纠纷增多的背景及原因分析

张晋藩先生曾说:"两宋商品经济的发展,推动了民事法律关系的复杂化,极大地丰富了民事法律的内容,成为中国民法史上陡起的一个高峰。"②的确,宋代商品经济促使私有制不断加深,土地地权流转频繁,与之相应,宋代法制尤其是南宋的《庆元条法事类》汇编,内容相对完备,也从侧面印证了宋代法律关系的复杂化,反映了当时民事纠纷增多,需要不断完善法律关系,从而推动了法制发展。从《名公书判清明集》的记载来看,"在宋代的司法实践中,法官处理的亲属间财产争讼案件将近占到了所有民事案件的59%"③。不得不说,官员日常处理的大部分案件属于这类的田产纠纷。而且这种局面一直

---

① 赵晓耕、刘涛:《中国古代的"典"、"典当"、"倚当"与"质"》,《云南大学学报(社会科学版)》2008年第1期。

② 张晋藩:《中华法制文明的演进》,法律出版社2010年版,第339页。

③ 张本顺:《反思传统调解研究中的韦伯伦理"类型学"范式》,《甘肃政法学院学报》2014年第6期。

延续到清代。根据曹培先生在《清代州县民事诉讼初探》中的估算:清代州县民事案件约占全部案件的 50%。[①] 黄宗智先生也指出:"在清代后半期,县衙门每年处理五十至五百个民事案子,好些县可能每年在一百至二百件。平均而言,每县有一百五十件左右。"[②]

可见,宋及后世的"诉讼"之风用"喧嚣"来形容实不为过,尤其是东南地区。那么,该区域的民事纠纷是在什么背景之下、由哪些因素导致的呢?

一、东南地区的"好讼"习俗

江南很多地区有"好讼"习俗,我们网罗了现有资料,列表如下:

表 4-1　江南的"好讼"地区

地区	"好讼"之风	出处
虔州(今赣州)	虔州地远而民好讼	杜大珪《名臣碑传琬琰集》上卷八《赵清献公抃爱直之碑》
杭州	民俗繁夥,多斗讼狴犴,往往充斥,而吏皆大奸宿藏,舞文市狱,无所顾忌	葛胜仲《丹阳集》卷二四《附录·宋左宣奉大夫显谟阁待制致仕赠特进谥文康葛公行状》
江西	江西细民险而健,以终讼为能	黄庭坚《山谷集》卷一《赋十首·江西道院赋序》
虔州	虔州虔民轻狡好讼	韩琦《安阳集》卷四六《墓志·三兄司封行状》
潭州(今湖南长沙)	王罕知潭州,州素号多事……有老妪病狂,数邀知州诉事	司马光《涑水记闻》卷一四
安徽歙州	歙州民习律令,性喜讼,家家自为簿书……有讼,则取以为证	欧阳修《欧阳修全集·居士外集》卷一一《尚书职方郎中分司南京欧阳(颖)公墓志铭》

---

① 曹培:《清代州县民事诉讼初探》,《中国法学》1984 年第 2 期。
② 黄宗智:《民事审判与民间调解:清代的表达与实践》,中国社会科学出版社 1998 年版,第 171 页。

地区	"好讼"之风	出处
醴陵、太和（隶潭州今湖南长沙）	醴陵太和皆大邑,民喜斗讼	欧阳修《欧阳修全集·居士集》卷二八《陇城县令赠太常博士吕君墓志铭》
庐陵（隶江西吉安）	庐陵人喜斗讼,械系常充县庭	曾巩《元丰类稿》卷四七《碑·太子宾客致仕陈公神道碑铭》
广州	"妇女凶悍喜斗讼,虽遭刑责而不畏。"	庄绰《鸡肋编》卷中
江西	世传江西人好讼,有一书名邓思贤,皆讼牒法也	沈括《梦溪笔谈》卷二五《杂志二》
江西	度支员外郎林大声言:"江西州县百姓好讼,教儿童之言有如'四言杂字'之类,皆词讼语。"	李心传《建炎以来系年要录》卷一四九,绍兴十三年八月丁未
海陵（江苏泰州）	海陵民好争讼,吏多不能直	马令《南唐书》卷一九《褚仁规》
吉州（江西吉安）	吉州民多争讼,古称难治	马令《南唐书》卷二一《王崇文》
淳安（今浙江金华境内）	吏奸民隐,百出无穷。文书讼牒,牵连纷纤,日惟不暇	《淳安县志》卷一四
扬州	江南东西路,盖禹贡扬州之域……其俗性悍而急,丧葬或不中礼,尤好争讼,其气尚使然也	《宋史》卷八八《地理志》
袁州、吉州	而南路有袁、吉壤接者,其民往往迁徙自占,深耕概种,率致富饶,自是好讼者亦多矣	《宋史》卷八八《地理志》
湖湘	湖湘之民,率多好讼,邵阳虽僻且陋,而珥笔之风亦不少	《名公书判清明集》卷八《户婚门·检校·侵用已检校财产论如擅支朝廷封桩物法》

续表

地区	"好讼"之风	出处
浙右	浙右之俗,嚣讼成风,非民之果好讼也,中有一等无藉哗徒,别无艺业,以此资身	《名公书判清明集》卷一三《惩恶门·哗徒·哗徒反复变诈纵横捭阖》
婺州(今浙江金华)	婺州东阳,习俗顽嚣,好斗兴讼,固其常也	《名公书判清明集》卷一三《惩恶门·告讦·资给人诬告》
饶州、信州、徽州	垄断小人,嚣讼成风	《名公书判清明集》卷一二《惩恶门·把持·讼师官鬼》
西安(今浙江衢州)	西安词讼所以多者,皆是把持之人操持讼柄,使讼者欲去不得去,欲休不得休	《名公书判清明集》卷一二《惩恶门·把持·专事把持欺公冒法》
浙右	浙右之俗,嚣讼成风	《名公书判清明集》卷一三《惩恶门·哗徒·哗徒反复变诈纵横捭阖》
邵武、龙溪(今福建境内)	邵武百姓"健讼而耻不胜"。龙溪百姓"巧避法网","讼牒充庭"	《邵武府志·龙溪县志》卷一

从上表中可以看出,好讼之风多在东南地区,该区域经济相对发达,民众争强好胜,利益观浓厚,民间纠纷之多也在情理之中。其中的江西地区①,不仅出现了专门的"讼学",甚至是将其作为"家学",如"虔、吉等州,专有家学,教习词诉,积久成风,胁持州县,伤害善良。仰监司守令遍出榜文,常切禁止,犯者重置以法。"②"曰歙州,民习律令,性喜讼。家家自为簿书,凡闻人之阴私

---

① 《江西通志(光绪)》卷六九《(永丰)建县记(段缝)》载:"(至和元年)按吉水之为邑,自太平兴国至至和初,尤为诸邑剧,丁粮之繁,赋输之多,疆理之充斥,诉讼之纷纭,为州与县者常病之。……今天下号难治,惟江西为最,江西号难治,惟虔与吉为最。其所以为难治者,盖民居深谷大泽,习俗不同,或相尚以讼,相好以酒,视死如戏玩,较理如析毫。"(宋)尹洙:《河南集》卷一六《故两浙转运使朝奉郎尚书司封员外郎护军赐紫金鱼袋韩公墓志铭》载:"虔于江西号难治,民喜讼,或伪作冤状,悲愤叫呼,似若可信者非久于政莫能辨。"(文渊阁四库全书第1090册,第92页)

② 《宋会要辑稿》刑法二之五〇"绍兴七年(1137)九月二二日"。

毫发,坐起语言日时,皆记之,有讼,则取以证。"①而且宋代还出现了专门的教习词讼的书籍——《四言杂字》《邓思贤》等,借此培养"专以辩捷给利口为能"的诉讼者,足见其好讼之风。

　　黄庭坚《豫章黄先生文集》第一《赋十首·江西道院赋》载:"江西之俗,士大夫多秀而文,其细民险而健,以终讼为能,由是玉石俱焚,名曰饵笔之民。"

　　"(绍兴一三年八月)江西州县百姓好讼,教儿童之书,有如《四言杂字》之类,皆词诉语。"②

　　绍兴十三年(1143)七月度支员外郎林大声言:"江西州县百姓好讼,教儿童之言有如《四言杂字》之类,皆词讼语。"③

　　"世传江西人好讼,有一书名邓思贤,皆讼牒法也。其始则教以舞文,舞文不可得,则欺诬以取之,欺诬不可得,则求其罪劫之。盖思贤,人名也。人传其术,遂以之名书,村校中往往以授生徒。"④

　　"江西人好讼,是以有簪笔之讥,往往有开讼学以教人者,如'金科之法',出甲乙对答,及哗讦之语,盖专门于此,从之者常数百人,此亦可怪。又闻括之松阳,有所谓业觜社者,亦专以辨捷给利口为能,如昔日张槐应亦社中之铮铮者焉(陈石涧李声伯云)。"⑤

　　在这些地区,习"讼学"并未使民知法自律、社会"以法为治"⑥,反而致使民兴讼争利,使得社会更"难治"。因此有官员谈到其中之弊时说道:"江南中

---

　　① (宋)欧阳修:《欧阳修全集·居士外集》卷一一《尚书职方郎中分司南京欧阳(颖)公墓志铭》,中国书店1986年版,第439页。

　　② 《宋会要辑稿》刑法三一二六。

　　③ (宋)李心传:《建炎以来系年要录》卷一四九,绍兴十三年(1143)八月,中华书局2013年版,第2825页。

　　④ (宋)沈括:《梦溪笔谈》卷二五《杂志二》,文渊阁四库全书第862册,第847页。

　　⑤ (宋)周密:《癸辛杂识》续集卷上《讼学业觜社》,文渊阁四库全书第1040册,第83页。又见(清)俞樾:《茶香室丛钞·茶香室三钞》卷六《江西讼学》(中华书局1995年版,第1086页)载:"宋周密《癸辛杂识》云:江西人好讼,是以有簪笔之讥。往往有开讼学以教人者,如'金科之法',出甲乙对答及哗讦之语。盖专门于此,从之者常数百人。又闻括之松阳,有所谓业觜社者,亦专以辩捷给利口为能。"

　　⑥ (宋)叶适:《叶适集·水心别集》卷一四《外稿·新书》(中华书局1961年版,第807页)载:"夫以法为治,今世之大议论,岂可不熟讲而详知也。盖人不平而法至平,人有私而法无私,人有存亡而法常在。故今世以'人乱法不乱'为常语,此所以难以任人而易于任法也。"

郡也,地接湖湘,俗杂吴楚,壤沃而利厚,人繁而讼多。自皇宋削吏权而责治术天下之郡,吉称难治,而袁实次之,何者？编户之内,学讼成风,乡校之中,校律为业,故其巧伪弥甚,锥刀必争,引条指例而自陈,讦私发隐以相报。至有讼一起而百夫系狱,辞两疑而连岁不决,皆谓弊在民知法也。"①

如果说一个地区民众自小耳濡目染"讼学",又有"饵笔之民""以终讼为能","平日在乡,专以健讼为能事"②,再加上地方官的畏难情绪③以及责任担当不够④,"可以肯定的是,随着商品经济的发展,南宋社会争讼现象相当普遍,又亦东南地区为盛。"⑤

二、东南地区经济相对发达与诉讼频发

《名公书判清明集》中所记录的案件发生的区域,"从地域来看,不出两浙、福建、江南西路、江南东路、荆湖南北路及广南西路(后者只有少数)的范围。除四川外,包括了南宋(也就是当时全国)经济最发达的地区。"⑥这些地区(除了有个别案件的广南西路以外)在当时来说都是相对发达的地区,其发达表现在商业繁盛、人口增加、土地价格增长、产业结构多样化等各个方面。具体而言,我们这里仅仅从财政贡献、人口增长幅度和土地价格三方面来说明东南地区经济的领先程度。

(一) 东南地区的财政贡献

为了更直观、更简便起见,我们权且借用梁方仲先生《中国历代户口、田

---

① (正德)《袁州府志》卷一三《艺文四(宋)·新建郡小厅记(杨侃)》(第2页),《天一阁藏明代方志选刊(37)》,上海古籍书店影印1982年版。
② 《名公书判清明集》卷四《户婚门·争业上·妄诉田业》,第123页。
③ (宋)周必大:《文忠集》卷一九《题跋六·题吉水宰陈藏孙邑计录》载:"庐陵民繁赋重,调乎甚艰,而支邑号吉水者,地当孔道,为令尤难,缓则政弛,急则讼兴,不以计免,辄以罪去。吏部南曹榜阙于门,选人过之,侧睨不敢就。"(文渊阁四库全书第1147册,第199页)
④ 《宋会要辑稿》刑法三之四〇载开禧二年(1206)二月五日臣僚言:"臣初怪其健讼,及探讨本末,始知多因官司不能分明剖析,致使两词经台、经部、经都省,而不以为渎。"《名公书判清明集》卷六《户婚门·争田业·争田业》(第180页)载:"然事之曲直,彰彰若此,而前所究实,例皆含糊,盖畏其器讼,恶其执持,先为全身之计,故有不敢。愚谓天下未有尽职而获谴者,以是矣敢极言之,上之人亦岂不能以烛其奸计耶!"
⑤ 朱文慧:《南宋东南地区的民间纠纷及其解决途径研究》,上海古籍出版社2014年版。
⑥ 《名公书判清明集》附录七《宋史研究的珍贵史料(陈智超)》,第685页。

地、田赋统计》中的几个表格,来看一下纠纷较多的东南六路(两浙、福建、江南西路、江南东路、荆湖南北路)的财赋占全国总财赋的比例及其在当时的经济地位(见表4-2):

表4-2中,元丰年间六路的田地占诸路总计的42.19%,几乎接近一半,可是夏秋二税的分配额却只占了总额的28.7%,这或许可以说明东南六路两税不是主要的征收对象。同时,两税催缴额少也并不是说东南地区的粮食产量少,相反,随着耕种技术、施肥技术的提高及经营方式的改善,东南地区的亩产量不断提高,"南方亩产量普遍高于北方,东方普遍高于西方;水田高于旱地,大约是一与三之比,即南方水田一亩相当于北方旱地三亩。……以江浙为例,宋仁宗时亩产二、三石,北宋晚年到南宋初已是三、四石,南宋中后期五、六石,是不断增长的。"[1]既然田地数量不少,亩产量又高,为何征收的夏秋二税却相对较少呢?似乎不成正比。这就不得不提到东南地区的地域条件,该地区多水田、山地、丘陵,少平原,这种特殊性决定了这里既有"苏湖熟、天下足"[2]的产粮区,也有苏州、湖州专业化的桑蚕业[3],还有"上则供亿赋税,下则存活妻子"[4]"唯以植茶为业"[5]的种茶专业户,以及棉麻、甘蔗、果树、药物、蔬菜等商业性农业的种植,等等,可以说,南方多种经营的渐次展开,大大促进了商品化的发展。

---

① 漆侠:《宋代经济史(上)》,上海人民出版社1987年版,第137—138页。

② (宋)高斯得:《耻堂存稿》卷五《文·宁国府劝农文》,文渊阁四库全书第1182册,第88页。

③ "其(太湖)中山之名见图志者七十有二,惟洞庭山称雄其间,地占三乡,户率三千,环四十里……皆以树桑栀甘柚为常产。"[(宋)苏舜钦:《苏学士集》卷一三《苏州洞庭山水月禅院记》,文渊阁四库全书第1092册,第92页]"平江府洞庭东西二山,在太湖种柑橘桑麻糊口之物,尽仰商贩。"[(宋)庄绰:《鸡肋篇》卷中,文渊阁四库全书第1039册,第170页]"本郡(吴兴)山乡,以蚕桑为岁计,富室育蚕有至数百箔,兼工机织。""今乡土所种有青桑、白桑、黄藤桑、鸡桑。富家有种数十亩者。"[(宋)谈钥:《嘉泰吴兴志》卷二〇《物产·桑》,(台北)成文出版社1983年版,第6907页。]"湖州村落朱家顿民朱佛大者,递年以蚕桑为业。"[(宋)洪迈:《夷坚志·丙志》卷一五《十二事·朱氏蚕异》,中华书局1981年版,第496页]

④ "夫国土疆,山泽连接,远民习俗,多事茶园,上则供亿赋税,下则存活妻子。"[(宋)章如愚:《群书考索·后集》卷五七《财赋门·茶盐类》,文渊阁四库全书第937册,第798页]

⑤ (宋)沈括:《梦溪笔谈》卷下《补十四卷后一件》,文渊阁四库全书第862册,第874页。

表4-2　北宋元丰年间六路官、民田数及其百分比,与夏秋二税现催额①

路别	田　地			夏秋二税现催额(贯石匹斤两)	
	合计(亩)	各区官民田合计占诸路总计的百分比	六路田地占诸路总计的百分比	合计	七路两税占诸路总计的百分比
诸路合计	461655557	100		52010939	
两浙路	36344198	7.87		4799122	
福建路	11091990	2.40		1010650	
江南西路	45223146	9.80	42.19	2220625	28.7
江南东路	42944878	9.30		3963169	
荆湖南路	33204055	7.19		1186612	
荆湖北路	25988507	5.63		1756078	

下面我们再来看看东南六路上供的钱物数量及其在诸路中的占比,以便比较直接地说明东南六路在全国的财政地位。

表4-3　北宋宣和元年(1119)六路上供钱物数②

路别	上供钱数(贯匹两)	六路上供钱物占诸路总计的%
诸路总计	15042414	
两浙路	4435788	
福建路	722467	
江南西路	1276098	74.49
江南东路	3920421	
荆湖南路	423229	
荆湖北路	427277	

---

①　梁方仲:《中国历代户口、田地、田赋统计》(乙表10),上海人民出版社1980年版,第290页。

②　梁方仲:《中国历代户口、田地、田赋统计》(乙表16),上海人民出版社1980年版,第296页。

表 4-4　南宋绍兴三十一年(1161)六路上供钱银数①

路别	上供钱数(贯匹两)	六路上供钱物占诸路总计的%
诸路总计	1628323	
两浙路	222524	
福建路	32674	
江南西路	150610	70.54
江南东路	181170	
荆湖南路	280111	
荆湖北路	281600	

表 4-5　南宋绍兴中年东南五路②岁起绢绸绫罗绅匹数③

路别	绢(匹)	绸(匹)	绫罗绅(匹)	总计	六路上供钱物占诸路总计的%
诸路总计	2660000	390000	30000	3080000	
两浙路	1028000	116000	28700	1252700	
江南西路	380000	67000	——	447000	77.38
江南东路	553000	127000	——	680000	
荆湖南路	400	——	3000	3400	
荆湖北路	——	300		300	

　　上述三表显示:除粮食外,两宋上供的钱物大多来自于东南地区,足见其在全国财政收入中的地位举足轻重,也反映出该区域商品化的程度高于其他地区。

　　需要说明的是,仅仅几表不能充分说明东南六路的经济发达程度,只能约

---

　　①　梁方仲:《中国历代户口、田地、田赋统计》(乙表 18),上海人民出版社 1980 年版,第299 页。

　　②　表中没有福建路。

　　③　梁方仲:《中国历代户口、田地、田赋统计》(乙表 20),上海人民出版社 1980 年版,第302 页。

略反映出这一区域的商品化水平。

（二）东南地区的人口数和人口密度

一般来说，一个地区越是发达，它的人口增长越快，人口密度越高。那么，两宋时期的东南地区情况如何，我们通过相关数据了解一下。

表 4-6　宋元丰、崇宁、绍兴、嘉定四朝各路户口数及增长幅度的比较[1]

路别	年度	户数	户数升降（%）	口数	口数升降（%）
京畿路	元丰三年 崇宁元年	235599 261117	10.83	381092 442940	16.23
京东路	元丰三年 崇宁元年	1370800 1343460	-1.99	2546677 2923311	14.79
京西路	元丰三年 崇宁元年	651742 1017466	56.11	1102887 2280767	49.55
河北路	元丰三年 崇宁元年	984195 1196361	21.45	1881184 2813390	49.55
河东路	元丰三年 崇宁元年	450869 613532	36.07	890659 2519764	182.91
陕西路	元丰三年 崇宁元年	962318 1451382	50.82	2761804 3898764	41.16
淮南路	元丰三年 崇宁元年	1079054 1374176	27.35	2030881 2926399	44.10
淮南东路	崇宁元年 绍兴三十二年 嘉定十六年	324193 110897 127369	-65.80 -60.71	733912 278954 404261	-62.00 -44.92
淮南西路	崇宁元年 绍兴三十二年 嘉定十六年	709919 52174 218250	— -69.3	1584126 82681 779612	— 50.8

[1]　根据梁方仲：《中国历代户口、田地、田赋统计》（甲表 39）整理而成，上海人民出版社1980 年版，第 161 页。

续表

路别	年度	户数	户数升降（%）	口数	口数升降（%）
两浙路	元丰三年 崇宁元年 绍兴三十二年 嘉定十六年	1830096 1975041 2243548 2220321	 7.92 22.59 21.32	3223699 3767441 4327322 4029989	 16.87 34.23 25.01
江南东路	元丰三年 崇宁元年 绍兴三十二年 嘉定十六年	1073760 1096737 966428 1046272	 2.14 −10.00 −2.56	1899455 2148587 1724137 2402038	 13.11 −9.23 26.46
江南西路	元丰三年 崇宁元年 绍兴三十二年 嘉定十六年	1365533 1467289 1891392 2267983	 7.45 38.51 66.09	3075847 3643028 3221538 4958291	 18.44 4.74 61.20
荆湖北路	元丰三年 崇宁元年 绍兴三十二年 嘉定十六年	589302 580636 254101 369820	 −1.47 −56.88 −37.24	1212000 1315233 445844 908934	 8.52 −63.21 −25.01
荆湖南路	元丰三年 崇宁元年 绍兴三十二年 嘉定十六年	811057 952398 968931 1251202	 17.43 19.46 54.27	1828130 2180072 2136767 2881506	 19.25 16.88 57.62
福建路	元丰三年 崇宁元年 绍兴三十二年 嘉定十六年	992087 1061759 1390566 1599214	 7.02 40.16 61.20	2043032 — 2808851 3230578	 — 37.48 58.13
成都府路	元丰三年 崇宁元年 绍兴三十二年 嘉定十六年	771533 882519 1097787 1139790	 14.38 42.28 47.73	3653748 2492541 3155039 3171003	 −31.78 −13.65 −13.21
潼川府路	元丰三年 崇宁元年 绍兴三十二年 嘉定十六年	478171 561898 805364 841129	 17.51 68.43 75.91	1413715 1536862 2636476 2143728	 8.71 86.49 51.64
利州路 （南宋）	崇宁元年 绍兴三十二年 嘉定十六年	447469 371097 401174	 −17.07 −10.35	915115 769853 1016111	 −15.87 11.04

续表

路别	年度	户数	户数升降（%）	口数	口数升降（%）
夔州路	元丰三年 崇宁元年 绍兴三十二年 嘉定十六年	246521 — 386978 207999	— — 56.98 -15.63	468067 — 1134398 179989	— — 142.36 -40.18
广南东路	元丰三年 崇宁元年 绍兴三十二年 嘉定十六年	565534 — 513711 445906	— — -9.16 -21.15	1134659 — 784074 775628	— — -30.9 -31.64
广南西路	元丰三年 崇宁元年 绍兴三十二年 嘉定十六年	242109 — 488655 528220	— — 101.83 118.17	1055587 — 1341572 321207	— — 27.09 25.16

表4-7　崇宁元年（1102）和嘉定十六年（1223）东南六路的人口密度

路别	崇宁元年每平方公里口数	崇宁元年人口密度排序	嘉定十六年每平方公里口数	嘉定十六年人口密度排序
京畿路	25.8	5		
京东东路	16.7	13		
京东西路	23.1	8		
京西南路	9.0	19		
京西北路	15.9	17		
河北东路	25.3	6		
河北西路	20.3	9		
河东路	19.2	11		
永兴军路	19.7	10		
秦风路	8.8	20		
淮南东路	16.1	15	7.4	10
淮南西路	16.4	14	8.4	9

续表

路别	崇宁元年每平方公里口数	崇宁元年人口密度排序	嘉定十六年每平方公里口数	嘉定十六年人口密度排序
两浙路	30.7	2	32.9	4
江南东路	24.9	7	27.9	5
江南西路	27.7	4	37.7	3
荆湖北路	10.6	18	7.0	11
荆湖南路	17.0	12	22.5	7
福建路	16.0	16	25.4	6
成都府路	45.5	1	57.8	1
潼川府路	27.9	3	38.9	2
利州路(南宋)	8.0	21	9.5	8
夔州路	4.4	23	2.6	14
广南东路	6.7	22	4.5	13
广南西路	4.4	23	5.5	12

漆侠先生曾说:"宋代人口增长很快,到北宋末年已达一亿二千万左右,约为唐代人口的两倍、汉代人口的两倍以上。"[1]从表4-6中也能看出,北宋徽宗时期是宋代乃至自汉代以来人口的一个高峰,此后,战争因素导致人口迅速下降,从高宗开始,占据半壁江山的南宋,人口稳步增长,除了个别地区受战争等因素的影响而导致人口数升降异常外,南宋大部分地区人口都呈现出不断增长的趋势。东南六路中,除了荆湖北路人口较少、密度较低外,其余五路人口数和人口密度都相对较高。表4-7中显示,两宋期间,东南六路人口相较于其他地区,人口最多、最集中。袁震先生通过两宋人口数及人口密度的分析,认为"宋代四川中部和江南长江三角洲及今浙江省地区是当时经济最发

---

① 漆侠:《宋代经济史(上)》,上海人民出版社1987年版,第174页。

达的地区。"①从上述两个表格的数据来看,此言不虚。

（三）土地价格

经济发达地区不仅人口增长快、人口密度高,与之相应,它的土地价格相较于经济落后地区应该也会高些。宋代东南地区是不是这样,我们通过各地的地价数据粗略地比较一下。

表 4-8　各地土地价格

时间	开封府和京西	两浙	河东	陕西	福建	四川	两广
天圣元年(1023)	388 文②						
仁宗时		明州 1—2 贯③					
天圣四年(1026)					2.599 贯④		
天圣十年(1032)			7.5 贯⑤				
治平末年				不过 2 贯⑥			
熙宁三年(1070)	2 贯⑦						

---

① 袁震:《宋代户口》,《历史研究》1957 年第 3 期。

② 河南府"占故杜彦珪田十八顷,凡估钱七十万。"(《宋会要辑稿》礼二九之三二)

③ "百亩之值直,为钱百千,其尤良田,乃直二百千而已。"[(宋)王安石:《王安石全集》卷三《上运使孙司谏书》,第 32 页]

④ 天圣四年,福州出卖官庄"熟田千三百七十五顷八十四亩……共估钱三十五万贯。"(《宋会要辑稿》食货一之二三)

⑤ 天圣十年,有人在曲阳县附近"买到地一亩二分,置围两座,各长十一步,各阔九步,准作价钱九贯文。"(一亩地折合 7500 文)(解希恭:《太原小》井峪宋、明墓第一次发掘记》,《考古》1963 年第 5 期)

⑥ 治平末年,陕西"上田亩不过二千。"[(宋)李焘:《续资治通鉴长编》卷五一六,元符二年(1099)闰九月甲戌注第 20 册,第 12269 页]

⑦ "向时亩为钱百余者,今几贰千钱,则厚薄可见。"[(清)萧应植:《乾隆济源县志》卷六《济水》,熙宁三年《千仓渠水利奏立科条碑记》,第 3 页。转引程民生:《宋代土地价格》第一章,人民出版社 2008 年版,第 2 页]

续表

时间	开封府和京西	两浙	河东	陕西	福建	四川	两广
熙宁五年（1072）	2.5 贯①						
元祐六年（1091）		杭州 2 贯②					
绍兴年间			10 贯③				
乾道八年（1172）		杭州 5 贯④					
乾道年间							广西 2.666 贯⑤
淳熙年间						21.875 贯⑥	
嘉泰四年（1204）		苏州学田 12 贯—17 贯⑦					
开禧元年（1205）		平江府学田 3.7 贯—17 贯⑧					

---

① （宋）李焘：《续资治通鉴长编》卷二三〇，熙宁五年二月壬子，中华书局 1986 年版，第 5586 页。

② "体问民田之良者，不过亩二千。"[（宋）苏轼：《苏轼文集》卷三二《乞相度开石门河状》，中华书局 1986 年版，第 908 页]

③ 绍兴中，殿帅杨沂中派人回老家代州，为其战友卫校尉买"膏腴千亩，……于是悉取契券与之，厥直万缗，黯然而别。"[（宋）洪迈：《夷坚志·三志》壬卷第六《卫校尉见杨王》，中华书局 1981 年版，第 1512 页]

④ 乾道八年，马军司长官李显忠"乞兑换民田充都教场。有司申明间不愿，欲每亩支钱五贯文收买。"（《宋史全文》卷二五下，乾道八年三月己巳，中华书局 2016 年版，第 1751—1752 页）

⑤ 乾道年间，广西地方官"得钱八千缗，置田三十顷。"（每亩折合 2.666 贯）[（宋）韩元吉：《南涧甲乙稿》卷二二《龙图阁待制知建宁府周公墓志铭》，文渊阁四库全书第 1984 册，第 447 页]

⑥ 成都府路官员徐朗离任前，"尽捐公钱七千余缗，市田一百六十亩，以廪成都之府学。"（每亩折合铁钱 43.750 贯，按照 1∶2 比例合铜钱 21.875 贯）[（宋）杨万里：《诚斋集》卷一二五《朝议大夫直徽猷阁江东运判徐公墓志铭》，文渊阁四库全书第 1161 册，第 621 页]

⑦ 《江苏金石志》卷一四《吴学续置田记 1》，载于《石刻史料新编（一三）》，台湾新文丰出版公司 1982 年版，第 9781、9782、9783、9785 页。

⑧ 《江苏金石志》卷一四《吴学续置田记 2》，载于《石刻史料新编（一三）》，台湾新文丰出版公司 1982 年版，第 9788、9790、9791、9793 页。

续表

时间	开封府和京西	两浙	河东	陕西	福建	四川	两广
南宋中期					30 贯①		
嘉定七年（1214）		鄞县 32 贯②					
绍定五年（1232）		昆山县 28 贯③					
嘉熙元年（1237）		常熟县 27 贯④					
淳祐七年（1247）							广州 10 贯⑤
淳祐十一年（1251）		建康府学 68 贯⑥					

　　从零星的史料记载中摘取的部分数据,大体反映北宋南北方的土地价格差距不是很大,平均在 2 贯左右;到了南宋,土地价格飞涨,而两浙地区则普遍高于其他地区。叶适曾这样说过:"夫吴、越之地,自钱氏时独不被兵,又以四十年都邑之盛,四方流徙尽集于千里之内,而衣冠贵人不知其几族,故以十五州之众,当今天下之半。计其地不足以居其半,而米粟布帛之值三倍于旧,鸡豚菜菇、樵薪之鬻五倍于旧,田宅之值十倍于旧,其便利上腴争取而不置者数十百倍于旧。"⑦南宋以来,北方沦陷,偏安江南,所谓"四方流徙尽集于千里之

---

　　①　"以钱十万,买其田三亩有奇。"[(宋)陈藻:《乐轩集》卷五《送方孺春赴仙游簿序》,文渊阁四库全书第 1152 册,第 75 页]

　　②　"合置田一千亩,每亩常熟价直三十二贯官会。"[(宋)罗濬:《宝庆四明志》卷一二《鄞县志卷一·水·东钱湖》,文渊阁四库全书第 487 册,第 199 页]

　　③　平江府"以二百万钱俾邑士陈九皋经理其事,得积善等乡良田六十九亩二角十四步。"(每亩折合 28 贯余)[(宋)郑准:《昆山县学租田记》,《全宋文》第 319 册,第 192 页]

　　④　(宋)孙应时:《琴川志》卷六《义役省札》,《宋元方志丛刊》影印本第 2 册,第 1216 页。

　　⑤　淳祐七年,方大琮言:"向闻南田膏腴弥望,亩直不多,今或十贯,不为甚低。"[(宋)方大琮:《宋忠惠铁庵方公文集》卷三三《广州丁未劝农文》,文渊阁四库全书第 89 册,第 727 页]

　　⑥　"今用钱五十万贯,回买到制司后湖田七千二百七十八亩三角二十八步。"(折合每亩 68 贯)[(宋)周应合:《景定建康志》卷二八《立义庄》,文渊阁四库全书第 489 册,第 307 页]

　　⑦　(宋)叶适:《叶适集·水心别集》卷二《民事》中,中华书局 1961 年版,第 654 页。

内",人口繁庶,地价和其他物价一样上涨,毋庸置疑,"田宅之值十倍于旧",甚至"十百倍于旧"。至此可以说,土地作为人们生产、生活中最重要的资料,自然受到越来越多的重视,正是因为典买田地时,"各有时价,前后不同",原价可能"与今价往往相远",①为此逐利纷争增多也就不足为怪了。这类情况在《名公书判清明集》中多有记载,书中因收赎问题发生争讼的案件有53件,接近全部书判(562件)的10%,数量可谓不少,其中不乏因地价上涨而发生的典卖纠纷。比如《以卖为抵当而取赎》②案中:陈嗣佑于绍定二年(1229)将一块山卖与何太应,"当时嗣佑既离业矣,太应亦过税矣",十五年后,即淳祐二年(1242)"嗣佑始有词于县,谓当来止是抵当,初非正行断卖,意欲取赎",经法官仔细明辨之后,认为"其为正行交易",嗣佑之所以欲以抵当为由取赎,无非是地价上涨,贪图利益之故。正像法官吴恕斋所问:"若曰嗣佑买贵卖贱,则宝庆至绍定亦既数年,安知其直之贵贱不与时而高下乎?"最终按照法律规定:"诸典卖田地,满三年而诉,以准折债负,并不得受理",驳回嗣佑诉求,太应仍照契管业。

正是地价上涨导致有些人"见利忘义",为嗜利而争讼。而南宋时期的东南地区经济发达,人口繁多,地价上涨,有些人便不顾法律和情理,或以修改契书、或冒伪立契、或强占或盗卖等形式,争占田产,地贵带来的纠纷不断在所难免。

三、南宋商业的繁盛与全民皆商的兴起

关于宋代商业情况,不是一篇短文所能涵盖的,此处只想通过其概貌,侧面反映田宅纠纷所处的时代背景,意在说明纠纷增多的环境及其原因。

(一) 商业的繁荣离不开农业、手工业的发展和推动

就农业而言,宋代亩产量超过唐代毋庸置疑,"以江浙为例,宋仁宗时亩产二、三石,北宋晚期到南宋初已是三、四石,南宋中后期五、六石,是不断增长的。……就单位面积产量而言,宋代显然超过了隋唐,更远远超过了秦

---

① 《名公书判清明集》卷四《户婚门·争业上·曾沂诉陈增取典田未尽价钱》,第104页。
② 《名公书判清明集》卷六《抵当·以卖为抵当而取赎》,第168—169页。

汉。……唐代最高亩产量,据陆宣公奏议所载,约为二石。宋代农业最发达地区的单位面积产量,大约为战国时代的四倍、唐代两倍有余。显而易见,宋代农业劳动生产率已经有了显著的提高,这是历史的一个重大进步"①。宋代农作物亩产量大大提高,不仅满足了最基本的生活所需,更重要的是为社会进步和发展提供了最坚实的基础,也为市场提供了商品粮。"江湖连接,无地不通,一舟出门,万里惟意,靡有碍隔,民计每种食之外,余米尽以贸易,大商则聚小家之所有,小舟亦附大舰而同营,辗转贩粜,以规厚利,父子相袭,老于风波,以为常俗。"②世代贩粮的大商人用大舰小舟在江湖之间"辗转贩粜"。有的地方百姓"田家自给之外,余悉粜去。"③普通百姓将余粮粜卖出去,尽管数量不一定很大,也足以说明买卖粮食确实是很普遍的事情。至于那些富人更是通过出售粮食来换取其他物品或钱币,"夫富人之多粟者,非能独炊而自食之。其势必粜而取钱,以给家之用。"④

　　除了粮食之外,茶、盐、酒等生活用品已成为重要的商品,活跃了市场。以茶为例,王祯在《农书》卷一○《茶》中说:"上而王公贵人之所尚,下而小夫贱隶之所不可阙,诚生民日用之所资,国家课利之一助也。"宋代不仅设立了"六榷货务",后来又设立"十三场"作为专门的茶叶集散地,不仅便于茶叶交易,也利于政府对茶业的管理以及茶利的征收⑤,对茶业实行垄断经营。并且宋代政府还专门设立茶法,政府多次对茶法进行变革,在北宋末年进行了一次重大调整,确定了"政和茶法"⑥,"责土产于园户,收引息于商人"⑦,"岁收息钱至四百余万缗"⑧,茶业在宋代经过制度化管理,成为了一项重要的财政收入来源。南宋继续实行政和茶法。"茶法自政和以来,官不置场收买,亦不定

---

① 漆侠:《宋代经济史(上)》,上海人民出版社 1987 年版,第 138 页。

② (宋)叶适:《水心集》卷一《上宁宗皇帝劄子二·嘉泰三年》,文渊阁四库全书第 1164 册,第 48 页。

③ (宋)周玄非:《岭外代答》卷四《法制门·常平》,文渊阁四库全书第 589 册,第 427 页。

④ (宋)朱熹:《朱文公文集》卷二五《与建宁传守劄子》,文渊阁四库全书第 1143 册,第 539 页。

⑤ 《宋会要辑稿》食货三○之三二。

⑥ 《宋会要辑稿》食货三○之三二。

⑦ (宋)高斯得:《耻堂存稿》卷三《高李蠋征录跋》,文渊阁四库全书第 1182 册,第 82 页。

⑧ (宋)李心传:《建炎以来朝野杂记》甲集卷一四《总论东南茶法》,中华书局 2000 年版,第 303 页。

价,止许茶商赴官买引,就园户从便交易,依引内合贩之数,赴合同场称发,至今不易,公私便之。"①"国家利源,榷茗居半"②。足见,茶、茶业、茶利在宋代商品经济中的重要地位。盐、酒等同样如此。

至于宋代其他经济作物亦是丰富多彩。比如,在太湖、洞庭湖一带,已形成了专业化农业经济作物生产区,"其(太湖)中山之名见图志者七十有二,惟洞庭山称雄其间,地占三乡,户率三千,环四十里……皆以树桑栀甘柚为常产。"③"平江府洞庭东西二山在太湖中……然地方共几百里,多种柑橘桑麻,糊口之物,尽仰商贩。"④"本郡(吴兴)山乡,以桑蚕为岁计,富室育蚕有至数百箔,兼工机织。"⑤"湖州村落朱家顿民朱佛大者,递年以蚕桑为业。"⑥"至于桑蚕、甘蔗、果树、蔬菜、杉楮等的专业化,不但为前此历史上所未有,而且由于这些专业的商业化,走上了商品经济发展的道路,意义更加重大,因而成为宋代农业生产全面发展的一个突出的标志。"⑦

同时,宋代手工业的繁盛为商品经济的发展提供了必要基础。宋代农产品加工业、矿冶业、铸造业、纺织业、造船业、手工艺品制造业、造纸业及印刷业等都获得了前所未有的发展。胡小鹏先生在《中国手工业经济通史(宋元卷)》(福建人民出版社2004年版)中阐述了宋代官营、民间手工业的发展概况,并就宋代各行手工业的发展进行了专门研究,这里不再赘述。值得一提的是宋代手工业的发展及手工业产品的丰富和多样化,为商品市场注入了无限活力。

农产品、手工业产品流入市场成为商品,需要强大的市场为依托。宋代南北已形成以政治中心汴京为核心的北方市场和以东南六路组成的最大的南方市场,当然,也有一些像西北、西南等区域市场。这些相对固定和集中的市场为商品买卖提供了便利的流通平台。在南方,自唐代就已经形成规模的市镇,

---

① 《宋会要辑稿》食货二九之一六。
② (宋)周必大:《文忠集》卷三四《朝散大夫直秘阁陈公从古墓志铭》,文渊阁四库全书第1147册,第377页。
③ (宋)苏舜钦:《苏学士集》卷一三《苏州洞庭山水月禅院记》,文渊阁四库全书第1092册,第92页。
④ (宋)庄绰:《鸡肋篇》卷中,文渊阁四库全书第1039册,第170页。
⑤ (宋)谈钥:《嘉泰吴兴志》卷二〇《物产》,(台北)成文出版社1983年版,第6907页。
⑥ (宋)洪迈:《夷坚志·丙志》卷一五《十二事·朱氏蚕异》,中华书局1981年版,第496页]。
⑦ 漆侠:《宋代经济史(上)》,上海人民出版社1987年版,第175页。

宋代更是星罗棋布,根据《咸淳临安志》(卷二○)、《景定建康志》(卷一六)、《毗陵志》(卷三)、《至元嘉禾志》(卷三)和《至元琴川志》(卷三)等地方志的统计,"以杭州而论,就有十一个镇市、二十五个市;建康府有十五个镇市、二十五个市;常州有十三个市;秀州有七个镇市、十一个市;就是常熟一县,也有六镇八市。而且,这些城市、镇市和墟市草市自然地组合、联结起来,确实形成了交叉重叠,上下贯穿,左右逢源的蛛网式的交换市场。"①"墟市、草市等乡村市场的发展较唐代的乡村市场呈现出不仅数量多,而且规模大的特点。"②

(二) 宋代商品经济的繁荣离不开四通八达的交通

南宋时期,以首都临安为中心,形成了四通八达的东南经济、交通大动脉。根据《嘉泰会稽志》卷四《馆驿》(《宋元方志丛刊》③本)、《宝庆四明志》卷一六《驿铺》(《宋元方志丛刊》本)、《读史方舆纪要》卷八九至九二《浙江》(中华书局 2005 年版)、《淳熙三山志》卷五《驿铺》(《宋元方志丛刊》本)、《浙江通志》卷八九《古迹》(四库全书本)、《新安志》卷一《道路》(《宋元方志丛刊》本)、《方舆胜览》卷五《建德府》、《宋会要辑稿·方域》等史籍的记载,以及曹家齐《唐宋时期南方地区交通研究》(华夏文化艺术出版社 2005 年版)和张锦鹏《南宋交通史》(上海古籍出版社 2008 年版),临安至庆元府(今宁波)的东路、临安至台州和温州的东南路、临安至衢州、福州的南路、临安至隆兴府(今南昌)、静江府(今桂林)的西南路、临安至扬州、楚州(今淮安)的北路、临安至秀州(今嘉兴)、平江府(今苏州)的东北路、临安至建康府(今南京)、庐州(今合肥)西北路、临安至池州、鄂州(今武汉)的西路,以及横跨东西的长江、纵贯南北的大运河,再加上远通境外的海路,如此以临安为枢纽的纵横交错的交通网为依托,把南宋东南地区商品经济送上快速发展的轨道,其繁荣景象视其可见。

(三) 全民皆商的兴起

1. 商人的地位在宋代发生了很大变化

我们都知道,在重农抑末政策指导下的中国古代社会,商业不被重视,商

---

① 漆侠:《宋代经济史(下)》,上海人民出版社 1987 年版,第 415 页。
② 李景寿:《宋代商税问题研究》,云南大学出版社 2005 年版,第 191 页。
③ 《宋元方志丛刊》,中华书局 1990 年版。

人也被视为贱商,没有政治地位。到了宋代,这种情况却一改常态,"工商皆本"思想逐渐抬头,商人从原来的"贱商",其地位扶摇直上。

陈亮言:"古者官民一家,农商一事也。上下相恤,有无相通,民病则求之官,国病则资诸民。商籍农而立,农赖商而行,求以相补,而非求以相病,则良法美意,何尝一日不行于天下哉!"①

叶适对"重农抑末"的批判:"夫四民交致其用,而后治化兴,抑末厚本,非正论也。使其果出于厚本而抑末,虽偏,尚有义。若后世但夺之以自利,则何名为抑。"②

南宋陈耆卿言:"古有四民,曰士,曰农,曰工,曰商。士勤于学业,则可以取爵禄;农勤于田亩,则可以聚稼穑;工勤于技艺(一作技巧),则可以易衣食;商勤于贸易,则可以积财货。此四者,皆百姓之本业,自生民以来,未有能易之者也。"③

度宗时的黄震也指出:"士、农、工、商,各有一业,元不相干……同是一等齐民。"④

从这些记述中不难看出,"重农抑末"的观念在宋代已经发生了很大变化,与前朝相比,人们对商人及商业的认识不可同日而语。既然士、农、工、商同是"一等齐民",商人也就能够与其他民一样参加科举考试,通过科举一跃而成为万众瞩目的"仕者",从而拥有政治地位。清代沈垚曾直言:"非父兄先营事业于前,子弟即无由读书以致身通显。是故古者四民分,后世四民不分。古者士之子恒为士,后世商之子方能为士。此宋、元、明以来变迁之大较也。"⑤也就是说,四民地位发生变化始于宋代。

众所周知,唐代"工商之家,不得预于仕"⑥,"凡官人身及同居大功以上

---

① (宋)陈亮:《陈亮集》卷一二《四弊》,中华书局 1974 年版,第 127 页。
② (宋)叶适:《习学记言序目》卷一九《史记一·书》,中华书局 1977 年版,第 273—274 页。
③ (宋)陈耆卿:《嘉定赤诚志》卷三七《风俗门·重本业》,文渊阁四库全书第 486 册,第 932 页。
④ (宋)黄震:《黄氏日抄》卷七八《又晓谕假手代笔榜》,文渊阁四库全书第 708 册,第 786—787 页。
⑤ (清)沈垚:《落帆楼文集》卷二四《费席山先生七十双寿序》,四部丛刊本。
⑥ (后晋)刘昫:《旧唐书》,中华书局 1975 年版,第 1825 页。

亲,自执工商,家专其业,皆不得入仕。"①而到了宋代,经济的发展不断模糊人与人之间的界限,甚至不加分别。科举取士对商人的限制逐渐减少到最终取消。如,英宗时的"贡举条制"中说道:"若奇才异行、卓然不群者,虽工商杂类,亦听取解。"②商人可以"诵文书,习程课"③,考取功名。于是乎开启了宋代"取士不问家世"之风,致使商人通过科举飞黄腾达者不在少数④。抑或有依财力通仕途者不可胜数。尤其到北宋末,卖官猖獗,朱勔专权后,"所卖尤多,富商家子往往得之。"⑤南宋亦然。《宋会要辑稿》食货六之一至二载:宋高宗绍兴十七年(1147)"今日官户不可胜计,而又富商大业之家,多以金帛窜名军中,侥幸补官,及假名冒户,规免科须者比比皆是。"

如此一来,无论是法律上还是现实生活中,前朝商人的地位都有了很大甚至是飞跃性的提高。

2. 官员经商改变了宋代的商业氛围

中国古代"重农抑末"的环境下,唐代之前,虽然也不乏官商勾结的情况,但是官员经商还是凤毛麟角的。唐代曾明令禁止官员经商,《唐律疏议》卷二五《诈伪·诈假官与假与人官》载唐《选举令》规定:"凡官入,身及同居大功以上亲,自执工商,家专其业,及风疾、使酒,皆不得入仕"。一直到北宋初期,官员经商依然被禁止,太平兴国二年(977)二月太宗诏:"自今后,中外臣僚不得因乘传出入,贩轻货、邀厚利。"⑥"主吏私以官茶贸易,及一贯五百者死。自后

---

① (唐)长孙无忌等:《唐律疏议》,中华书局1983年版,第462页。

② (宋)司马光:《温国文正公文集》卷二九《章奏十四·贡院奏系官亲人许镳应状》,四部丛刊初编第138册,第29卷第10页,上海书店1989年版。

③ (宋)苏辙:《栾城集》,上海古籍出版社1987年版,第465页。

④ 宋真宗时,茶商侯某"家产甚富赡",其子在大中祥符八年(1015),进士及第,后授真州幕职官。(聂田:《徂异志》载于《永乐大典》卷一三一三九《梦字》)仁宗时的曹州"市井人"于令仪之子佽、侄子杰和傲皆进士登第。(王辟之:《渑水燕谈录》卷三《奇节》,文渊阁四库全书第1036册,第486页)"宣和六年(1124)春,亲第进士,其中百余人皆是富商豪子,或非泛授官之徒,以献上书,特赴廷试,每名所献至七八千缗,唱名之日,师成奏请升降,绝灭公道。"[(清)黄以周等辑:《续资治通鉴长编拾补》卷五二《钦宗》,上海古籍出版社1986年版,第541页]宋高宗时,建州建安人叶德孚"买田贩茶,生理日富。绍兴八年(1138),假手获乡荐,结昏宗室,得将仕郎。"[(宋)洪迈:《夷坚志·丁志》卷六《叶德孚》,中华书局1981年版,第587页]

⑤ (宋)胡舜陟:《胡少师总集》卷一《奏议·奏请裁省阁门员额疏》,续修四库全书本。

⑥ 《宋大诏令集》卷一九八《禁约中外臣僚不得因乘传出入贩轻货邀厚利诏》,中华书局1962年版,第731页。

定法,务从减轻。太平兴国二年(977),主吏盗官茶贩鬻钱三贯以上,黥面送阙下;淳化三年,论直十贯以上,黥面配本州劳城。"①"诏中外臣僚,自今不得因乘传出入,赍轻货,邀厚利,并不得令人于诸处回图,与民争利。有不如诏者,州县长吏以名奏闻。"②似乎士大夫"皆以营利为耻"的风气尚在。只是随着经济环境的变迁,对官吏经商的限制逐渐放松。宋哲宗元祐四年(1089)左司谏刘安世在一道奏章中披露:"祖宗之制,惟戒从官以上不得广营产业,与民争利。苟非殖货太甚,则是法所不禁。"③"苟非殖货太甚,则是法所不禁"即打开了官员经商的大门,即便是宗室"逐什百之利,为急迁之计,与商贾皂隶为伍"④更何况是其他官员呢? 真宗时"官大者往往交赂遗,营赀产,以负贪污之毁,官小者贩鬻乞丐无所不为",⑤宋仁宗嘉祐年间"江淮间虽衣冠士人,狃于厚利,或以贩盐为事。"⑥到北宋中期,官员经商热已然兴起,"今乃不然。专为商旅之业者之,兴贩禁物茶盐、香草之类","贪人非独不知羞耻,而又自号材能,世人耳目既熟,不以为怪。"⑦在士大夫们的带动之下,"农人、百工、商贾之家,莫不昼夜营度,以求其利",⑧连司马光都不禁感叹:"无问市井田野之人,由中及外,自朝至暮,惟钱是求。"⑨甚至僧人也通过经商致富,庄绰《鸡肋编》卷中载:"广南风俗,市井坐估,多僧人为之,率皆致富。"⑩

南宋官员经商更是司空见惯,宰相亦列其中。《建炎以来系年要录》卷一

---

① 《宋史》卷一八三《食货下五·茶上》,第 4478 页。

② (宋)李焘:《续资治通鉴长编》卷一八,太平兴国二年正月丙寅,文渊阁四库全书第 314 册,第 261 页。

③ (宋)李焘:《续资治通鉴长编》卷四三二,元祐四年八月己未,文渊阁四库全书第 321 册,第 534 页。

④ 《宋会要辑稿》帝系六之一三"宗室杂录"。

⑤ (宋)王安石:《临川文集》卷三九《书疏·上仁宗皇帝言事书》,文渊阁四库全书第 1105 册,第 287 页。

⑥ 《宋史》:卷一八二《食货下四·盐中》,第 4441 页。

⑦ (宋)蔡襄:《端明集》卷二二《国论要目·废贪赃》,文渊阁四库全书第 1090 册,第 510 页。

⑧ (宋)梁克家:《淳熙三山志》卷三九《土俗类一·戒谕·五戒》,文渊阁四库全书第 484 册,第 577 页。

⑨ (宋)李焘:《续资治通鉴长编》卷二五二,神宗熙宁七年(1074)四月乙酉条,中华书局 2004 年版,第 6165 页。

⑩ (宋)庄绰:《鸡肋编》卷中,文渊阁四库全书第 1039 册,第 171 页。

八二"绍兴二十九年六月戊申"所载的一条史料:"宰相沈该,顷在蜀部,买贱卖贵,舟车络绎,不舍昼夜。蜀人不以官名之,但曰'沈本'。盖方言以商贾为'本'也。"①南宋宰相张浚"于财利之事,专任驵侩",并"使挟朝廷之势,以争利于市井。"②此时,从禁止官员经商,演变到官员堂而皇之争财利。到南宋末,官员经商更加普遍。临安开设了"张官人诸史子文籍铺""傅官人刷牙铺""杨将领药铺""徐官人幞头铺""张省干金马杓小儿药铺"等。③(清)沈垚(1798—1840)在《落帆楼文集》卷二四《费席山先生七十双寿序》中说:"唐时封邑始计邑给绢,而无实土。宋太宗乃尽收天下之利权归于官,于是士大夫始乃兼农桑之业,方得赡家,一切与古异矣。仕者既与小民争利,未仕者又必先有农桑之业,方得给朝夕,以专事进取。于是货殖之事益急,商贾之势益重。……是故古者四民分,后世四民不分。古者士之子恒为士,后世商之子方能为士,此宋元明以来变迁之大较也。"自宋伊始,社会风气的确卓然移变。"宋经商之风冲击了社会的各个阶层,从高官到小吏再到市井小民,甚至从药房医师到寺院僧侣,无不热衷于经商赢利。"④"君子喻于义,小人喻于利"⑤的风气世俗已渐行渐远。

总之,两宋时期,从粮食等农产品、瓷器等手工业品,上到王公贵族的奢侈品,下到笤帚等生活琐细物品⑥,都成为了市场上的交易商品,可谓琳琅满目,无所不有。这些商品通过四通八达的交通运送到各地市场,从而使得整个宋代的商品经济发展到了一个更高的水平。同时,也是最重要的一点,商人地位大大提高和官员经商蔚然成风,在很大程度上改变了人们的"义利观",形成宋代全民皆商的氛围。在逐利意识的驱动下,本来就有"好讼"习俗的东南地

---

① (宋)李心传:《建炎以来系年要录》卷一八二,绍兴二十九年(1159)六月戊申,中华书局2013年版,第3505—3506页。

② (宋)李心传:《建炎以来系年要录》卷一一四,绍兴二十四年(1154)十一月壬申条,中华书局2013年版,第1839页。

③ (宋)吴自牧:《梦粱录》卷一三《铺席》,文渊阁四库全书第590册,第105—107页。

④ 唐群:《有感于宋代的"全民皆商"》,《史学月刊》1998年第5期。

⑤ (清)刘宝楠撰,高流水点校:《论语正义》卷五《里仁》,中华书局十三经注疏本1990年版,第154页。

⑥ "农夫争道来,聒聒更笑喧。数辰竞一墟,邸店如云屯。或携布与楮,或驱鸡与钝,纵横箕箒材,琐细难具论。"[(宋)释道潜:《参寥子诗集》卷一《归宗道中》,文渊阁四库全书第1116册,第11—12页。]

区,民事纠纷自然不少。尤其是两浙地区,争讼更多,源自于这里相对发达的经济环境。我们说,商品经济条件下,一个地区越是发达,人们的权利意识越浓,相应的权利诉讼案件也会随之增加。

那么,江南地区的人们主要围绕着哪些方面争讼?无非是田地、房屋、墓田、宅园等。每一件个案都有各种具体情况,涉及不同的关系主体,出于争夺各种复杂的客体,形成了这里纷繁复杂的诉讼状况。以界至纠纷为例,袁采曾在《袁氏世范》中详细列举了界至纠纷的诸多情景:"人有田园山地界,至不可不分明。异居分析之初,置产制买之际尤不可不仔细。人之争讼多由此始。且如田亩有因地势不平,分一丘为两丘者;有欲便顺并两丘为一丘者;有以屋基山地为田;又有以田为屋基园地者;有改移街路水圳者,官中虽有经界图籍,坏烂不存者多矣。况又从而改易,不经官司、邻保验证,岂不大启争端。人之田亩有在上邱者,若常修田畔,莫令倾倒;人之屋基园地,若及时筑迭垣墙,才损即修人之山林,若分明挑掘沟堑,才损即修,有何争讼?帷其卤莽倾倒,修治失时,屋基园地止用篱园,年深坏烂,因而侵占。山林或用分水,犹可辩明,间有以木、以石、以坎为界,年深不存;及以坑为界而外又有一坑相似者,未尝不启纷纷不决之讼也。至于分析止凭阄书,典买止凭契书,或有卤莽记载不明,公私皆不能决可不戒哉。间有典买山地,幸其界至有疑,故令元契称说不明,因而包占者,此小人之用心。遇明有司自正其罪矣。"[1]仅仅界至纠纷就涉及 12 种情况之多,其他纠纷可想而知,难怪胡石壁所言"此等词讼,州县之间,无日无之"[2]。

第三节 宋代土地地权流转过程中的纠纷解决方式

宋代田宅交易之频繁、数量之多,与前朝相比实属罕见。所谓"千年田换八百主"[3]"如今一年换一家"[4],即是宋代田宅交易的频繁程度的写照。与此

---

① (宋)袁采:《袁氏世范》卷下《田产界至宜分明》,文渊阁四库全书第 232 册,第 212 页。

② 《名公书判清明集》卷一一《人品门·军兵·弓手土军非军紧切事不应辙差下乡骚扰》,第 438 页。

③ (宋)辛弃疾:《稼轩词》卷二《最高楼》,文渊阁四库全书第 1488 册,第 154 页。

④ (宋)罗椅:《涧谷遗集》卷一《田蛙歌》。

同时,交易的频繁必定会出现各种各样相应的问题或矛盾或纠纷,又大多"不过民间鸡虫得失"①,"此等词讼,州县之间,无日无之。"②正像元朝胡祗遹在《折狱杂条》中谈到因田制变迁引发的田宅争讼时说道:"三代经野有法,不惟务本,地著而民和,至于一切纷乱词讼皆无自而起,自经野无法,田不隶官,豪强者得以兼并,游手者得自货卖,是以离乡轻家,无父母之邦,无坟庐之恋,日且一日。千年田换八百主,交易若是之烦,因地推收税石之冗,官吏奸蔽,出入挑搅,狱讼万端。繁文伪案,动若牛腰,一语抵官,十年不绝,两家争田,连村受祸,废夺农时,破坏产业,视骨肉为仇雠,化邻里为盗贼,饮恨衔冤,死莫能解,一乡一县,虽素号淳厚者,亦皆变为奸欺诡谲,顽嚚健讼,诈造契券,硬作佐证,府州司县惟利是视,以曲为直,以非为是。上至台省,浊乱尤甚。……官府风俗败坏,至此刀笔贱吏犹以刻剥征求、敛聚货值为忠勤、簿书期会为急务、为明敏,此乃田讼之一端。"③这里,胡祗遹指出了土地私有(或称土地兼并)之后引发一系列"淳厚之风俗"变化,包括土地交易频繁、安土重迁意识淡薄、田宅争讼、亲邻仇怨、顽嚚健讼、官府唯利、刀笔刻剥等。而土地私有恰恰在宋代异常突出,当然也会在宋代引发相应的经济、社会问题,其中词讼增多是最值得关注的问题之一。"词讼之兴,初非美事,荒废本业,破坏家财,胥吏诛求,卒徒斥辱,道涂奔走,犴狱拘囚。与宗族讼,则伤宗族之恩;与乡党讼,则损乡党之谊。幸而获胜,所损已多;不幸而输,虽悔何及。故必须果抱冤抑,或贫而为富所兼,或弱而为强所害,或愚而为智所败,横逆之来,逼人已甚,不容不一鸣其不平,如此而后与之为讼,则曲不在我矣。"④不管是何种情况的争讼,只要频繁出现,必将成为社会问题,也必定会引起政府关注,其结果必然促使相关法律制度的完善。

宋代田宅交易频繁、争讼盛行,为解决纠纷的制度、规范自然也是越来

① 南宋建阳县令刘克庄"所决滞讼疑狱多矣,性懒收拾,存者惟建溪十余册,江东三大册。然县案不过民间鸡虫得失,今摘取橐司书判稍紧切者为二卷,附于续稿之后。"[(宋)刘克庄:《后村先生大全集》卷一九三《跋》,四部丛刊初编本第1336册,第76页]

② 《名公书判清明集》卷一一《人品门·军兵·弓手土军非军紧切事不应辄差下乡骚扰》,第438页。

③ (元)胡祗遹:《紫山大全集》卷二三《折狱杂条》,影印文渊阁四库全书第1196册,第427页。

④ 《名公书判清明集》卷四《户婚门·争业上·妄诉田业》,第123页。

完善,宋人袁采说:"官中田令,惟田宅、交易一事最为详备。"①只是在传统社会,被称为"细故"的田宅之事并不是全靠法律来处置,有的通过诉讼来判决、有的通过官府进行情理调处、有的则是通过宗族内的人情伦理来调解,宋代田宅交易过程中出现的纠纷无外乎通过这三种方式来解决。下面我们就来看一下宋代的这三种土地纠纷解决方式。

一、诉讼判决(法律裁断)

(一)《名公书判清明集》中的田宅诉讼案件概览

这里我们以《名公书判清明集》中的"户婚门"为重点,来考察一下宋代田宅纠纷解决的方式之一——诉讼。《名公书判清明集》共有 14 卷,判词有 496 篇(包括复判),再加上附录里面的 66 篇,全书总共收录的判词是 562 篇,其中户婚门有 184 篇,约占总数的三分之一,而户婚门中比较明确地涉及田产交易纠纷的案件有 111 件,约占"户婚门"184 份书判中的 60%②,我们将这些案件简单摘录如下:

表 4-9　《清明集·户婚门》中田产交易的案件

序号	案件名称	诉讼性质及事由	审批依据	判决结果	材料出处
1	吴盟诉吴锡卖田	兄弟争田:三兄弟中吴锡典卖父业,吴肃趁机立五契图财,吴盟在二者间规图私利,不满所得而告官	契约、国法、乡体例原	听照四契为业	《清明集》卷四《户婚门·争业上》

---

① (宋)袁采:《袁氏世范》卷下《治家·田产宜早印契割产》,文渊阁四库全书第 698 册,第 637 页。

② 莫家齐:《南宋土地交易法述略》(《法学季刊》1987 年第 4 期,第 64 页):"《清明集》一百三十余篇判词,涉及田宅交易纠纷的占百分之六十以上。"张本顺《反思传统调解研究中的韦伯伦理"类型学"范式》,(《甘肃政法学院学报》2014 年第 6 期):"据笔者统计,《名公书判清明集·户婚门》卷四至卷九中,共收录户婚、田土及债负等民事案件 185 件,其中涉及亲属间财产争讼的就高达 109 件之多。由此可见,在宋代的司法实践中,法官处理的亲属间财产争讼案件将近占到了所有民事案件的 59%。"

序号	案件名称	诉讼性质及事由	审批依据	判决结果	材料出处
2	使州送宜黄县张椿与赵永互争财产	主佃争田:赵永之叔妄将其家产献于官学,永持公文陈乞,佃人张椿贪耕作之利,污弄是非	安庆公文、干照	照契为业、田产归付赵永	《清明集》卷四《户婚门·争业上》
3	罗绮诉罗琛盗去契字卖田	兄弟争田:罗琛凭受分关书卖田与赵宅,其兄罗绮诉琛盗卖田产	干照、受分关书、省簿	照契为业	《清明集》卷四《户婚门·争业上》
4	高七一状诉陈庆占田	诡名寄产纷争:高七一诡名寄产与陈文昌,又欺诈陈文昌占田	干照、白契、乡原体例	勘杖六十,照陈文昌责状归并	《清明集》卷四《户婚门·争业上》
5	曾沂诉陈增取典田未尽价钱	转典、倒租中的价差之争:曾沂典田与胡元珪,胡元珪低于原典价转典与陈曾,又于陈曾处倒租,前后典价不同,陈曾不愿增价,曾沂无法收赎	原契约、乡原体例	"务限"期间不受理,维持原契约	《清明集》卷四《户婚门·争业上》
6	游成诉游洪父抵当田产	抵当与断卖之争:游朝将田卖与游洪父后未离业,游朝子游成诉田产为抵当非断卖	卖契、国法、交业	两者均有违法、游成退佃,游洪照契为业	《清明集》卷四《户婚门·争业上》
7	缪渐三户诉祖产业	祖产分田均税之争:缪渐三兄弟均税未均,子孙缪友皋诉求分田均税	分关簿书	对众摽金、游邦勘杖六十	《清明集》卷四《户婚门·争业上》
8	吕文定诉吕宾占据田	叔侄田产之争:吕文先将田典与堂叔吕宾,弟文定未曾着押	干照(典契)、国法	听吕文定收赎	《清明集》卷四《户婚门·争业上》
9	王九诉伯王四占去田	祖产之争:王九父将田卖与游旦,而非其伯王四所卖,且其父已亡,时效已过	国法、契约	依原契为业	《清明集》卷四《户婚门·争业上》
10	罗械乞将妻前夫田产没官	有命继子田产是否作户绝处理:罗宁老死,其母阿王改嫁父之从弟罗械,罗械将宁老所分田产作绝户献于官,而其有命继子不合没官	国法(户绝法、户婚律)	强制离婚、财产不合没官,听阿王为主	《清明集》卷四《户婚门·争业上》

211

序号	案件名称	诉讼性质及事由	审批依据	判决结果	材料出处
11	陈五诉邓楫白夺南原田不还钱	昏赖强赎祖产:陈五祖父曾将住屋卖与邓楫父,而陈五以火客身份居其屋,部分未收赎,后陈五以田换田,无价钱贸易田产、又强赎邓楫一分住居,邓不从,陈五昏赖奸横,教唆词讼	卖契、国法	李洪、陈五各勘杖一百、照元契约管业	《清明集》卷四《户婚门·争业上》
12	使州索案为吴辛讼县抹干照不当	县吏毁抹干照不当:吴元昶无地置买不明,县吏判毁抹元契,州府明察,买契中四项只有一项合行毁抹,其余听从交易	买契、国法	县吏勘杖六十、三项买地契归还吴元昶为照	《清明集》卷四《户婚门·争业上》
13	熊邦兄弟与阿甘互争财产	同宗兄弟与外嫁阿甘争产:熊赈元生三子,幼子资身故,其妻阿甘改嫁,其田产归在室女,女死,二兄弟为熊资立嗣求分,阿甘也以续买田为由企自随	国法、人情	除去女丧葬费外,余田三分	《清明集》卷四《户婚门·争业上》
14	章明与袁安互诉田产	以老契争占田产:王文买入袁安田(袁为业已久),章明拿出十五年以上契约,欲占有	国法	见佃为主	《清明集》卷四《户婚门·争业上》
15	吴肃吴镕吴桧互争田产	互争田产,各有违法:吴肃典到吴镕田,吴桧持四五十年卖契来争占,吴镕不曾缴纳上手,与吴桧附和,盗卖田产;吴肃也有违法交易	国法、契约、批凿	吴镕、吴桧各勘杖六十;惩断吴肃;废契毁抹,吴肃依契为业	《清明集》卷四《户婚门·争业上》
16	胡楠周春互争黄义方起立周通直田产	多人争产:黄义方起立周通直田产,胡楠诡名,周春作伪契,阿廖重叠伪契	砧基簿、契约	伪契毁抹、黄义方税田合并与胡楠为业	《清明集》卷四《户婚门·争业上》

序号	案件名称	诉讼性质及事由	审批依据	判决结果	材料出处
17	阿李蔡安仁互诉卖田	侄欲卖叔田:蔡安三子中幼男安仁单身,二兄俱丧,侄欲卖其田	分关书	照元约为主	《清明集》卷四《户婚门·争业上》
18	罗柄女使来安诉主母夺去所拨田产	干人夺拨与婢女田:罗柄正室无子,婢来安生子,子死遣与父母,罗柄拨田与来安,其父邹明代之。柄死后,干人攘夺阿邹产业	国法、人情、契约	阿邹渐辄用保印有误过割,勘杖六十、税苗还阿邹	《清明集》卷四《户婚门·争业上》
19	漕司送许德裕等争田事	年深田以见佃为主:田产首尾已57年,诸位厘革,典卖者或转或卖或绝,私约无所凭	私约、赤契、国法	私约无效、见佃为业	《清明集》卷四《户婚门·争业上》
20	漕司送邓起江淮英互争田产	非亲邻收赎:江淮英假借邓先名占田,按亲邻关系,邓先为主,邓震普无缘争讼,况且,契约逊与江淮英父,批退一同	契约、国法、人情	照契各自管业(江淮英管业)	《清明集》卷四《户婚门·争业上》
21	漕司送下互争田产	墓邻赎田:余炎讼黄子真盗买其叔余德庆田产,而此田买自黄文万,与黄子真为墓邻	契约、国法、人情	以元契为业	《清明集》卷四《户婚门·争业上》
22	妄诉田业	妄诉:龚孝恭与刘良臣争产,刘纬为龚妄诉	国法、契约、人情	刘良臣照契管业;龚孝恭杖八十、刘纬竹篦十下	《清明集》卷四《户婚门·争业上》
23	随母嫁之子图谋亲子之业	随母嫁子与亲子均分田产:李子钦随母嫁谭念华,谭逐亲子,将家业尽归于李子钦,谭死后,亲子诉之	国法、契约、人情	李子钦轻杖一百,给田一分,契书毁抹、诸子均分	《清明集》卷四《户婚门·争业上》
24	子不能孝养父母而依栖婿家则财产当归之婿	不孝子与婿争佃:王有成之父不孝养父母,其父母依栖婿家并将承佃职田归婿,王有成父子与婿争佃	遗嘱、母之状词、公据、太守判凭	王有成竹篦二十,婿承佃为业	《清明集》卷四《户婚门·争业上》

序号	案件名称	诉讼性质及事由	审批依据	判决结果	材料出处
25	寺僧争田之妄	寺僧妄诉:吴氏买寺院没官田产,为业几世,寺僧妄诉其田	砧基簿、公据、契约、国法	吴承节执据管业	《清明集》卷四《户婚门·争业上》
26	干照不明合行拘毁	伪契占田:潜彝撰造买契,欲占桂节夫田产	砧基簿、契约、国法	潜彝买契拘毁、桂节夫照砧基簿管业	《清明集》卷四《户婚门·争业上》
27	乘人之急夺其屋业	乘人之危强占屋业:张光瑞图谋洪百四屋业,洪死,张光瑞令其子写契占,洪子不肯,反污张惊死其父	契约、国法	张光瑞杖一百,洪百四屋业没官	《清明集》卷四《户婚门·争业上》
28	契约不明钱主或业主亡者不应受理	无主田没官田产:诉讼虽未过二十年,但钱主已死,契要不明	契约、国法	抹契、给据送学管业	《清明集》卷四《户婚门·争业上》
29	已卖之田不应舍入县学	有主田不合入县学:吴八将田卖与孔主簿,又卖与郑应瑞,孔主簿又将此田舍入县学	契约、国法	吴八勘杖一百,县学榜引毁抹,郑应瑞依干照管业	《清明集》卷四《户婚门·争业上》
30	侄与出继叔争业	侄叔争田:杨天常出继给伯统领,父母拨田并遗嘱与天常,时隔多年,侄子师尧诉叔占田	遗嘱、国法、人情	叔侄各照元管	《清明集》卷五《户婚门·争业下》
31	受人隐寄到财产自辄出卖	卖受人隐寄之田:吕千五将田隐寄詹德兴名下,詹却将田卖鱼毛监丞。二者皆违法	卖契、典契、砧基簿、国法、人情	詹德兴卖过钱没官、虚伪契簿毁抹、詹元三留监、毛监丞管佃	《清明集》卷五《户婚门·争业下》
32	僧归俗承分	归俗人按关书分业:何德懋父母死后,被叔父逼出家,后归俗,叔死后,德懋子承父分,诉分何氏物业	遗嘱、关书、国法	依法立关书两分物业	《清明集》卷五《户婚门·争业下》
33	妻财置业不系分	嫁田不在分限:陈圭诉子仲龙与妻蔡氏将众分田典与蔡仁(妻弟),而其田乃蔡氏奁田,不在分限	契约、国法	陈圭出钱与蔡氏,业归众;不出钱,业还蔡氏依嫁田法	《清明集》卷五《户婚门·争业下》

续表

序号	案件名称	诉讼性质及事由	审批依据	判决结果	材料出处
34	继母将养老田遗嘱与亲生女	继母养老田不合嘱与女:蒋汝霖父死后,继母分家业为三,汝霖、继母、继母亲生女各一份,汝霖诉继母养老田遗嘱与女不可	契约、国法、遗嘱、人情	已分之田有效,继母养老田不可遗嘱与女;汝霖决小杖二十	《清明集》卷五《户婚门·争业下》
35	重叠交易合监契内钱归还	重叠交易无效:江伸借丘某钱,以两段田作典契还丘某,同时江伸又将田重叠与徐吉甫还赌债	契约、国法	江伸决杖八十,钱、会还丘某	《清明集》卷五《户婚门·争业下》
36	争田合作三等定夺	分不同情况区别处理:翁泰田作三等:未出幼前,县判部分,见管为业、无县判部分违法;出幼后所卖田,听契管业;死后户绝田没官	契约、国法	得业人各赍契照赴官点对	《清明集》卷五《户婚门·争业下》
37	从兄盗卖已死弟田业	盗卖:丘庄自立两契盗卖从兄田与朱府	契约、国法	丘庄勘杖一百、枷监,自就朱府请元契赴官比对;若无契盗卖,还钱与朱府,田归	《清明集》卷五《户婚门·争业下》
38	侄假立叔契昏赖田业	伪契赖田:文虎假立叔贾性甫书契,冒领苗利钱,金厅不知情,追捕性甫养子贾宣	契约、遗嘱、国法	放贾宣,毁抹伪契、文虎领过钱、会还性甫	《清明集》卷五《户婚门·争业下》
39	典卖园屋既无契据难以取赎	无契难取赎:胡应卯典园与曾知府,干照,欲凭帖收赎;曾燏称田园为其父买业,却无正契,欲以交钱手领赎回;曾燏弟曾县尉与兄有怨,先以钱典园,无据,欲归之胡应卯	批领、交钱手领、公据、人情、国法	县司先来所给无凭公据毁抹;园还曾知府	《清明集》卷五《户婚门·争业下》

215

序号	案件名称	诉讼性质及事由	审批依据	判决结果	材料出处
40	物业垂尽卖人故作交加	妄扰已尽卖物业:莫世明立关书三均分物业(无莫如山名),莫如江卖己物业与王行之,后莫如山论如江所卖过己分物业(凭契照之未有如山知押数字),二者作套,妄扰王行之	契约、关书	如江、如山各勘杖一百、已卖之田,王行之照契管佃	《清明集》卷五《户婚门·争业下》
41	揩改文字	忘改干照:游伯熙干照中地段亩数比官簿中所载为多,实系其更改字画,锄斫活树篱堑,意在包占龚敷地段	图簿、干照、官簿	合押两争人到地头,集邻保从公照古来堑界标迁	《清明集》卷五《户婚门·争业下》
42	田邻侵界以此见知曹帅送一削	涂改图簿:车言可有开改图簿实迹,所供四至与砧基簿对照,只有一至相合,三至不合;聂忠敏田至并无差舛	契约、砧基簿、批退、税簿、邻保人证	依未争前疆界管佃	《清明集》卷五《户婚门·争业下》
43	争山妄指界至	妄指田界:俞行父与弟定国套合保司、主簿欺罔妄指田界,作践傅三七新坟;又无干照卖刘德成田,欺压小民	干照、勘验地头	山地给还傅三七管业安葬,行父、定国勘杖一百	《清明集》卷五《户婚门·争业下》
44	揩擦关书包占山地	揩擦关书包占山地:方伯达叔将山地典与徐应辰(子,烨),并已交钱赎回,烨伙同族弟徐应辰揩擦关书,强行包占	干照、交钱手领、国法	坟山还方伯达管业,标示地头、徐应辰勘杖一百	《清明集》卷五《户婚门·争业下》
45	争山各执是非当参旁证	批凿与否,各执一词争山:范僧与曾子晦争山,范说不曾签契领钱,曾说范不亲领;旁证:范兄范八曾将园子典与曾子晦,批凿,不系卖过;曾以为园子及山并未批凿,各有说词	契约、元分支书、国法	给还	《清明集》卷五《户婚门·争业下》

序号	案件名称	诉讼性质及事由	审批依据	判决结果	材料出处
46	经二十年而诉典买不平不得受理	逾期执老契争山:曾宅买范元之山,元之弟范僧执32年前契争理,谓山内有母及兄墓	契约、分书、国法	逾20年不在论理之限,曾知府继续管业	《清明集》卷五《户婚门·争业下》
47	已卖而不离业	已卖非典(嫂叔争房):阿章两房卖与徐麟,徐十二以亲邻法收赎,后阿章称当年只典非卖	赤契、国法、人情	离业与否难断,牒昌化佐官,更与从公契勘,限五日结绝	《清明集》卷六《户婚门·赎屋》
48	执同分赎屋地	同分人赎屋地:毛汝良典卖屋宇田地与陈自牧、陈潜,有分兄弟毛永成执众白约欲赎回。所卖屋宇与毛永成共柱、所卖田地之一有祖坟	干照、分书、白约、人情	屋二间及有祖坟桑地照原价兑还毛永成为业,其余听陈潜等照契管业	《清明集》卷六《户婚门·赎屋》
49	抵当不交业	抵当非典田:徐子政典得杨衍田,徐不供输,杨不离业,没岁以租钱还子政,非正典,实为抵当。杨死后,其子继续还钱。后子政欲收欠租谷	典契、国法、交业证明	勒令王廷等除去已还租钱外,再填新会赎回其父典契	《清明集》卷六《户婚门·抵当》
50	以卖为抵当而取赎	以卖为抵当妄赎:陈嗣佑立契卖与何太应,既离业及过税。十余年后,嗣佑欲取赎,知县却以抵当勒令太应离业,太应不伏	赤契、国法、离业、过税	何太应照赤契管业,取陈嗣佑知委申,违坐以虚妄之罪	《清明集》卷六《户婚门·抵当》
51	倚当	赎抵当田:李与权将田抵当与叶渭叟,两家主皆亡后,与权子李正大欲赎田,以图画、法帖凑还钱数,叶家以其不值钱,两争不决	契约、批领、图画、法帖	以图画、法帖还李正大,将原会未尽之钱,会还叶家	《清明集》卷六《户婚门·抵当》

217

序号	案件名称	诉讼性质及事由	审批依据	判决结果	材料出处
52	伪冒交易	虚立契盗卖:林镕虚立莫君实(死)契字,盗卖其田与赵孟鋷	卖契、遗嘱、砧基簿	林镕勘杖一百,监钱还赵孟鋷,田还莫梦回管佃,三契毁抹	《清明集》卷六《户婚门·争田业》
53	兄弟争业	兄弟争业:潘琮典田与祖华于未分之前,潘桎(已死)卖田与同姓潘祖应于既分之后。核对笔迹,祖应、祖华所买潘桎字迹一同,则田为潘桎所分,若潘桎自卖自书,祖应不当执契取赎。若字迹不同,祖华卖契毁抹	契约	比对十日结绝	《清明集》卷六《户婚门·争田业》
54	出业后买主以价高而反悔	买主以价高反悔:李震卿卖田与卢兴嗣,立契交钱,后卢以价高反悔	白契、国法、人情	卢震卿凭契管业	《清明集》卷六《户婚门·争田业》
55	争田业	执伪契妄取其田:吴膺借于李行可田(抵典),吴膺死后,李行可从其妻洪七娘索欠交业,洪七娘执伪契妄取其田	契约、国法、官凭文书	李行可照契管业,洪宗起、洪七娘各勘杖六十	《清明集》卷六《户婚门·争田业》
56	争田业	执私约诉祖田:闾丘辅诋毁曾祖母、自诉其父祖,执私约所诉田已过百年,真假莫辩	干照、公据、国法	私约无效,照元赤契管业	《清明集》卷六《户婚门·争田业》
57	争业以奸事盖其妻	重复交易:孙斗南将园地卖与叔孙蜕,后又重复卖与叔孙岑男孙兰,孙蜕死后子孙元善得业,与孙兰争讼	契约、国法	孙元善照契管业,孙斗南勘杖八十,重复交易钱还孙兰和孙元善	《清明集》卷六《户婚门·争田业》
58	伪批诬赖	伪批诬赖:吴五三父将田典与陈税院之父,吴五三兄弟就佃,涉岁多年,吴五三兄弟俱亡,妄称其父已赎回,伪造批约而占种	契约、批约、砧基簿、租札	吴五三勘杖八十,毁抹伪批及原用砧基簿附案,监还租。陈税元照契管业	《清明集》卷六《户婚门·争田业》

序号	案件名称	诉讼性质及事由	审批依据	判决结果	材料出处
59	诉侄盗卖田	索分书断是否盗卖未分之田：华纲、华纬及其子将田正典卖与陈舜臣，后三人俱亡，华大成诉其侄子将未分之田盗卖与陈舜臣子	契约、分书	追索干照，从公结绝	《清明集》卷六《户婚门·争田业》
60	诉奁田	卖妹奁田不当：石居易拨田与侄女奁田，侄石辉卖田与刘七，钱归己还债负	契约、批贴	石辉决竹箅二十，还钱与刘七，赎回田产付妹婿廖万英	《清明集》卷六《户婚门·争田业》
61	王直之朱氏争地	妄占桑地：朱氏将屋及屋基卖与施王德，王直之典买施王德屋地，施王德死后，王直之妄占屋外桑地一角	契约、砧基簿、分书	朱氏全有桑地，王直之合得屋基	《清明集》卷六《户婚门·争田业》
62	陆地归之官以息争兢	无子地依户绝法没官：张清死，无子，留下二亩地。朱安礼伪书卖契，张七四冒为张清过房子，争地	契约、户绝法、乡例	朱安礼伪契毁抹，依户绝法拘籍入官或助县学，张七四押归其生父家	《清明集》卷六《户婚门·争田业》
63	叔侄争	盗卖桑地、包占中分之地：桑地系盛荣父买得文智之产，其侄盗卖与友能。友能未收上手契照，筑屋、种竹于上14年；竹地系盛友父祖中分之地，友能无契照系属包占	契约、分书、国法、人情	逾十年，法当免追；于人情，盛荣合得价，不应得产，仍给还友能管业。竹地与二者作两分管业	《清明集》卷六《户婚门·争屋业》
64	（叔侄争）再判	盗卖桑地、包占中分之地：桑地系盛荣父买得文智之产，其侄盗卖与友能。友能未收上手契照，筑屋、种竹于上十四年；竹地系盛友父祖中分之地，友能无契照系属包占	契约、分书、国法、人情	逾十年，法当免追；于人情，盛荣合得价，不应得产，仍给还友能管业。竹地与二者作两分管业	《清明集》卷六《户婚门·争屋业》

序号	案件名称	诉讼性质及事由	审批依据	判决结果	材料出处
65	舅甥争	舅甥争业:钟承信母买到杨家巷屋七间,租与外人多年,承信管业28年,有上手契,无正典卖契;舅张诚道有正典卖契(其中二间及一小间)	契约、国法、人情、租札、供簿、簿历	不论契书之有无、管业之久远。仰承信仍旧管佃,全诚道始终之奉乃姐之义	《清明集》卷六《户婚门·争屋业》
66	谋诈屋业	谋诈屋业:陈国瑞、陈闻诗父子先租赁后典沈宗鲁、沈密书院屋宇,合条法;涂适道典到沈权等屋,觊觎国瑞屋宇,说谕沈密重叠交易。欲赎国瑞典屋	契约、批领、国法	将涂适道重叠弊契及批领毁抹,并监沈密重典卖钱还涂适道,陈国瑞照二契管业居住;沈密、涂适道并合勘杖八十	《清明集》卷六《户婚门·争屋业》
67	不肯还赁退屋	强赁、妄赎屋业:黄清道强赁陈成之屋,既不还赁钱,又打伤童仆。又妄托杨氏之名,欲以亲邻吝赎	契约	照妻属杨氏、杨璲状,责限来日出屋,一窗一户不得移动	《清明集》卷六《户婚门·赁屋》
68	占赁房(花判)	占赁房不予赎:陈成之祖屋,黄清道已僦居10年,及称业属妻家,欲赎回于典物,且执别产以影射邻界,甚至讼主人侵占地基	契约、国法	仰陈成之主持积代祖业,监黄清道填还累月赁钱	《清明集》卷六《户婚门·赁屋》
69	赁者析屋(花判)	赁者私拆屋:李广赁鲍焕之屋,私自除拆	国法	李广勘杖一百,监修	《清明集》卷六《户婚门·赁屋》
70	争山	遗嘱嫁资有效:钱居茂遗嘱山与女充嫁资,婿牛大同葬其母于山,居茂弟居洪之子孝良诉大同伪作遗嘱,实则觊觎其山	遗嘱、分书	大同凭遗嘱管业	《清明集》卷六《户婚门·争山》

序号	案件名称	诉讼性质及事由	审批依据	判决结果	材料出处
71	争地界	妄争地界:沈百二夹新篱欲曲转钉于鲍家柱上,又欲夹截外沟一半入篱内	干照、地势、人证	沈百二拆除新篱,依干照界至	《清明集》卷六《户婚门·争界至》
72	争界至取无词状以全比邻之好	邻里争界:两家共用一篱,刘正甫欲翻新篱,未告与周堂膳,直入其圃	人情	监刘正甫以礼逊谢,夹界截界至	《清明集》卷六《户婚门·争界至》
73	官司斡二女已拨之田与立继子奉祀	立继子与在室女争田:二女已拨田,又有立继子,拨1/3与立继子	人情、均给诸女之法	官司斡未议得衾田三分之一与立继子	《清明集》卷七《户婚门·立继》
74	正欺孤之罪	欺孤谋其财产:陈子牧有庶出子琪孙,后娶郑八娘,无子。子牧死后,戴周卿、郑亨父与八娘立契卖田	人情、契照、国法	郑八娘勘杖八十;所有戴、郑虚契,并行毁抹,给据付郑八娘、陈琪孙为照	《清明集》卷七《户婚门·孤寡》
75	宗族欺孤占产	刘家之赘婿与儿媳妇争产:儿子、女儿相继死,赘婿梁万三妄典卖据有刘氏产业	人情	所有梁万三据占典卖田产,合理还阿曹	《清明集》卷七《户婚门·孤寡》
76	阿沈高五二争租米	婢与夫之弟争租米:婢阿沈生女,高五一死后,弟高五二立其子六四为其后,官司照条以3/4与六四,1/4与女,阿沈携女再嫁,高五二与六四欲夺阿沈女一分之产	人情、国法	九年未足租米还阿沈养赡女,其一分产业,仰阿沈自行管给收租	《清明集》卷七《户婚门·女受分》
77	立昭穆相当人复欲私意遣还	私意遣昭穆相当人:虞艾死,其随嫁田无人继承,其父虞县丞为其立继子虞继,后父悔改立虞锥	人情	虞继承虞艾香火	《清明集》卷八《户婚门·立继类》
78	诸户绝而立继者官司不应没入其业入学	出嫁妾以主家田献入官:周德死后,周起宗为继子,出嫁妾却将田献入官	人情、国法	周起宗管业;出嫁妾勘杖六十,照赦免断	《清明集》卷八《户婚门·立继类》

续表

序号	案件名称	诉讼性质及事由	审批依据	判决结果	材料出处
79	利其田产自为尊长欲以亲孙为人后	欲吞其田立己孙为人后:吴子顺父子双亡无后,留张氏茭田,吴辰立己孙为人后	人情、国法	于族中选一人承祀,拨余田与之;吴辰子吴君文勘杖八十	《清明集》卷八《户婚门·立继类》
80	嫂讼其叔用意立继夺业	叔嫂争产:四子中长子熙甫夫妻俱亡,二子又没,三子欲己子为熙甫后,二嫂理论	人情、国法、砧基簿、文约	追毁私立文约,不立三房子文孙,各照原砧基簿管业	《清明集》卷八《户婚门·立继类》
81	(命继与立继不同)再判	命继争产:江齐戴无子亡,江渊之子瑞继之。族党诉瑞不能尽人后之责。且是命继而非立继	人情、国法、砧基祖簿	江齐戴田产分三,一分与江瑞承祭祀,一分撙为义庄赡族,一分没官	《清明集》卷八《户婚门·立继类》
82	后立者不得前立者自置之田	前后立继者争产:阿游四子,长子亡,立次子之子庆安为其后,后又遗嘱四子之子尧夔为其后,二者均分管佃	人情、遗嘱	庆安原佃田不在均分之列	《清明集》卷八《户婚门·立继类》
83	女婿不应中分妻家财产	女婿中分妻家财产:周丙身后有遗腹子,李应龙以女婿身份妄均分妻家财产	国法、干照、浮财账目	女婿得三分之一,遗腹子得二分之一,违法干照毁抹	《清明集》卷八《户婚门·分析》
84	鼓诱卑幼取财	鼓诱卑幼倚当田产:黎定夫等人鼓诱孙某倚当田产,欺诈取财	国法、人情	黎定夫等人按照赃财多少,处于流、徒、杖等刑罚	《清明集》卷八《户婚门·孤幼》
85	叔父谋吞并幼侄财产	叔父谋吞幼侄财产:李文孜父母亡殁,叔父李细二十三以其子为兄子,据其田业等财产,纵其子破荡家产	人情、国法	李细二十三决脊杖十五,编管五百里,李少二十一勘杖一百,押归本生父家,仍枷项,监还所夺去李文孜财物、契书等	《清明集》卷八《户婚门·孤幼》

序号	案件名称	诉讼性质及事由	审批依据	判决结果	材料出处
86	处分孤遗田产	侄子占叔田产:解汝霖夫妇俱亡,留二幼女。侄解懃立继绝之子伴哥承汝霖之业,占据其叔财产,二女在室,各无处分	户绝法	伴哥继绝,给四分之一,其余三分,均与二室女为业	《清明集》卷八《户婚门·女承分》
87	女合承分	养子与在室女争产;郑应辰有亲生二女,遗嘱二女各田130亩、库一座。应辰死,养子欲掩有	遗嘱、他郡均分之例	养子勘杖一百,钉锢,照元遗嘱各拨田130亩,日下管业	《清明集》卷八《户婚门·遗嘱》
88	出继子卖本生位业	出继子盗卖本生田产;余自强出继余端礼,盗卖本生家田与李宅,违法背理	国法、伪契	余自强、夏潭各勘杖八十,并监纳苗钱入官。伪契毁抹,业还许氏管佃	《清明集》卷九《户婚门·违法交易》
89	共帐园业不应典卖	侄盗卖众分地:侄梁回老盗卖园地与龚承直	支书、契约	钱没官、业还主,叔梁淮备钱取赎	《清明集》卷九《户婚门·违法交易》
90	母在与兄弟有分	典众分田业:母与兄弟俱存,魏峻典卖众分田与丘汝谟	条令、卖契	钱没官、业还主,牙人危文谟勘杖六十	《清明集》卷九《户婚门·违法交易》
91	重叠	重复典卖屋、地:王益将园屋、地典卖与徐克俭,又典卖与舒元琇	上手契、关书、典契	牙人杖一百;徐克俭干照给还,舒元琇干照毁抹	《清明集》卷九《户婚门·违法交易》
92	业未分而私立契盗卖	盗卖未分物业:方文亮三子,彦德、彦诚(死)、妾李氏生云老,彦诚子仲乙私立契约盗卖未分田业	私契、国法	拨田与李氏,其余三分;仲乙堪杖一百,钱没官	《清明集》卷九《户婚门·违法交易》
93	鼓诱寡妇盗卖夫家业	里人鼓诱寡妇盗卖夫家业:徐二娶阿蔡,生女六五娘;又娶阿冯。徐二遗嘱财产与妹徐百二娘、六五娘,里人陈元七鼓诱阿冯盗卖田宅	国法、遗嘱、伪契	里人陈元七、牙保陈小三、阿冯各堪杖一百,业还徐百二娘、六五娘共管佃	《清明集》卷九《户婚门·违法交易》

序号	案件名称	诉讼性质及事由	审批依据	判决结果	材料出处
94	买主伪契包并	买一分立伪契包占三分:阿宋三子,次子宗球抽一分地卖与黄宗智,宗智立伪契包占三分	支书、真契、伪契	黄宗智勘杖一百,真契给还,伪契毁抹,给据与阿宋照应	《清明集》卷九《户婚门·违法交易》
95	伪将已死人生前契包占	伪立死人契包占田:黄明之、李日益分别从吴友遄、吴梦龄父子处典卖田,黄明之按理为正,然其伪死人吴友遄契	上手老契、典契、人情	各照判佃业;所有黄明之假契之罪,且与免科	《清明集》卷九《户婚门·违法交易》
96	叔伪立契盗卖族侄田业	叔盗卖侄田:黄俊德不敢直指其叔,以黄延盗卖为词,纠其叔	不合书契及立批领	黄延堪杖八十,牙保陈秀决小杖十五。契及批领,当厅毁抹	《清明集》卷九《户婚门·违法交易》
97	亲邻之法	有亲无邻不合收赎:谭亨欲赎堂弟出典田,是有亲无邻	国法	照金厅所拟行	《清明集》卷九《户婚门·取赎》
98	有亲有邻在三年内者方可执赎	不合亲邻之法不可收赎:王才库受分地与王子通同关,却不合亲邻之法	国法、干照	索干照施行	《清明集》卷九《户婚门·违法交易》
99	妄执亲邻	妄执亲邻赎田并卖与他人:陈子万用计赎卖与陈定僧父田契(300贯),而子万交钱未足(差180贯),既卖与陈世荣	国法、合同契、官会	杨世荣、陈子万各勘杖一百;钱还世荣,田还定僧	《清明集》卷九《户婚门·取赎》
100	典买田业合照当来交易或见钱或钱会中半收赎	原是见钱当以见钱赎回:唐仲照见钱120贯典到田业,李边欲以钱50贯、官会65贯赎回	国法、人情	李边勘杖一百,引监元钱还唐仲照,日下还契,秋成交业	《清明集》卷九《户婚门·取赎》
101	过二十年业主死者不得受理	无合同契又过理诉年限不得赎回:沈邦政诉祖田产,已易五主至孙宅,又涉五六十年	干照、上手赤契、国法	孙宅照契管业	《清明集》卷九《户婚门·取赎》

续表

序号	案件名称	诉讼性质及事由	审批依据	判决结果	材料出处
102	揩改契书占据不肯还赎	吴师源典到叶云甫田,期满,吴揩改契书不欲还赎	国法、契书	吴师源勘杖一百,交领寄库钱、会退赎。合同文约给还叶云甫管业	《清明集》卷九《户婚门·取赎》
103	孤女赎父田	以伪契昏赖不与赎回:俞百六娘欲赎回父典与戴士壬田,戴典契是真,卖契是伪	国法、典契、伪卖契	伪契毁抹,俞百六娘赎回以祭祀,不许卖此田	《清明集》卷九《户婚门·取赎》
104	典主迁延入务	迁延时限不与赎田:阿龙欲赎回典与赵端之田,赵欲拖至秋后退业,一旦入务限,则无法赎回	典契、批领、开务时限①	批领毁抹,赵端日下交钱退业	《清明集》卷九《户婚门·取赎》
105	伪作坟墓取赎	伪称有祖坟欲赎:杨迪功父断卖田与黄琮(分与男桂子),桂子出典后,其兄赎回,桂子卖与兄黄秀实,又重复交易与杨迪功,却称有杨氏祖坟	上手契、断卖契、典契	杨迪功伪契及桂子重复交易契毁抹,黄秀实管业	《清明集》卷九《户婚门·取赎》
106	妄赎同姓亡殁田业	无证妄赎:江文辉欲赎典与江通宝田,时间超三十年,既无合同契,又涉虚诞	元典契、砧基簿、干照、支书	无实迹,难收坐	《清明集》卷九《户婚门·取赎》
107	典主如不愿断骨合还业主收赎	现业主不为断骨,不与取赎:范优园屋几经出典至丁伯威,范欲断骨卖不得,又欲赎回不得	上手契、典契	范优被元典钱取赎;若上手业主断骨卖,则依时价卖	《清明集》卷九《户婚门·取赎》

---

　　① (宋)窦仪等:《宋刑统》卷一三《户婚律·婚田入务》规定:"所有论竞田宅、婚姻、债负之类,取十月一日以后,许官司受理,至正月三十日住接词状,三月三十日以前断遣须毕。如未毕,具停滞刑狱事由闻奏。如是交相侵夺及诸般词讼,但不干田农人户者,所在官司随时受理断遣,不构上件月日之限。"(中华书局1984年版,第207页)

序号	案件名称	诉讼性质及事由	审批依据	判决结果	材料出处
108	禁步内如非己业只不得再安坟墓起造垦种听从其使	墓邻亦不能妄赎:李细五与黎友宁所买李二姑陆地为墓邻,李细五欲赎,已过论理年限。且李二姑陆地系其父拨其随嫁资,非众分田	国法	若李细五人词在三年之内,勒黎友宁交钱退业;若在三年之外,听黎仍旧管业,禁步内不得再安坟墓	《清明集》卷九《户婚门·坟墓》
109	争山及坟禁	契有先后,墓有禁地:郑宗立契在先为正,徐克明契在后为不正;徐克明先葬其祖母在先,郑宗立葬其后,定验后葬者是否在前者禁地	国法、买契	郑宗立管业;若郑宗立妻墓在徐克明祖墓禁内,则郑合监举移;若在禁外,则在禁外,则不相干	《清明集》卷九《户婚门·坟墓》
110	主佃争墓地	佃人不念旧恩与主家争墓地:吴春祖上乃卓清夫本家佃人,卓家许其葬吴祖父于山	干照、支书、国法	除吴家安葬一地外,尽合还卓宅承分子孙管业。吴春、吴辉殴人拦丧,欲各堪杖六十,照监元责偿钱入官	《清明集》卷九《户婚门·坟墓》
111	盗葬	佃人盗葬主地:吴太师前后买到两地,佃人谢五乙兄弟在两地之间强葬影占其地	买契	谢五乙堪杖一百,严限迁移。健讼人古六十假写退状,堪杖六十	《清明集》卷九《户婚门·坟墓》

上述"户婚门"所载 111 起案件中有 70 起属于非族内田产之争(约占 63%),有 41 件发生在亲族之间(约占 37%)。在 70 起非族内田产纠纷中,双方当事人包括主佃、官民、富室与农家、非同姓普通民之间、僧民、赘婿与族人、舅甥等等;关于纠纷的原因,有诡名冒占、昏赖强占、老契不明、伪契、非邻收赎、妄诉、子婿争田、寺僧安诉、乘人之危强占、有主而没官、争随嫁田、遗嘱不当、重叠交易、盗卖、妄改干照、以卖为典、以抵当作典卖、强赁、妄赎等等,看来,各色人等只要有利益纷争,都有可能因为各种各样的原因引起田宅纠纷而

发生诉讼。同时,约 37% 的案件发生在亲族之间,双方当事人包括兄弟、叔侄、叔嫂、同宗与外嫁女、随嫁子与亲子、随嫁女与亲子、不孝子与婿、归俗人与同宗人、养子与在室女等等,正所谓"有讼其父族者焉,有讼其母族者焉,又有讼其妻族者焉。"①从身份上看,既有同宗族人之间的纷争,也有外嫁女、随嫁子(女)、赘婿与宗内人之间的田产纠纷;至于纠纷的原因有争祖产、盗卖众分田、契要不明、随嫁子分产、归俗人分产、盗卖、伪契、私约、重复交易、亲邻妄赎、争嫁田以及不合遗嘱等等。族内田宅纷争主要有两种情况,一是发生在同宗人之间的祖产或承分田之争;二是非同宗人分割族产引起的纷争。总体来说,在利益的驱使下,族田交易越来越多地打破"族"的限制,而非同宗人的介入,更进一步弱化这种界限,所以族人间的田宅纠纷日益减少。

另外,非亲族之间田宅诉讼比例之高也说明东南六路(两浙、福建、江南西路、江南东路、荆湖南北路)的这些田宅纠纷多发生在非亲族之间,意味着这些地区的田宅交易大多已经进入到商品市场,从侧面印证了这些地区的商品经济确实已发展到了一个相对发达的水平。土地作为商品进入流通市场,从而从根本上瓦解着传统的亲邻关系,亲邻关系对人们经济关系的束缚日益减弱,换句话说,人们之间的关系更多地受经济关系的影响,而不是亲邻关系,逐利意识增强,"人情"意识减弱。"父子轻于相弃,夫妇轻于相离,兄弟轻于相讼。"②从经济基础层面改变着传统的"义利观",进而淡化人们之间的人伦关系;况且"贫民下户,尺寸土地皆是汗血之所致,一旦典卖与人,其一家长幼痛心疾首,不言可知。"③在这个意义上说,田宅纠纷增多不足为奇。身份对人们经济利益的限制越来越弱,"后世骨肉之间,多至仇怨、忿争,其实为争财。"④

(二) 以法决断

上面所述"户婚门"中涉及田产纠纷的 111 份书判大多都遵循了以法断

---

① (宋)郑玉道等:《琴堂谕俗编》卷上《睦宗族》,文渊阁四库全书第 865 册,第 230 页。

② (宋)黄榦:《勉斋集》卷三四《杂著·新淦劝农文》,影印文渊阁四库全书第 1168 册,第 395 页。

③ 《名公书判清明集》卷九《户婚门·取赎·典主迁延入务》,第 317 页。

④ (宋)程颢、程颐:《二程集》卷一七《河南程氏遗书·伊川先生语三》上册,王孝鱼点校,中华书局 2004 年版,第 177 页。

案的原则。为了进一步明晰其以法断案中的特点，我们再将这些书判中引用的法律条文、审判依据及判决结果等情况列表如下：

表 4-10　《清明集·户婚门》田产纠纷案中所引法律条文、审判依据、判决结果等

序号	案件名称	引用的法律条文	审批依据	判决结果	材料出处
1	吴盟诉吴锡卖田	—	契约、国法、乡体例原	听照四契为业	《清明集》卷四《户婚门·争业上》
2	使州送宜黄县张椿与赵永互争财产	逃田之法:自许归业	安庆公文、干照	照契为业、田产归付赵永	《清明集》卷四《户婚门·争业上》
3	罗绮诉罗琛盗去契字卖田	—	干照、受分关书、省簿	照契为业	《清明集》卷四《户婚门·争业上》
4	高七一状诉陈庆占田		干照、白契、乡原体例	勘杖六十,照陈文昌责状归并	《清明集》卷四《户婚门·争业上》
5	曾沂诉陈增取典田未尽价钱	—	原契约、乡原体例	"务限"期间不受理,维持原契约	《清明集》卷四《户婚门·争业上》
6	游成诉游洪父抵当田产	(1)准法:应交易田宅,过三年而论有利债负准折,官司并不得受理。(敕) (2)又准法:应交易田宅,并要离业,虽割零典买,亦不得自典赁。(敕)	卖契、国法、交业	两者均有违法、游成退佃,游洪照契为业	《清明集》卷四《户婚门·争业上》
7	缪渐三户诉祖产业		分关簿书	对众摽金、游邦勘杖六十	《清明集》卷四《户婚门·争业上》
8	吕文定诉吕宾占据田	—	干照(典契)、国法	听吕文定收赎	《清明集》卷四《户婚门·争业上》
9	王九诉伯王四占去田	准法:诸理诉田宅,二契要不明,过二十年,钱主或业主死者,不得受理	国法、契约	依原契为业	《清明集》卷四《户婚门·争业上》

序号	案件名称	引用的法律条文	审批依据	判决结果	材料出处
10	罗械乞将妻前夫田产没官	(1)在法:诸已绝之家而立继绝子孙,谓近亲尊长命继者,于绝家财产,若无在室、归宗、出嫁诸女,以全户三分给一分,余将没官。(2)准法:诸违法成婚,谓尝为祖免以上亲之妻,未经二十年,虽会赦犹离。(敕)(3)法:夫亡从其妻。(敕)	国法(户绝法、户婚律)	强制离婚、财产不合没官,听阿王为主	《清明集》卷四《户婚门·争业上》
11	陈五诉邓椿白夺南原田不还钱	—	卖契、国法	李洪、陈五各勘杖一百、照元契约管业	《清明集》卷四《户婚门·争业上》
12	使州索案为吴辛讼县抹干照不当	—	买契、国法	县吏勘杖六十、三项买地契归还吴元昶为照	《清明集》卷四《户婚门·争业上》
13	熊邦兄弟与阿甘互争财产	—	国法、人情	除去女丧葬费外,余田三分	《清明集》卷四《户婚门·争业上》
14	章明与袁安互诉田产	—	国法	见佃为主	《清明集》卷四《户婚门·争业上》
15	吴肃吴镕吴桧互争田产	(1)准法:诸典卖田宅,已印契而诉亩步不同者,止以契内四至为定;其理年限者,以印契之日为始,或交业在印契日后者,以交业日为始。(敕)(2)准法:诸理诉田宅,而契要不明,过二十年,钱主或业主死者,官司不得受理	国法、契约、批凿	吴镕、吴桧各勘杖六十;惩断吴肃;废契毁抹,吴肃依契为业	《清明集》卷四《户婚门·争业上》

序号	案件名称	引用的法律条文	审批依据	判决结果	材料出处
16	胡楠周春互争黄义方起立周通直田产	—	砧基簿、契约	伪契毁抹、黄义方税田合并与胡楠为业	《清明集》卷四《户婚门·争业上》
17	阿李蔡安仁互诉卖田	—	分关书	照元约为主	《清明集》卷四《户婚门·争业上》
18	罗柄女使来安诉主母夺去所拨田产	在法:妻有七出,无子为先	国法、人情、契约	邹渐辄用保印有误过割,勘杖六十、税苗还阿邹	《清明集》卷四《户婚门·争业上》
19	漕司送许德裕等争田事	准法:诸祖父母、父母已亡,而典卖众分田宅私辄费用者,准分法追还,令元典买人还价。即典卖满十年者免追,止偿其价,过十年典卖人死,或已二十年,各不在论理之限。(敕)	私约、赤契、国法	私约无效、见佃为业	《清明集》卷四《户婚门·争业上》
20	漕司送邓起江淮英互争田产	—	契约、国法、人情	照契各自管业(江淮英管业)	《清明集》卷四《户婚门·争业上》
21	漕司送下互争田产	(1)法:诸典卖田宅,具帐开析四邻所至,有本宗缌麻以上亲,及墓田相去百步内者,以帐取问。(敕)(2)准绍兴十一年正月敕:人户典买田宅,每日收勘合钱十文,如愿以金银绢帛准折者,听从便,依在市实直定价。(敕)	契约、国法、人情	以元契为业	《清明集》卷四《户婚门·争业上》
22	妄诉田业	—	国法、契约、人情	刘良臣照契管业;龚孝恭杖八十、刘纬竹篦十下	《清明集》卷四《户婚门·争业上》
23	随母嫁之子图谋亲子之业	—	国法、契约、人情	李子钦轻杖一百,给田一分,契书毁抹、诸子均分	《清明集》卷四《户婚门·争业上》

续表

序号	案件名称	引用的法律条文	审批依据	判决结果	材料出处
24	子不能孝养父母而依栖婿家则财产当归之婿	—	遗嘱、母之状词、公据、太守判凭	王有成竹篦二十,婿承佃为业	《清明集》卷四《户婚门·争业上》
25	寺僧争田之妄	交易法:契要不明,而钱、业主死者,不在受理	砧基簿、公据、契约、国法	吴承节执据管业	《清明集》卷四《户婚门·争业上》
26	干照不明合行拘毁	—	砧基簿、契约、国法	潜彝买契拘毁、桂节夫照砧基簿管业	《清明集》卷四《户婚门·争业上》
27	乘人之急夺其屋业	—	契约、国法	张光瑞杖一百,洪百四屋业没官	《清明集》卷四《户婚门·争业上》
28	契约不明钱主或业主亡者不应受理	在法:契要不明,过二十年,钱主或业主亡者,不得受理	契约、国法	抹契、给据送学管业	《清明集》卷四《户婚门·争业上》
29	已卖之田不应舍入县学	—	契约、国法	吴八勘杖一百,县学榜引毁抹,郑应瑞依干照管业	《清明集》卷四《户婚门·争业上》
30	侄与出继叔争业	在法:分财产满三年而诉不平,又遗嘱满十年而诉者,不得受理。(敕)	遗嘱、国法、人情	叔侄各照元管	《清明集》卷五《户婚门·争业下》
31	受人隐寄到财产自辄出卖	(1)在法:诸诈匿减免等第或科配者,以违制论。(注谓以财产隐寄,或假借户名,及立诡名挟户之类。)(敕) (2)在法:即知情受寄,诈匿财产者,杖一百。(敕)	卖契、典契、砧基簿、国法、人情	詹德兴卖过钱没官、虚伪契簿毁抹、詹元三留监、毛监丞管佃	《清明集》卷五《户婚门·争业下》

序号	案件名称	引用的法律条文	审批依据	判决结果	材料出处
32	僧归俗承分	(1)法:诸诱引或抑令同居亲为童行、僧、道,规求财产者,杖一百,仍改正,赃重者坐赃论。(敕) (2)在法:诸僧、道犯罪还俗,而本家已分者,止据祖父财产众分见在者均分。(敕)	遗嘱、关书、国法	依法立关书两分物业	《清明集》卷五《户婚门·争业下》
33	妻财置业不系分	(1)在法:妻家所得之财,不在分限。 (2)又法:妇人财产,并同夫为主。(敕)	契约、国法	陈圭出钱与蔡氏,业归众;不出钱,业还蔡氏依嫁田法	《清明集》卷五《户婚门·争业下》
34	继母将养老田遗嘱与亲生女	(1)在法:寡妇无子孙年十六以下,并不许典卖田宅。(敕) (2)户令:诸财产无承分人,愿遗嘱与内外缌麻以上亲者,听自陈。则有承分人不合遗嘱也	契约、国法、遗嘱、人情	已分之田有效,继母养老田不可遗嘱与女;汝霖决小杖二十	《清明集》卷五《户婚门·争业下》
35	重叠交易合监契内钱归还	—	契约、国法	江伸决杖八十,钱、会还丘某	《清明集》卷五《户婚门·争业下》
36	争田合作三等定夺	—	契约、国法	得业人各赍契照赴官点对	《清明集》卷五《户婚门·争业下》
37	从兄盗卖已死弟田业	(1)在法:交易诸盗及重叠之类,钱主知情者,钱没官,自首及不知情者,理还。犯人偿不足,知情牙保均备。 (2)在法:盗典卖田业者,杖一百,赃重者准盗论,牙保知情与同罪。(敕)	契约、国法	丘庄勘杖一百,枷监,自就朱府请元契赴官比对;若无契盗卖,还钱与朱府,田归	《清明集》卷五《户婚门·争业下》

序号	案件名称	引用的法律条文	审批依据	判决结果	材料出处
38	侄假立叔契昏赖田业	—	契约、遗嘱、国法	放贾宣,毁抹伪契、文虎领过钱、会还性甫	《清明集》卷五《户婚门·争业下》
39	典卖园屋既无契据难以取赎	在法:典田宅者,皆为合同契,钱、业主各取其一。(敕)	批领、交钱手领、公据、人情、国法	县司先来所给无凭公据毁抹;园还曾知府	《清明集》卷五《户婚门·争业下》
40	物业垂尽卖人故作交加	—	契约、关书	如江、如山各勘杖一百、已卖之田,王行之照契管佃	《清明集》卷五《户婚门·争业下》
41	揩改文字	—	图簿、干照、官簿	合押两争人到地头,集邻保从公照古来堅界标迁	《清明集》卷五《户婚门·争业下》
42	田邻侵界以此见知曹帅送一削	—	契约、砧基簿、批退、税簿、邻保人证	依未争前疆界管佃	《清明集》卷五《户婚门·争业下》
43	争山安指界至	—	干照、勘验地头	山地给还傅三七管业安葬,行父、定国勘杖一百	《清明集》卷五《户婚门·争业下》
44	揩擦关书包占山地	—	干照、交钱手领、国法	坟山还方伯达管业,标示地头、徐应辰勘杖一百	《清明集》卷五《户婚门·争业下》
45	争山各执是非当参旁证	(1)在法:交易只凭契照。(敕)(2)在法:典卖过二十年,钱主俱存,而两词柄凿如此	契约、元分支书、国法	给还	《清明集》卷五《户婚门·争业下》

序号	案件名称	引用的法律条文	审批依据	判决结果	材料出处
46	经二十年而诉典买不平不得受理	—	契约、分书、国法	逾20年不在论理之限,曾知府继续管业	《清明集》卷五《户婚门·争业下》
47	已卖而不离业	—	赤契、国法、人情	离业与否难断,牒昌化佐官,更与从公契勘,限五日结绝	《清明集》卷六《户婚门·赎屋》
48	执同分赎屋地	—	干照、分书、白约、人情	屋二间及有祖坟桑地照原价兑还毛永成为业,其余听陈潜等照契管业	《清明集》卷六《户婚门·赎屋》
49	抵当不交业	(1)在法:诸典卖田宅并须离业。(敕) (2)又法:诸典卖田宅投印收税者,即当官推割,开收税租。(敕)	典契、国法、交业证明	勒令王廷等除去已还租钱外,再填新会赎回其父典契	《清明集》卷六《户婚门·抵当》
50	以卖为抵当而取赎	在法:诸典卖田地满三年,而诉以准折债负,并不得受理。(敕)	赤契、国法、离业、过税	何太应照赤契管业,取陈嗣佑知委申,违坐以虚妄之罪	《清明集》卷六《户婚门·抵当》
51	倚当	—	契约、批领、图画、法帖	以图画、法帖还李正大,将原会未尽之钱,会还叶家	《清明集》卷六《户婚门·抵当》
52	伪冒交易	—	卖契、遗嘱、砧基簿	林镕勘杖一百,监钱还赵孟鋮,田还莫梦回管佃,三契毁抹	《清明集》卷六《户婚门·争田业》
53	兄弟争业	—	契约	比对十日结绝	《清明集》卷六《户婚门·争田业》

序号	案件名称	引用的法律条文	审批依据	判决结果	材料出处
54	出业后买主以价高而反悔	—	白契、国法、人情	卢震卿凭契管业	《清明集》卷六《户婚门·争田业》
55	争田业	—	契约、国法、官凭文书	李行可照契管业，洪宗起、洪七娘各勘杖六十	《清明集》卷六《户婚门·争田业》
56	争田业	—	干照、公据、国法	私约无效，照元赤契管业	《清明集》卷六《户婚门·争田业》
57	争业以奸事盖其妻	—	契约、国法	孙元善照契管业，孙斗南勘杖八十，重复交易钱还孙兰和孙元善	《清明集》卷六《户婚门·争田业》
58	伪批诬赖	—	契约、批约、砧基簿、租札	吴五三勘杖八十，毁抹伪批及原用砧基簿附案，监还田租。陈税元照契管业	《清明集》卷六《户婚门·争田业》
59	诉侄盗卖田	—	契约、分书	追索干照，从公结绝	《清明集》卷六《户婚门·争田业》
60	诉侄田	—	契约、批贴	石辉决竹箅二十，还钱与刘七，赎回田产付妹婿廖万英	《清明集》卷六《户婚门·争田业》
61	王直之朱氏争地	—	契约、砧基簿、分书	朱氏全有桑地，王直之合得屋基	《清明集》卷六《户婚门·争田业》
62	陆地归之官以息争竞	在法：为人后者不以嫡。（敕）	契约、户绝法、乡例	朱安礼伪契毁抹、依户绝法拘籍入官或助县学，张七四押归其生父家	《清明集》卷六《户婚门·争田业》

序号	案件名称	引用的法律条文	审批依据	判决结果	材料出处
63	叔侄争	—	契约、分书、国法、人情	逾十年,法当免追;于人情,盛荣合得价,不应得产,仍给还友能管业。竹地与二者作两分管业	《清明集》卷六《户婚门·争屋业》
64	(叔侄争)再判	在法:诸同居卑幼私辄典卖田地,在五年内,听尊长理诉。又诸祖父母、父母已亡,而典卖众分田地,私辄费用者,准分法追还,令元典卖人还价,即满十年免追,止偿其价。(敕)	契约、分书、国法、人情	逾十年,法当免追;于人情,盛荣合得价,不应得产,仍给还友能管业。竹地与二者作两分管业	《清明集》卷六《户婚门·争屋业》
65	舅甥争	—	契约、国法、人情、租札、供簿、簿历	不论契书之有无、管业之久远。仰承信仍旧管佃,全诚道始终之奉乃姐之义	《清明集》卷六《户婚门·争屋业》
66	谋诈屋业	—	契约、批领、国法	将涂适道重叠弊契及批领毁抹,并监沈崈重典卖钱还涂适道,陈国瑞照二契管业居住;沈崈、涂适道并合勘杖八十	《清明集》卷六《户婚门·争屋业》
67	不肯还赁退屋	—	契约	照妻属杨氏、杨璲状,责限来日出屋,一窗一户不得移动	《清明集》卷六《户婚门·赁屋》
68	占赁房(花判)	—	契约、国法	仰陈成之主持积代祖业,监黄清道填还累月赁钱	《清明集》卷六《户婚门·赁屋》

续表

序号	案件名称	引用的法律条文	审批依据	判决结果	材料出处
69	赁者析屋（花判）	—	国法	李广勘杖一百，监修	《清明集》卷六《户婚门·赁屋》
70	争山	—	遗嘱、分书	大同凭遗嘱管业	《清明集》卷六《户婚门·争山》
71	争地界	—	干照、地势、人证	沈百二拆除新篱，依干照界至	《清明集》卷六《户婚门·争界至》
72	争界至取无词状以全比邻之好	—	人情	监刘正甫以礼逊谢，夹界截界至	《清明集》卷六《户婚门·争界至》
73	官司斡二女已拨之田与立继子奉祀	—	人情、均给诸女之法	官司斡未议得衾田三分之一与立继子	《清明集》卷七《户婚门·立继》
74	正欺孤之罪	照条：诸为人后者，不以嫡子。（敕）	人情、契照、国法	郑八娘勘杖八十；所有戴、郑虚契，并行毁抹，给据付郑八娘、陈琪孙为照	《清明集》卷七《户婚门·孤寡》
75	宗族欺孤占产	—	人情	所有梁万三据占典卖田产，合理还阿曹	《清明集》卷七《户婚门·孤寡》
76	阿沈高五二争租米	—	人情、国法	九年未足租米还阿沈养赡女，其一分产业，仰阿沈自行管给收租	《清明集》卷七《户婚门·女受分》
77	立昭穆相当人复欲私意遣还	—	人情	虞继承虞艾香火	《清明集》卷八《户婚门·立继类》
78	诸户绝而立继者官司不应没入其业入学	—	人情、国法	周起宗管业；出嫁妾勘杖六十，照赦免断	《清明集》卷八《户婚门·立继类》

序号	案件名称	引用的法律条文	审批依据	判决结果	材料出处
79	利其田产自为尊长欲以亲孙为人后	—	人情、国法	于族中选一人承祀,拨余田与之;吴辰子吴君文勘杖八十	《清明集》卷八《户婚门·立继类》
80	嫂讼其叔用意立继夺业	在法:立继由族长,为其皆无亲人业。若父母存,当由父母之命。(敕)	人情、国法、砧基簿、文约	追毁私立文约,不立三房子文孙,各照原砧基簿管业	《清明集》卷八《户婚门·立继类》
81	(命继与立继不同)再判	(1)祖宗之法:立继者谓夫亡而妻在,其绝则其立也当从其妻,命继者谓夫妻俱亡,则其命也当惟近亲尊长。立继者与子承父分法同,当尽举其产以与之。命继者于诸在室、归宗诸女,止得家财三分之一。(2)准户令:诸已绝之家立继绝子孙,于绝家财产者,若止有在室诸女,即以全户四分之一给之,若又有归宗诸女,给五分之一。止有归宗诸女,依户绝法给外,即以其余减半给之,余没官。止有出嫁诸女者,即以全户三分为率,以二分与出嫁诸女均给,余一分没官	人情、国法、砧基祖簿	江齐戴田产分三,一分与江瑞承祭祀,一分揆为义庄赡族,一分没官	《清明集》卷八《户婚门·立继类》
82	后立者不得前立者自置之田	—	人情、遗嘱	庆安原佃田不在均分之列	《清明集》卷八《户婚门·立继类》
83	女婿不应中分妻家财产	在法:父母已亡,儿女分产,女合得男之半	国法、干照、浮财账目	女婿得三分之一,遗腹子得二分之一,违法干照毁抹	《清明集》卷八《户婚门·分析》

序号	案件名称	引用的法律条文	审批依据	判决结果	材料出处
84	鼓诱卑幼取财	—	国法、人情	黎定夫等人按照赃财多少，处于流、徒、杖等刑罚	《清明集》卷八《户婚门·孤幼》
85	叔父谋吞并幼侄财产	(1)在法:所养子孙破荡家产，不能侍养，实有显过，官司审验得实，即听遣还。(2)准敕:诸身死有财产者，男女孤幼，厢耆、邻人不申官抄籍者，杖八十。因致侵欺隐者，加二等。(敕)(3)又敕:诸路州县官而咆哮凌忽者，杖一百。(敕)	人情、国法	李细二十三决脊杖十五，编管五百里，李少二十一勘杖一百，押归本生父家，仍枷项，监还所夺去李文孜财物、契书等	《清明集》卷八《户婚门·孤幼》
86	处分孤遗田产	准法:诸已绝之家而立继绝子孙，谓近亲尊长命继者，于绝家财产，若只有在室诸女，即以全户四分之一，若又有归宗诸女，给五分之一。其在室并归宗女即所得四分，依户绝法给之。止有归宗诸女，依户绝法给外，即以其余减半给之，余没官。止有出嫁诸女者，即以全户三分为率，以二分与出嫁女均给，一分没官。若无在室、归宗、出嫁诸女者，以全户三分给一，并至三千贯止，即及二万贯，增给二千贯	户绝法	伴哥继绝，给四分之一，其余三分，均与二室女为业	《清明集》卷八《户婚门·女承分》
87	女合承分	—	遗嘱、他郡均分之例	养子勘杖一百，钉锢，照元遗嘱各拨田130亩，日下管业	《清明集》卷八《户婚门·遗嘱》

239

序号	案件名称	引用的法律条文	审批依据	判决结果	材料出处
88	出继子卖本生位业	—	国法、伪契	余自强、夏潭各勘杖八十,并监纳苗钱入官。伪契毁抹,业还许氏管佃	《清明集》卷九《户婚门·违法交易》
89	共帐园业不应典卖	照条:钱没官,业还主	支书、契约	钱没官、业还主,叔梁准备钱取赎	《清明集》卷九《户婚门·违法交易》
90	母在与兄弟有分	照违法交易条:钱没官,业还主	条令、卖契	钱没官、业还主,牙人危文谟勘杖六十	《清明集》卷九《户婚门·违法交易》
91	重叠	(1)在法:典卖田地,以有利债负准折价钱者,业还准,钱不追。(敕)(2)又法:诸以己田宅重叠典卖者,杖一百,牙保知情与同罪。(敕)	上手契、关书、典契	牙人杖一百;徐克俭干照给还,舒元琇干照毁抹	《清明集》卷九《户婚门·违法交易》
92	业未分而私立契盗卖	合照淳祐七年(1247)敕令所看详云:到平江府陈师仁分法	私契、国法	拨田与李氏,其余三分;仲乙堪杖一百,钱没官	《清明集》卷九《户婚门·违法交易》
93	敖诱寡妇盗卖夫家业	(1)在法:诸财产无承分人,原遗嘱与内外缌麻以上亲者,听自陈,官给公凭。(敕)(2)又法:诸寡妇无子孙,擅典卖田宅者杖一百,业还主,钱主、牙保知情与同罪	国法、遗嘱、伪契	里人陈元七、牙保陈小三、阿冯各堪杖一百,业还徐百二娘、六五娘共管佃	《清明集》卷九《户婚门·违法交易》
94	买主伪契包并	—	支书、真契、伪契	黄宗智勘杖一百,真契给还,伪契毁抹,给据与阿宋照应	《清明集》卷九《户婚门·违法交易》

续表

序号	案件名称	引用的法律条文	审批依据	判决结果	材料出处
95	伪将已死人生前契包占	—	上手老契、典契、人情	各照判佃业;所有黄明之假契之罪,且与免科	《清明集》卷九《户婚门·违法交易》
96	叔伪立契盗卖族侄田业	—	不合书契及立批领	黄延堪杖八十,牙保陈秀决小杖十五。契及批领,当厅毁抹	《清明集》卷九《户婚门·违法交易》
97	亲邻之法	在法:所谓应问亲邻者,止是问本宗有服纪亲之有邻至者。如有亲而无邻,与有邻而无亲,皆不在问限。(庆元重修田令与嘉定十三刑部颁降条册)	国法	照金厅所拟行	《清明集》卷九《户婚门·取赎》
98	有亲有邻在三年内者方可执赎	(1)准令:诸典卖田宅,四邻所至有本宗缌麻以上亲者,以帐取问,有别户田隔间者,并其间隔古来沟河及众户往来道路之类者,不为邻。(2)又令:诸典卖田宅满三年,而诉以应问邻而不问者,不得受理	国法、干照	索干照施行	《清明集》卷九《户婚门·违法交易》
99	妄执亲邻	在法:交易钱止有一百二十日限。(敕)	国法、合同契、官会	杨世荣、陈子万各勘杖一百;钱还世荣,田还定僧	《清明集》卷九《户婚门·取赎》
100	典买田业合照当来交易或见钱或钱会中半收赎	—	国法、人情	李边勘杖一百,引监元钱还唐仲照,日下还契,秋成交业	《清明集》卷九《户婚门·取赎》

序号	案件名称	引用的法律条文	审批依据	判决结果	材料出处
101	过二十年业主死者不得受理	(1)在法:诸典卖田宅者,皆为合同契,钱、业主各收其一。(敕) (2)又法:诸理诉田宅,而契要不明,过二十年,钱、业主死者,不得受理	干照、上手赤契、国法	孙宅照契管业	《清明集》卷九《户婚门·取赎》
102	揩改契书占据不肯还赎	在法:诸理诉田地,而契要不明,过二十年,钱主或业主死者,不得受理	国法、契书	吴师渊勘杖一百,交领寄库钱、会退赎。合同文约给还叶云甫管业	《清明集》卷九《户婚门·取赎》
103	孤女赎父田	(1)照得:诸妇人随嫁资及承户绝财产,并同夫为主。(敕) (2)准令:户绝财产尽给在室诸女,而归宗女减半	国法、典契、伪卖契	伪契毁抹,俞百六娘赎回以祭祀,不许卖此田	《清明集》卷九《户婚门·取赎》
104	典主迁延入务	在法:诸典卖田产,年限已满,业主于务限前收赎,而典主故作迁延占据者,杖一百。(敕)	典契、批领、开务时限	批领毁抹,赵端日下交钱退业	《清明集》卷九《户婚门·取赎》
105	伪作坟墓取赎	—	上手契、断卖契、典契	杨迪功伪契及桂子重复交易契毁抹,黄秀实管业	《清明集》卷九《户婚门·取赎》
106	妄赎同姓亡殁田业	申明指挥:典产契头亡殁经三十年者,不许受理	元典契、砧基簿、干照、支书	无实迹,难收坐	《清明集》卷九《户婚门·取赎》
107	典主如不愿断骨不合还业主收赎	—	上手契、典契	范侁被元典钱取赎;若上手业主断骨卖,则依时价卖	《清明集》卷九《户婚门·取赎》

序号	案件名称	引用的法律条文	审批依据	判决结果	材料出处
108	禁步内如非己业只不得再安坟墓起造垦种听从其使	(1)法曰:诸典卖田宅,四邻所至有本宗缌麻以上亲,其墓田相去百步内者,以帐取问。(敕)(2)在法:典卖田宅满三年,而诉以应问邻而不问者,不得受理。(3)法又曰:典卖众分田宅私辄费用者,准分法追还,令元典卖人还债;即典卖满十年者免追,止偿其价;过十年,典卖人死,或已二十年,各不在论理之限。若墓田,虽在限外,听有分人理认,钱、业各还主,典卖人已死,价钱不追。(敕)(4)绍兴十二年(1142)二月二日都省指挥:庶人墓田,依法置方一十八步,若有已置坟墓步数元不及数,其禁地内有他人盖屋舍,开成田园,种植桑果之类,如不愿卖,自从其便,止是不得于禁地内再安坟墓。(5)敕令所看详:四方各相去一十八步,即系东西南北共七十二步。(6)绍兴十四年(1144)十月五日尚书省批下敕令所申:……本所看详,虽在禁步内,既非己业,惟日后不许安葬外,如不愿卖,自从其便,仍不详与步内取掘坟垒。(7)乾道九年(1173)七月十五日指挥:只令地主不得于墓禁取掘填垒	国法	若李细五入词在三年之内,勒黎友宁交钱退业;若在三年之外,听黎仍旧管业,禁步内不得再安坟墓	《清明集》卷九《户婚门·坟墓》

续表

序号	案件名称	引用的法律条文	审批依据	判决结果	材料出处
109	争山及坟禁	—	国法、买契	郑宗立管业;若郑宗立妻墓在徐克明祖墓禁内,则郑合监举移;若在禁外,则在禁外,则不相干	《清明集》卷九《户婚门·坟墓》
110	主佃争墓地	在法:典卖年月只凭印契。(敕)	干照、支书、国法	除吴家安葬一地外,尽合还卓宅承分子孙管业。吴春、吴辉殴人拦丧,欲各堪杖六十,照监元责偿钱入官	《清明集》卷九《户婚门·坟墓》
111	盗葬	—	买契	谢五乙堪杖一百,严限迁移。健讼人古六十假写退状,堪杖六十	《清明集》卷九《户婚门·坟墓》

由上表可知:

其一,南宋时期,律敕并行,敕的地位尤显突出。在上述 111 份书判中,68 份书判没有直接引用法律条文,有 43 份书判明确引用了法律条文,总共引用了 69 条,其中"敕"37 条、"法(律)"21 条、"令"5 条、"指挥"3 条、"看详"3 条。从引用的这些法条来看,名公们断案时还是做到了有法可依,[1]其他没有引用法条的大多也是有法可考。同时,引用"敕"的比例明显较高,可知,在现实生活中,大量的以"敕"裁断,凸显了"敕"在宋代司法实践中的重要地位。尽管如此,敕也并没有取代律[2]。所引用的 21 条律文足以证明:律仍然发挥

————————

① (宋)窦仪等:《宋刑统》卷三〇《断狱律·断罪引律令格式》规定:"诸断罪,皆须具引律、令、格、式之正文,违者笞三十。"(中华书局 1984 年版,第 484 页)

② 陈顾远:《宋史刑法志注释》,载于《中国法制史概要》(商务印书馆 2011 年版)其中认为:自神宗"更目"后,以敕代律,且终宋之世不改。

着重要作用。直到南宋,律敕一直并行于社会生活中。然而,由于"律"本身的稳定性或者说不灵活性,它确实不能涵盖所有的现实问题,因此"凡断狱本于律,律所不该,以敕、令、格、式定之。"①在神宗"更目"以后,敕、令、格、式的地位有了优先于律的特点。② 南宋李心传曾说:"国初但有《刑统》谓之律,后有敕、令、格、式与律并行,若不同,则从敕、令、格、式。"③诚然如此。

其二,在民事纠纷中,"指挥""看详"等规定同样具有法律效力。宋代法律体系中除了律、敕、令、格、式之外,朝廷相关部门的指示或命令(指挥)以及修立敕令时所作的修改或补充说明(看详)④等也成为法官判决的法律依据。政和四年(1114)四月五日,中书省曾上言:"检会政和名例敕,诸律《刑统》、《疏议》及建隆以来,敕降与敕令格式兼行,文意相妨者,从敕令格式。其一司(注:学制、常平、免役、将官、在京通法之类同)、一路、一州、一县有别制者,从别制;其诸处有被受专降指挥,即与一司、一路、一州、一县别制,事理一同,亦合各行遵守专降指挥。"⑤《清明集》第九卷中所见引用的"都省(尚书省)指挥"(3 条)和"敕令所看详"(3 条),印证了它们在地方司法实践中的法律效力。

其三,法官断案依据以契约和国法为主,并辅之以多种形式。在《户婚门》中,法官裁断时的依据呈现多样化,所统计的 274 种断案依据中,契约约占三分之一,国法约占 26%,人情约占 11%,其他的像砧基簿、分书、遗嘱、批领等都是重要的断案佐证。而且,在实际决断中,往往又是一案中参考多种材料才能给出一个较为合理的决断。比如:在《户婚门》中有 53 例参考了契约和国法;24 例参考了人情和国法;16 例参考了契约、国法和人情;其他的类如契约、国法和分书、契约和遗嘱、国法和砧基簿等,基本上都是在最终判决之前,综合考察多种证据。郭东旭先生说:"宋朝是一个非常重视诉讼证据的朝

---

① 《宋史》卷一六三《职官三·刑部》,第 3857 页。
② (元)马端临:《文献通考》卷一六七《刑考六》中记载:"熙宁中,神宗厉精为治,议置局修敕,盖谓律不足以周尽事情,凡邦国沿革之政,与人之为恶入于罪戾而律所不载者,一断以敕。乃更其目曰:敕、令、格、式,而律存于敕之外。"
③ 李心传:《建炎以来朝野杂记》(甲集)卷四《淳熙事类》,中华书局 2000 年版,第 111 页。
④ 神宗元丰七年(1084)七月二十五日,御史黄降曾上书说:"朝廷修立敕令,多因旧文损益,其去取义则具载看详卷,藏之有司,以备照使。"(《宋会要辑稿》刑法一之一三)
⑤ 《宋会要辑稿》刑法一之三五。

代,不仅重视对历代司法实践经验的总结,也重视对本朝司法实践中证据的收集、保全、辨验和运用。在证据理论和证据辨析与运用方面,明显超过了以前任何朝代。"①从《清明集》所载断案的具体情况来看,宋代法官在断案中确实重视证据的辨验和运用。在这些证据中,只要有契约的,无一例外地将其作为主要佐证材料;有遗嘱的,只要遗嘱真实有效,大多也都遵从了遗嘱处分。②总之,《清明集》中名公断案既以法律为准绳,又不失人情、乡例;既考查物证,又结合人证;既厅内审查,又躬身勘察;既有初审初断,也有复核再断,谨慎判决、明谨用刑,综合裁断之情之景,跃然纸上。

表 4-11　《户婚门》中断案依据汇总

断案依据	契约(包括干照、卖契、典契、租割等)	国法	人情	砧基簿	分书	遗嘱	批领	官方文书	依乡原例	交业证明	人证	勘验地头	账目	开务时限
判决中出现的次数	90	72	30	19	18	10	10	6	5	5	4	2	2	1

二、官府调处(情理调处)

用调解的方式解决纠纷,自古有之。众所熟知的舜"历山救败"的事迹大概就是我国早期调解的先例吧。《说苑·反质》云:"历山之田者善侵畔,而舜耕焉,雷泽之渔者争陂,而舜渔焉。东夷之陶器苦窳,而舜陶焉。故耕渔与陶非舜之事,而舜为之,以救败也。"《韩非子·难一》云:"历山之农者侵畔,舜往耕焉,期年甽亩正。河滨之渔者争坻,舜往渔焉,期年而让长。东夷之陶者器苦窳,舜往陶焉,期年而器牢。仲尼叹曰:'耕、渔与陶非舜官也,而舜往为之者,所以救败也。舜其信仁乎! 乃躬藉处苦而民从之。故曰:圣人之德化乎!'"当历山地区人们自私自利、纠纷不断时,舜前往历山用了三年的时间拯

---

① 郭东旭:《宋代诉讼证据辨析》,载郭东旭:《宋代法律与社会》,人民出版社 2008 年版,第 102 页。

② 有的立遗嘱者所立遗嘱不合法,则法官不予采纳,如"继母将养老田遗嘱与亲生女"(《名公书判清明集》卷五《户婚门·争业下》,第 141 页)即属于这种情况。

救了日下之世风,他秉持的思想和运用的方法,其实就是孔子所谓的"舜其信仁乎!""圣人之德化乎!",即"仁、德",以此为基础发展成后来的儒家"和为贵"的处世之道,并成为了世世代代中国人调解纠纷的前提。无论是国与国之间还是人与人之间,也不管是官府抑或民间,所有矛盾和冲突,无不以此为传统,进行德化和调解。就像孔子处理父子争讼问题时,"拘之三月不别,其父请止,孔子舍之。"①父子之间孰是孰非不重要,重要的是恢复父慈子孝这样的伦理关系。唐代的贵乡县令韦景骏对母子争讼的态度和处理方法与孔子如出一辙,"县人有母子相讼者。景骏谓之曰:'吾少孤,每见人养亲,自恨终无天分。汝幸在温情之地,何得如此? 锡类不行,令之罪也。'因垂泣呜咽,仍取《孝经》付令习读之,于是母子感悟,各请改悔,遂称慈孝。"②不用司法判决而是用伦理调解的方式解决纷争可以达到司法达不到的"和谐"(无讼)效果。这其中的原因,胡石壁说得最清楚,"人生天地之间,所以异于禽兽者,谓其知有礼义也。所谓礼义者,无他,只是孝于父母,友于兄弟而已。若于父母则不孝,于兄弟则不友,是亦禽兽而已矣。"③这就是我们传统的仁德礼教,是刻在骨子里的。父慈子孝、兄友弟恭以及亲其亲、长其长的和谐人伦关系被认为是一种自然之秩序,是不能被打破的。

宋代田宅纠纷中,除了通过诉讼方式来解决之外,调处的方式始终贯穿于纠纷解决机制的整个过程。当然,古代调解的方式不是单一的,学者们按照不同的标准或依据,将其做了不同的分类,如梁凤荣在《论我国古代传统的司法调解制度》一文中指出:"依调解主持者的身份区别,可把我国的传统调解分为民间自行调解、宗族调解、乡治调解和州县官府调解几种形式。"④高楠则是"以是否提起诉讼为界标,将宋代的调解制度分为民间调解和官方调解两种类型。"⑤其实,不管以什么为依据,总体来说,古代的纠纷调解分为官方调解、民间调解、官方和民间调解的互动三种形式。下面我们分情况简述之。

---

① 《荀子》卷二〇《宥坐篇第二十八》。
② (后晋)刘昫:《旧唐书》卷一八五上《韦机传附韦景骏传》,第 4797 页。
③ 《名公书判清明集》卷一〇《人伦门·兄弟·因争财而悖其母与兄姑从恕如不悛即追断》,第 362 页。
④ 梁凤荣:《论我国古代传统的司法调解制度》,《河南大学学报》2001 年第 4 期。
⑤ 高楠:《宋代民间财产纠纷与诉讼问题研究》,云南大学出版社 2009 年版,第 172 页。

（一）官方调解

在宋代田宅纠纷中，虽然官方调解成功的比例不得而知，但是有一点是可以肯定的，那就是地方官员的调解思想和行为始终贯穿于审判过程中。既有审前调解，也有审中的调解，又有审后的调解。在调解的过程中，地方官的调解思想离不开对"法"的解说（或威吓），然而更多的是"晓之以理""动之以情"，离不开"情""理"的分析和劝导。

1. 审前调解。每有民众上诉，在案件审理之前，法官必先劝解。如北宋刘奕在洪州武宁县任职时，"有兄弟讼者，譬之亲爱之理以感动之，辄涕泣自咎引去，刑省而民格。"①若遇到因一时激愤，来官府起诉者，法官更是先与之和劝，或有不复诉讼者。②《夷坚支志》癸卷第一《余杭何押录》载："余杭县吏何某，自壮岁为小胥，驯至押录，持心近恕，略无过愆。前后县宰，深所倚信。又兼领开拆之职，每遇受讼牒日，拂旦先坐于门，一一取阅之。有挟诈奸欺者，以忠言反复劝晓之曰：'公门不可容易入，所陈既失实，空自贻悔，何益也？'听其言而去者甚众。"③审前调解不仅可以迅速结束纷争，减少讼累，而且也减少了司法资源的浪费。

2. 审中调解。在诉讼案件受理之后，法官首先要了解案情、调查取证，其间势必劝导，以期和解。一般是把当事人叫到堂前，有时也连同族长一起唤来，"当官劝谕"。在《名公书判清明集》卷一〇《户婚门·立继类·继绝子孙止得财产四分之一》④中名公刘克庄先生就运用了理断和调解相结合的方法解决了"建昌县刘氏诉立嗣事"。案中说："田县丞有二子曰世光、登仕，抱养之子也；曰珍珍亲生之子也。县丞身后财产合作两分均分，世光死而无子却有二女尚幼。"作为县丞的弟弟，通仕"谋产之念太切，首以己子世德为世光之后，而撰藏世光遗嘱二纸"，"刘氏者，珍珍之生母也，秋菊者，二女之生母也，

---

① （宋）蔡襄：《端明集》卷三四《尚书屯田员外郎通判润州刘君墓碣》，文渊阁四库全书第1090册，第660页。
② （宋）胡太初：《昼帘绪论·听讼篇第六》载："有一时忿激，便欲投词，需日稍久，怒解事定，必有和劝而不复来者，此其当行者一也。"（文渊阁四库全书第602册，第712页）
③ （宋）洪迈：《夷坚志·支志》癸卷第一《余杭何押录》，中华书局1981年版，第1228页。
④ 《名公书判清明集》卷一〇《户婚门·立继类·继绝子孙止得财产四分之一》，第251—252页。

母子皆存财产合听为主。"针对这起复杂的纠纷,法官反复考查法令,"考之令文:诸户绝财产尽给在室诸女。又云:诸已绝而立继绝子孙于绝户财产,若止有在室诸女即以全户四分之一给之。"又结合具体情况,"若刘氏、秋菊与其所生兜女肯以世德为世光之子,亦止合得世光全户四分之一。"认为通仕欲全得一分则不合法意。然后,又以具体问题具体分析的态度进行了调解、劝诫,"通仕以法如愿依绝户子得四分之一条令,可当厅责状,待委官劝谕田族并刘氏、秋菊母子,照前日和议,姑以世德奉世光香火,得四分之一,而以四分之三与世光二女,方合法意。若更纷挈,止得引用尽给在室女之文,全给与二女矣,此立嗣一节也。"最后,指派官员与族长一起再次劝谕,"裴司理居官公平,委本官唤上田族尊长(制属颇有私意干请,司理可以义理晓之)与通仕夫妇、刘氏、珍郎并秋菊、二女当官劝谕,本宗既别无可立之人,若将世光一分财产尽给二女,则世光遂不祀矣。……今既知条法,在室诸女得四分之三,而继绝男止得四分之一,情愿依此条分析。在刘氏、珍郎与秋菊、二女亦合存四分之一,为登仕香之奉。"既延续了县丞之香火,又结合法令分配了财产,圆满解决了立嗣和财产纷争问题。由此可见,在案件审理过程中,自始自终贯穿着法官的调解,使"情理法"相得益彰、融会贯通。

刘后村审理的另外一件案子同样如此。《名公书判清明集》卷一〇《人伦门·兄弟·兄侵凌其弟》案中:丁瑠、丁增系亲兄弟,父死分析之后,"丁瑠将承分田业典卖馨尽。又垂涎其弟,侵渔不已。"不仅卖掉弟弟的牛,还搬走仓库的租禾,"丁瑠挟长而凌其弟,逞强而夺其物",面对兄长如此恶行,作为法官的刘后村仍以"情"处之,调解兄弟两人的关系,并感叹道:"人不幸处兄弟之变,或挟长相凌,或逞强相向,产业分析之不均,财物侵夺之无义,固是不得平。"尽管如此,"然而人伦之爱,不可磨灭,若一一如常人究极,至于极尽,则有几于伤恩矣。"出于维护"人伦之爱",刘后村最后决断:"官司不当以法废恩,不欲尽情根究",可谓竭力调解兄弟二人的矛盾,"引监丁瑠,备牛两头,仍量备禾二贴,交还丁增。"最后不忘叮嘱哥哥丁瑠"如更不体官司宽恤之意,恃顽不还,并勒丘州八,仍追搬禾人一并监还。"①这种诉讼之中的"人情"与"国法"相结合的调处,无疑是最适合中国国情,也最容易深入人心,比起单纯的

---

① 《名公书判清明集》卷一〇《人伦门·兄弟·兄侵凌其弟》,第373—374页。

国法裁断更能彻底解决问题。

《名公书判清明集》卷八还有类似的案子：陈文卿、吴氏夫妇先是抱养一子陈厚，后又生二子陈谦、陈寅。亲生子挟母以治其兄，"至谓陈厚殴母……此特谦、寅买填印白纸，栽添讼本而已。"后来，"吴氏母子因陈厚论收诡户，稍肯就和"，这正是法官所希望的，因此法官说："此当职之所深愿也"，于是法官就此调解，"唤上陈厚，当厅先拜谢其母，陈谦、陈寅次拜谢其兄"，先使家庭和睦，再"唤乡司克除陈厚、陈谦、陈寅三户之外，其余……五户物业，并归陈文卿一户，而使吴氏掌之，同居共爨，遂为子母兄弟如初。""陈厚者，归与妻子改节以事其亲，笃友以谐其弟，自此以后，无乖争凌犯之习，以厚里闾，尤令之所望也。"①借助"人情"调处解决纠纷，不仅解决了当事人的家事，更重要的是"以厚里闾"、睦乡邻、淳民风，这才是传统社会一个好的法官断案的最大愿望。

有些复杂的案件，在审理过程中，难以断定孰是孰非，这时法官往往采取调解的方式促其和解。《名公书判清明集》卷四"罗琦诉罗琛盗去契字卖田"一案中：弟罗琦陈状兄罗琛偷去干照卖己田，"但罗琦并无片纸执手"，同时，"考之省簿又是兄弟合为一户，税钱苗退受，复无稽考"，不能明确断定田产归属，法官提出"况是亲戚兄弟，自宜从公和对"，②对双方进行调解。

《名公书判清明集》中还有一些虽未明确记述调解过程，但确是运用了调解的案件。例如卷六《争地界》中：傅良与沈百二因地界问题发生纠纷，法官一边责令沈百二拆除篱笆，一边苦口劝解双方："所争之地不过数尺，邻里之间贵乎和睦，若沈百二仍欲借赁，在傅良亦当以睦邻为念。却仰明立文约，小心情告，取无词状申。"调解之余还不忘警诫："再不循理，照条施行。"③"照条施行"意味着依法处置，也就是说法官只是令其纠正了错误的做法，并没有依法对其惩罚，而是用调解的方式解决了纠纷。

《名公书判清明集》卷六《争界至取无词状以全比邻之好》中法官吴恕斋的做法如出一辙，判词中写道："天地之间，物各有主，却正不必为此怀憾。未

---

① 《名公书判清明集》卷八《户婚门·分析·母在不应以亲生子与抱养子析产》，第278—279页。

② 《名公书判清明集》卷四《户婚门·争业上·罗琦诉罗琛盗去契字卖田》，第102页。

③ 《名公书判清明集》卷六《户婚门·争界至·争地界》，第199页。

欲遽有施行,以亏比邻之好,再帖厢官,监刘正甫以礼逊谢,夹截界至,取无词状申。"最后告诫:"如再恃强,定行断科。"①很明显也是以调解的方式结案。

黄幹任知县时,有运干、解元兄弟俩因"墓田"兴争端,黄幹在调解中说道:"今张解元丑诋运干而运干痛讼解元,曾不略思吾二人者自祖而观本是一气,今乃相诋毁如此,是自毁其身,何异祖父生育子孙,一在仕涂,一预乡荐,亦可以为门户之荣矣。今乃相诋毁如此反为门户之辱,详此事深为运干解元惜之……今乃于骨肉之中争此毫末,为乡间嗤笑。物论所厌薄,所争者小所失者大,可谓不思之甚。"在黄幹看来,兄弟俩互相诋毁,既自取门户之辱,为乡间嗤笑,又因小失大,破坏族党和谐。同时,通过案件黄幹又反思自身,"当职身为县令,于小民之愚顽者,则当推究情实,断之以法,于士大夫则当以义理劝勉,不敢以愚民相待",因此,他调解道:"请运干解元各归深思,幡然改悔,凡旧所雠隙一切煎洗,勿置自中深思同气之义与门户之重,应愤闷事一切从公与族党共之,不必萌一毫私意,人家雍睦,天理昭著,它日自应光大不必计此区区也,两状之词皆非县令所愿闻,牒运干并告示解元取和对状申。"②

当然,法官都是在充分了解案情之后,尽量去调解,其间也不会忘记"法律"的说教。例如,南宋时:"有富民诉幼子,察之非其本心,姑逮其子付狱,徐廉之,乃二兄强其父析业。"于是法官赵与欢"晓以法,开以天理"予以调解,结果"皆忻然感悟"。③

总之,遇到百姓争讼的案子,法官大多持调解的态度。这也源自于法官的责任意识,但凡有"不孝不友"者,法官往往"引咎思过","谓我为邑长于斯,近而闾里乃有此等悖逆之子,宁不负师师之任哉!"④这也就不难理解,于民诉案件中,常见调解之解决方式。北宋仁宗时,江南西路洪州武宁县有兄弟争讼,法官刘奕"譬之以亲爱之理以感动之,辄涕泣自咎引去。"⑤南宋胡石壁断案时

---

①　《名公书判清明集》卷六《户婚门·争界至·争界至取无词状以全比邻之好》,第200页。

②　《名公书判清明集》附录二《勉斋先生黄文肃公文集·张运属兄弟互诉墓田》,第585页。

③　《宋史》卷四一三《赵与欢传》,第12403页。

④　《名公书判清明集》卷一〇《人伦门·母子·母讼其子而终有爱子之心不欲遽断其罪》,第363页。

⑤　(宋)蔡襄:《端明集》卷三三《尚书屯田员外郎通判润州刘君墓碣》,文渊阁四库全书第1090册,第660页。

反复感慨,"当职者乏于兹,初无善政可以及民,区区此心,惟以厚人伦,美教化为第一义。每遇听讼,于父子之间,则劝以孝慈,于兄弟之间,则劝以爱友,与亲戚、族党、邻里之间,则劝以睦姻任恤。委屈开譬,至再至三,不敢少有一毫忿疾于顽之意。剽闻道路之论,咸谓士民颇知感悟,隐然有迁善远罪之风,虽素来狠傲无知,不孝不友者,亦复为之革心易虑。"①

一般情况下,法官往往以宗族和睦为目的,以人伦关系相调解。"大凡宗族之间,最要和睦,自古及今,未有宗族和睦而不兴,未有乖争而不败。"②本着这种思想,每有纠纷,"皆以睦族为第一事",类如:"昔日清河之民,有兄弟争财者,郡守苏琼告以难得者兄弟,易得者田宅,遂感悟息争,同居如初。"③

3. 审后调解。即使是在审理判决之后,但凡有调解的可能,官员也予以尽力而为。北宋时,吕陶任四川合州铜梁令,"庞氏姊妹三人冒隐幼弟田,弟壮,诉官不得直,贫至庸奴于人。及是又诉,陶一问,三人服罪,弟泣拜,愿以田半作佛事以报陶。陶晓之曰:'三姊皆汝同气,方汝幼时,适为汝主之尔,不然,亦为他人所欺。与其捐半供佛,曷若遗姊,复为兄弟,顾不美乎?'弟又拜,听命。"④这件案子就是在判决之后,经过吕陶以姐弟亲情相劝,使其重归于好,彻底解决了姐弟之间的矛盾和纷争。

北宋渭南县,"民有兄弟争田者,吏常直其兄,而弟讼不已。"县令陈汉卿"为往视其田,辨其券书",发现端倪并"以田与弟",可以说法官的机敏明辨和公正决断为成功调解提供了前提,不但将田判还给了弟弟,而且教导了其兄。兄弟两人均坦白了争讼的真实心理,兄言:"我悔欲归弟以田者数矣,直惧笞而不敢耳。"弟言:"我田故多,然耻以不直讼兄,今我直矣,愿以田与兄。"兄弟俩表面上看是争田,实则在"争气",正是法官的有效调解,才化解了兄弟俩的心中怨气,最后"兄弟相持恸哭,拜而去"⑤。

又如北宋贵池主簿沈君"尝摄铜陵县事",在审理一"兄弟争财"案时,亦

---

① 《名公书判清明集》卷一〇《人伦门·母子·母讼其子而终有爱子之心不欲遽断其罪》,第363页。
② 《名公书判清明集》卷一〇九《人伦门·兄弟·兄弟侵夺之争教之以和睦》,第369页。
③ 《名公书判清明集》卷一〇九《人伦门·兄弟·兄弟侵夺之争教之以和睦》,第371页。
④ 《宋史》卷三四六《吕陶传》,第10977—10978页。
⑤ (宋)欧阳修:《欧阳修全集·居士集》(上册)卷三〇《墓志铭四首·尚书比部员外郎陈君墓志铭(至和元年)》,中国书店1986年版,第212页。

"能为辨其曲直","而卒使之感寤让财,相与同居。"①像这样受百姓拥戴的父母官有很多。

南宋名公蔡久轩也是在"俾之无事"②案判决完成之后,本着"果能消争融隙,变阋为怡,此正当职之本心"的态度,再行调解,最终撤销了判决。案中:若庸、若泾、若沔三兄弟及其侄子其大、其毅众叔侄争家产,拿到法官的判决书之后,"兄弟之间,退省定思,良心善性固未泯没",请求调处,法官"特从所请","委曲劝谕,导以天理",告诫三兄弟"念同气之亲,思鹡鸰之义,勿信唆使教唆之言,辄兴伤风败俗之讼",并让其写下保证书,不再交争兴讼。这是一件典型的判决之后未按判决执行,而以调解处理的案子。

梁治平在《寻求自然秩序中的和谐——中国传统法律文化研究》中这样写道:"理想的社会必定是人民无争的社会;争讼乃是绝对无益的事情;政府的职责以及法律的使命不是要协调纷争,而是要彻底消灭纷争。"③法官判决的最终目的在一定程度上不单是为解决当事人的既有问题,更不是单纯地裁断是非曲直,④而是要恢复原本之"自然秩序",这种"自然秩序"无疑是传统中国社会所固有的"人伦秩序",只有遵循它,才能彻底消灭纷争、促进家族和睦、开启三代淳朴之民风。这种淳朴之民风当然是以伦理亲情和睦为标志的。因此,我们看到传统社会的法官更愿意用"和为贵"的办法、"以理开晓"⑤为手段调解纠纷,因为它能达到"以法断案"所达不到的效果。"郡守职在宣化,每欲以道理开导人心,闾阎小人,无不翻然悔悟,近来亲戚骨肉之讼,十减七

————————

①　(宋)王安石:《王文公文集》(下册)卷八六《墓表·贵池主簿沈君墓表》,唐武标校,上海人民出版社1974年版,第913页。

②　《名公书判清明集》卷一〇《人伦门·兄弟·俾之无事》,第367—368页。

③　梁治平:《寻求自然秩序中的和谐》,中国政法大学出版社2002年版,第229页。

④　"里巷间朋友亲戚间有讼,或是一家兄弟骨肉自有讼,某曲某直虽是见得分晓,直者不必甚胜,曲者不必甚负,宁为民间留有余不尽之意,使亲戚依旧成亲戚,朋友里巷依旧成朋友里巷,自家兄弟骨肉依旧成兄弟骨肉,其意甚忠厚也。官司大率忠厚如此,而昧者不察,往往自县而州、自州而台部,词讼不已,必欲求胜,宁不自取终凶之祸哉。此亦乡无善士以表率之,礼义消亡,风俗颓败,以至于此,独不见邻邦之美俗乎。"[(宋)郑玉道等:《琴堂谕俗编》卷下《戒忿争》,文渊阁四库全书第865册,第246页]

⑤　(宋)真德秀:《西山先生真文忠公文集》卷四〇《潭州谕俗文》(四部丛刊初编)载:"清河之民,有兄弟争财者,郡守苏琼告以难得者兄弟,易得者田宅。遂感悟息讼,同居如初。……以理开晓,必无不从。"

八。"①如果说一个地方的民众"一时为利欲所蔽","亲戚骨肉之讼"不断,那一定是"无人以天理人伦开晓之耳"②。一个好的"父母官","每遇听讼,于父子之间,则劝以孝慈,于兄弟之间,则劝以爱友,于亲戚、族党、邻里之间,则劝以睦姻任邮。委曲开譬,至再至三,不敢少有一毫忿疾于顽之意",③而且"不行鞭罚,民有争者,示之以理,百姓称悦,合境无讼。"④"无讼"才是法官断案的最终目的,也是法官们调解的最大动因。

(二)官府与民间相结合的调处

在田产争讼中,官府是调解的核心、是主角,但并非唯一。在审理过程中,有时由官府进行调解,有时也会根据情况交给族长宗亲进行调解⑤,形成官府审理与民间调解相结合的模式,抑或是官府调解与民间调解相结合的模式。这种模式有点类似于发生在黄宗智先生所谓的"第三领域"。它与学者所说的"官民同调调解模式"⑥有点类似,但又不完全一样。不管怎样,它们的宗旨是一样的,即"旨在通过官府的司法权威和民间力量的共同参与,使亲属争讼能够尽快息讼结案。"⑦

1. "第三领域"

"第三领域"的概念是黄宗智受哈贝马斯"公共领域"理论的影响而提出来的。经过社会调查,他认为在清代官民之间存在一个所谓的"中间领域"或称为"第三领域",他在《清代的法律、社会与文化:民法的表达与实践》中结合

---

① 《名公书判清明集》卷七《户婚门·立继·不当立仆之子》,第 208 页。

② 《名公书判清明集》卷一〇《人伦门·兄弟·兄弟侵夺之争教之以和睦》,第 370 页。

③ 《名公书判清明集》卷一〇《人伦门·母子·母讼其子而终有爱子之心不欲遽断其罪》,第 363 页。

④ 《册府元龟》卷七〇三《令长部三·教化》,中华书局 1960 年版,第 8381 页。

⑤ 北宋真德秀曾告诫地方官时说道:"如卑幼诉分产不平,固当以法断,亦须先论尊长,自行行从公均分。或坚执不从,然后当官监析。其有分产已平,而妄生词说者,却当以犯分诬向坐之。今请知、佐每听讼,常以正名分,厚风俗为先,几可革薄。"(《名公书判清明集》卷一《官吏门·申儆·劝谕事件于后》,第 10 页)

⑥ "官民同调是指一些亲属财产争讼案提交官府之后,官府首先予以调解,同时责成族人、乡曲亲戚、邻里朋友、乡党等参与调解。"(张本顺《南宋亲属间财产诉讼的调解模式初探》,《天府新论》2013 年第 1 期,第 140 页)

⑦ 张本顺:《南宋亲属间财产诉讼的调解模式初探》,《天府新论》2013 年第 1 期。

案件诠释了这一领域的存在及其实践,他说:"为了揭示清代民事纠纷处理的实际过程,我们不仅要考察村社族邻的非正式性调解,以及州县衙门的正式性审判,还要进一步了解介于这两者之间的第三领域,正是在此一领域,民间调解与官方审判发生交接、互动。有大批争端,虽然随着呈递告状,而进入官方审理过程,但在正式堂审之前,都获得了解决。在此中间阶段,正式制度与非正式制度发生某种对话,并有其既定程式,故而形成一个半官半民的纠纷处理地带。……对于绝大多数民众来说,他们跟国家机器的接触确实主要发生在此种第三领域(详细论述见黄宗智 1993b)。由此看来,清代司法制度的三个组成部分,每一部分都为整个政治制度的相应部分提供了具体写照:正式审判制度相应于官方政府,民间调解制度相应于民间的社会自我管理组织,半官方的纠纷处理制度相应于半国家、半社会的中间领域,正是在这里,国家与社会展开交接与互动。"①也就是说属于"国家"范畴的正式审判制度与属于"社会"范畴的非正式调解(民间调解)并非两不相干或彼此对立,相反,二者之间发生交接、互动。他认为:在"国家"(正式制度)与"社会"(非正式制度)、官方审判与民间调解这两对范畴之间,还应存在另一个范畴用以涵盖彼此之间的交接互动,这一范畴就是所谓的"第三领域"。清代地方司法实践中出现的半官半民的纠纷处理地带就发生在"第三领域";国家正式审判制度与非正式制度(民间调解制度)之间的联系也发生在"第三领域"之内。而且数量还不少,黄宗智先生在对巴县、宝坻、淡新(淡水—新竹)共 628 件案例进行了详细考察之后,指出"在第三领域获得解决的案件兴许多达二百五十八件,而正式受审的二百二十一件",超过 40%的案件在"第三领域"内解决。

　　虽然有些学者对"第三领域"的概念持有异议②,但是,作为一种思路,我

---

①　[美]黄宗智:《清代的法律、社会与文化:民法的表达与实践》,上海书店出版社 2007 年版,第 91 页。

②　林端:《中国传统法律文化"卡迪审判"与"第三领域"?》(《中西法律传统》(第 13 卷)2008 年 1 月,第 433 页):"'第三领域'是'非此即彼'的二值逻辑下的思想建构,并不适合用来形容中国传统法律文化的多值逻辑在官方正式的"堂断"与民间非正式的"调处"之间的具体呈现,黄宗智这个创举,不无"画蛇添足"之嫌。"梁治平:《清代习惯法:国家与社会》(中国政法大学出版社 1996 年版,第 9—18 页):反对在制定法与习惯法之间真正存在着什么"第三领域";认为官方的正式"审判"与民间非正式的"调处"之间的互动,与其用"第三领域"的概念不如用"连续体"的概念更合适。

们不妨拿来试着分析一下宋代田宅纠纷中的官民调解模式。

2. 宋代"第三领域"中的纠纷处理模式——官府审理（或调解）与民间调解相结合

表4-12 《清明集》中选择几例调解的案子列表如下

案件名称	纠纷及事由	官府审理（调解）	民间调解	判决	出处
因争财而悖其母与兄姑从恕如不悛即追断	李三为人之弟而悖其兄，为人之子而悖其母。因财利之末，起纷争之端	教化为先，刑罚为后。特免断一次	邻里相与劝和	本厢押李三，拜谢外婆与母及李三十二夫妇。若将来仍旧不悛者，却当照条施行	《清明集》卷一〇《人伦门·母子》
母讼其子而终有爱子之心不欲遽断其罪	马圭，父母与之以田，则鬻之；勉其营生，则悖之；戒其赌博，则违之。母讼于官：刑之于市，与众弃之	其父既有免官行遣之词，而其母亦复恻然动念，不胜舐犊之爱。法官更不欲坐马圭之罪，押归本家。如再有分毫干犯，乃母有词，定当科以不孝之罪	恳告邻舍、亲戚，引领去拜谢乃母，友爱乃弟	不欲坐马圭之罪，押归本家。"特支官会二十贯，酒肉四瓶付马圭，……以为诸召亲戚、邻舍之用。"	《清明集》卷一〇《人伦门·母子》
继绝子孙止得财产四分之一	世光登仕，田县丞抱养之子也；珍珍，亲生之子也；通仕，县丞的弟弟。通仕谋兄产，以己子为兄之后，而撰藏世光遗嘱二纸	依据法令，又结合具体情况，"若刘氏、秋菊与其所生兜女肯以世光为世光之子，亦止合得世光全户四分之一。"	"裴司理居官公平，委本官唤上田族尊长与通仕夫妇、刘氏、珍郎并秋菊、二女当官劝谕。"	"今既知条法，在室诸女得四分之三，而继绝男止得四分之一，情愿依此条分析。在刘氏、珍郎与秋菊、二女亦合存四分之一，为登仕香之奉。"	《清明集》卷八《户婚门·立继类》
叔侄争业令禀听学职教诲	叔侄争业	"示周德成叔侄，仰即日禀听明朋友教诲。"	"禀听明朋友教诲，遂为叔侄如初。"	"示周德成叔侄，仰即日禀听明朋友教诲，遂为叔侄如初。若或不悛，则玉汝于成者，将不得不从事于教刑矣！"	《清明集》卷一〇《人伦门·叔侄》

《名公书判清明集》卷一〇《因争财而悖其母与兄姑从恕如不悛即追断》①案中:李三因利悖其母亲与兄长,被"揆之以法"。法官胡石壁出于职务职责"以教化为先,刑罚为后","恕其既往之愆,开其自新之路,他时心平气定,则天理未必不还,母子兄弟,未必不复如初也",因此"特免断一次",之后交给亲戚邻里调解,"押李三归家,拜谢外婆与母及李三十二夫妇,仍仰邻里相与劝和",并且为了加强亲邻的劝和效果,胡石壁不忘警告李三,"若将来仍旧不悛者,却当照条施行"。这个案子就是典型的从"官判"到"民调"的解决模式,即告官之后,法官初步审理判断,可能觉得用调解的方式解决更合适,于是下放亲邻调解,从而实现官民之间的互动、交接。

卷一〇《母讼其子而终有爱子之心不欲遽断其罪》②案中:马圭不孝敬父母,不务正业,参与赌博,并将父母给他的田产卖掉,母亲无奈将其告到官府,要求"刑之于市",对此,法官胡石壁也是"心实忿焉","欲从其母之所请",但,当读到其父亲的遗嘱的时候,身为感动,"几欲堕泪","其父既有乞免官行遣之词,其母亦复恻然动念,不胜舐犊之爱",于此,法官"更不欲坐马圭之罪",决定不与刑罚,而是调解处置,"押归本家,恳告邻舍、亲戚,引领去拜谢乃母,友爱乃弟",同样是想借助亲邻的劝和之力,解决家庭矛盾,并且胡石壁"仍特支官会二十贯,酒肉四瓶付马圭,仰将归家,以为诸召亲戚、邻舍之用",可谓煞费苦心,又不忘告诫:"如再有分毫干犯,乃母有词,定当科以不孝之罪。"这起案件与上件一样,都是从"官判"走向了"民调",官民协力解决纠纷。

卷八《继绝子孙止得财产四分之一》③案中:田县丞有二子,世光是养子,死后留二女(世光女使秋菊所生);珍珍是亲生子(县丞侧室刘氏所生)。田县丞的弟弟通仕想以己子世德为世光后,图其二分之一田产。此案已经蔡提刑审理过,此前田族尊长也参与过,"田氏尊长钤辖家书数纸",认为世德作为堂弟奉世光香火,"昭穆不相当",但是"族中皆无可立之人"云云。法官刘后村

①　《名公书判清明集》卷一〇《人伦门·母子·因争财而悖其母与兄姑从恕如不悛即追断》,第362页。

②　《名公书判清明集》卷一〇《人伦门·母子·母讼其子而终有爱子之心不欲遽断其罪》,第363—364页。

③　《名公书判清明集》卷八《户婚门·立继类·继绝子孙止得财产四分之一》,第251—253页。

再理此案,认为依照法律,"若刘氏、秋菊与其所生儿女肯以世德为世光之子,亦止合得世光全户四分之一",经过反复审理,最终裴司理"帖委本官唤上田族尊长,与通仕夫妇、刘氏、珍郎并秋菊、二女当官劝谕。……在室诸女得四分之三,而继绝男止得四分之一,情愿依此条分析。"可以说,本案既严格地按照法律来决断,又不失"人情"的考量("昭穆不顺,本不应立"),既有官府的"堂断",又有田氏族众的参与,二者的互动始终存在。

卷一○《叔侄争业令禀听学职教诲》①案中:虽然没有记述周德成叔侄争业的详情,但是通过法官的自我反省,认为当职德化不够,亲友举责不及,致使叔侄疏远,因之,"仰即日禀听明朋友教诲,遂为叔侄如初"。也就是当堂调解之后,又令其禀听亲友教化,"若或不悛","不得不从事于教刑"。官民互动调解终其始终。

如果按照黄宗智的"第三领域"的概念看宋代的争业诉讼案件,在官府"堂断"和民间"调解"之间确实也存在着互动的情况,或者在官府"调解"或民间"调解"中多有互动和交接,这些纠纷处置的过程或许可以认为是发生在所谓的"第三领域"吧。至于宋代纠纷案件在"第三领域"的比例,尚需进一步论证。

在上述案件审理中,随处可见"儿女语之"②式的"调解",这让我们不禁会问:法官为什么如此重视"调解"?归结起来,大概原因有四:

一是官员职责所在。保持一方的家族和谐、社会安宁,是每一个地方官为政的职责,为"郡守职在宣化","谓我为邑长于斯,近而闾里乃有此等悖逆之子,宁不负师师之任哉!"③费孝通先生在《乡土中国》里曾说:"一个负责地方秩序的父母官,维持礼治秩序的理想手段是教化,而不是折狱。"④

二是官不如民更了解案情。每一个案子都有具体的"家长里短"的案由,而官员在厅堂光靠双方的陈词,有时未必能体察"民间细故"之实情,也未必

---

① 《名公书判清明集》卷一○《人伦门·叔侄·叔侄争业令禀听学职教诲》,第 391 页。

② "晚宰庆元,甫立而目青作。然两造在庭,犹呼之至前,儿女语之,人人得吐情实,吏束手不能抹发欺。去之日,送者至泣车下。"[(宋)真德秀:《西山先生真文忠公文集》卷四六《知庆元县承议张公墓志铭》,《宋集珍本丛刊》第 76 册,第 515 页]

③ 《名公书判清明集》卷一○《人伦门·母子·母讼其子而终有爱子之心不欲遽断其罪》,第 363 页。

④ 费孝通:《乡土中国·无讼》,北京大学出版社 1998 年版,第 54 页。

能做出精准的决断。而身居民间又有威望的相关人等,更有可能领悟案情之精髓,从而作出较为公允的判断。"乡党耳目之下,必得其情;州县案牍之间,未必尽得其情,是在民所处较在官所断为更允矣。"①

三是调解中宣示以"法令"、调之以"情理",才能使当事人心领开悟,消除矛盾。而仅以"刑"断案,有可能使败者不服而争讼不止。北宋名臣陈襄曾在《州县提纲》中告诫地方官:"如不先委曲示之以法,而骤刑之,彼犹以为无辜而被罪,宜其争愈力而不知止。"最好的做法就是"喻之以事理,晓之以利害,仍亲揭法帙以示之,且析句为之解说"②。主张"情理"与"国法"相彰行事,也就是"调解"与"裁断"紧密结合才能收到良好效果。

四是以"礼义"或"人情"调解决断的效果远非法令所能比,调解或可达到彻底去除"讼根"的目的。"人情"伦理深入人心,借此才能达到释怀,从而缓解矛盾,直至彻底消灭纷争,实现"无讼";而通过法律的判决,最终达成的只能是一种强制下的畏服,不可能泯灭矛盾,更不可能带来人们之间的和睦与美好。"本厅既难根究何缘可得实情,故未免令两家在外和对,……盖欲彼此永绝讼根,免至频频紊烦官府耳。"③

因此,作为为政一方的父母官,遇到争讼情况,当然更趋向于调解而不是直接判决。这也是众多田产纠纷案在审理前、审理中甚至是判决后,始终贯穿着"调解"的原因。无论是官方调解还是民间调解,或是官民结合的调解以及官府审理和民间调解相结合等等,所有"调解"无不缘于此。

在这里,有一点不得不提,那就是:尽管像宋代这样的中国传统社会,法官在断案时不管是"以法决断",还是通过调解来化解纷争,都不可能如马克斯·韦伯所谓的"绝对不会根据形式的律令",而是"会根据被审者的实际身份以及实际的情况"来判决,④恰恰相反,法官们断案往往都离不开法律这一

---

① （清）徐栋辑:《牧令书》卷一七《刑名上·听讼（袁守定）》,《官箴书集成》第七册第380页,黄山书社1997年版。

② 《州县提纲》卷二《示无理者以法》,王云五主编,丛书集成初编本,商务印书馆1939年版,第12页。

③ 《名公书判清明集》卷五《户婚门·争业下·争山各执是非当参旁证》,第161页。

④ [德]马克斯·韦伯:《儒教与道教》,洪天富译,江苏人民出版2003年版,第123页。

基本准则①,又结合了当事人的具体"家事""家情",可谓是"情理法"充分融合做出最适合的决断(《清明集》中所记载的实例足以证明),这也突出了法官断案的最本质特征:不是为了断案而断案,而是为了彻底解决问题而断案;不是为了孰是孰非而断案,而是为了家族和睦而决案。这一做法一直持续到明清都没变。那种认为中国古代民事争讼中官方调解"毫无客观性、确定性、规则性可言"②的说法,显然没有研究透中国传统社会法官断案的精义之所在。③

三、民间调解(人伦调解)

民间调解,顾名思义,是民间纠纷不是通过诉讼或者尚未到达官员手中,而是由民间相关人自行处理的纠纷解决方式。

(一) 选择民间调解的原因

1. "乡间人情"

这个"乡间人情"类似于乡里街坊之间的人与人之间的人伦关系,那么,什么是人伦和人伦关系呢? 费孝通先生这样解释道:"以'己'为中心,像石子一般投入水中,和别人所联系成的社会关系,不像团体中的分子一般大家立在一个平面上的,而是像水的波纹一般,一圈圈推出去,愈推愈远,也愈推愈薄。在这里我们遇到了中国社会结构的基本特性了。我们儒家最考究的是人伦,伦是什么呢? 我的解释就是从自己推出去的和自己发生社会关系的那一群人里所发生的一轮轮波纹的差序。……伦重在分别,在《礼记·祭统》里所讲的十伦,鬼神、君臣、父子、贵贱、亲疏、爵赏、夫妇、政事、长幼、上下,都是指差等。'不失其伦'是在别父子、远近、亲疏。伦是有差等的次序。……其实在我们传统的社会结构里最基本的概念,这个人和人来往所构成的网络中的纲纪,就

---

① 南宋法官胡石壁说:"不以条法以剖判曲直矣,然则何以息讼哉?"(《名公书判清明集》卷九《户婚门·库本钱·质库利息与私债不同》,第336页)

② [日]滋贺秀三等:《明清时期的民事审判与民间契约》,王亚新等译,法律出版社1998年版,第74页。

③ 张本顺:《反思传统调解研究中的韦伯伦理"类型学"范式》,《甘肃政法学院学报》2014年第6期。

是一个差序,也就是伦。《礼记·大传》里说:‘亲亲也、尊尊也、长长也、男女有别,此其不可得与民变革者也。’意思是这个社会结构的架格是不能变的,变的只是利用这架格所做的事。”①也就是说传统社会,“亲亲、尊尊、长长”的“父子、远近、亲疏”的社会关系不仅有差等的次序,而且这个次序是不能变的,它是一种“礼治秩序”,也是一种“自然(或称为天然)秩序”。“在乡土社会的礼治秩序中做人,如果不知道‘礼’,就成了撒野,没有规矩,简直是个道德问题,不是个好人。”②依此判断,一旦发生诉讼,就破坏了礼治秩序、破坏了差序格局,即人伦关系,就是“不知道‘礼’”,也就有了“道德问题”“不是个好人”,成了被嗤笑的对象。若不想如此不堪,则必守礼、求和睦。

宋代作为传统社会大多绕不开这种思维模式,这就为调解提供了思想前提。因此,作为地方官的黄幹说:“今乃于骨肉之中争此毫末,为乡间所嗤笑。物论所厌薄,所争者小所失者大,可谓不思之甚。”③胡颖在《乡邻之争劝以和睦》中也强调:“大凡乡曲邻里,务要和睦。才自和睦,则有无可以相同,缓急可以相助,疾病可以相扶持,彼此皆受其利。才自不和睦,则有无不复相同,缓急不复相助,疾病不复相扶持,彼此皆受其害。人生在世,如何保得一生无横逆之事,若是平日有人情在乡里,他自众共相与遮盖,大事也成小事,既是与乡邻仇隙,他便来寻针觅线,掀风作浪,小事也成大事矣。”④既然和睦这么重要,那么,人们在现实生活中尽量保持宽容则是必须的,遇有纷争,自然多会选择调解。

2. 讼累

(1)诉讼带来的经济负担可能会让很多当事人望而却步。其中的负担之一便是贿赂官吏。陆九渊曾说过:“今风俗弊甚,狱讼烦多,吏奸为朋,民无所归命,曲直不分,以贿为胜负。”⑤袁采曾奉劝那些家族中的富者析产时可将部分自置财产分与贫者,就是为了防止争讼,因为“如连年争讼,妨废家务,必资备裹粮与嘱托吏胥、贿赂官员之徒费”,若均懂得退让则“所分虽微,必无争讼

①　费孝通:《乡土中国·差序格局》,北京大学出版社 1998 年版,第 27—28 页。
②　费孝通:《乡土中国·无讼》,北京大学出版社 1998 年版,第 54 页。
③　《名公书判清明集》附录二《劝斋先生黄文肃公文集·张运属兄弟互诉墓田》,第585 页。
④　《名公书判清明集》卷一〇《乡邻之争劝以和睦》,第 393—394 页。
⑤　(宋)陆九渊:《陆九渊集》卷八《与赵推书》,中华书局 1980 年版,第 111 页。

之费也。"①看来在集权体制之下,嘱托、贿赂官吏已成惯例,也是诉讼当事人必须要考虑的经济成本。

（2）久讼而坐困

一旦诉讼,几年不决者、"更历年深,屡断不从"者往往有之,②有的案件从县里告到州府,③有的则是不同的官员反复审理、裁断,④"大抵比年州县之间,民间诉理罕有简易直截而速与了结者。谓之严,固不能。谓之宽,又不可。被害之家或反以讼久坐困,故善良怯懦之人心知其难,有忍而不诉。"⑤长年累月地诉讼带来的一定是家境贫困,甚至倾家荡产。

3.官府催索与耽误农事

有些县衙会借机向论诉户婚田土的词人催税:"乡村陈过词状,未论所诉事理如何,却先根刷陈状人户下积久不问蠲放分数、倚阁年限,并行催索,百姓避惧,遂致不敢到官披诉。冤抑或因对证勾追,人户到县与词状,分日引受。若遇事故,有迁延至五七日不能辨对了当。非理拘留,妨废农事。"⑥既有可能遭到催索,又会因诉讼周期长而妨碍农事,那么,一旦有纠纷,一般情况下,谁会去告状呢? 民间调解则成为相对明智的选择。

4.畏讼

在专制体制之下,法和官都不是为"民"服务的,反而是治民之工具。当被认为是破坏"人伦"（社会）秩序的诉讼行为出现的时候,词讼者无疑是站在了官府的对立面,告诉至官府时,免不了遭斥责甚至痛打。清朝文人程世爵在《笑林广记》卷三《听讼异同》中描绘道:"无是非,无曲直,曰打而已矣;无天

---

① （宋）袁采:《袁氏世范》卷上《睦亲》,文渊阁四库全书第 698 册,第 603 页。

② 《名公书判清明集》卷四《争业上·漕司送下互争田产》（第 120 页）载:"或至更历年深,屡断不从……";卷四《户婚门·争业上·已卖之田不应舍入县学》（第 133 页）载:"有四年而不决者……";卷五《争业下·揩擦关书包占山地》（第 159 页）载:"历时不决……"

③ 《名公书判清明集》卷八《户婚门·立继类·命继与立继不同》和《再判》;卷四《争业上·漕司送下互争田产》。

④ 《名公书判清明集》卷七《户婚门·立继类·双立母命之子与同宗之子》（通城宰书拟、仓司拟笔、提举判）;卷一三《惩恶门·诬赖·假为弟命继为词欲诬赖其堂弟财物》（主簿拟、又判、提举司判）

⑤ （宋）欧阳守道:《巽斋文集》卷四《与王吉州论郡政书》,文津阁四库全书第 395 册,第 421 页。

⑥ 《宋会要辑稿》刑法二之八七。

理,无人情,曰痛打而已矣。故民不曰审官司,而曰打官司,官司而名之曰打,真不成为官司也。"虽言笑话,亦有个中道理。身居民间的百姓若遇到贪官污吏,恐怕也没啥好结果。"良善之民,生居山野,入城市而骇,入官府而怵,其理虽直,其心战惕,未必能通,若又纵走吏辈呵遏之,则终于泯默受罪矣。"①能遇到"和颜而问"的法官、"无得呵遏"的衙吏,那便是撞大运。但是,大部分恐怕是"打官司有甚得便宜处,使了盘缠,废了本业,公人面前赔了下情,着了钱物,官人厅下受了惊吓,吃了打捆,而或输或赢,又在官员笔下,何可必也。便做赢了一番,冤冤相报,何时是了。"②胡石壁所说"官人厅下受了惊吓,吃了打捆",又何尝不是呢?"生居山野的良善之民"面对响彻云霄的升堂衙鼓、震慑人心的声声堂威、如狼似虎的三班衙役,胆战心惊之余,除了"泯默受罪",大概能从容陈词者寥寥无几。这种惧怕心理(畏讼)驱使下,大多会寻求民间调解吧。

5.遇上"入务期"

官府理案都有时限,《宋刑统》卷一三《户婚律·婚田入务》曰:"所有论竞田宅、婚姻、债负之类债负谓法许征理者。取十月一日以后,许官司受理,至正月三十日住接词状,三月三十日以前断遣须毕。如未毕,具停滞刑狱事由闻奏。如是交相侵夺及诸般词讼,但不干田农人户者,所在官司随时受理断遣,不构上件月日之限。"③官府接受田宅诉讼案的时间是每年的10月1日至次年的1月30日,到3月30日审理完毕,其它时间则为农忙时间,即"入务"。④

---

① (宋)陈襄:《州县提纲》卷二《通过愚民之情》:"良善之民,生居山野,入城市而骇,入官府而怵,其理虽直,其心战惕,未必能通,若又纵走吏辈呵遏之,则终于泯默受罪矣。凡听讼之际,察其愚朴,平昔未尝至官府者,须引近案,和颜而问,仍禁走吏无得呵遏,庶几其情可通。"(文津阁四库全书第199册,第745页)

② 《名公书判清明集》卷一〇《乡邻之争劝以和睦》(胡颖),第394页。

③ (宋)窦仪等:《宋刑统》卷一三《户婚律·婚田入务》,中华书局1984年版,第207页。

④ 南宋高宗颁布了"绍兴务限条法":案件受理时间为10月1日至2月1日(《宋会要辑稿》刑法三之四六);但是为了防止豪强利用"入务"时限侵夺,又规定不必拘泥于"务限"。参见《宋会要辑稿》刑法三之四十六载:"高宗绍兴二年(1132)三月十七日两浙转运司言:准绍兴令,'诸乡村以二月一日后为入务。应诉田宅、婚姻、负债者,勿受理。十月一日后,为务开。'窃详上条,入务不受理田宅等词诉,为恐追人理对,妨废农业。其人户典过田宅,限满备赎,官司自合受理交还。缘形势豪右之家交易故为拖延,至限便引条法,又贪取一年租课,致细民受害。诏应人户典过田产,如于入务限内,年限已满,备到元钱收赎,别无交互不明,并许收赎。如有词诉,也

263

"入务"则一般不受理田宅案件。

虽然有名文规定:"在法:诸典卖田产,年限已满,业主于务限前收赎,而典主故作迁延占据者,杖一百。"①仍不乏唯利是图者,《名公书判清明集》卷九《典主迁延入务》中提到了多种借"务限"谋人田业的情况:"当务开之时,则迁延月日,百端推托,或谓寻择契书未得,或谓家长出外未归,及至民户有词,则又计嘱案司,申展文引,逐限推托,更不出官,展转数月,已入务限矣,遂使典田之家终无赎回之日。"此案中赵端即是利用"务限"拖延时月,使阿龙不能及时收赎田业。"照得孙知县于去年十二月间,判令阿龙候务开日,收赎所典赵端之田。其赵端自合遵照县司所行,及时退赎,今乃以施工耕种为辞。当职观所在豪民图谋小民田业,设心措虑,皆是如此。"②

所以,当纠纷遇到"入务"期,或者有人借"务期"故意拖延而有碍收赎的情况,当事人除了寻求民间调解,便是等"务开日"。

(二) 充当或参与民间调解的人

充当或参与民间调解的人有族长、尊长、邻里、亲友等,几者身份或有重叠,之间略有区别。族长和尊长不一定是同一人;邻里不一定都是同宗者;亲友亦有同宗也有不同宗者(比如舅家人),不管哪种身份,都是当事人身边较亲近或德高望重之辈。③

根据高楠博士的研究,参与民间调解的人包括:族长、尊长、乡里德高望重的人、普通族人、邻里、告老还乡的官吏、在任官员、负责本地治安的弓兵及路人等等。还有学者指出:"事实上,充当调解人不需要特别的资质,可能的话

许官司受理,余依条施行。"孝宗时为防止一些地方官员因循苟且,允许诉讼当事人越诉,史称:"隆兴元年(1163)四月二十四日大理寺卿李洪曰:'务限之法大要,欲民不违农时。故凡入务而诉婚田之事者,州县均不得受理。然虑富强之家,乘时恣横,豪夺贫弱,于是又为之制,使交相侵夺者,受理不拘务限。比年以来,州县之官,务为苟且,往往借令文为说,入务之后,一切不问。遂使贫民横被豪夺者,无所申诉。欲望明饬州县,应婚田之讼,有下户为豪强侵夺者,不得以务限为拘,如违,许人户越诉。'从之。"(《宋会要辑稿》刑法三之四八)

① 《名公书判清明集》卷九《户婚门·取赎·典主迁延入务》,第318页。
② 《名公书判清明集》卷九《户婚门·取赎·典主迁延入务》,第317页。
③ 高楠:《宋代民间财产纠纷与诉讼问题研究》,云南大学出版社2009年版,第172—175页。

任何人都可以参与调解。在南宋乡村社会中,'长者'是民间调解的主要力量。'长者'没有特定身份——可能是处士、士人、富民或者普通的乡贤,多是乡村社会中的精英,'长者'只是乡人对他们的一种敬称。"①

其实,民间调解人主要有族长、尊长、告老还乡的仕宦等等。如"主乡曲公论,息人之争,决众所疑"②。北宋时荆湖南路衡州县人胡晏,"性资孝友,乡里慕之,有争讼不到公庭,多往质焉。"③南宋两浙路温州永嘉县陈敦化,"乡间信服其谊,争讼多不之官府,得公一言,即时解散。"④邵武军光泽县大姓李得之"李氏世居之为郡著姓……为人事亲孝谨,友爱其弟甚笃,之死不少衰。遇族党有恩意,少有忿争,则为居间极力平处,不令入官府。"⑤不难看出,这些人大多在乡里德高望重、秉持公平、讲究亲孝友爱、为人尊敬,像丽水的陈允昌⑥、信州铅山人傅岩叟⑦、婺州金华人吴珪⑧等等都是如此。

在《名公书判清明集》中记载的多是族内的亲邻、尊长充当调解人。或"邻里相与劝和"⑨、或"恳告邻舍、亲戚"⑩、或"唤上田族尊长"⑪、或"仰请集

① 朱文慧:《南宋东南地区的民间纠纷及其解决途径研究》,暨南大学,2011 年博士学位论文,第 115 页。

② 马曙明、任林豪主编:《临海墓志集录·宋·黄之奇圹记》,宗教文化出版社 2002 年版。

③ (明)杨珮:《嘉靖衡州府志》卷六《人物》,天一阁藏明代方志选刊,上海古籍书店 1982 年影印本。

④ (宋)薛季宣:《浪语集》卷三四《行状·陈益之父》,文渊阁四库全书第 1159 册,第 560 页。

⑤ (宋)朱熹:《晦庵集》卷九一《特奏名李公墓志铭》,文渊阁四库全书第 1146 册,第 130 页。

⑥ 丽水人陈允昌平息乡间纠纷"乡人有讼,必质公。公为剖析理道、定论曲直,又饮之酒以和之。"[(宋)宗泽:《宗忠简公文集》卷三《陈公墓志铭》,《宋集珍本丛刊》第 30 册,明崇祯刻本,第 798 页]

⑦ 信州铅山人傅岩叟,尝为鄂州州学讲书,"人有忿争,则譬以利害而平其曲直,邑既简讼而民间无扰。"[(宋)陈文蔚:《克斋集》卷一〇《傅讲书生祠堂记》,文津阁四库全书第 391 册,第 294 页]

⑧ "有斗争,君(吴珪)一言曲直,各厌悦解去。"[(宋)范浚:《范香溪先生文集》卷二二《吴子琳墓志铭》,《宋集珍本丛刊》第 42 册,第 505 页]

⑨ 《名公书判清明集》卷一〇《人伦门·母子·因争财而悖其母与兄姑从恕如不悛即追断》,第 362 页。

⑩ 《名公书判清明集》卷一〇《人伦门·母子》(第 363 页)载:"恳告邻舍、亲戚,引领去拜谢乃母,友爱乃弟。"

⑪ 《名公书判清明集》卷八《户婚门·立继类·继绝子孙止得财产四分之一》(第 251—252 页)载:"裴司理居官公平,委本官唤上田族尊长与通仕夫妇、刘氏、珍郎并秋菊、二女当官劝谕。"

宗族、亲戚"①等等。

(三) 民间调解能够实施的原因

1. 官员的思想和态度

从《名公书判清明集》所记录的名公们的判词中,明显能感受到铭刻在诸公内心深处的"人伦"情结,这或许与他们自幼所处的生活和文化环境有关吧。书判的名公们大多出身于福建、浙右,并任职于东南地区,这里的理学思想不能不说对其有着或直接或潜移默化的影响。众所周知,东南地区盛行理学,名师辈出,且影响深远。"至南宋乾、淳时期,理学学术重心也向南转移后集中于东南地区,尤以福建路、两浙路,江南东、西路为中心。福建路以朱熹的闽学为代表,两浙则以吕祖谦的婺学、叶适的永嘉之学及陈亮的永康学派为代表,江南东、西路则有陆九渊的心学异军突起,一时东南地区诸派蜂起,各具特色,形成理学发展的鼎盛局面。"②在这些大师们的传播下,东南地区理学之盛可想而知,重视"人伦、情理",不言而喻。

表 4-13 《清明集》中收录的诸名公判词数目及其籍贯③

序号	姓名	判词数(篇)	籍贯
1	胡颖(石壁)	72	湖南潭州湘潭
2	蔡杭(久轩)	68	福建建宁府建阳
3	范应铃(西堂)	42	江西隆兴府丰城
4	翁甫(浩堂)	27	福建建宁府崇安
5	吴势卿(雨岩)	25	福建建宁府建安
6	吴革(恕斋)	23	江西江州庐山

---

① 《名公书判清明集》卷七《先立已定不当以孽子易之》(第206—207页)载:"梦龙、攀鳞既归,仰请集宗族、亲戚,卑辞尽礼,拜谢祖母、祖父,遵依教训,以坚悔过自新之意。"

② 游姝琪:《南宋闽浙赣毗邻区域理学核心区研究》(博士论文),福建师范大学2014年版,第53页。

③ 本表参考了《名公书判清明集》附录一和附录七,以及〔日〕青木敦:《宋代民事法的世界》,庆应义塾大学出版社2014年版,第66页。

续表

序号	姓名	判词数(篇)	籍贯
7	刘克庄(后村)	21	福建兴化军莆田
8	方岳(秋崖)	9	浙西衢州
9	宋慈(自牧)	8	福建建宁府建阳
10	真德秀(西山)	6	福建建宁府蒲城
11	马光祖(裕斋)	3	浙东婺州金华
12	王遂(实斋)	2	浙西镇江府金坛
13	姚立斋	2	福建南剑州顺昌
14	李昂英(文溪)	2	广东广州番禺
15	叶武子(息庵)	1	福建邵武
16	赵汝腾(庸斋)	1	福建福州
17	王伯大(留耕)	1	福建福州
18	史弥坚(沧州)	1	浙东庆元府鄞县
19	方大琮(铁庵)	1	福建兴化军莆田
20	陈增(仲能)	1	福建兴化军莆田
21	关宰瑂①		浙江临海
22	人境	5	不详
23	叶岩峰	13	不详
24	天水	5	不详
25	韩竹坡	3	不详
26	韩似斋	3	不详
27	莆阳	3	不详

① 按照有关学者的观点:关宰瑂即关瑂。见《名公书判清明集》附录一;耿元骊:《宋代官户免役的政策调整、法律诉讼与限田折算》(《中国史研究》2020 年第 3 期);刘馨君:《明镜高悬:南宋县衙的诉讼》,北京大学出版社 2007 年版,第 217 页。

序号	姓名	判词数（篇）	籍贯
28	拟笔	3	不详
29	赵惟斋	1	不详
30	叶宪	1	不详
31	儗笔	1	不详
32	星渚	1	不详
33	陈漕增	1	不详
34	彭仓方	1	不详
35	叶提刑	3	不详
36	建仓	2	不详
37	建金	1	不详
38	建阳丞	1	不详
39	建阳佐官	1	不详
40	巴陵赵宰	1	不详
41	司法拟	1	不详
42	通城宰	1	不详
43	许宰	1	不详
44	建倅	1	不详
45	金厅	2	不详
46	包宰	1	不详
47	叶县宰	1	不详
48	赵知县	1	不详
49	刘寺丞	1	不详
50	刑提干	1	不详
51	主簿	1	不详

序号	姓名	判词数（篇）	籍贯
52	潘司理	1	不详
53	邓运管	1	不详
54	建阳	1	不详
55	婺州	1	不详

上表①显示：《名公书判清明集》中有名可考的名公均来自于福建、湖南、江西、浙东、浙西等地，而这些地区正是理学之核心区域，受理学的熏陶，根深蒂固的"人情"理念自然外化为处事方式，在矛盾纠纷的处理中，以"人伦关系"相调解亦在情理之中。

此外，宋代并不把民间争讼看成是"民间细故"，相反不断完善制度机制，积极应对、解决基层问题。所谓"官中条令，惟交易一事最为详备，盖欲以杜争端也。"②如果不重视，也不会制定详备的法律来"杜绝争端"。"此其有关朝廷上下之纪纲，未可以细故视之。"③之所以重视，是因为它关系着基层社会的稳定。有道是"家和万事兴"，家族和睦是国家稳定的基础。正因此，《唐律疏议》《宋刑统》等法典才建立了以"宗族"为核心的法治体系。名公胡石壁就曾反复强调"宗族之间，最要和睦"④，"乡曲邻里，务要和睦"⑤，"当职者乏于兹，初无善政可以及民，区区此心，惟以厚人伦，美教化为第一义。每遇听讼，于父子之间，则劝以孝慈，于兄弟之间，则劝以爱友，与亲戚、族党、邻里之间，则劝以睦姻任恤。"⑥这恐怕是传统伦理社会的地方官为政一方的基本理念吧，凡是有"德性"的地方官，处理民间纷争的时候，其基本态度大都绕不开对

---

① 表中第22—34署名及籍贯无可考，第35—55署官名或地名，名字无可考。

② （宋）袁采：《袁氏世范》卷下《治家·田产宜早印契割产》，文渊阁四库全书第698册，第637页。

③ 《名公书判清明集》卷一二《惩恶门·豪横·豪民越经台部控扼监司》，第459页。

④ 《名公书判清明集》卷一○《人伦门·兄弟·兄弟侵夺之争教之以和睦》（胡石壁），第369页。

⑤ 《名公书判清明集》卷一○《人伦门·乡里·乡邻之争劝以和睦》（胡石壁），第393页。

⑥ 《名公书判清明集》卷一○《人伦门·母子·母讼其子而终有爱子之心不欲遽断其罪》，第363页。

和谐人伦关系的"自然秩序"①的追求。这是法官调解纷争、主导民间调解纷争的思想前提和基本态度。因为"和为贵"的调解比"撕破脸"的审判更容易彻底解决亲邻矛盾。

另外，地方官亲民态度也引导并决定了调解的选择。宋代陈襄曾写过一篇告诫地方官的文案，其中提到："良善之民，生居山野，入城市而骇，入官府而怵，其理虽直，其心战惕，未必能通，若又纵走吏辈诃遏之，则终于泯默受罪矣。凡听讼之际，察其愚朴，平昔未尝至官府者，须引近案，和颜而问，仍禁走吏无得诃遏，庶几其情可通。"②从简短的文字中隐约可见一位处处为民着想的地方官的跃然纸上。这样的地方官往往更容易以"儿女语之"式的调解来解决纠纷。

2. 民间对"礼"的维护和对"和谐"的追求

能够用"人伦"或"人情"去调解，或者说这种调解能够在民间得到认可，源自于中国自古之国情及中国人自古之认知。这种"国情"当然是"礼义"（其核心就是传统社会围绕着三纲五常的人伦）。"人生天地之间，所以异于禽兽者，谓其知有礼义也。所谓礼义者，无他，只是孝于父母，友于兄弟而已。"③"违礼的行为，因此变成一种对于自然秩序的破坏。……在古人看来，天理流行，人欲窒碍处便是自然秩序的实现，人们以礼相待，和睦相处，绝不至发生利益的冲突或人与人之间的相残相害。由这样的立场来看，不仅犯罪，即便是利益之间的纷争也是对于自然秩序的破坏。"④于是，追求和睦和实现无讼成为传统社会官民自我约束的出发点和归宿，即便有了纷争，人们大多也愿意接受以人伦相调解的方式解决纷争，毕竟打破"自然秩序"被公认为是破坏了"和谐"，是对谁也没有好处的。

另外，在传统的礼法社会，"和谐社会"的达成主要不是靠刑罚，而是靠教化、靠"人伦"。梁治平先生说："自然，求得和谐的办法不只是甚至主要还不是刑罚。……教化之所以重要，之所以为刑罚之本，要旨在于它是能够彻底消

---

① 梁治平：《寻求自然秩序中的和谐》，中国政法大学出版社2002年版。
② （宋）陈襄：《州县提纲》卷二《通过愚民之情》，文津阁四库全书第199册，第745页。
③ 《名公书判清明集》卷一〇《人伦门·母子·因争财而悖其母与兄姑从恕如不悛即追断》，第362页。
④ 梁治平：《寻求自然秩序中的和谐》，中国政法大学出版社2002年版，第366页。

灭犯罪的不二法门,……因此,人君的责任是施教于先,惩恶于后。惩罚要服从于教化的目的,施行惩罚的过程也因此变成为宣教的一种。在这样的情形之下,一旦有冲突被提交官断,法官便充当起调解人和道德判断者的角色。……而在更多的情况下,他并不关心是非问题,或者并不按照他所判明的是非作出最后的决断。他只是反复地申明'道理',希图以此唤醒争讼人心中固有的'天道'、'天理'观念,使他们明白,为了恢复他们所破坏的和谐与平和,他们的义务所在。"①这就是传统社会的"国情"以及普遍认知,是解决一切纷争的基础,有了这个基础,才能理解为什么统治者那么推崇"德主刑辅"、又为什么生活在"熟人社会"的人们有可能不知道国法,但是不可能不知道"家法族规"的原因了。而这一切无不围绕纲常伦理展开。所以"和解则成了维系社会平和的最受推崇的手段。"②

（四）民间调解与官方调解最大的不同在于:官方调解具有强制性

凡是官方调解,不管是审前调解、审中调解还是审后调解,一旦达成调解合议,则不能再就犯,否则官府必纠治重惩。前面提到的官府调解完成后,法官一般都予以警告:"再不循理,照条施行"③、"如再恃强,定行断科"④、"若将来仍旧不悛者,却当照条施行"⑤、"如再有分毫干犯,乃母有词,定当科以不孝之罪"⑥、"若再来紊烦,必将无理之人重寘典宪"⑦、"如或不悛,定当重,无所逃罪矣"⑧"如更不体官司宽恤之意,恃顽不还,并勒丘州八,仍追搬禾人一并监还"⑨、"过此以往,或徐端更肆无厌之欲,嚣讼不已,明正典刑,有司所不容

---

① 梁治平:《寻求自然秩序中的和谐》,中国政法大学出版社 2002 年版,第 367—368 页。
② 梁治平:《寻求自然秩序中的和谐》,中国政法大学出版社 2002 年版,第 368 页。
③ 《名公书判清明集》卷六《户婚门·争界至·争地界》,第 199 页。
④ 《名公书判清明集》卷六《户婚门·争界至·争界至取无词状以全比邻之好》,第 200 页。
⑤ 《名公书判清明集》卷一〇《人伦门·母子·因争财而悖其母与兄姑从恕如不悛即追断》,第 362 页。
⑥ 《名公书判清明集》卷一〇《人伦门·母子·母讼其子而终有爱子之心不欲遽断其罪》,第 364 页
⑦ 《名公书判清明集》卷一〇《人伦门·兄弟·俾之无事》,第 368 页。
⑧ 《名公书判清明集》卷一〇《人伦门·兄弟·兄弟侵夺之争教之以和睦》,第 371 页。
⑨ 《名公书判清明集》卷一〇《人伦门·兄弟·兄侵凌其弟》,第 373—374 页。

姑息也"①、"如更不体官司告戒之意,三尺具存,自当施行"②、"若或不悛,则玉汝于成者,将不得不从事于教刑矣!"③凡此种种,不胜枚举。换句话说,当事人必须按照官方调解下达成的合议去做,否则就会以法严惩。而民间调解则不具有这种强制性。民间调解不成或调解后反毁,则一般会走向诉讼。

总之,一说到调解,官方调解也好,民间调解也罢,其调解的方法,无外乎或曰"人情"、或曰"天理"、或曰"情理",在我看来,三者在本质上没有什么区别,落实于实际无非是以伦理关系为核心的"人伦"。④ 什么是"人伦"? 前面已经说过,费孝通先生在《乡土中国》里所解释的"就是从自己推出去的和自己发生社会关系的那一群人里所发生的一轮轮波纹的差序"⑤,这样一轮轮波纹似的差序格局构成了以自己为中心的人伦关系,在这种人伦关系里,每个人都应该"亲其亲,长其长",这是"不可得与民变革"的一种"自然秩序",中国人又称之为"天伦",所谓"母子也,兄弟也,天伦也"⑥,在它的维系之下,才构成了和谐社会。

而所有纷争无疑打破了这种人伦关系,所以,本着溯本求源的原则,要解决纷争,最好的方法当然就是恢复原本的秩序即人伦关系,这才是所治之"本"。即便是用法律解决,传统社会的法律是什么,是道德化的法律,法律维护的是道德,即道德法律化。胡石壁在《典买田业合照当来交易或见钱或钱会中半收赎》案中说:"殊不知法意、人情,实同一体,循人情而违法意,不可也;守法意而拂人情,亦不可也。权衡于二者之间,使上不违法意,下不拂人

---

① 《名公书判清明集》卷一〇《人伦门·兄弟·兄弟争财》,第374—375页。

② 《名公书判清明集》卷一〇《人伦门·兄弟·兄弟争葬父责其亲旧调护同了办葬事》,第376页。

③ 《名公书判清明集》卷一〇《人伦门·叔侄·叔侄争业令禀听学职教诲》,第391页。

④ 学者们关于"人情""天理""情理"的含义的理解各有不同,主要研究包括:邓勇:《论中国古代法律生活中的"情理场"》,《法制与社会发展》2004年第5期;李文静:《宋代土地交易契约与诉讼研究》第三章,法律出版社2019年版,第119—131页;[日]滋贺秀三等著,王亚新、梁治平编:《明清时期的民事审判与民间契约》,法律出版社1998年版,第122页;霍存福:《中国传统法文化的文化性状和文化追寻》,《法制与社会发展》2001年第3期;等等。

⑤ 费孝通:《乡土中国》,北京大学出版社1998年版,第27—28页。

⑥ 《名公书判清明集》卷一〇《人伦门·母子·母子兄弟之讼当平心处断》,第361—362页。

情,则通行而无弊矣!"①断案不违法意,法意又是什么,是儒家伦理,传统法律维护的就是伦理,所以他说"法意、人情实同一体",如果能用"人情"解决的问题,何故周折去以法刑治呢?

不管是"天理"还是"情理",其核心都是"人伦"。"情理就是人伦,就是人的无可选择的血缘关系。""情理与法有着特殊的联系,而中国人似乎也有着一种理解法律必得牵扯上情理的特殊情愫","礼律的产生,是依据人伦而发端的。这个关系式就应当是:礼律〈一'自然'=情理=人伦。"②既然"天理"、"情理"就是"人伦",一旦有争讼,尤其是家族内部的争讼,都会被认为是"不知同气之大义,颠冥错乱,绝灭天理"③,只因之有违"人伦",也就是有悖"天理"、不通"情理",作为父母官"唯以厚人伦、美教化为第一义……于父子之间,则劝以孝慈,于兄弟之间,则劝以爱友,于亲戚、族党、邻里之间,则劝以睦姻任恤。"④第一要务就是要摆正人伦关系,"委屈劝谕,导以天理"⑤使之"念同气之亲,思鹡鸰之义"⑥,所以,以"人伦"相调解则是其惯常的选择,期待调解之后,"他日心平气定,未必天理不还。"⑦

因此,我们说,在传统社会,人们生活在"低头不见抬头见"的熟人社会,正是由于人们生于斯、老于斯、死于斯,彼此间熟悉,彼此间的事情都是"人情世故",因而"人情"和"伦理"成为了维系熟人社会秩序的基本纽带。当纠纷出现了,意味着这个纽带不紧了,或者纽带断了,必须重新将其系紧,才能恢复熟人社会的秩序,而系紧它最好的方式就是"调解"。

---

① 《名公书判清明集》卷九《户婚门·取赎·典买田业合照当来交易或见钱或钱会中半收赎》,第311页。

② 霍存福:《中国传统法文化的文化性状和文化追寻》,《法制与社会发展》2001年第3期。

③ 《名公书判清明集》卷一〇《人伦门·兄弟·兄弟争财》,第374—375页。

④ 《名公书判清明集》卷一〇《人伦门·母子·母讼其子而终有爱子之心不欲遽断其罪》,第363页。

⑤ 《名公书判清明集》卷一〇《人伦门·兄弟·俾之无事》,第367—368页。

⑥ 《名公书判清明集》卷一〇《人伦门·兄弟·俾之无事》,第367—368页。

⑦ 《名公书判清明集》卷一〇《人伦门·母子·因争财而悖其母与兄姑从恕如不悛即追断》,第362页。

余　论

中国土地制度的发展史在某种程度上代表着中国经济的发展史,土地制度变迁是经济发展的动力之源,亦是一种引领。时至今日,土地制度变迁仍然是中国商品经济发展的风向标。这就不难理解,众多史学大家纷纷跻身于此,从中探寻历史发展的规律。"在中国特色社会主义进入新时代的背景下,怎样在传承中国马克思主义史学优秀传统的基础上作出与新时代相匹配的创新性成就,进而为科学地揭示中国历史发展道路、中国历史发展规律奠定坚实的基础,从'历史的深处'去深刻理解习近平总书记关于'历史决定了我们'等重要论述,推进历史学方面的学术体系建设,我们认为,深入探讨中国古代土地制度演变与国家治理、社会发展的密切关系,应是一个不可缺席的选项。"[①]

一、新中国成立后中国土地制度史研究重点的发展脉络

1954 年,侯外庐先生在《历史研究》创刊号上发表了《中国封建社会土地所有制形式的问题——中国封建社会发展规律商兑之一》一文,从而引发了 20 世纪五六十年代史学界著名的"五朵金花"之一——中国封建土地所有制形式问题的研究,其中主要是土地国有制和私有制形式的大讨论,即土地是归皇帝或国家所有,还是归封建地主所有的问题,尽管封建社会自耕农也有一小部分土地,因其不占支配地位,不是讨论的重点。持"国有说"的专家以侯外庐[②]、李

---

① 臧知非、周国林、耿元骊等:《唯物史观视阈下的中国古代土地制度变迁》,《中国社会科学》2020 年第 1 期。

② 侯外庐把土地国有制称为"皇族土地所有制"。(侯外庐:《中国封建社会土地所有制形式的问题》,《历史研究》1954 年第 1 期)

埏①、贺昌群②、韩国磐③等为代表;持"私有说"的专家以胡如雷④、邓广铭⑤、高敏⑥、杨志玖⑦、金宝祥⑧等为代表,虽然最终没有定论,但是经过 20 世纪五六十年代这样一番大讨论,一方面,前辈们用扎实的马克思主义理论基础和严谨的治学态度,引领着后辈如何治学;另一方面,引起更多学者对土地制度问题的关注。接下来的社会动荡虽影响了学术研究,而学术思考从未间断。党的十一届三中全会后,学者们如沐春风,学术研究恢复正轨。八九十年代相继出版了几部有分量的中国土地制度史的著作,包括赵俪生《中国土地制度史》(齐鲁书社 1984 年版)、陈守实《中国古代土地关系史稿》(上海人民出版社1984 年版)、乌廷玉《中国历代土地制度史纲》(吉林大学出版社 1987 年版)、林甘泉、童超《中国封建土地制度史》(中国社会科学出版社 1990 年版),还有傅筑夫《中国土地经济史概论》(人民出版社 1982 年版)对土地制度也有论及,这些论著及其观点,既是五六十年代大讨论的继续,同时也是对前期讨论的阶段性总结。与之相应,土地制度史的研究重点不再从整体上讨论土地所有制形式问题,而是转移到具体的朝代、具体田制中去深入认识和把握土地制度问题。有关井田制、曹魏屯田制、西晋占田制、北魏和隋唐的均田制的研究,这些田制的性质、实施情况、生产者身份等问题,成为 90 年代之前学者们讨论

------

① 李埏认为"土地国有制和大土地占有制"并行,但以国有制为主。(李埏:《论我国的封建的土地国有制》,《历史研究》1956 年第 8 期)

② 贺昌群认为封建社会是土地国有制,皇帝是最高的地主。(贺昌群:《关于封建的土地国有制问题的一些意见》,《新建设》1960 年 2 月号)

③ 韩国磐认为从西晋占田制和北魏隋唐的均田制,都是封建的土地国有制。(韩国磐:《关于中国封建土地所有制的几点意见》,《新建设》1960 年 5 月号;《从均田制到庄园经济的变化》,《历史研究》1959 年第 5 期)

④ 胡如雷认为占支配地位的是地主土地所有制。(胡如雷:《试论中国封建社会的土地所有制形式》,《光明日报》1956 年 9 月 13 日)

⑤ 邓广铭认为占支配地位的史地主土地所有制。(邓广铭:《应当从封建社会的现实关系当中去认识封建土地所有制》,《光明日报》1960 年 1 月 7 日)

⑥ 高敏认为封建社会始终存在着土地私有制,如果没有土地私有制,就等于否定了封建社会有阶级的存在。(高敏:《我国封建社会没有土地私有制吗?》,《光明日报》1960 年 3 月 31 日)

⑦ 杨志玖认为土地国有制不是封建社会占支配地位的土地所有形态。(杨志玖:《关于中国封建社会土地所有制的理论和史实问题的一般考察》,载《中国封建社会土地所有制形式问题讨论集》上册,生活·读书·新知三联书店 1962 年版,第 183 页)

⑧ 金宝祥认为中唐以前主要是世族地主所有制,中唐以后是庶族地主所有制。(金宝祥:《论唐代的土地所有制》,《甘肃师大学报副刊——历史教学与研究》1959 年第 3 期)

的焦点。比如,关于井田制的研究,争论最多的主要集中在井田制的有无①、井田制的性质②上,另外也有关于井田上的剥削、井田上的生产者身份、井田上的公田与私田等等问题的探讨。再如,关于均田制的研究,与五六十年代土地所有制形式的争论相伴随,自五十年代到本世纪初,相关均田制的论文超过百篇,③研究主要体现在几个方面:均田制的产生(包括历史渊源、产生条件和历史过程);均田制的实施(包括是否实施过、实施范围、推行年限);均田制的性质(包括前封建性的农村公社土地制度、有农村公社特征的封建国家土地所有制、封建土地国有制、封建国有土地制的特殊形式、小土地所有制为内容的国有所有制等);均田制的破坏(主要围绕均田制破坏的原因)等等。其中涉及的论文较多,这里不再具体罗列。

通过学者们的研究可以大体勾勒出土地制度发展的基本脉络,即从先秦时期的土地公有制(井田制)到秦商鞅"废井田,开阡陌"之后,土地得以买卖,私有土地增多;秦汉至隋唐进入到土地国有、私有并存的时期,其间,国家不断应对私人占田和土地分配不均的问题,而实行限田制、占田制,并用屯田制、均田制扩大国有土地范围。同时,就土地所有权的发展趋势来看,从皇帝或国家所有到地主土地私有不断增多。

到了宋代(或者说从唐代中后期),随着土地买卖频繁,大土地所有制逐渐占据主导地位,国家土地政策遂转变为以调整和保护私人产权为主务,到明

---

① 大多数学者持肯定说法,但也有持否定意见者,如:胡寄窗:《有个井田制若干问题的探讨》,《学术研究》1981年第4、5期;沙文汉:《中国奴隶制度的探讨》,《浙江学刊》1983年第3期。

② 关于井田制的性质有几种说法:一是认为井田制是奴隶制的土地所有制。(郭沫若:《中国史稿》(第一册),人民出版社1976年版;林甘泉:《亚细亚生产方式与中国古代社会》,《中国史研究》1981年第3期;田昌五:《中国奴隶制向封建制过渡的问题》,《社会科学战线》1979年第2期;金景芳:《中国古代史分期商榷》,《历史研究》1979年第2、3期;侯绍庄:《怎样理解郭沫若同志的古代史分期学说》,《历史研究》1979年第8期)二是认为井田制是家长制家庭公社土地所有制。(苏凤捷:《关于社会形态问题的质疑和探索》,《中国史研究》1981年第3期)三是认为井田制非土地国有制,它的存在并不限于奴隶社会。(赵俪生:《有关井田制的一些辨析》,《历史研究》1980年第4期)四是认为井田制是封建土地所有制。(范文澜:《中国通史简编》第一册,人民出版社1964年版;赵光贤:《周代社会辨析》,人民出版社1980年版)

③ 有关均田制的研究情况请参阅:武建国:《建国以来均田制研究综述》(《云南社会科学》1984年第2期)、吴宗国:《均田制讨论综述》(《文史知识》1986年第4期)、邹莉莉:《20世纪80年代以来均田制研究综述》(《商丘师范学院学报》2007年第1期)、张金龙:《北魏均田制研究史》(《文史哲》2015年第5期)等等。

清时期,商品经济进一步活跃,深刻影响到农业和土地制度的发展,"一田二主"制发达起来,"田底"与"田面"分离,也就是所有权和使用权彻底分开,"田面权"越来越独立,意味着使用权和经营权得到更多的重视,①传统社会不完整的产权意识被固化;农业商品化促使土地进入市场后流转更快、更频繁,"地权交易的多种形式和亲邻优先的发展变化,使封建性的地权交易发展到了极致"②。

　　自改革开放之后,尤其是本世纪以来,除了以马克思主义政治经济学作为指导来研究传统社会的土地制度之外,有越来越多的学者借助西方的产权理论探讨宋至明清时期的土地制度。而且,与以往更多地聚焦于田制的研究不同的是,宋史学界的研究重点集中于土地政策变迁、产权流转和保护以及与之相关的契约、纠纷等问题(详见"前言"中的研究成果梳理)。至于明清土地制度的研究,则侧重于永佃制③、"一田二主"制④、土地契约⑤、土地地权流转⑥

───────────

　　①　赵冈:《永佃制下的田皮价格》,《中国农史》2005 年第 3 期;赵思渊:《歙县田面权买卖契约形式的演变(1650—1949)》,《清华大学学报》2017 年第 6 期。

　　②　方行:《清代前期的土地产权交易》,《中国经济史研究》2009 年第 2 期。

　　③　在论地权变化时,一些学者将永佃制和"一田二主"制混为一谈;有些学者针对二者涵盖范围的不同,将其作了区分。将佃农具有的永远耕种的权利称之为永佃权,是关乎租佃制度问题;而田面权则是关乎土地所有权问题;在"一田二主"制形成后,"田面权"又可以分离出永佃权来。[参阅杨国祯:《论中国永佃权的基本特征》(《中国社会经济史研究》1988 年第 2 期;张一平:《近代租佃制度的产权结构与功能分析———中国传统地权构造的再认识》(《学术月刊》2011 年第 10 期);曹树基:《传统中国乡村地权变动的一般理论》(《学术月刊》2012 年第 12 期)]

　　④　关于"一田二主"制的研究主要围绕着土地所有权的归属和转让问题而展开。相关研究请参阅孙超、刘爱玉:《地权、阶级与市场——明清"一田二主"土地制度研究述评》(《学术论坛》2017 年第 5 期);曹树基:《传统中国乡村地权变动的一般理论》(《学术月刊》2012 年第 12 期)。

　　⑤　参阅刘洋:《近三十年清代契约文书的刊布与研究综述》,《中国史研究动态》2012 年第4 期。

　　⑥　近三十年来相关明清土地买卖、地权转移的研究主要有:阎万英:《中国古代土地制度的演变》(《中国农史》1986 年第 1 期)、张忠民:《前近代中国社会的土地买卖与社会再生产》(《中国经济史研究》1989 年第 2 期)、赵云旗:《中国土地买卖起源问题再探讨》(《学术月刊》1999 年第 1 期)、周绍泉:《试论明代徽州土地买卖的发展趋势——兼论徽商与徽州土地买卖的关系》(《中国经济史研究》1990 年第 4 期)、柴荣:《明清时期土地交易的立法与实践》(《甘肃社会科学》2008 年第 1 期)、郑力民:《明清徽州土地典当蠡测》(《中国史研究》1991 年第 3 期)、龙登高:《中国传统市场发展史》(人民出版社 1997 年版)、龙登高:《江南市场史:十一至十九世纪的变迁》(清华大学出版社 2003 年版)、江太新:《清代前期土地买卖的周期》(《中国经济史研究》2000 年第 4 期)、方行:《中国封建社会的土地市场》(《中国经济史研究》2001 年第 2 期)、方行:《清代前期的土地产权交易》(《中国经济史研究》2009 年第 2 期)、李文治、江太新:《中国地主制经济论:封建土地关系发展与变化》(中国社会科学出版社 2005 年版)、陈学文:《清代土地

等问题,几者交错并存,理论和实证相结合,而且其研究往往与市场经济、区域经济紧密联系在一起。其中"一田二主"制最能代表明清时期的土地制度发展状况。论者利用契约文书探讨土地的典、卖(绝卖和活卖)、租、当,进而研究永佃权、田面权、田底权、回赎权等地权流转问题。

"一田二主"制的研究与土地契约文书的研究往往合二为一。土地契约文书的研究也包括了当时的法律典籍和诉讼档案的研究,是从静态和动态两个方面围绕地权问题展开的探讨。从傅衣凌先生在《明清农村社会经济》(生活·读书·新知三联书店 1961 年版)中对永安农村各项地契进行了研究,从而将"一田二主"制这种特殊地权形态展现出来,就此引发系列讨论。杨国桢先生进而整理、分析了国内外收藏的大量契约文书,用丰富的地契资料做了更为深入、体系化的研究,[1]并指出"土地制度从国家所有制、乡族所有制到私人所有制主导地位更换的发展轨迹"。[2]

此后,有更多的学者加入到"一田二主"制的讨论,亦产生了"古典政治经济学"和西方的产权理论为指导的两种不同的研究视角,前者从阶级斗争出发,后者以市场主导下的收益分配而立论,其讨论的核心议题主要围绕两方面:即土地所有权的归属和地权流转。首先,关于土地所有权的归属问题,前者坚持地主垄断土地所有权,其他权属只是所有权的派生;把"一田二主"看作是土地所有权内部的分割。[3] 后者认为佃农获得的田面权并不是对地主土地所有权的分割,"一田二主"是"二主"对土地共同拥有地权的主体构成的股

所有权转移的法制化》(《中国社会经济史研究》2006 年第 4 期)、许光县:《清代契约法对土地买卖的规制——以红契制度为中心的考察》(《政法论坛》2008 年第 1 期)、胡英泽:《流动的土地与固化的地权——清代至民国关中东部地册研究》(《近代史研究》2008 年第 3 期)、武沐、王敬伟:《清代河州契文中的土地买卖》(《西北师大学报(社会科学版)》2008 年第 7 期、方行:《对"借贷性土地交易形式"的反思》(《中国经济史研究》2011 年第 3 期)、汪世荣:《陕西紫阳诉讼档案中的清代土地交易规范及其私法理念》(《法学研究》2021 年第 1 期)、林胜强、曹树基:《清代北方的地权结构与地权交易——以彭阳、土默特及太行山区土地契约为例》(《中国农史》2021 年第 3 期)、王正华:《合与分:清代乡村土地交易中的典与活卖》(《中国经济史研究》2022 年第 5 期),等等。

① 杨国桢:《明清土地契约文书研究》,人民出版社 1988 年版。

② 杨国桢:《明清土地契约文书研究》,人民出版社 1988 年版,第 30 页。

③ 傅衣凌:《明清农村社会经济》(生活·读书·新知三联书店 1961 年版)、杨国桢:《明清土地契约文书研究》(人民出版社 1988 年版)。

份式经营,最终按股份分配收益,属于市场机制下的合约类型。① 其次,关于
"一田二主"制中的地权流转问题,它更多地体现在"押租制"中,当佃农
交付给地主巨额押金时,佃农实质上就获得了永佃权,也就出现了"一田
二主"。用阶级分析的观点来看,押租是一种地主对佃农的剥削。地主通
过押租,一方面将佃农束缚在土地上;另一方面,通过押租产生竞佃,地主
借此常以胁佃剥削佃农。② 用产权经济学的观点来看,押租是佃农获得佃权
的代价,它使土地经营权进入市场,优化了土地资源配置,最终追求的是收益
最大化。③

　　无论是从阶级斗争出发,还是着眼于市场机制下的利益最大化,学者们的
研究都为我们认识明清时期的土地制度提供了独特视角,但是,从大量的明清
土地契约文书中,我们也看到了传统社会一直传延下来的"问亲邻"的亲邻优
先权制度仍然存在,所以,未来的研究中,既不能抛开封建社会地主阶级的剥
削本性,又必须正视土地进入市场后所产生的地权和效益问题,同时也不能割
裂土地流转中的"亲邻关系",将几者综合起来,才有可能全面解析明清乃至
中国封建社会土地制度的发展。

　　总之,了解学者们对中国古代土地制度研究重点的发展脉络,不仅仅在于
了解学术发展动向,更重要的是,借助学者们的研究厘清了古代土地制度发展
的历史脉络,更易于顺应土地制度的发展方向,探索未来土地制度的发展
趋势。

------

　　① 　方行:《中国封建社会农民的经营独立性》(《中国经济史研究》1995 年第 1 期)、方行:
《清代租佃制度述略》(《中国经济史研究》2006 年第 4 期)、方行:《清代前期的土地产权交易》
(《中国经济史研究》2009 年第 2 期)、江太新:《明清时期土地股份所有制萌生及其对地权的分
割》(《中国经济史研究》2002 年第 3 期)、龙登高:《地权交易与生产要素组合》(《经济研究》2009
年第 2 期)、曹树基:《传统中国乡村地权变动的一般理论》(《学术月刊》2012 年第 12 期)、张五
常:《佃农理论》(商务印书馆 2000 年版)、张一平:《近代租佃制度的产权结构与功能分析——中
国传统地权构造的再认识》(《学术月刊》2011 年第 10 期),等等。
　　② 　周远廉、谢肇华:《清代租佃制研究》(辽宁人民出版社 1986 年版);江太新:《清代前期
押租制的发展》(《历史研究》1980 年第 3 期);李文治:《明清时代封建土地关系的松解》(中国社
会科学出版社 1993 年版)
　　③ 　李德英:《民国时期成都平原的押租与押扣》(《近代史研究》2007 年第 1 期)、方行:《清
代租佃制度述略》(《中国经济史研究》2006 年第 4 期)

二、宋代土地地权流转史实综述

在集权体制下,土地的所有权是相对的,或者说中国古代社会不存在严格意义上的土地所有权,私人对土地的所有,不过是占有权和用益权而已。① 学者们对此有诸多争论。② 我们本文所有提到的所有权实际上是一种相对的所有权,具体细分为国家所有权和私人所有权,前者称为"官田",后者称为"私田"(或民田)。宋代政府先后颁布一系列法律来确保国有土地所有权,包括:逃田法、户绝承佃法、限田法、公田法、盗耕官田法、侵冒牧地法、赡军买田法、募役法、养马法、弓箭手法、官田出卖法、官庄请佃法、官庄合种法等;为确保土地有效利用、经营有序以及保证赋税的正常收缴,宋代政府还颁布了一系列相关法律,包括限田法、括田法、户绝继承法、方田均税法等;无论是律、敕、令、格、式,还是综合性的《条法事类》,也不管是中央还是地方,都将调整土地关系作为法律规范的重要内容,类如《宋刑统》《农田敕》《天圣田令》《庆元条法事类·田令》《农田水利约束》以及行政部门的《吏部敕》《户部条册》③和诸路州县的地方法规(如《两浙福建路勅令格式》《明州敕》)等,这些法律制度一方面保护了土地所有权;另一方面也保障了土地经营、土地交易的正常有序,所谓"官中条令,惟交易一事最为详备,盖欲以杜争端也。"④

有了法律作为保障和后盾,土地流转就走向了正规、有序。但是,其中也不乏"不和谐"的声音,当土地流转日益频繁,随之而来的纠纷必然会增多。作为父母官以"人情"和"伦理"为核心结合法治去处置纠纷的态度和作为,极好地诠释了"情理法"社会的实态。借此,是不是可以认为:宋代是一个有"人

---

① 马克思在论述亚细亚土地所有制的特点时说道:"作为土地所有者同时又作为主权者的国家,⋯⋯在这里,国家就是最高的地主。在这里,主权就是在全国范围内集中的土地所有权。但因此在这种情况下也就没有私有土地的所有权,虽然存在着对土地的私人的和共同的占有权和用益权。"(马克思《资本论》第3卷,人民出版社2004年版,第894页)

② 综论参见臧知非、周国林、耿元骊等:《唯物史观视阈下的中国古代土地制度变迁》,《中国社会科学》2000年第1期,第153页。

③ (宋)李焘:《续资治通鉴长编》卷三四四,"元丰七年三月乙巳"载:"天下土俗不同,事各有异,故除敕令格式外,有一路一州一县一司一务敕式,又别立省、曹、寺、监、库、务等敕凡若干条。"

④ (宋)袁采:《袁氏世范》卷下《治家·田产宜早印契割产》,文渊阁四库全书第698册,第637页。

情味"的"法治社会"呢?

　　法律的详备从侧面反映了土地流转事项的繁多,其背后是土地私有转化的频繁。如前所述,土地地权流转即是商品经济发展的必然结果,反过来又深深影响着经济和社会生活。首先,土地地权流转加速土地使用权和所有权分离,促进商品经济活跃。土地地权流转不仅是土地所有权的流转,也包括使用权和经营权的流转,其流转形式更为复杂。其中,使用权的流转即佃权的转移在宋代更普遍,"历时既多,展转贸易,佃此田者,不复有当时给佃之人"①,并且是有偿的,"在法有酬价交佃之文"②,这个"酬价",民间谓之"资陪"③。佃权的转移比所有权的转移更便捷,"甲乙相传,皆随价得佃"④,只要交钱就能转佃,再加上"刬佃",无疑会促使土地在流通领域更频繁地"换手",从而从根本上活跃商品经济。其次,地权流转中经济权益增强,"亲邻关系"淡化。通过实例,我们看到了更多的亲邻关系被经济利益所打破,换句话说,人们经济权益意识增强,为逐利淡化了"亲邻关系"。土地买卖中,"问亲邻"范围的不断缩小,"如有亲而无邻,与有邻而无亲,皆不在问限。"⑤血缘纽带对土地交易的束缚不断减弱,以至于不受限制。各种兄弟、母子、亲邻争讼的案例昭示着社会上见利忘义之风兴起,传统家族观念渐行渐远。反过来,"不问亲邻"在某种程度上顺应了商品经济发展,是商品经济向纵深发展的一个反映。

　　在宋代土地流转中,有两个方面值得一提,其一,宋代政府始终掌握着对土地的控制权,自始至终注重土地的收益。不管怎么流转,政府始终未丧失对土地的控制权,这大概就是"普天之下,莫非王土"的真实写照吧。流转的只是形式,国家重视的不是土地所有权,而是收益权,只要不影响赋役的征缴,土地在谁手里,并不是宋代政府关注的重点。历次的限田、括田举措可以清楚地证明这一点。比如仁宗即位初期就明确指出由于"差役赋敛之未均,形势豪强所侵扰也。……诸般恶悖,影占门户,田土稍多,便作佃户名目。若不禁止,

① (宋)陆九渊:《陆九渊集》卷八《与苏宰》,中华书局1980年版,第114页。
② (宋)罗愿:《罗鄂州小集》卷五《鄂州到任五事劄子》,文渊阁四库全书第1142册,第509页。
③ (宋)陆九渊:《陆九渊集》卷八《与苏宰》,中华书局1980年版,第114页。
④ (元)马端临:《文献通考》卷七《田赋考七·官田》,文渊阁四库全书第610册,第182页。
⑤ 《名公书判清明集》卷九《户婚门·亲邻之法》,第308—309页。

则天下田畴半为形势所占"①,因此施行了"限田",而"限田"却又"不抑兼并",其直接目的很明显,就是为解决赋役不均的问题,而不是解决田土归谁所有的问题,更不是表面上看似的解决占田过限的问题。出于此,政府加强对官员的控制、采取种种措施应对土地流转中的腐败问题等等,所有作为无不都是为确保国家收益不缺失。

其二,在土地流转中,宋代开始重视"见佃者"的利益。不管是租佃中实行的"许民请佃,便为永业"②的政策,还是买卖中"依估纳钱买充永业"③的规定,都是为土地作为商品进入到市场并完成地权的国有向私有转化的种种尝试,而这种尝试是从重视并保障"见佃者"的利益开始的。通过保护"见佃者"的利益,保护现有的收益权,再到"许民为永业",土地逐渐从国有转化为私有。

中国土地制度的发展道路是一条"从国家所有制、乡族所有制到私人所有制主导地位更换的发展轨迹"④,其中宋代正处在转换的关键点,其导向性、重要性不言而喻。同时,宋代官、私土地中出现的"包佃制"和"二地主",到明清时期发展成了相对完善的"永佃制"和"一田二主"制;明清时期大量的土地契约文书中都有宋代的相对简单的"红契"、"白契"的影子;明清时期所有活跃起来的商品经济主要来自于农业,其根本来自于土地商品化、源自于地权流转,而这种国家层面的主动性流转肇始于宋代。在这个意义上,如果说明清时期的商品经济相对发达了起来、地权"彻底"流转了起来,那么,是宋代为之做了全方位的、有力的铺垫。

另外,商品经济发展是土地地权流转的前提,土地地权频繁流转也促进商品经济的进一步活跃,二者互为影响,共同作用于宋代社会,从根本上改变着宋代社会、经济发展,引导了宋代吏治、法治、官风和民风的走向,对后期社会当然也产生了深远的影响。邓广铭先生说过:"宋代是我国封建社会发展的

---

① 《宋会要辑稿》食货一之一九。

② 太宗至道元年(995)六月诏:"应诸道州府军监管内旷土,并许民请佃,便为永业。"(《宋会要辑稿》食货一之一六)

③ 天圣元年(1023)七月,"三司与法寺议定闻奏:……欲乞勘会户绝田,勒令佐打量地步什物,估计钱数申州,州选幕职官再行覆检,印榜示见佃户,依估纳钱买充永业,不得更将肥田请佃充下瘠薄。"(《宋会要辑稿》食货一之二一)

④ 杨国桢:《明清土地契约文书研究》,人民出版社1988年版,第30页。

最高阶段。两宋期内的物质文明和精神文明所达到的高度,在中国整个封建社会的历史时期内,可以说是空前绝后的。"①两宋之所以能达到前所未有的高峰②,国家的主导性起主要作用,国家利用政策引导,始终左右、推动着土地改革前行,并不断纠治各种阻碍因素,在纠治中也造就了宋代法制的巨大进步,甚至达到了中国封建社会法制的最高水平③,这些都离不开国家主导作用的有效发挥。

---

① 邓广铭:《谈谈宋代的几个问题》,《社会科学战线》1986 年第 2 期。

② (英)李约瑟:《中国科学技术史第一卷》第一册,科学出版社 2018 年版,第 284 页。

③ 相关观点请参考:王云海主编:《宋代司法制度·绪论》,河南大学出版社 1992 年版;徐道邻:《中国法制史论集》,台湾志文出版社 1975 年版;何勤华:《论宋代中国古代法学的成熟及其贡献》,《法律科学》2000 年第 1 期。

参考文献

一、史籍类

［1］（汉）司马迁：《史记》，中华书局 1959 年版。

［2］（汉）班固：《汉书》，中华书局 1962 年版。

［3］（梁）萧子显：《南齐书》，中华书局 2019 年版。

［4］（唐）魏征等：《隋书》，中华书局 2020 年版。

［5］（后晋）刘昫等：《旧唐书》，中华书局 1975 年版。

［6］（宋）欧阳修、宋祁：《新唐书》，中华书局 1975 年版。

［7］（宋）王溥：《唐会要》，中华书局 1955 年版。

［8］（唐）长孙无忌等：《唐律疏议》，中华书局 1983 年版。

［9］（唐）李林甫等撰：《唐六典》，中华书局 1992 年版。

［10］（唐）杜佑：《通典》，中华书局 2016 年版。

［11］（宋）郑樵：《通志》，文渊阁四库全书本，台湾商务印书馆 1986 年版（下同）。

［12］（清）董诰等：《全唐文》，中华书局 1982 年版。

［13］（宋）王钦若等编：《册府元龟》，中华书局影印本 1960 年版。

［14］（宋）李昉等编：《文苑英华》，中华书局 1966 年版。

［15］（唐）陆贽：《陆宣公集》，浙江古籍出版社 1988 年版。

［16］（宋）薛居正等：《旧五代史》，中华书局 1976 年版。

［17］（宋）王溥：《五代会要》，上海古籍出版社 2006 年版。

［18］（元）脱脱等：《宋史》，中华书局 1985 年版。

［19］（清）徐松辑：《宋会要辑稿》，中华书局 1957 年版。

［20］（宋）窦仪等：《宋刑统》，中华书局 1984 年版。

［21］（宋）谢深甫编撰：《庆元条法事类》，载于杨一凡、田涛：《中国珍稀法律典籍续编》第 1 册，黑龙江人民出版社 2002 年版。

［22］天一阁博物馆、中国社会科学院历史研究所：《天一阁藏明钞本天圣令校正》，中

华书局 2006 年版。

[23]（宋）宋绶、宋敏求编：《宋大诏令集》，中华书局 1962 年版。

[24]（明）黄淮、杨士奇编：《历代名臣奏议》，上海古籍出版社 2012 年版。

[25]（宋）李焘：《续资治通鉴长编》，中华书局 1986 年—1993 年版,2004 年版。

[26]《名公书判清明集》，中华书局 1987 年版。

[27]（宋）王应麟：《玉海》，文渊阁四库全书本。

[28]（元）方回：《续古今考》，文渊阁四库全书本。

[29]（宋）罗从彦：《罗豫章先生文集》，文渊阁四库全书本。

[30]（宋）李心传：《建炎以来系年要录》，中华书局 2013 年版。

[31]（宋）李心传：《建炎以来朝野杂记》，中华书局 2000 年版。

[32]（清）顾炎武：《日知录》，《日知录集释（上）》，浙江古籍出版社 2013 年版。

[33]（元）马端临：《文献通考》，中华书局 1986 年版。

[34]（宋）王明清：《挥麈录》，中华书局 1961 年版。

[35]（宋）曾巩撰，王云五主编：《万有文库第二集·元丰类稿》，商务印书馆 1937 年版。

[36]（宋）司马光：《涑水纪闻》，中华书局 1989 年版。

[37]（宋）司马光：《温国文正司马公文集》，四部丛刊本，上海书店影印本 1989 年（下同）。

[38]（宋）司马光：《资治通鉴》，中华书局 1956 年版。

[39]（宋）司马光：《书仪》，文渊阁四库全书本。

[40]（宋）陈舜俞：《都官集》，文渊阁四库全书本。

[41]（宋）孙梦观：《雪窗集》，文渊阁四库全书本。

[42]（宋）林季仲：《竹轩杂著》，文渊阁四库全书本。

[43]（宋）苏舜钦：《苏舜钦集》，上海古籍出版社 2011 年版。

[44]（宋）李觏：《李觏集》，中华书局 1981 年版。

[45]（宋）杨万里：《诚斋集》，四部丛刊本。

[46]（宋）林季仲：《竹轩杂著》，文渊阁四库全书本。

[47]（宋）陈襄：《州县提纲》，文渊阁四库全书本。

[48]（宋）苏洵：《嘉祐集》，四部丛刊本。

[49]（宋）苏辙：《栾城集》，上海古籍出版社 1987 年版。

[50]（宋）王禹偁：《小畜集》，四部丛刊本。

[51]（宋）包拯：《包拯集》，文渊阁四库全书本。

［52］（宋）欧阳修:《欧阳修全集》,中国书店 1986 年版。

［53］（宋）张方平:《乐全先生文集》,文渊阁四库全书本。

［54］（宋）朱熹:《晦庵集》,文渊阁四库全书本。

［55］（宋）朱熹:《朱子语类》,中华书局 1986 年版。

［56］（宋）刘一清:《钱塘遗事》,上海古籍出版社 1985 年版。

［57］（宋）叶适:《叶适集》,中华书局 1961 年版。

［58］（宋）叶适:《习学记言序目》,文渊阁四库全书本。

［59］（宋）杨冠卿:《客亭类稿》,文渊阁四库全书本。

［60］（宋）梁克家:《淳熙三山志》,海风出版社 2000 年版。

［61］（宋）袁采:《袁氏世范》,文渊阁四库全书本。

［62］（宋）刘克庄:《后村先生大全集》,四部丛刊本。

［63］（宋）蔡戡:《定斋集》,文渊阁四库全书本。

［64］（宋）毕仲游:《西台集》,文渊阁四库全书本。

［65］（宋）张守:《毗陵集》,文渊阁四库全书本。

［66］（宋）文莹:《玉壶清话》,中华书局 1984 年版。

［67］（宋）王迈:《臞轩集》,文渊阁四库全书本。

［68］（宋）范成大:《绍煕吴郡志》,江苏古籍出版社 1999 年版。

［69］（宋）范成大:《吴船录》,文渊阁四库全书本。

［70］（宋）杨时:《龟山集》,文渊阁四库全书本。

［71］（宋）廖刚:《高峰文集》,文渊阁四库全书本。

［72］（宋）刘挚:《忠肃集》,四部丛刊本。

［73］（宋）郑刚中:《北山集》,四部丛刊本。

［74］（宋）王安石著,唐武标校:《王文公文集》,上海人民出版社 1974 年版。

［75］（宋）黄震:《黄氏日抄》,文渊阁四库全书本。

［76］（宋）罗从彦:《豫章文集》,文渊阁四库全书本。

［77］（宋）庄绰:《鸡肋编》,中华书局 1983 年版。

［78］（宋）方岳:《秋崖集》,文渊阁四库全书本。

［79］（宋）陆九渊:《陆九渊集》,中华书局 1980 年版。

［80］（宋）真德秀:《西山文集》,文渊阁四库全书本。

［81］（宋）罗椅:《涧谷遗集》,续修四库全书本,上海古籍出版社 2002 年版(下同)。

［82］（宋）李光:《庄简集》,文渊阁四库全书本。

［83］（宋）葛胜仲:《丹阳集》,文渊阁四库全书本。

［84］（宋）周密:《齐东野语》,中华书局 1983 年版。

［85］（宋）高斯得:《耻堂存稿》,文渊阁四库全书本。

［86］（宋）吕南公:《灌园集》,文渊阁四库全书本。

［87］（宋）石介:《徂徕石先生文集》,中华书局 1984 年版。

［88］（宋）罗愿:《罗鄂州小集》,文渊阁四库全书本。

［89］（宋）王辟之:《渑水燕谈录》,文渊阁四库全书本。

［90］（宋）朱彧:《萍州可谈》,文渊阁四库全书本。

［91］（宋）夏竦:《文庄集》,文渊阁四库全书本。

［92］（宋）王柏:《鲁斋集》,文渊阁四库全书本。

［93］（宋）胡宏:《五峰集》,文渊阁四库全书本。

［94］（宋）郑克:《折狱龟鉴》,上海古籍出版社 1988 年版。

［95］（宋）叶梦得:《石林奏议》,续修四库全书本。

［96］（宋）林駧:《古今源流至论》,文渊阁四库全书本。

［97］（宋）赵汝愚:《宋朝诸臣奏议》,上海古籍出版社 1999 年版。

［98］（宋）陈傅良:《止斋先生文集》,文渊阁四库全书本。

［99］（宋）李纲:《李纲全集》,岳麓书社 2004 年版。

［100］（宋）范仲淹:《范仲淹全集·范文正公文集》,中华书局 2020 年版。

［101］（宋）章如愚:《群书考索》,文渊阁四库全书本。

［102］（宋）魏了翁:《鹤山集》,文渊阁四库全书本。

［103］（宋）李新:《跨鳌集》,文渊阁四库全书本。

［104］（宋）沈括著,侯真平点校:《梦溪笔谈》,岳麓书社 2002 年版。

［105］（宋）沈括:《梦溪补笔谈》,上海书店 2003 年版。

［106］（清）王旭辑:《金石萃编》,中国书店 1985 年版。

［107］（宋）包拯著 杨过宜 校注:《包拯集校注》,黄山书社 1999 年版。

［108］（宋）彭龟年:《止堂集》,文渊阁四库全书本。

［109］（宋）张守:《毗陵集》,上海古籍出版社 2018 年版。

［110］（宋）李弥逊:《筠溪集》,文渊阁四库全书本。

［111］（宋）韩元吉:《南涧甲乙稿》,文渊阁四库全书本。

［112］（宋）郑兴裔:《郑忠肃奏议遗集》,文渊阁四库全书本。

［113］（宋）徐梦莘:《三朝北盟会编》,上海古籍出版社 1987 年版。

［114］（宋）陈亮:《陈亮集》,中华书局 1987 年版。

［115］（宋）杜范:《清献集》,文渊阁四库全书本。

[116]（宋）徐经孙:《矩山存稿》,文渊阁四库全书本。

[117]（宋）彦约:《昌谷集》,文渊阁四库全书本。

[118]（宋）尹洙:《河南先生文集》,四部丛刊本。

[119]（宋）周密:《癸辛杂识》（续集）,文渊阁四库全书本。

[120]（宋）周必大:《文忠集》,文渊阁四库全书本。

[121]（宋）周去非:《岭外代答》,文渊阁四库全书本。

[122]（宋）胡舜陟:《胡少师总集》,续修四库全书本。

[123]（宋）蔡襄:《端明集》,文渊阁四库全书本。

[124]（宋）吴自牧:《梦粱录》,文渊阁四库全书本。

[125]（宋）释道潜:《参寥子诗集》,文渊阁四库全书本。

[126]（宋）黄幹:《勉斋集》,文渊阁四库全书本。

[127]（宋）程颢、程颐:《二程集》,中华书局2004年版。

[128]（元）胡祗遹:《紫山大全集》,文渊阁四库全书本。

[129]（宋）欧阳守道:《巽斋文集》,文津阁四库全书本。

[130]（宋）薛季宣:《浪语集》,文渊阁四库全书本。

[131]（宋）宗泽:《宗忠简公文集》,宋集珍本丛刊。

[132]（宋）范浚:《范香溪先生文集》宋集珍本丛刊。

[133]（宋）洪迈:《容斋随笔》,上海古籍出版社1978年版。

[134]（宋）洪迈:《夷坚志》,中华书局1981年版。

[135]（明）丘浚:《大学衍义补》,文渊阁四库全书本。

[136]（明）杨珮:《嘉靖衡州府志》,天一阁藏明代方志选刊,上海古籍书店1982年影印本。

[137]（宋）苏辙撰,俞宗宪点校:《龙川略志》,中华书局1982年版。

[138]江苏通志局:《江苏省通志稿·金石志》,1927年影印本《石刻史料新编第一辑》,新文丰出版公司1982年版。

[139]《（正德）袁州府志》,《天一阁藏明代方志选刊》,上海古籍书店1982年版。

[140]（宋）卢宪:《嘉定镇江志》,《宋元方志丛刊》影印本,中华书局1990年版（下同）。

[141]（宋）陈耆卿:《嘉定赤诚志》,文渊阁四库全书本。

[142]（宋）谈钥:《嘉泰吴兴志》,《宋元方志丛刊》影印本。

[143]（宋）罗濬撰:《宝庆四明志》,《宋元方志丛刊》影印本。

[144]（宋）孙应时:《琴川志》,《宋元方志丛刊》影印本。

［145］(宋)周应合:《景定建康志》,《宋元方志丛刊》影印本。

［146］(清)徐栋辑:《牧令书》,黄山书社 1997 年版。

二、论著类

［1］刘俊文:《敦煌吐鲁番唐代法制文书考释》,中华书局 1978 年版。

［2］邓广铭注:《稼轩词编年笺注》,上海古籍出版社 1978 年版。

［3］胡如雷:《中国封建社会形态研究》,生活·读书·新知三联书店 1979 年版。

［4］漆侠:《王安石变法》,上海人民出版社 1979 年版。

［5］梁方仲:《中国历代户口、田地、田赋统计》,上海人民出版社 1980 年版。

［6］朱瑞熙:《宋代社会研究》,中州书画社 1983 年版。

［7］漆侠:《宋代经济史》,上海人民出版社 1988 年版。

［8］林甘泉:《中国封建土地制度史》,中国社会科学出版社 1990 年版。

［9］王云海主编:《宋代司法制度》,河南大学出版社 1992 年版。

［10］赵俪生:《中国土地制度史》,兰州大学出版社 1996 年版。

［11］梁治平:《清代习惯法:国家与社会》,中国政法大学出版社 1996 年版。

［12］郭东旭:《宋代法制研究》,河北大学出版社 1997 年版。

［13］李埏:《中国古代土地国有制史》,云南人民出版社 1997 年版。

［14］费孝通:《乡土中国·差序格局》,北京大学出版社 1998 年版。

［15］黄宗智:《民事审判与民间调解:清代的表达与实践》,中国社会科学出版社 1998 年版。

［16］丁凌华:《中国丧服制度史》,上海人民出版社 2000 年版。

［17］李晓:《宋代工商业经济与政府干预研究》,中国青年出版社 2000 年版。

［18］吕志兴:《宋代法制特点研究》,四川大学出版社 2001 年版。

［19］梁治平:《寻求自然秩序中的和谐》,中国政法大学出版社 2002 年版。

［20］赵云起:《唐代土地买卖研究》,中国财政经济出版社 2002 年版。

［21］郑学檬:《中国古代经济重心南移和唐宋江南经济研究》,岳麓书社 2003 年版。

［22］林文勋、谷更有:《唐宋乡村社会力量与基层控制》,云南大学出版社 2005 年版。

［23］李景寿:《宋代商税问题研究》,云南大学出版社 2005 年版。

［24］曹家齐:《唐宋时期南方地区交通研究》,华夏文化艺术出版社 2005 年版。

［25］赵冈、陈钟毅:《中国土地制度史》,新星出版社 2006 年版。

［26］黄宗智:《清代的法律、社会与文化:民法的表达与实践》,上海书店 2007 年版。

［27］潜苗金:《礼记译注》,浙江古籍出版社 2007 年版。

［28］程民生：《宋代物价研究》，人民出版社 2008 年版。

［29］林文勋：《中国古代"富民"阶层研究》，云南大学出版社 2008 年版。

［30］郭东旭：《宋代法律与社会》，人民出版社 2008 年版。

［31］张锦鹏：《南宋交通史》，上海古籍出版社 2008 年版。

［32］高楠：《宋代民间财产纠纷与诉讼问题研究》，云南大学出版社 2009 年版。

［33］戴建国：《唐宋变革时期的法律与社会》，上海古籍出版社 2010 年版。

［34］方健：《南宋农业史》，人民出版社 2010 年版。

［35］邢铁：《唐宋分家制度》，商务印书馆 2010 年版。

［36］张晋藩：《中华法制文明的演进》，法律出版社 2010 年版。

［37］万国鼎：《宋代田制史》，商务印书馆 2011 年版。

［38］包伟民：《宋代地方财政史研究》，中国人民大学出版社 2011 年版。

［39］林文勋：《唐宋社会变革论纲》，人民出版社 2011 年版。

［40］耿元骊：《唐宋土地制度与政策演变研究》，商务印书馆 2012 年版。

［41］耿元骊：《帝制时代中国土地制度研究》，经济科学出版社 2012 年版。

［42］周方高：《宋代农业管理若干问题研究》，湘潭大学出版社 2012 年版。

［43］黄纯艳：《宋代财政史》，云南大学出版社 2013 年版。

［44］朱文慧：《南宋东南地区的民间纠纷及其解决途径研究》，上海古籍出版社 2014 年版。

［45］杨卉青：《宋代契约法律制度研究》，人民出版社 2015 年版。

［46］郦家驹：《中国土地制度史》，中国社会科学出版社 2015 年版。

［47］龙登高：《中国传统地权制度及其变迁》，中国社会科学出版社 2018 年版。

［48］李文静：《宋代土地交易契约与诉讼研究》，法律出版社 2019 年版。

［49］［德］马克斯·韦伯：《儒教与道教》，洪天富译，江苏人民出版社 2003 年版。

［50］［德］马克思：《资本论（第三卷）》，人民出版社 2004 年版。

［51］［日］滋贺秀三著，张建国、李力译：《中国家族法原理》，商务印书馆 2013 年版。

［52］［日］青木敦：《宋代民事法の世界》，庆应义塾大学出版会 2014 年版。

［53］［英］李约瑟：《中国科学技术史第一卷》第一册，科学出版社 2018 年版。

三、论文类

［1］程溯洛：《南宋的官田和农民》，《历史教学》1953 年第 2 期。

［2］杨志玖：《北宋的土地兼并问题》，《历史教学》1953 年第 2 期。

［3］李景林：《对北宋土地占有情况的初步探索》，《历史教学》1955 年第 4 期。

［4］袁震：《宋代户口》，《历史研究》1957 年第 3 期。

［5］杨国宜：《北宋土地占有形态及其影响》，《历史教学》1958 年第 3 期。

［6］杨国宜：《南宋大土地所有制的发展》，《史学月刊》1959 年第 9 期。

［7］张邦炜：《论宋代的官田》，《西北师大学报（社会科学版）》1962 年第 4 期。

［8］［日］加藤繁：《宋代的主客户统计》，《中国经济史考证（第二卷）》，商务印书馆 1963 年版。

［9］解希恭：《太原小井峪宋、明墓第一次发掘记》，《考古》1963 年第 5 期。

［10］赵俪生：《试论两宋土地关系的特点》，《吉林师范大学学报》1979 年第 1 期。

［11］丁泽良：《宋代土地问题》，《史学集刊》1981 年复刊号。

［12］葛金芳：《关于北宋官田私田化政策的若干问题》，《历史研究》1982 年第 3 期。

［13］赵俪生：《两宋土地经济中的几个主流现象》，《文史哲》1983 年第 4 期。

［14］曹培：《清代州县民事诉讼初探》，《中国法学》1984 年第 2 期。

［15］杨康荪：《宋代官田包佃述论》，《历史研究》1985 年第 5 期。

［16］葛金芳：《唐宋之际土地所有制关系中的国家干预问题》，《中国社会经济史研究》1986 年第 3 期。

［17］邓广铭：《谈谈宋代的几个问题》，《社会科学战线》1986 年第 2 期。

［18］曾琼碧：《宋代租佃官田的"二地主"》，《中国史研究》1987 年第 2 期。

［19］邢铁：《宋代的义庄》，《历史教学》1987 年第 5 期。

［20］唐兆梅：《析北宋的"不抑兼并"》，《中国史研究》1988 年第 1 期。

［21］魏天安：《宋代户籍条贯考》，《中国经济史研究》1988 年第 3 期。

［22］郦家驹：《两宋时期土地所有权的转移》，《中国史研究》1988 年第 4 期。

［23］葛金芳：《宋代官田包佃特征辩证》，《史学月刊》1988 年第 5 期。

［24］葛金芳：《宋代官田包佃性质探微》，《学术月刊》1988 年第 9 期。

［25］张其凡：《宋初经济政策刍议》，《华南师范大学学报（社科版）》1989 年第 4 期。

［26］马兴东：《宋代"不立田制"问题试析》，《史学月刊》1990 年第 6 期。

［27］任崇岳：《南宋末年"买公田"述论》，《河南大学学报（哲社版）》1990 年第 4 期。

［28］姜锡东：《宋代买卖契约初探》，《中日宋史研究会中方论文选编》，河北大学出版社 1991 年版。

［29］邢铁：《宋代的财产遗嘱继承问题》，《历史研究》1992 年第 6 期。

［30］孙克勤：《宋代商品经济论析》，《云南民族学院学报（哲学社会科学版）》1993 年第 1 期。

［31］邢铁：《宋代的庵田和墓田》，《中国社会经济史研究》1993 年第 4 期。

［32］曾琼碧：《宋代官田的来源及官私土地的相互转化》，《中山大学学报》1993年第1期。

［33］蔡绍荣：《也析北宋的"不抑兼并"》，《学术月刊》1993年第12期。

［34］姜锡东：《试论宋代的官僚地主土地所有制》，《中国经济史研究》1994年第3期。

［35］柳立言：《宋代同居制度下是所谓"共财"》，《"中央研究院"历史语言研究所集刊》1994年版。

［36］［日］高桥芳郎：《宋代官田的"立价交佃"和"一田两主制"》，刘俊文主编：《日本中青年学者论中国史》，上海古籍出版社1995年版。

［37］周春生：《试论宋代江南水利田的开发和地主所有制的特点》，《中国农史》1995年第3期。

［38］郭东旭：《宋代买卖契约制度的发展》，《河北大学学报》1997年第3期。

［39］唐群：《有感于宋代的"全民皆商"》，《史学月刊》1998年第5期。

［40］李锡厚：《宋代私有田宅的亲邻权利》，《中国社会科学研究生院学报》1999年第1期。

［41］何勤华：《论宋代中国古代法学的成熟及其贡献》，《法律科学》2000年第1期。

［42］戴建国：《唐〈开元二十五年令·田令〉研究》，《历史研究》2000年第2期。

［43］陈明光、毛雷：《唐宋以来的牙人与田宅典当买卖》，《中国史研究》2000年第4期。

［44］赵晓耕：《两宋法律中的田宅细故》，《法学研究》2001年第1期。

［45］戴建国：《宋代的田宅交易投税凭由和官印田宅契书》，《中国史研究》2001年第3期。

［46］霍存福：《中国传统法文化的文化性状和文化追寻》，《法制与社会发展》2001年第3期。

［47］梁凤荣：《论我国古代传统的司法调解制度》，《河南大学学报》2001年第4期。

［48］郑定、柴荣：《两宋土地交易中的若干法律问题》，《江海学刊》2002年第6期。

［49］游彪：《宋代"禁寺、观毋市田"新解》，《中国经济史研究》2002年第4期。

［50］［日］寺田浩明：《田面田底惯例的法律性》，杨一凡总主编：《中国法制史考证》丙编第4卷，中国社会科学出版社2003年版。

［51］柴荣：《透视宋代土地租佃制度——对宋代土地经营过程中有关法律问题的思考》，《内蒙古大学学报》2003年第3期。

［52］刘复生：《从土地制度的变化看宋代社会》，《西华大学学报（哲社版）》2004年第

1 期。

[53] 邓勇：《论中国古代法律生活中的"情理场"》，《法制与社会发展》2004 年第
5 期。

[54] 高楠：《宋代的私有田宅纠纷——以亲邻法为中心》，《安徽史学》2004 年第
5 期。

[55] 林文勋：《商品经济：唐宋社会变革的根本力量》，《文史哲》2005 年第 1 期。

[56] 魏天安：《宋代官田鬻卖规模考实》，《史学月刊》2005 年第 1 期。

[57] 杨际平：《中晚唐五代北宋地权的集中与分散》，《中国社会经济史研究》2005 年
第 3 期。

[58] 魏天安：《宋代的户绝继承法》，《中州学刊》2005 年第 5 期。

[59] 杨际平：《宋代"田制不立"、"不抑兼并"说驳议》，《中国社会经济史研究》2006
年第 2 期。

[60] 林文勋：《中国古代"富民社会"的形成及其历史地位》，《中国经济史研究》2006
年第 2 期。

[61] 柴荣：《中国古代先问亲邻制度考析》，《中国法学》2007 年第 4 期。

[62] 林端：《中国传统法律文化"卡迪审判"与"第三领域"?》，《中西法律传统（第 13
卷）》2008 年 1 月。

[63] 赵晓耕、刘涛：《中国古代的"典"、"典当"、"倚当"与"质"》，《云南大学学报（社
科版）》2008 年第 1 期。

[64] 杨华星：《宋代的贫富分化与朝廷控制》，《广西社会科学》2008 年第 1 期。

[65] 陆红、陈利根：《简析宋朝土地交易中的物权公示》，《南京农业大学学报（社科
版）》2008 年第 2 期。

[66] 岳纯之：《论宋代民间不动产买卖的原因与程序》，《烟台大学学报（哲社版）》
2008 年第 3 期。

[67] 陈志英：《论宋代对私权的法律调整》，《河北大学学报（哲社版）》2008 年第
4 期。

[68] 刘志刚：《论宋代担保质权体制的转型》，《河北学刊》2008 年第 5 期。

[69] 耿元骊：《"土地兼并"与唐宋间地权的流变》，《辽宁大学学报（哲社版）》2008
年第 7 期。

[70] 薛政超：《也谈宋代的"田制不立"与"不抑兼并"——与〈宋代"田制不立"、"不
抑兼并"说驳议〉一文商榷》，《中国农史》2009 年第 2 期。

[71] 郭东旭：《实封投状法：宋代国有资产流转中的竞争机制》，《中国经济史研究》

2009 年第 3 期。

　　[72] 耿元骊:《宋代"田制不立"新探》,《求是学刊》2009 年第 4 期。

　　[73] 刘云、刁培俊:《南宋义役田的产权分析》,《史学月刊》2009 年第 4 期。

　　[74] 耿元骊:《唐宋土地制度与政策演变论纲》,《东北师大学报》2009 年第 5 期。

　　[75] 张本顺:《论宋代"田宅牙人"之弊及其法律控制》,《东岳论丛》2009 年第 6 期。

　　[76] 耿元骊:《宋代"田制不立"新探》,《求是学刊》2009 年第 7 期。

　　[77] 王晓龙:《论宋代提点刑狱司在地方"三农"事务中的作用》,《中国经济史研究》2010 年第 1 期。

　　[78] 石瑞丽:《试述宋代官田的招标投标范围》,《兰州学刊》2010 年第 2 期。

　　[79] 杨继平:《〈宋代"田制不立"、"不抑兼并"说〉再商榷》,《中国农史》2010 年第 2 期。

　　[80] 孙梵:《唐宋至清末土地流转制度的正负效应分析》,《审计与经济研究》2010 年第 4 期。

　　[81] 张小平:《宋人曾公亮会稽任内贱买民田史实钩沉》,《史学月刊》2010 年第 5 期。

　　[82] 李华瑞:《"唐宋变革"论的由来与发展》,《河北学刊》2010 年第 5、6 期。

　　[83] 王辉:《北宋"不抑兼并""田制不立"政策新论》,《江西社会科学》2010 年第 7 期。

　　[84] 薛政超:《唐宋"富民"与乡村社会经济关系的发展》,《中国农史》2011 年第 1 期。

　　[85] 薛政超:《唐宋以来"富民"阶层之规模探考》,《中国经济史研究》2011 年第 1 期。

　　[86] 戴建国:《宋代的民田典卖与"一田两主制"》,《历史研究》2011 年第 6 期。

　　[87] 钟金雁:《宋代贫富分化与政府治理》,《思想战线》2012 年第 3 期。

　　[88] 刘云:《砧基簿与南宋土地登记制度的建立》,《中国农史》2012 年第 6 期。

　　[89] 陈景良:《释"干照"》,《河南财经政法大学学报》2012 年第 6 期。

　　[90] 张本顺:《南宋亲属间财产诉讼的调解模式初探》,《天府新论》2013 年第 1 期。

　　[91] 刘宇:《田宅交易中的契本考略》,《史林》2014 年第 2 期。

　　[92] 张成福:《唐宋国家助农政策及措施的变化》,《青岛农业大学学报(社科版)》2014 年第 3 期。

　　[93] 张本顺:《变革与转型:宋代田宅交易中"亲邻法"的诉讼成因、时代特色及意义论析》,《兰州学刊》2014 年第 4 期。

［94］张本顺：《反思传统调解研究中的韦伯伦理"类型学"范式》，《甘肃政法学院学报》2014 年第 6 期。

［95］杨瑞璟：《宋代土地买卖多样化及其所反映的关系》，《学术探索》2014 年第 8 期。

［96］周翊洁、张在范：《两宋田宅买卖和典当契约法律制度论要》，《兰台世界》2015 年第 3 期。

［97］张呈忠：《宋代"田制不立"本义新考》，《社会科学论坛》2015 年第 1 期。

［98］林文勋、崔永盛：《庄园经济与唐宋"富民社会"》，《古今农业》2015 年第 2 期。

［99］林文勋、崔永盛：《庄园生产关系与唐宋社会变革》，《中国农史》2016 年第 1 期。

［100］戴建国：《宋代赋役征差簿帐制度考述》，《历史研究》2016 年第 3 期。

［101］薛政超：《再论唐宋契约制租佃关系的确立》，《思想战线》2016 年第 4 期。

［102］王文兵、王铁成：《宋代乡村的土地流转、阶层分化及社会治理转型》，《学术探索》2017 年第 7 期。

［103］张锦鹏：《宋代富民阶层成长的制度空间：以交易费用为视角》，《中国经济史研究》2016 年第 5 期。

［104］龙登高、温方方等：《典田的性质与权益——基于清代与宋代的比较研究》，《历史研究》2016 年第 5 期。

［105］陆红：《南宋砧基籍研究》，《中国农史》2016 年第 6 期。

［106］张亦冰：《唐宋乡村户等版籍演进新议》，《史学月刊》2016 年第 12 期。

［107］张锦鹏：《交易费用视角下南宋"亲邻权"的演变及调适》，《厦门大学学报（哲社版）》2017 年第 1 期。

［108］薛政超：《论唐宋国家土地产权管理职能之转变》，《宋史研究论丛》2017 年第 2 期。

［109］戴建国：《从佃户到田面主：宋代土地产权形态的演变》，《中国社会科学》2017 年第 3 期。

［110］陈景良：《何种之私：宋代法律及司法对私有财产权的保护》，《华东政法大学学报》2017 年第 3 期。

［111］张邦炜：《唐宋变革论的误解与正解——仅以言必称内藤及会通论为例》，《中国经济史研究》2017 年第 5 期。

［112］张京凯：《以敷国用：宋代户绝田流转与规制问题研究》，《新疆大学学报（哲社版）》2018 年第 1 期。

［113］高森：《论宋代县乡吏役在土地清丈中的职责》，《河南大学学报（社科版）》

2018 年第 3 期。

［114］冯剑辉:《宋代户帖的个案研究》,《安徽史学》2018 年第 3 期。

［115］龙登高、温方方:《传统地权交易形式辨析—— 以典为中心》,《浙江学刊》2018 年第 4 期。

［116］张京凯:《宋代户绝田流转及其对财税法制的影响》,《中国政法大学学报》2018 年第 6 期。

［117］李成燕:《揭过还是继续? ——"唐宋变革"论的演变与现状述评》,《理论与史学》2018 年。

［118］杨继平:《走出"唐宋变革论"的误区》,《文史哲》2019 年第 4 期。

［119］臧知非、周国林、耿元骊等:《唯物史观视阈下的中国古代土地制度变迁》,《中国社会科学》2020 年第 1 期。

［120］耿元骊:《宋代官户免役的政策调整、法律诉讼与限田折算》(《中国史研究》2020 年第 3 期。

［121］成一农:《对"唐宋变革论"的反思》,《社会科学文摘》2021 年第 12 期。

［122］包伟民:《"唐宋变革":如何"走出"?》,《北京大学学报(哲社版)》2022 年第 4 期。

后　记

　　自从 2000 年攻读博士学位以来，我就一直关注宋代土地制度史的研究，不仅因为以此为窗口可以更好地理解"唐宋变革"，更是因为土地制度是整个社会经济发展的基础，以之为藤，援之以探寻宋代经济、社会发展之动脉。

　　上博士期间，承蒙陈明光先生、郑学檬先生、杨继平先生三位恩师的悉心指导，以"宋代'系官田产'"为选题，我初步涉猎宋代土地制度，自此多年以来谈不上深耕，却也算是笔耕不辍，申报的各级课题以及发表的文章多围绕于此，可以说国家社科基金"宋代土地地权流转制度研究"是长期积累的一个汇总，既是对相关宋代土地制度的持续思考的一个总结，也是在此基础上的一个适度延展。

　　课题下来的时候，我刚好去日本访学，回国又遇三年（2019 年底至 2022年底）疫情，课题险些中断，幸好有好友相助，通过电子数据库，得以夜以继日爬梳整理。但我仍感写作乏力，限于资料，也限于理论水平，于是，2022 年 9月至 2023 年 6 月再次访学，到南开大学，试图开阔思路，拜师余新忠先生，先生的理论涵养令人仰望，每一次课循循善诱的导读和史学理论的拓展，无不令人茅塞顿开，一年的学习，受益终身；在南开大学与众学翘楚一起，从年轻人身上每每获得无穷的奋进动力，终于在南大图书馆完成书稿。完成之际，惴惴焉，不敢回望，一是课题写作的艰辛一言难表；二是唯恐文稿有讹舛乖谬之处，不敢称其成果。

　　今承蒙人民出版社的垂青，感谢赵圣涛老师的厚爱。付梓在即，感谢一路上所有师友和家人的鼓励和相助，也感谢河北师范大学法政与公共管理学院出版资金资助。

另外,在写作的最后阶段,曾经和女儿一起并肩作战,为各自的目标,一起挑灯夜战,互相温暖和鼓励。适逢我的课题结项,女儿也成功考入 985 高校,谨以此书,献给我的女儿和爱人。感谢略显苍白,彼此的温暖历久弥香。

姜 密

2023 年 12 月于天津新悦庭

责任编辑：赵圣涛
封面设计：胡欣欣

图书在版编目（CIP）数据

宋代土地地权流转制度研究/姜密 著 .—北京：人民出版社,2024.5
ISBN 978－7－01－026572－8

Ⅰ.①宋…　Ⅱ.①姜…　Ⅲ.①土地制度-经济史-中国-宋代

　Ⅳ.①F329.044

中国国家版本馆 CIP 数据核字（2024）第 100754 号

宋代土地地权流转制度研究

SONGDAI TUDI DIQUAN LIUZHUAN ZHIDU YANJIU

姜　密　著

人 民 出 版 社 出版发行
（100706　北京市东城区隆福寺街 99 号）

中煤（北京）印务有限公司印刷　新华书店经销

2024 年 5 月第 1 版　2024 年 5 月北京第 1 次印刷
开本：710 毫米×1000 毫米 1/16　印张：19.75
字数：300 千字

ISBN 978－7－01－026572－8　定价：109.00 元

邮购地址 100706　北京市东城区隆福寺街 99 号
人民东方图书销售中心　电话（010）65250042　65289539